A CIVILIZAÇÃO ROMANA

Tim Cornell e John Matthews

A CIVILIZAÇÃO ROMANA

folio

SUMÁRIO

Principais redatores e colaboradores:
Luis García, Juan Ramón Azaola, María Luisa Rodríguez, Marta Carranza, Eduardo Montagut, Raquel Carrasco, Florentino García

Fotografia e documentação gráfica:
Equinox LTD, INCAFO, José María Sáenz de Almeida, Luisa M.ª Fernández, Nano Cañas

Edição Brasil:
Direção: José Luis Sánchez, Meritxell Almarza
Tradução: Carlos Nougué, Michel Teixeira, Maria Júlia Braga
Revisão: Michel Teixeira, Fabiana Camargo
Diagramação: FA Editoração Eletrônica

Rambla Catalunya, 135
08008 Barcelona

Design da capa:
Mauricio Restrepo/Tiffitext, S.L.

Impressão: Printer Industria Gráfica

ISBN: 978-84-413-2552-4

D.L.: B-4016-2008

Frontispício: Mosaico de uma paisagem do Nilo, achado nas escavações feitas em Pompéia.

Artigos especiais

Lista de mapas

Abreviaturas

A.	Aulo	P.	Públio
C.	Caio	Q.	Quinto
Cn.	Cneu	Sex.	Sexto
D.	Décimo	Ser.	Sérvio
L.	Lúcio	Sp.	Espúrio
M.	Mânio	T.	Tito
M'.	Marco	Ti.	Tibério

TABELA CRONOLÓGICA

Esta tabela é complementada pela lista de imperadores que aparece nas págs. 98-99.

	800 a.C.	600 a.C.	500 a.C.	400 a.C.	300 a.C.	200 a.C.
ROMA E ITÁLIA	Fundação de Roma segundo a tradição, 753 Tarquínio I, 616-579 Desenvolvimento da cidade	Sérvio Túlio, 579-534 Reorganização das tribos, constituição do exercito e cívica Tarquínio II, 534-509 Início da República, 509 Hegemonia política de Roma no Lácio	Os latinos são derrotados no lago Regilo, 499 Incursões de sabinos, equos e volscos Domínio dos patrícios A Campânia é invadida pelos samnitas, 420 Sítio e conquista de Veja	Roma saqueada pelos gauleses Patrícios e plebeus dividem o consulado Guerra latina, 340 Dissolução da liga latina A Campânia é incorporada ao Estado romano, 338 Colonização romana e conquista da Itália, 334-264 Segunda guerra samnita, 327-304	Terceira guerra samnita, 298-290 Invasão do rei Pirro, 280-275 Primeira cunhagem romana (de cerca de 280) Primeira guerra púnica, 264-241 Os gauleses invadem a Itália, 225 Segunda guerra púnica, 218-202	Tentativas dos Cipiões, 187 Censura de Pórcio Catão, o Velho, 181 Abolição dos impostos diretos sobre os cidadãos romanos, 167 Tribunato de T. e Graco, 133, 123-122 Mário sete vezes cônsul: 107, 104-100, 86 Derrota dos cimbros e dos teutões

Urna cinerária em forma de casa, da cultura de Villanova, cerca de 800 a.C.

Cabeça do Apolo de Veja c. 500 a.C.

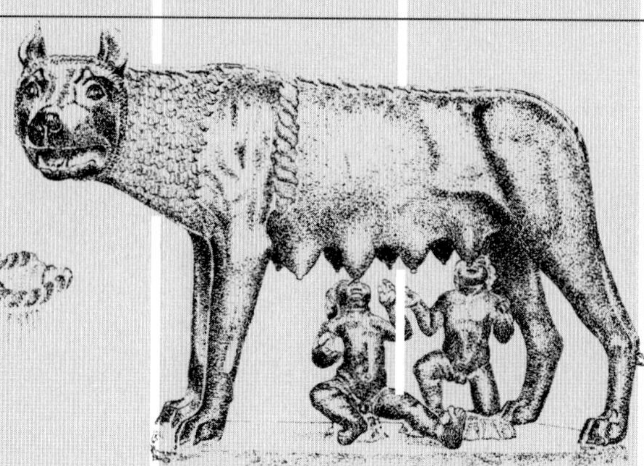

Loba Capitolina início do século V. a.C.

Moeda com a efígie de Aníbal, cerca de 210 a.C.

	800 a.C.	600 a.C.	500 a.C.	400 a.C.	300 a.C.	200 a.C.
ARTE E ARQUITETURA	Cabanas primitivas no palatino Rica ornamentação orientalizante das tumbas de Cere, Preneste etc. O Fórum romano; primeiras construções permanentes de pedra em Roma	Templo de Diana. Fortuna e Mater Matura, cerca de 560 Muralhas de Sérvio e Túlio (?) Templo de Júpiter Capitólio 509 Pinturas de tumbas etruscas	Templo de Saturno, 497 Templo de Ceres, 493 Templo de Cástor, 484 Templo de Apolo, 431	Muralhas de Roma, reconstruídas em 378 Templo C em Largo Argentina, cerca de 350 Via Appia, Aqua Appia construídas em 312 Tumba François em Vulci, cerca de 320-310	Programa de construções de templos em Roma, 302-272 Floresce em Roma uma delicada indústria de cerâmica Tumba dos Cipiões, cerca de 280 Circo Flamínio, 221	A arte grega é introduzida em Roma, 200 Basílica Pórcia, construída no Fórum romano, 184 Basílica Emília e ponte Emília, 179 Templo da Fortuna em Preneste, cerca de 120
LITERATURA LATINA		Primeiras inscrições latinas, cerca de 600	As leis das Doze Tábuas, 451-450		Ápio Cláudio, o Cego, orador Lívio Andrônico, Névio, Plauto, Ênio, Estácio, Cecílio e Pacóvio, escritores teatrais e poetas Catão, orador, historiador e erudito	Terêncio e Ácio, escritores teatrais Lucílio, escritor satírico L. Calpúrnio Pisão e Célio, Antípater, historiadores C. Graco, L. Craspo e Q. Hortênsio, oradores
ÁFRICA, HISPÂNIA E O MEDITERRÂNEO OCIDENTAL	Fundação de Cartago, segundo a tradição, 814. Colônias púnicas no Mediterrâneo Ocidental Colonização grega da Sicília e do Sul da Itália, iniciada por volta de 750 Colônia grega de Massília (Marselha), fundada por volta de 600	Gregos fócios derrotados em Alália (Córsega) por etruscos e cartagineses, 535 Primeiro tratado entre Roma e Cartago, 509	Os cartagineses são derrotados em Hímera, 480 Hierão derrota os etruscos em Cumas, 474 Atenienses derrotados em Siracusa, 413	Segundo tratado entre Roma e Cartago, 348 Timoleão conduz os cartagineses a partir da Sicília, 344 Agátocles, tirano de Siracusa, 317-289; invasão da África, 310-307	Sicília, província romana, 241 Sardenha e Córsega invadidas e unificadas em província, 238 Os cartagineses constroem um império na Hispânia, 237-218 Os romanos ocupam os domínios cartagineses na Hispânia e formam duas novas províncias em 206	Guerras celtíberas e lusitanas, 197-133 Terceira guerra púnica, 149-146; destruição de Cartago, 146 Primeira guerra dos escravos na Sicília Guerra contra Jugurta, 112-105 Segunda guerra dos escravos, 104-102
GÁLIA, BRITÂNIA E EUROPA CENTRAL	Cultura de Halstatt		Cultura de La Tène Invasão celta do norte da Itália (e saque de Roma)		Os godos invadem a Macedônia, a Grécia e a Ásia Menor, 279 Invasão galesa da Itália, detida na batalha de Telamon, 225	Conquista romana da Gália Cisalpina, 202-191 A Gália Narbonense província romana, 121(?) Migração dos cimbros e teutões, cerca de 120-100 Campanhas romanas na Dalmácia, 118-117
GRÉCIA E ORIENTE	Celebração da primeira Olimpíada. 776 Homero e Hesíodo, 700	Ciro, o Grande, cria o império persa, cerca de 550-530 Esparta domina o Peloponeso desde 560 Pisístrato, tirano de Atenas, 546-528	Rebelião das cidades jônias, 499-494 Invasão persa da Grécia, 490 e 481-479 Império ateniense no Egeu, 478-404 Construção do Panteão, 447-432 Guerra do Peloponeso, 431-404	Batalha de Leuctra, 371 Filipe II torna a Macedônia a potência dominante na Grécia, 359-336 Alexandre, o Grande, conquista o império persa, 333-323	Atenas ocupada pelos macedônios, 261 Guerras romano-ilírias, 229-219	Segunda guerra macedônia, 200-197 Guerra síria, 191-188 Terceira guerra macedônia, 172-168 Corinto destruída, 146

Época da colonização grega (iniciada por volta de 750)
Época dos tiranos gregos, cerca de 665-510 →

Dinastia atálida no leste da Ásia Menor 281-133
Dinastia antigônica na Macedônia, 277-167

Dinastia selêucida na Síria e na Mesopotâmia →
Dinastia ptolemaica no Egito →

100 a.C.	d.C.	100 d.C.	200 d.C.	300 d.C.	400 d.C.	500 d.C.
Guerra social, 91-89 Guerra civil: Sila ditador, 83-82 Rebelião de Espártaco, 73-71 Primeiro triunvirato, 60 Guerra Civil: César ditador, 49-44 Morte de César, 44 Segundo triunvirato, 43 Reinado de Otaviano/ Augusto, 31 a.C.-14 d.C.	Dinastia Júlio-Cláudia, 27 a.C.-68 d.C. Incêndio de Roma, 64 Dinastia Flávia-Trajana, 69-117 Erupção do Vesúvio, 79	Imperadores Antoninos, 117-93	Imperadores Severos, 193-235 A cidadania romana é estendida a todos os habitantes livres das províncias, 212 Usurpação e fragmentação do cargo imperial, 235-84 Tetrarquia estabelecida por Diocleciano, 293	"Grande perseguição" de cristãos, 303-5 Restaurada a liberdade de culto, 313 Constantino único governante do império, 324-37 Tentativa fracassada de reviver o paganismo por Juliano, 361-63 "Separação" do paganismo, 382 Divisão do Império, 395	A corte imperial é transferida para Ravena, 402 Os visigodos, com Alarico, saqueiam Roma, 410 Roma submetida à pilhagem pelos vândalos, 455 Deposição do último imperador romano do ocidente, 476 Reis bárbaros em Ravena, 476-540	Bizâncio reconquista a Itália, 540

Augusto como Pontífice ao final do século I a.C.

O Coliseu, 79 a.C.

Diocleciano e Maximiano, cerca de 300 d.C.

Mosaico de Justiniano em Ravena por volta de 560 a.C.

100 a.C.	d.C.	100 d.C.	200 d.C.	300 d.C.	400 d.C.	500 d.C.
Tabularium, 78 Teatro de Pompeu, 55 Fórum de César, 46 Arco de Agripa, 19 Teatro Marcelo, 17 Ara Pacis Augustae, 9 Fórum de Augusto	Programa de construções de Augusto em Roma Coliseu consagrado, 79	Fórum Trajano consagrado em 112 Reconstrução do Panteão, 118-28 Vila de Adriano em Tívoli, 126-34	Construções dos Severos em Leptis Magna Termas de Caracala construídas em Roma 216 Aureliano constrói perto de Roma, 271	Arco de Constantino Programa de construção de igrejas em Roma, Jerusalém e Constantinopla	Mosaicos nas igrejas de Ravena	Reconstrução de Santa Sofia de Constantinopla, 537
Cícero, orador, filósofo César, orador e historiador Lucrécio, poeta e filósofo Salústio e Tito Lívio, historiadores Catulo, Virgílio, Horácio, Tíbulo Propércio, Ovídio, poetas	Plínio, o Jovem, escritor de cartas Tácito, historiador	Juvenal, poeta Suetônio, historiador Apuleio, romancista	Ulpiano, Papiniano, juristas Tertuliano, apologista cristão	Antônio e Cláudio, poetas Lactâncio, apologista cristão Ambrósio, Jerônimo e Agostinho, escritores cristãos Símaco, orador Amiano Marcelino, historiador	A Vulgata de São Jerônimo, concluída por volta de 404 Orósio, historiador Sérvio e Macróbio, eruditos Código teodosiano, 429-57 Compilação de Sidônio Apolinário, poeta	Boécio, filósofo Casiodoro, historiador e administrador
"Rebelião" de Sertório na Hispânia Derrota das forças de Pompeu na Hispânia (49) e na África (46) Batalha de Munda 45 Sexto Pompeu controla o Mediterrâneo ocidental, 40-36 Conquista do noroeste da Hispânia por Agripa, 27-19	Anexação da Mauritânia, 42		Expansão de Roma, colônia no Norte da África	Origens do cisma donatista, 311/12	Os vândalos entram na Hispânia Reino vândalo em Cartago, 439	Conquista bizantina do reino vândalo na África, 533 Conquista bizantina do sul da Hispânia, 554
Conquista por César da Gália Continental, 58-51; expedições à Britânia, 55-54 Nórico e Bética tornam-se províncias, 16-15 Tibério conquista a Panônia, 12-9	Rebelião de Vindior, 68 Ocupação romana da Britânia, 43 Avanço da fronteira na Germânia Consolidação da fronteira do Danúbio e da Ilíria Guerras Dácias, 86-92	Província da Dácia, formada em 107 Guerras marcomanas de M. Aurélio Invasão bárbara da Dácia, 167	Separação do "império" gaulês, 259-73 Rebelião na Britânia (Cataúsio e Alecto, 287-96) Ascensão de Triéris como capital gaulesa A Dácia cede diante dos godos, 272	Os godos obtêm a permissão de assentar-se dentro dos limites do império, 376 Batalha de Adrianópolis, 378	Domínio godo no sul da Gália Britânia abandonada pelos romanos e colonizada pelos saxões Os burgúndios ocupam o vale médio do Reno "Império" huno sob Átila	Os francos empurram os vândalos da Gália, 507 Incursões de eslavos, búlgaros e avaros
Guerras mitridáticas, 88-84, 83-82, 74-63 Conquistas de Pompeu no Oriente, 66-63 Derrota de Pompeu em Farsália, 48 Bruto e Cássio derrotados em Filipo, 42 Antônio vencido em Ácio, 31	Primeira revolta judaica, 66-73 Destruição do templo de Jerusalém Josefo, historiador judeu	Segunda revolta judaica (Bar-Kochba), 132-35 Constituição da província da Mesopotâmia em 165 Plutarco e Pausânias, escritores gregos Literatura grega: segunda sofística	Ascensão dos Sassânidas, dinastia persa Rebelião de Palmira, 266-72 Os hérulos invadem a Ática e o Peloponeso, 267 Cássio Dion e Herodiano, historiadores gregos Eusébio, apologista cristão	Concílio de Nicéia, 330 Invasão visigoda da Grécia, 395 Eunápio, historiador grego	Invasão dos hunos Concílio da Calcedônia, convocado em 451 Olimpiodoro, Prisco e Malco, historiadores gregos	Ataques persas na Ásia Menor Incursões eslavas nos Bálcãs Distúrbios de Nika, 532 Zózimo e Procópio, historiadores gregos

INTRODUÇÃO

O propósito deste Atlas é dar uma visão geral e de conjunto do mundo romano em seu marco geográfico e cultural. Ele abarca os seguintes períodos: a fundação e o desenvolvimento inicial da cidade de Roma através de sua expansão e da conquista da Itália e do Mediterrâneo, o estabelecimento do regime imperial por Augusto, com o conseguinte nascimento de uma nova ordem política e religiosa, bem como o colapso do Ocidente e a reconquista da Itália, nas mãos dos reis germanos, por um imperador cristão bizantino. Nosso estudo é feito em forma de narração histórica; por isso nos pareceu apropriado estruturar a obra de forma basicamente cronológica, considerada a longa duração do período descrito (cerca de 1.300 anos) e a escala das transformações experimentadas. Esperamos que a forma da redação dos diferentes temas, bem como nossa seleção e apresentação das ilustrações, mapas e estudos monográficos, tenham resultado numa visão de conjunto equilibrada em que a interpretação temática seja tão importante quanto a narração histórica.

Pela mesma razão, ou seja, a variedade e duração do período abarcado, pareceu-nos necessário escrever essa obra em colaboração, com a finalidade de o Atlas possuir, ao menos em parte não desprezível do âmbito que abrange, algo do caráter de imediatismo que dá a familiaridade com as últimas pesquisas. Ao mesmo tempo que tentamos escrever para o público em geral, também deixamos claros os pontos controversos entre os especialistas e definimos nossa posição diante deles.

Nosso labor pessoal como estudiosos dos primeiros tempos da República e dos períodos imperiais mais tardios, respectivamente, levou a que nosso livro não se centre, excessivamente, como outros, nas épocas intermediárias, mas antes nos períodos inicial e final da história romana. A parte do livro dedicada às províncias do Império se centra sobretudo no século II d.C. (ainda que também aí tenhamos insistido nos processos de mudança e desenvolvimento mediante a seleção e descrição de cada enclave); mas em geral talvez tenhamos escrito, involuntariamente, com mais interesse sobre os períodos do começo e do final da história do mundo romano. Talvez tenhamos prestado mais atenção à problemática da sociedade romana arcaica e à cristianização do Império depois de Constantino do que às guerras civis do final da República e à política dinástica da família júlio-cláudia, mas não nos arrependemos disso.

O historiador Amiano Marcelino criticava os filósofos que, ao escrever livros acerca da vanidade da ambição humana, punham seus nomes neles. No entanto, como historiadores que somos também, embora compartilhemos o respeito de Amiano pela relação objetiva dos fatos, julgamos que séria útil indicar quem é o responsável por cada capítulo do livro. Tim Cornell fez o estudo da República romana e do Império até a morte de Augusto e selecionou o material e escreveu as legendas dos mapas, das ilustrações e dos artigos monográficos que completam o tema, bem como tudo quanto se refere a Pompéia, Óstia e à religião romana. John Matthews é o responsável pelo texto e pela ilustração que fazem referência ao Império depois de Augusto, bem como pela Terceira Parte, dedicada às províncias do Império. Ainda que tenhamos trabalhado independentemente, seguimos as mesmas diretrizes e nos esforçamos por dar coesão ao conjunto.

Aprendemos muito uns com os outros e também reconhecemos com muito gosto a colaboração dos membros da equipe editorial, especialmente Andrew Lawson, com quem trabalhamos na escolha e apresentação das ilustrações, compartilhando plenamente os critérios históricos e artísticos, o que nos encheu de satisfação. Agradecemos, igualmente, a Liz Orrock e Zoe Goodwin seu labor na preparação do material cartográfico a partir de nossos esboços, talvez tão mais obscuros e confusos quão mais completos tentávamos fazê-los; a Graham Speake suas sugestões editoriais, que influíram muito na diagramação do livro. Além disso, Ray Davis recopilou o material para o mapa sobre a distribuição das propriedades que aparecem citadas no *Liber Pontificalis*; Michael Whitby fez o mesmo para o mapa da fronteira oriental na época de Justiniano, e Margaret Roxan nos assessorou em questões relacionadas com a distribuição do exército romano. Outros especialistas nos ajudaram de maneira muito diversa, especialmente Benjamin Isaac, Kenan Erim e Brian Croke, bem como muitos outros, os quais talvez nem sempre se tenham dado conta da finalidade das consultas que lhes faziam autores que, no transcurso da redação da obra, se tornaram mais agudamente conscientes do tamanho de sua ignorância.

PRIMEIRA PARTE

A ITÁLIA PRIMITIVA E A REPÚBLICA ROMANA

SUIÇA
ÁUSTRIA
Berna
Lausanne
L. Leman
Rhône
Genebra
Monte Cervino
Mafferhorn
4.427
ALPES
Mt Blanc
4.807
L. Mayor
Vale de Aosta
Ortles
3.899
A. DOLOMÍTICOS
Trentino-
Alto Adigio
L. de Como
Friuli-
Veneza-
Júlia
Klagenfurt
Graz
Liubliana
Zagreb
L. de Iseo
Bérgamo
Lombardia
Milão
Ticino
Brescia
L. de Garda
Verona
Vicenza
Veneza
Eugânea
Padua
Veneza
Piave
Trieste
Golfo de
Veneza
Rijeka
Kupa
Krk
Cres
Una
Grenoble
FRANÇA
Turim
Piemonte
Adda
Oglio
Mincio
Adigio
Pó
Trebia
Piacenza
Parma
Reggio
N.E.
Módena
Ferrara
Panaro
Reno
ALPES LÍGURES
Liguria
Génova
Emília-
Romagna
Bolonha
Ravena
La Spezia
Forlì
Rímini
Ronco
Zadar
ANTIGA
IUGOSLÁV
Durance
Nice
MÔNACO
MAR DA LIGÚRIA
Pisa
Arno
Florença
SAN
MARINO
Livorno
Cecina
ITÁLIA
Toscana
Arezzo
Marcas
Ancona
APENINOS
Val di Chiana
Perugia
Chienti
L. Trasimeno
Toulon
Split
Brac
Hva
Elba
Bastia
Ombrone
Monte Amiata
1.738
Úmbria
Gola
Arquipélago
Toscano
Terni
L. de
Bolsena
L. de
Vico
L. de
Bracciano
Tiber
Salto
Monte Corno
2.914
GRAN SASSO
D'ITALIA
Pescara
MONTAGNA
DELLA MAIELLA
Monte Amaro
2.795
MAR ADRIÁTICO
Córsega
(Fr.)
Ajaccio
Roma
Abruzzo
Sangro
Biferno
L. de
Lesina
L. de
Varano
TESTA DEL
GARGANO
TAVOLIERE DELLE APULIA
Foggia
Sacco
Lácio
Molise
Estreito de
Bonifácio
Liri
Volturno
Ofanto
Apúlia
Campânia
Nápoles
Vesúvio
1.277
Salerno
Ischia
Capri
Basilicata
Bradano
Basento
Tanagro
Agri
Sassari
Sardenha
Tirso
MAR TIRRENO
Mannu
Cagliari
Acri
Calab
2.000 m
1.000 m
200 m
0
3.899 pico (metros)
fronteira internacional
fronteira regional
escala 1: 4 250 000
0
150 km
0
100 mi
Ustica
Ilhas Lípari ou Eólias
MAR MEDITERRÂNEO
Messina
Reggio di
Calabria
Palermo
Ilhas Égades
Estreito
de Messina
Etna
3.323
Sicília
Simeto
Catânia
Salso
Canal da Sicília
TUNÍSIA
ARGÉLIA
Túnis
Pantelleria
46°
44°
42°
40°
6°
9°
12°
15°

UMA CIDADE DESTINADA À GRANDEZA

A geografia da Itália

A característica mais importante da geografia histórica da Itália é a estreita interação entre planície, piemonte e montanha. Sou cerca de um quinto da superfície total da Itália é considerada oficialmente como planície (quer dizer, terras que não superam os 300 metros de altura); dela, mais de 70% se encontra no Vale do Pó. O restante, cerca de dois quintos, é classificado como montanha (acima de 1.000 metros de altura), e as demais partes do território como piemonte (entre 300 e 1.000 metros de altura). A alternância desses tipos de relevo e sua distribuição por todo o país criam uma grande diversidade de condições climáticas e grandes contrastes paisagísticos entre uma região e outra.

A Itália é separada da Europa central pela grande barreira dos Alpes. Apesar de sua altura, essas montanhas não a mantiveram isolada do restante do continente. Embora as neves invernais os tenha tornado impraticáveis durante mais da metade do ano, a maioria das passagens de montanha era conhecida desde os tempos mais remotos. Durante toda a história, tiveram lugar movimentos de povos através dos Alpes, às vezes em grande escala, como, por exemplo, as incursões dos celtas e dos címbrios no período republicano e as invasões bárbaras dos séculos V e VI da nossa era.

Ainda que não haja nenhuma dúvida quanto à unidade geográfica do território italiano ao sul dos Alpes, é conveniente fazer uma distinção entre a "Itália continental", formada pelo Vale do Pou e suas bordas montanhosas (os Alpes no Norte, os Apeninos no Sul), e a "Itália peninsular", que compreende o restante do país à exceção das ilhas. Essas duas regiões são diferentes em clima e em topografia, bem como em seu desenvolvimento cultural e econômico.

Direita: O Grande Sasso da Itália. Com aproximadamente 3.000m de altura, o Grande Sasso (o "Grande Penhasco") domina a área central dos Apeninos e é o ponto mais alto da Itália peninsular.

A Itália peninsular desfruta de um clima tipicamente mediterrâneo, caracterizado por invernos temperados, verões quentes e uma pluviosidade anual moderada; essa, no entanto, se concentra em fortes precipitações durante os meses de inverno, enquanto em junho, julho e agosto se experimenta uma seca extrema. A Itália continental, em contrapartida, pertence climaticamente à Europa central. Tem temperaturas extremas mais acentuadas; o frio do inverno contrasta com o intenso calor do verão, em que as temperaturas são tão altas quanto as da Península. A pluviosidade anual não é mais elevada que em algumas partes da Itália peninsular, mas é mais eqüitativamente distribuída entre todas as estações. O exemplo mais evidente do contraste entre as duas regiões é a oliveira, que cresce em quase toda a Itália peninsular e ao longo da costa liguriana, enquanto não se encontra ao norte dos Apeninos.

Na atualidade, o Vale do Pou é a região agrícola mais produtiva da Itália. Seu predomínio econômico remonta a tempos antigos; escritores como Estrabão falam de sua fertilidade, da importância de sua população e da prosperidade de suas cidades. As comunicações eram feitas com facilidade através do próprio rio, então como na atualidade navegável até Turim. Na Antiguidade, a região era cheia de bosques, e suas abundantes bolotas alimentavam os rebanhos de porcos, que proporcionavam a maior parte da carne consumida na cidade de Roma. No entanto, o curso inferior do Pou corre por uma vasta planície sujeita a freqüentes e extensas inundações que sou puderam ser evitadas mediante canais e diques. É evidente que na época pré-romana a parte inferior do Vale do Pou era pantanosa e estava freqüentemente inundada, especialmente na Emília e no Vêneto; os pântanos do lado sul do rio implicaram um sério obstáculo ao exército invasor de Aníbal em 218 a.C. Depois da conquista romana, as terras foram dessecadas mediante um sistema de canais e diques que o censor M. Emílio Escauro construiu em 109 a.C. na área situada entre Parma e Módena. Outros trabalhos de dessecação foram levados a cabo por Augusto e seus sucessores, e durante o século I de nossa era a Itália setentrional foi uma das regiões mais prósperas do Império.

A Itália continental é limitada ao sul pelos Apeninos, um sistema de maciços que atravessam a Península em todo o seu comprimento, desde os Alpes Liguriano até o Estreito de Messina, e continuam para além do estreito ao longo da costa norte da Sicília. Em toda essa extensão, as montanhas seguem um traçado sinuoso. No Norte, atravessam em linha reta e obliquamente a península desde a costa liguriana, no Oeste, até a costa leste perto de Rímini; aqui se dobram ligeiramente para o sul e correm paralelamente à costa adriática, alcançando suas alturas máximas no Gran Sasso d'Italia (1.914 metros) e na Montagna della Maiella (2.795 metros), ambas na região dos Abruzos. Dali, cortam uma vez mais na diagonal a península, até alcançar a costa tirrena na Lucânia, de onde se estendem para a Calábria e a Sicília.

Assim, as diferenças geográficas entre a Itália continental e a Itália peninsular podem ser resumidas dizendo que a primeira é, essencialmente, uma extensa planície circundada por montanhas, enquanto a segunda consiste numa grande cadeia montanhosa central cercada por pequenas planícies costeiras.

No que diz respeito à Itália peninsular, as planícies costeiras têm uma importância histórica que não tem relação alguma com sua dimensão geográfica. Falando em termos gerais, os Apeninos dividem a península em duas planícies. A principal cadeia central dos Apeninos fica mais perto do litoral oriental que do ocidental, e, nos aproximadamente 350 quilômetros de distância que há entre Rímini e o Rio Biferno, a planície litorânea situada entre a costa e as montanhas interiores tem apenas 30 quilômetros de largura. Na parte ocidental, no entanto, os Apeninos descem suave e irregularmente até as planícies do Lácio e da Campânia e a acidentada mas fértil região da Etrúria.

No Sul da Península, da Molise e da vertente setentrional do promontório do Gargano os Apeninos avançam quase em linha reta para o sul, até a Lucânia e a Calábria (a ponta da bota). A leste dessa linha, fica a segunda região importante da Itália peninsular: a Apúlia, que se estende da planície do Tavoliere, ao redor de Foggia, ao extremo da Península Salentina (o salto da bota).

Em geral, a vertente tirrena da Itália desfruta de certas vantagens naturais com respeito à adriática; em conseqüência disso, a área noroeste plana (Campânia-Lácio-Etrúria) foi mais favorecida culturalmente que a região sudeste da Apúlia. Essas diferenças se devem em boa parte ao clima e à natureza do solo. A principal diferença climática reside na distribuição geral da pluviosidade. Considerando o país em conjunto, pode-se dizer que o Norte é mais úmido que o Sul, e, excetuando as regiões alpinas, o Oeste mais que o Leste. Esse esquema geral se complica pelo fato de chover mais nas terras altas do que nas planícies; mas para este estudo é suficiente indicar a tendência geral, que pode ser ilustrada comparando a pluviosidade média anual de La Spezia (1.050mm), na costa noroeste, com a de Ancona (610mm), no Adriático, ou a de Nápoles (790mm) com a de Bári (600mm).

A costa tirrena conta, além do mais, com a vantagem de ser sulcada por rios relativamente caudalosos, dois dos quais, pelo menos, o Tibre e o Arno, eram navegáveis na Antiguidade clássica. As correntes que desembocam no Adriático, ao contrário, são secas no verão, em sua maioria, e no inverno se transformam em violentas torrentes que erodem o solo das vertentes montanhosas. A costa adriática está, além disso, numa situação de desvantagem, por não contar com bons portos.

A conseqüência desse desequilíbrio natural foi que a vertente ocidental da Itália reapresentou um papel mais importante na história da civiliza-

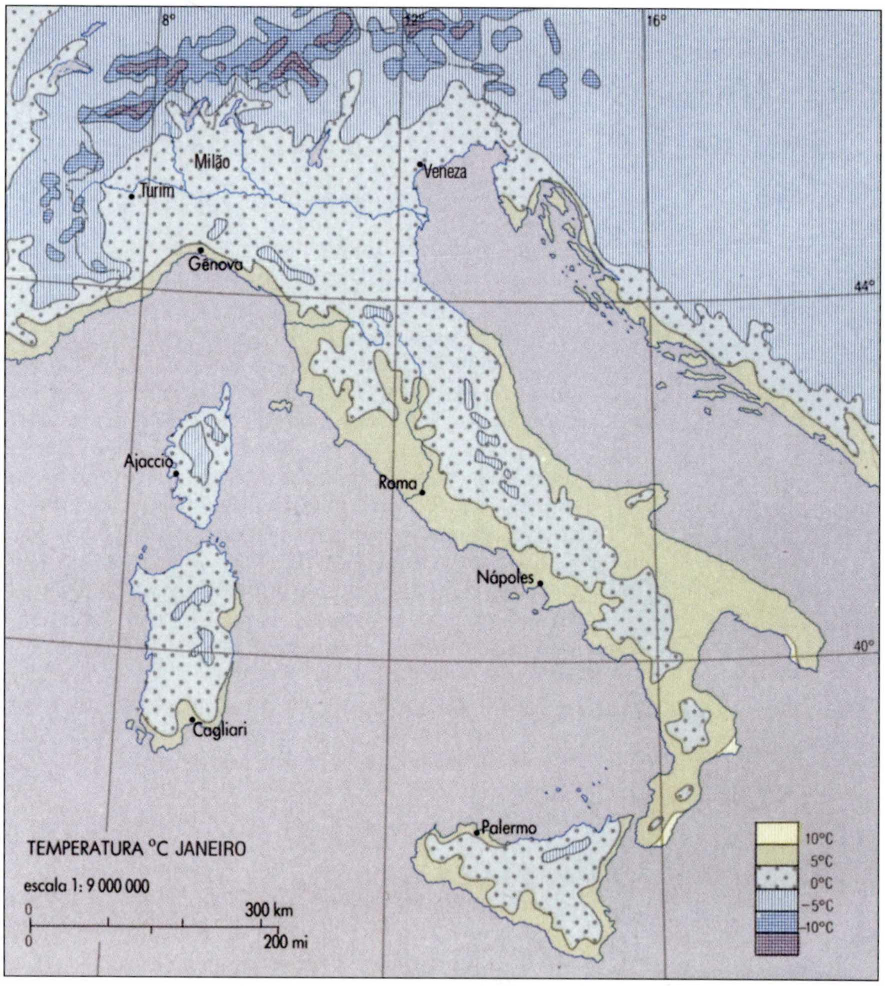

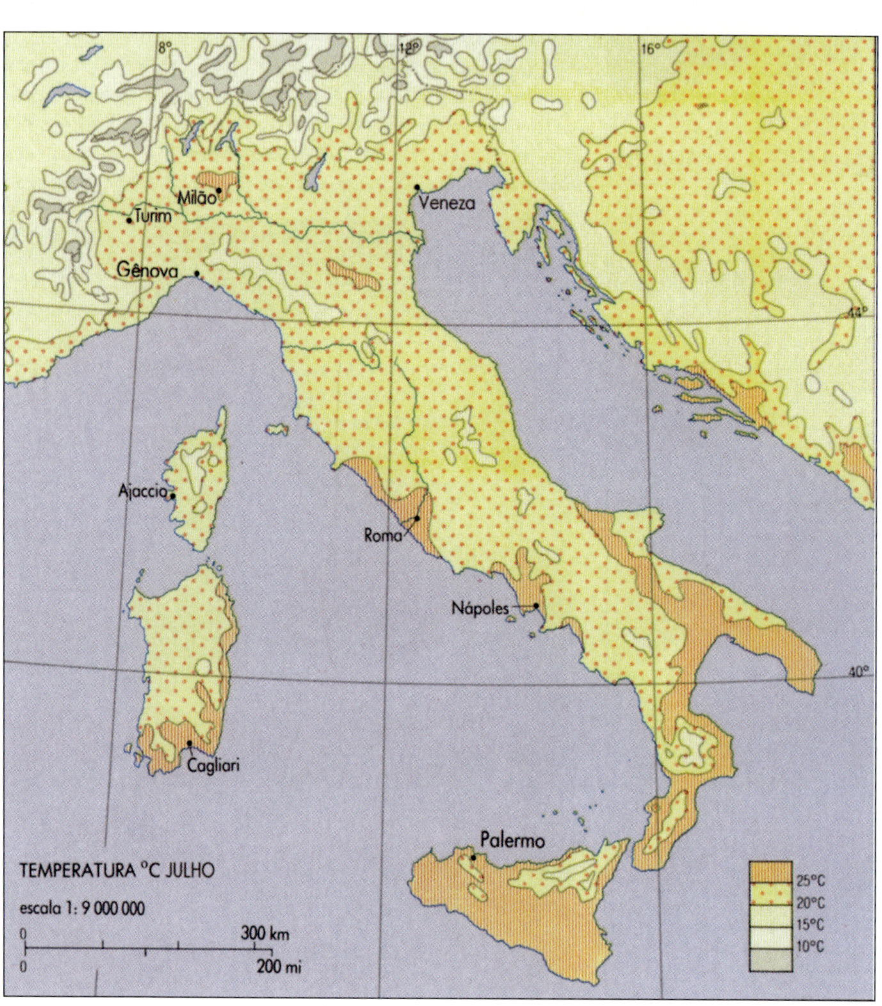

Temperatura e precipitações na Itália. O fato mais destacado do clima italiano é o contraste entre a planície do Norte e a Península. A Itália peninsular goza de um clima tipicamente "mediterrâneo", com invernos úmidos e temperados e verões secos e quentes. A planície do Norte, por outro lado, pertence climaticamente à Europa central: sua precipitação anual é muito mais representada em todas as estações, mas alcança temperaturas mais extremas, com invernos rigorosamente frios e verões intensamente quentes. Outro traço é que as precipitações anuais nas regiões do NO da Península são mais numerosas que no SE, enquanto o Leste da Itália continental é mais úmido que o Oeste.

Os vestígios mais antigos de atividade humana em Roma foram achados perto da ilha do Tibre, antigo lugar de passagem. A primeira ponte, o Pons Sublicius, situada rio abaixo, foi atribuída pela tradição ao rei Anco Márcio. As ruínas de uma ponte republicana, Pons Aemilius (século II a.C.), ainda podem ser vistas (em primeiro plano). A própria ilha foi por longo tempo associada à arte da cura. Depois de uma praga, em 293 a.C., estabeleceu-se nela um templo dedicado a Esculápio, o deus grego da medicina. Um famoso hospital (do século xvi) se ergue ainda na ilha.

ção que a oriental, já desde os tempos em que os primeiros colonos gregos evitaram a desolada costa adriática e escolheram, para instalar-se, o litoral jônico e tirreno.

A Apúlia sempre foi uma região atrasada; tem o índice de pluviosidade mais baixo de todas as regiões da Itália peninsular (uma média anual que oscila entre 570 e 670mm) e sofre as conseqüências da seca, especialmente no planalto árido do Murge, mesa calcária situada entre Bári e Tarento. No tempo de Cícero (século I a.C.), a Apúlia foi "a parte menos povoada da Itália" (*Cartas a Ático*, 13.4) e durante toda a Antiguidade permaneceu isolada culturalmente e sem relevância política.

A outra área plana importante da Itália peninsular fica a oeste dos Apeninos centrais e ocupa as regiões da Campânia, do Lácio e da Toscana. Essas regiões apresentam grande variedade de traços físicos. Uma rede de colinas e montanhas vulcânicas se estende de norte a sul pelo lado ocidental da Itália, desde o Monte Amiata, na Toscana meridional, até o ainda ativo Vesúvio, no Golfo de Nápoles. A maior parte desse sistema é constituída por vulcões extintos cercados de planaltos de rocha porosa vulcânica e acompanhados de uma série de lagos de cratera, cujos principais exemplos são os de Bolsena, Vico e Bracciano, no Sul da Etrúria, Albano e Nêmi ao sul de Roma, nos montes Albanos, e o Lago Averno nos Campi Flagrei, a oeste de Nápoles. O solo vulcânico dessa região central contém fertilizantes naturais de vital importância (fosfatos e potássio) que o tornam sumamente produtivo. Ao longo da costa tirrena, há uma série de pequenas planícies aluviais, enquanto o interior da região é atravessado por uma série de bacias altas, ligadas entre se, que confinam com o lado oriental; os vales aluviais mais importantes dessa série são o alto Arno, entre Florença e Arezzo, o Val di Chiana, o Tibre médio e os vales dos rios Líri, Sacco e Volturno, os quais ligam o Lácio com a Campânia.

Esses vales fluviais são, igualmente, passagens naturais, e juntos formam a principal rota que em sentido longitudinal atravessa a parte ocidental da Itália, acompanhada na atualidade pela principal via férrea e pela estrada do Sole, entre Florença e Nápoles. As principais linhas de comunicação entre a costa e o interior também correm pelos vales fluviais, sobretudo pelo do Tibre. O vale do curso baixo desse rio é a confluência da rede natural de comunicações da Itália central, e era inevitável que o ponto de passagem do Tibre mais perto de sua desembocadura, que se situa em Roma, se transformasse num centro importante. A cidade, numa posição que lhe dava capacidade de defesa, com um bom abastecimento de água, dominava o ponto de cruzamento do rio na ilha do Tibre, cuja primeira ponte (o Pons Sublicius) foi construída durante o reinado de Anco Márcio. Nas épocas históricas, essa parte da cidade compreendia o porto comercial (Portus) e o mercado de gado (Forum Boarium). Ali também se encontrava o "Grande

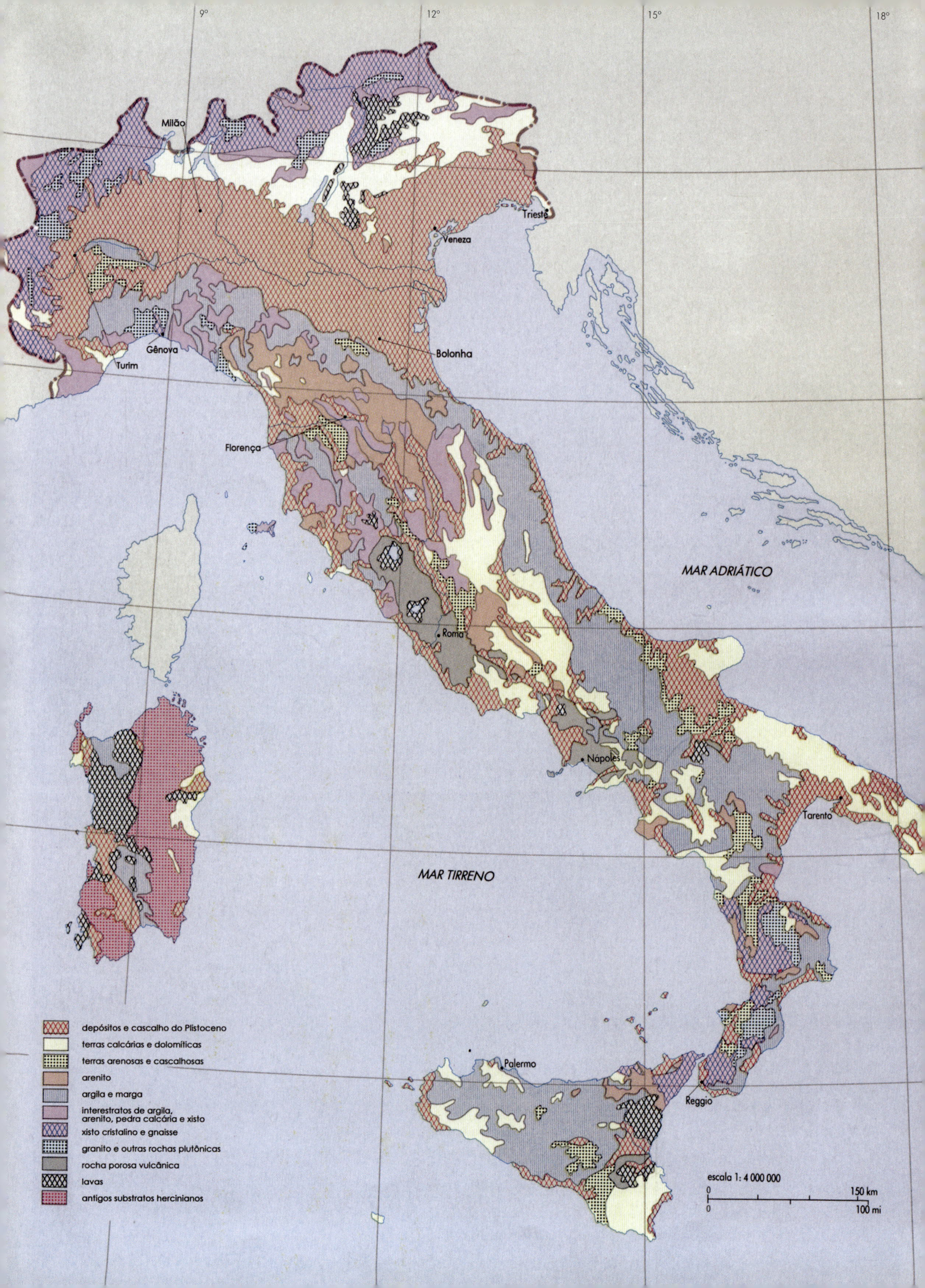
9°
12°
15°
18°
Milão
Trieste
Veneza
Turim
Gênova
Bolonha
Florença
MAR ADRIÁTICO
Roma
Nápoles
Tarento
MAR TIRRENO
Palermo
Reggio
depósitos e cascalho do Plistoceno
terras calcárias e dolomíticas
terras arenosas e cascalhosas
arenito
argila e marga
interestratos de argila, arenito, pedra calcária e xisto
xisto cristalino e gnaisse
granito e outras rochas plutônicas
rocha porosa vulcânica
lavas
antigos substratos hercinianos
escala 1: 4 000 000
0
150 km
0
100 mi

Altar" de Hércules, erguido, segundo se dizia, pelos nativos da região em agradecimento a Hércules, que havia matado Caco, o gigante do Palatino. A lenda faz referência de forma implícita ao fato de que o Forum Boarium foi um importante ponto de reunião, freqüentado já antes da fundação da cidade de Roma.

As vantagens naturais do lugar foram claramente reconhecidas pelos próprios romanos. Tito Lívio diz num discurso que ele pôs na boca de Camilo: "Não sem razão, deuses e homens escolheram este lugar como localização de nossa cidade: as salubres colinas, o rio que nos traz os produtos do interior do país e o comércio marítimo do estrangeiro, o mar mesmo, suficientemente próximo para nossa comodidade e sem que sua excessiva proximidade nos exponha ao perigo das frotas estrangeiras, nossa localização no próprio coração da Itália... todas essas vantagens fazem deste o melhor lugar do mundo para uma cidade destinada à grandeza" (Tito Lívio, 5.54.4).

Acima: A história do milagroso resgate de Rômulo e Remo se tornou um dos temas prediletos da arte romana. Este relevo, num altar de pedra do século II d.C., mostra o pastor Fáustulo encontrando os gêmeos e a loba perto do Palatino.

Esquerda: Geologia da Itália. A geologia da Itália é determinada principalmente pelos Apeninos, a grande cordilheira que forma a coluna vertebral da Península. Os Apeninos são formados em grande parte por pedra calcária, arenito e argila nas partes setentrional e central, e por granito na Calábria. O piemonte ocidental dos Apeninos, na Toscana, é rico em depósitos de minerais; enquanto mais para o sul, ao longo da costa do Mar Tirreno, existe uma série de zonas vulcânicas, extintas, na região do Lácio, desde o Monte Amiata até os Montes Albanos, ao sul de Roma, e ainda ativas na área do Monte Vesúvio, que sofreu erupção em várias ocasiões desde a grande explosão de 24 de agosto de 79 d.C.

A fundação de Roma

A origem de Roma foi objeto de pesquisa, especulação e controvérsia desde o primeiro escrito de caráter histórico. Já no século V a.C., certos historiadores gregos incluíram Roma entre as fundações do herói troiano Enéias, que fugiu para a Itália após o saque de Tróia. Enéias foi apenas, de fato, um dos míticos aventureiros de que se disse que erraram pelo Mediterrâneo ocidental e fundaram povoações ao longo de suas costas. É difícil saber se algumas dessas lendas correspondem a uma realidade histórica, mas foram muito populares entre os gregos e, com o tempo, arraigaram-se também em Roma.

Os romanos não produziram relatos históricos senão por volta de 200 a.C., data a que corresponde a primeira história de Roma, escrita por Quinto Fábio Píctor, senador de família ilustre. Da obra, escrita em grego, não se conservaram senão algumas poucas citações. Fábio Píctor consultou provavelmente os arquivos sacerdotais, os documentos das principais famílias aristocráticas e os relatos dos historiadores gregos; essas fontes, junto com os dados obtidos da tradição popular oral e das inscrições arcaicas, dos monumentos e dos vestígios, foram a base de seu relato histórico sobre a Roma primitiva. Ele atribuiu a fundação da cidade a Rômulo. Segundo a tradição, Rômulo foi abandonado em criança, junto com seu irmão, Remo, às margens do Tibre. Os meninos se salvaram por terem sido amamentados por uma loba, e depois foram resgatados por pastores, com os quais passaram a infância nas colinas que dominavam a margem esquerda do rio. Foi aqui que depois Rômulo fundou a cidade que levou seu nome, depois de haver matado o irmão numa disputa.

Essa conhecida história fez parte da tradição mais antiga e se consolidou como parte do patrimônio da cidade muitos anos antes da época de Fábio Píctor. Em determinado momento (a data é incerta), a história de Enéias foi admitida e incluída na tradição local. O resultado foi uma versão que, com o tempo, se transformou na oficial: Enéias chegou ao Lácio, onde fundou a cidade de Lavínio; depois de sua morte, seu filho Ascânio fundou Alba Longa, onde governaram seus descendentes como reis durante cerca de 400 anos. Rômulo e Remo pertenciam a essa linhagem, e eram filhos do deus Marte e da filha de um dos reis de Alba.

Essa fusão artificial entre o relato popular e a conjectura foi feita no curso do século III a.C. Uma versão dela apareceu na obra de Fábio Píctor, e posteriormente em outras obras históricas, até Virgílio, Ovídio e Tito Lívio lhe darem a forma definitiva. Os elementos históricos da lenda são difíceis de discernir. Como se disse, a parte que faz referência a Enéias e aos troianos é quase, com absoluta certeza, pura ficção, ainda que alguns especialistas vejam nela uma vaga recordação dos contatos entre o mundo micênico e a Itália. O destacado papel de Lavínio e Alba Longa reflete, no entanto, a importância que esses lugares tiveram como centros religiosos nos períodos iniciais; cabe assinalar que alguns dos restos arqueológicos mais importantes das antigas povoações permanentes do Lácio foram achados precisamente em Lavínio e na área dos Montes Albanos. Podemos dizer, porém, que entre as povoações latinas mais antigas se inclui também Roma, que na atualidade não é considerada posterior, em sua fundação, a nenhum das outras povoações de Lavínio ou dos Montes Albanos. A tradição sustentava que todos os centros históricos do Lácio eram colônias de Alba Longa, e que Roma foi a última; mas o suposto intervalo cronológico entre as fundações de Alba e de Roma é pura invenção baseada na discrepância entre a data grega dada para a Guerra de Tróia (1128 a.C.), da qual participou Enéias, e a firme crença dos romanos de que sua cidade foi fundada no século VIII a.C. O resultado dessa discordância foi a necessidade de inventar uma dinastia de reis de Alba para preencher a lacuna de mais de 400 anos entre Enéias e Rômulo.

A maior parte dos escritores romanos acreditava que sua cidade tivesse sido fundada no século VII a.C., embora existissem desacordos acerca do ano exato. Fábio Píctor dá o ano de 748, mas outras possibilidades (753, 751, 728) foram discutidas por seus sucessores. A data que acabou por impor-se (753) foi proposta pelo erudito M. Terêncio Varrão no final da República.

Foram encontrado restos de cabanas primitivas no Monte Palatino, lugar que, segundo a tradição, foi a povoação de Rômulo, e datam do século VIII a.C.; mas os achados das sepulturas do Vale do Foro parecem indicar que o lugar estivera ocupado pelo menos desde o século X. A evidência arqueológica não faz senão confirmar que o Palatino foi a primeira localização permanente da cidade. Assim, pode-se dizer que alguns dos elementos da história da fundação possivelmente se baseiam na realidade, embora Rômulo não possa ser considerado um personagem histórico. Mas a crença de que a cidade nasceu por um deliberado ato de "fundação" tornou necessária a figura de um fundador; o mesmo processo mecânico fez com que Rômulo fosse o criador de algumas das instituições básicas da cidade.

Desde o estudo de Theodor Mommsen no século passado, admite-se que nosso conhecimento é mais exato na história constitucional e menos fidedigno quando trata de acontecimentos políticos e militares. Mas até as partes mais românticas podem conter elementos de realidade histórica, como o demonstra um caso extremo. Poucos meses depois da fundação da cidade, segundo nos é contado, teve lugar o rapto das Sabinas, célebre acontecimento que levou a uma guerra entre os romanos e os sabinos e, depois, a uma reconciliação entre ambos e ao governo conjunto dos respectivos líderes, Rômulo e Tito Tácio. Essa história, por mais fantásticos que sejam seus detalhes, faz parte de um considerável conjunto de provas que indica que na população da Roma primitiva havia uma importante proporção de elementos sabinos; por exemplo, na língua latina se encontram muitas palavras de influência sabina, sobretudo em certas expressões domésticas como *bos* (boi), *scrofa* (porca) e *popina* (cozinha). Em segundo lugar, a união de romanos e sabinos sob o governo conjunto de Rômulo e Tito Tácio dá a entender, por certos indícios, que Roma nasceu como resultado de uma fusão das comunidades, uma no Palatino e outra no Quirinal, ou, talvez, antes através da incorporação da segunda à primeira. O fato de Roma ter sido em suas origens uma comunidade dupla é o que dão a entender nossas fontes (Tito Lívio, 1.13.4, refere-se à *geminata urbs*, "a cidade dupla"), o que confirma o dualismo de certas instituições arcaicas. Assim, por exemplo, os sálios, os "sacerdotes dançantes" de Marte, eram divididos em dois grupos: os sálios do Palatino e os sálios do Quirinal. Esse dualismo primitivo pode refletir-se igualmente no fato de os cidadãos romanos serem também chamados quirites.

Os primeiros reis

Depois da morte de Rômulo, ocuparam respectivamente o trono homens de origem latina e sabina. O sabino Numa Pompílio, um segundo rei de Roma, é apresentado pela tradição como um homem piedoso em cujo reinado se criaram os principais sacerdócios e instituições religiosas de Roma, e em particular o calendário. Ele foi sucedido pelo latino Túlio Hostílio, um guerreiro cruel que travou um épico combate com Alba Longa, a cidade-mãe de Roma, que ele finalmente destruiu. O rei seguinte foi Anco Márcio, um sabino recordado pela tradição por haver estendido o território romano até a costa e pela fundação de Óstia na desembocadura do Tibre.

À exceção do obscuro Rômulo, esses primeiros reis foram provavelmente personagens históricos. Embora seja verdade que eles não aparecem nas lendas como figuras reais (é obvio, por exemplo, que o pacífico Numa e o belicoso Túlio não são mais que estereótipos opostos), não temos por que duvidar que entre os reis de Roma se incluíam os chamados Numa Pompílio, Túlio Hostílio e Anco Márcio. As tradições que vinculam seus nomes a instituições concretas e façanhas militares podem ser exatas. Esses relatos, cotejados com a prática constitucional, permitem fazer uma análise coerente e verossímil da organização política e social de Roma sob os primeiros reis.

Organização política e social

Diz-se-nos que Rômulo escolheu uma centena de homens para seu assessoramento; esses homens formaram o primeiro Senado, e seus descendentes foram conhecidos como patrícios. Além disso, ele dividiu o povo em três tribos, chamadas Ramnes, Ticienses e Lúceres, que foram por sua vez subdivididas em trinta unidades menores (dez por cada tribo) chamadas *curiœ*. As *curiœ* eram divisões locais, ainda que seus membros estivessem vinculados por parentesco. Isso significa que provavelmente em sua origem as curiœ consistiam em grupos de famílias vizinhas. Estas funcionavam como unidades constituintes de uma primitiva assembléia, os comitia curiata. Também se disse que Rômulo organizou um exército de 3.000 soldados de infantaria (*milites*) e 300 de cavalaria (*celeres*); cada tribo contribuía com 1.000 e 100 homens respectivamente. Os contingentes tribais eram comandados por tribunos (*tribuni militum, tribuni celerum*).

À testa do Estado, estava o rei. A monarquia na Roma primitiva não era hereditária. Ao morrer um rei, as funções de governo eram desempenhadas pelos senadores, que se revezavam no cargo por um período de cinco dias, com o título de *interrex* (regente), até que se escolhesse o sucessor apropriado. Sua designação dependia essencialmente de critérios religiosos. Segundo Tito Lívio, o procedimento normal era mediante *áugures* (especialistas em adivinhação), os quais pediam aos deuses que dessem sua aprovação mediante o envio de sinais adequados (*auspices*). Desse modo, o rei era "inaugurado", palavra que passou para muitas línguas modernas. Finalmente, o papel de rei era confirmado pelo voto dos *comitia curiata*.

O rei tinha funções políticas, militares, jurídicas e religiosas, e os poderes que ele exercia nessas esferas podem ser resumidos no conceito de *imperium*. Esse *imperium* era uma espécie de autoridade divina ou mágica que só podia ser outorgada por "inauguração" e recebida por *auspices*. No que se refere ao Senado, seu papel parece ter-se limitado durante o período monárquico ao de conselheiro do rei. Disse-se, no entanto, que ele possuía *auctoritas*, um tipo de prestígio religioso que ele exercia na aprovação e ratificação das decisiões dos *comitia curiata*; igualmente desempenhou um papel fundamental na nomeação do rei ao escolher o *interrex*, que era um dos senadores. Morto o rei (ou, no caso da República, se morressem os cônsules antes de ser substituídos), dizia-se que os *auspices* voltavam para eles.

Esses homens representavam grupos de grande importância social chamados *gentes*. A *gens* era essencialmente uma associação de parentesco formada por famílias descendentes de um tronco comum e exprestavam sua relação de linhagem utilizando o mesmo nome. Os indivíduos pertencentes às *gentes* tinham, na verdade, dois nomes: um pessoal ou *praenomem* (por exemplo, Marco, Cneu, Tito) e um gentilício ou *nomen*, na forma de um patronímico (donde Márcio, Névio, Tácio). Podemos compará-los com os nomes dos clãs escoceses (MacDonald, MacGregor etc.). O sistema de dois nomes se encontra igualmente em outros povos itálicos e faz supor que também se baseava no sistema de *gentes*.

No período histórico, as gentes praticavam seus próprios ritos religiosos e celebrações e tinham seus próprios costumes no que se refere ao enterro de seus mortos. Sua origem e seu caráter nos primeiros tempos, no entanto, são objeto de controvérsia. Alguns especialistas

Acima: Esta cabeça de terracota de Hermes, do século VI, pertence a um grupo de estátuas que ficavam na cobertura de um templo em Veja. As esculturas foram atribuídas pela tradição popular a Vulca, famoso artista da cidade da época que foi chamado a Roma pelo rei Tarquínio para fazer a estátua cultural a Júpiter para o templo do Capitólio.

Acima: Os *fasces* (feixes de bastões e machados) simbolizavam os poderes dos magistrados principais e eram transportados por seus subalternos (*lictores*). Segundo a tradição, os *fasces* foram copiados das insígnias reais etruscas, tradição confirmada pelo achado de um modelo de *fasces* de ferro na cidade etrusca de Vetulônia.

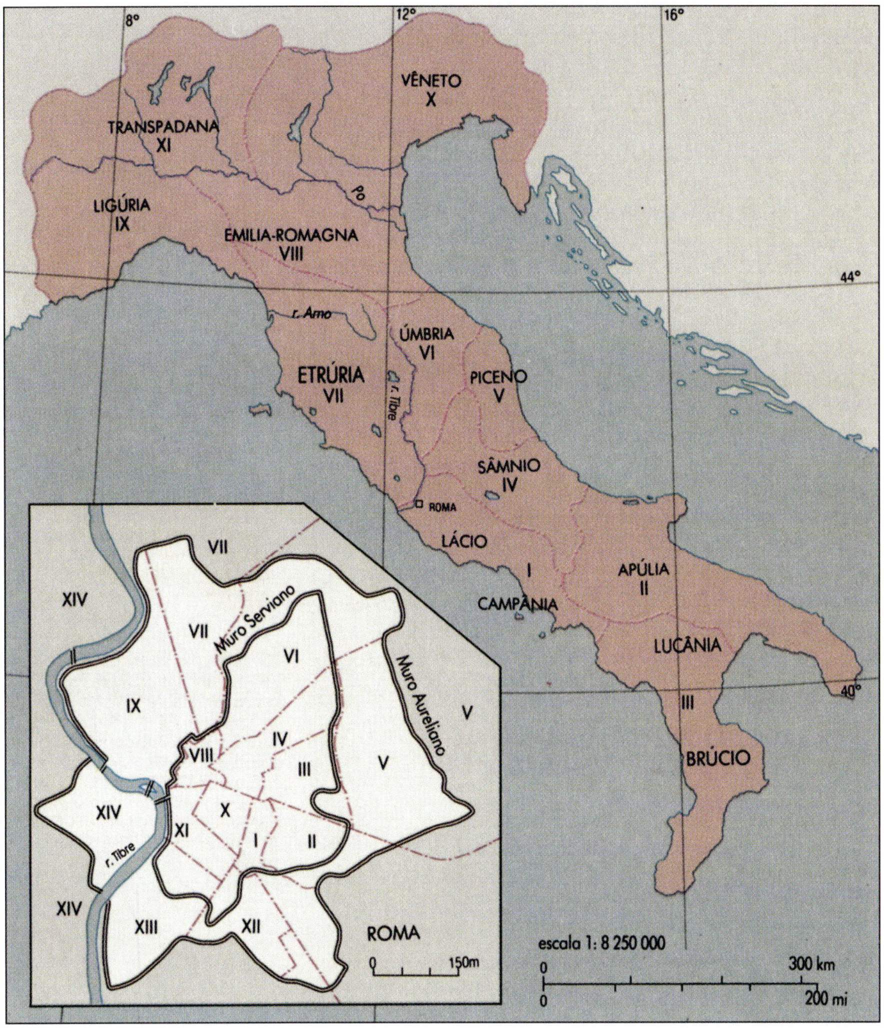

Áreas de Roma
I Porta Capeno
II Coelimontium
III Ísis e Serápis
IV Templum Pacis
V Esquiliae
VI Alta Semita
VII Vio lata
VIII Forum Romanum
IX Circus Flaminius
X Polatium
XI Circus Maximus
XII Piscina Pública
XIII Aventinus
XIV Trans Tiberim

Regiões augustais da Itália e regiões de Roma. Nos tempos antigos, a Itália era uma região de grande diversidade lingüística, étnica e cultural. Com a unificação da região sob o governo romano, essa primitiva desunião foi amplamente, ainda que não completamente, mitigada; vestígios dela se conservaram e ainda se conservam nos nomes das regiões italianas. A primeira divisão formal da Itália em regiões foi realizada por Augusto, que dividiu a região em 11 distritos administrativos. A cidade de Roma foi dividida da mesma maneira em 14 áreas com fins administrativos.

argumentaram que a *gens* foi uma unidade primordial que existiu antes do aparecimento do Estado; segundo essa opinião, ela funcionava como uma organização política e econômica autônoma que possuía seu próprio território e tinha um líder reconhecido. Alguns vestígios dessa hipotética "organização gentílica" subsistiram no período republicano, como se pode ver, por exemplo, na façanha da *gens* Fábia, que em 479 a.C. empreendeu uma guerra privada contra a cidade de Veja. A crença de que as *gentes* existiam "antes do Estado" é, no entanto, pura especulação, e sua situação com respeito às tribos e *curice* é incerta.

Em tempos históricos, a família, não a *gens*, foi a unidade básica da sociedade romana. A família romana englobava todos os componentes da habitação familiar, ou seja, incluía tanto as propriedades como as pessoas, e estava sob controle do chefe de família, o *paterfamilias*. Este exercia virtualmente uma autoridade absoluta sobre todos os membros do grupo familiar, dos quais se dizia que estavam sob seu poder (*in potestate*). Seus filhos, ainda que já fossem adultos e tivessem seus próprios filhos, não tinham condição legal independente nem direitos de propriedade e não se libertavam da autoridade do pai senão com a morte deste, após o que se transformavam em *patres familiarum* por direito próprio. O poder do pai (*patria potestas*) incluía o direito de matar membros de sua família ou de vendê-los como escravos. Ele estava sujeito apenas a obrigações morais ou a limitações impostas pelo costume; por exemplo, nas questões importantes, e de acordo com a tradição, ele contava com o conselho dos parentes de mais idade e dos amigos, embora não fosse obrigado a segui-lo. O *paterfamilias* representava a família em suas relações com outras famílias e com a comunidade em seu conjunto e realizava, em nome de toda a família, os rituais e sacrifícios necessários em honra de seus antepassados e dos deuses. A família era, assim, uma espécie de Estado em miniatura, onde o *paterfamilias* era sacerdote, juiz e legislador.

A propriedade privada e sua concentração nas mãos do *paterfamilias* foram consideradas pela história como um traço original da sociedade romana, e se acha implícita nos textos legais mais antigos que se conservam. Apesar disso, é possível que no princípio a propriedade, especialmente da terra, fosse possuída em comum pela *gens*. Prova disso pode ser a disposição das Doze Tábuas (450 a.C.), segundo a qual, se um *paterfamilias* morresse sem testamento nem herdeiro, sua propriedade devia voltar para a *gens*. Em todo o caso, nada nos impede de pensar que no período arcaico as famílias integradas numa *gens* mantivessem entre si uma maior solidariedade, ocupando propriedades vizinhas, e que o mais influente dos *patres* exercesse algum tipo de liderança *de facto* sobre a totalidade da *gens*.

O poder e a influência das *gentes* importantes e aristocráticas provinham em parte do apoio de um grande número de subordinados chamados clientes (*clientes*). A *clientela* foi uma das instituições romanas mais antigas e foi atribuída pela tradição a Rômulo. A relação entre patrão e cliente se baseava mais nas obrigações morais do que nas legais, já que o cliente gozava da "confiança" (*fides*) do patrão. Um cliente pode ser definido como um homem livre que se entregava à proteção de outro homem, oferecendo-lhe em troca respeito e certos serviços.

A condição de patrão e cliente era hereditária e se transmitia de uma geração a outra. É possível, além disso, que no princípio os clientes fossem integrados dentro da estrutura da *gens* ao lado dos *gentiles* propriamente ditos, e que usassem igualmente o nome gentilício. Há evidências de que no período arcaico os clientes cultivavam parcelas de terra em nome de seus patrões, e de que também eram obrigados a prestar serviços militares. No princípio do período republicano, as principais *gentes* recrutavam os seus exércitos privados dentre a sua clientela.

O desenvolvimento da cidade

Roma foi, em seus primeiros tempos, um pequeno povoado ou grupo de povoados situado no Palatino e nas colinas vizinhas. Povoações parecidas existiam em outros lugares do Latium Vetus, e as escavações começaram recentemente a nos dar alguma idéia de seu caráter. Os povoados consistiam em pequenos grupos de cabanas de palha agrupadas em lugares de fácil defesa nas colinas que dominavam a campina romana.

A vida diária desses povoados, que provavelmente constavam de algumas poucas centenas de pessoas, era muito simples. A subsistência se baseava numa agricultura primitiva (os principais cultivos eram trigo, cevada, ervilha e feijão), complementada com a criação de gado (especialmente cabras e porcos), a pesca, a caça e a coleta. A produção doméstica atendeu à provisão de cerâmica, tecidos e outras necessidades familiares; não existem provas de que existissem grandes diferenças sociais.

Aproximadamente a partir de 770 a.C., os sítios arqueológicos (fundamentalmente necrópoles) começam a mostrar um maior número de restos humanos, o que indica um crescimento da população. Em segundo lugar, há indícios de contatos mais intensos com o mundo

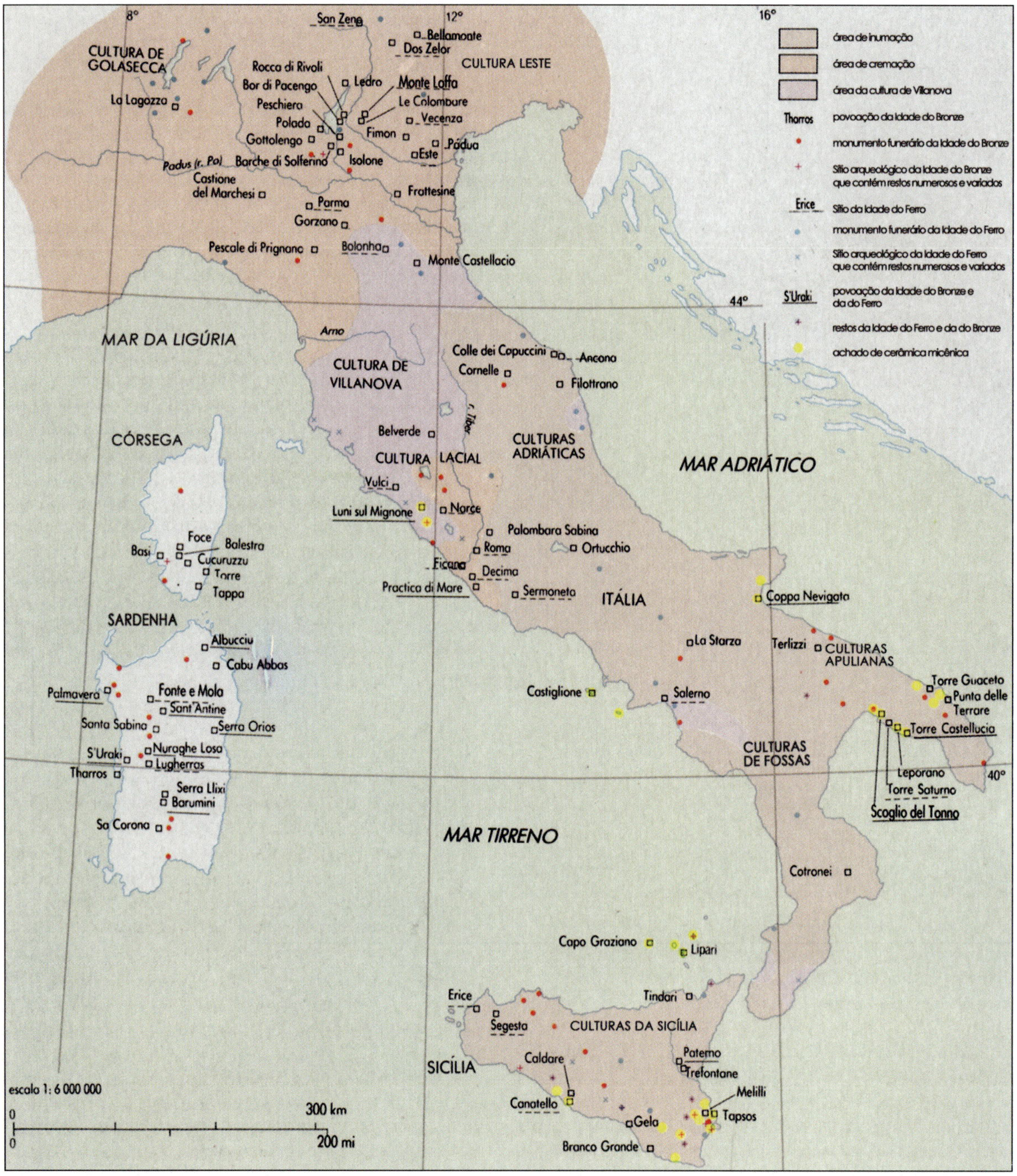

Localidades italianas da Idade do Bronze e da do Ferro. Durante a Idade do Bronze, a Itália mostra uma notável uniformidade na cultura material. O grande número de sítios arqueológicos montanhosos induziu ao uso do termo "cultura apenina" para descrever a civilização da Idade do Bronze italiana, que parece ter-se baseado grandemente numa economia de pastoreio transumante. Com o início da Idade do Ferro, no primeiro milênio a.C., os restos se tornam mais abundantes, denotando um aumento geral do número e do tamanho das povoações e o aparecimento de culturas locais diferenciadas. Estas podem ser divididas, em sentido amplo, em dois grupos segundo os tipos de ritos funerários utilizados. A inumação (a "cultura das fossas") foi praticada geralmente no Sul da Itália e nas regiões do Adriático, enquanto a cremação (as "culturas de campos de urnas") foi normal no Norte da Itália, na Etrúria e na Úmbria, a oeste do Tibre.

exterior, especialmente com as colônias gregas da Campânia. Outras características desse período são a crescente especialização da produção artesanal (por exemplo, o emprego do torno de oleiro) e o aparecimento de classes sociais economicamente diferenciadas. Este último fenômeno começou a aparecer na segunda metade do século VIII e se manifestou em maior medida no VII. Os indícios procedem das sepulturas de excepcional riqueza encontradas em muitos lugares do Lácio, sobretudo nos últimos anos. Essas sepulturas contêm ornamentos pessoais de extraordinária riqueza e mostram a formação progressiva de uma aristocracia dominante, a qual havia conseguido concentrar o excedente econômico da comunidade em suas mãos e perpetuar seu domínio através da herança.

Durante esse período, os povoados situados no alto das colinas se transformaram em grandes núcleos de povoação, em alguns casos protegidos por fortificações engenhosas em forma de terraços e fossos. Essa evolução aconteceu sem dúvida também em Roma, que se havia expandido consideravelmente a partir do primitivo povoado do Palatino, e que em meados do século VII incluía já o Vale do Foro, o Quirinal, parte do Esquilino e provavelmente também do Célio.

No final do século VII a.C., há indícios de uma importante transformação do aspecto físico da povoação, que nesse momento começou a ter a aparência de uma comunidade completamente urbanizada. Em diversas partes da cidade, as cabanas foram substituídas por casas mais sólidas com alicerces de pedra, estruturas de madeira e coberturas de telhas. Na área do Foro, as cabanas foram derrubadas e em seu lugar se abriu uma praça pública. Foram encontrados vestígios de fundações de templos, prédios públicos e santuários junto a fragmentos de telhas, terracotas e frisos arquitetônicos decorados.

Os últimos reis

O aparecimento dessas mudanças coincide temporalmente com a subida ao trono de Tarquínio Prisco, ou Tarquínio I (datas tradicio-

Abaixo: Moeda de 54 a.C. emitida por Marco Bruto, o futuro assassino de César. O símbolo do reverso mostra seu antepassado L. Júlio Bruto, cônsul em 509 a.C. e um dos fundadores da República. O anverso soleniza a idéia aristocrática da *libertas*, aqui retratada como uma deusa.

A Etrúria e as cidades etruscas no século VI a.C. A civilização etrusca se desenvolveu na região limitada pelo mar Tirreno a oeste, o rio Arno ao norte e os Apeninos e o Tibre a leste e ao sul. Politicamente falando, a região foi dividida em poderosas cidades-Estados independentes que alcançaram seu maior poder no século VI a.C. Povoações etruscas se estabeleceram também no Vale do Pó, incluindo Felsema (Bolonha), Mântua e Ravena, e na Campânia, onde os principais centros foram Cápua, Nola e Pompéia. Além disso, há uma série de sítios arqueológicos próximos a Salerno.

nais, 616-579 a.C.), o qual segundo nossas fontes transformou o aspecto do centro urbano de Roma. Os testemunhos arqueológicos corroboram a tradição histórica, que pode dar informação fidedigna sobre o último século da monarquia.

Tarquínio Prisco foi um etrusco que emigrou para Roma, onde foi aceito nos círculos mais influentes, sendo eleito após a morte de Anco Márcio. Governou por mais de 35 anos e foi sucedido Sérvio Túlio, um homem de origem incerta que se apoderou do trono numa revolução palaciana seguida do assassinato de Tarquínio. O longo e próspero reinado de Sérvio teve um violento final quando também ele foi assassinado, num golpe levado a cabo por seu genro e sucessor, Tarquínio II, que por sua vez era filho ou neto de Tarquínio I. Também conhecido como Tarquínio, o Soberbo, foi um governante despótico e brutal, finalmente derrubado em 509 a.C. por um grupo de aristocratas que estabeleceram um governo republicano.

A história é muito simples, ainda que a realidade possa ter sido mais complexa. Por exemplo, o imperador Cláudio descobriu alguma informação sobre um rei de Roma chamado Mastarna, que não aparecia na lista tradicional dos sete reis citados nas obras dos historiadores. Esse dado sugere que pode ter havido mais de três reis de Roma no século VI a.C. e que a história dinástica desse período foi mais confusa do que pretende a tradição.

O mesmo se pode dizer da queda da monarquia. Disse-se que esse acontecimento teve lugar devido à violação de Lucrécia por um dos filhos de Tarquínio. Este foi expulso, mas tentou voltar a Roma com a ajuda do *lars* Porsena de Clúsio. Ainda que as histórias convencionais sustentem que o ataque de Porsena foi repelido pelos romanos, graças em parte a Horácio e seus dois companheiros, que defenderam a ponte, outras fontes históricas asseguram que Porsena conseguiu realmente conquistar Roma. Essa versão menos grata parece mais plausível que a mais patriótica (e romântica), e até pode ser que a derrubada da monarquia tenha sido causada não pelo destino de Lucrécia, mas pelo exército invasor do *lars* Porsena. Seja como for, os pormenores da história são de importância secundária. O que importa é que os elementos estruturais principais estejam bem fundamentados e nos permitam fazer generalizações sobre o caráter da sociedade romana no período tardio da monarquia.

O primeiro ponto digno de menção é que se deu uma mudança notável no caráter da própria monarquia. Os últimos reis baseavam sua posição no apoio popular e desafiavam o poder e os privilégios dos aristocratas. Desse modo, Tarquínio I obteve o trono por aclamação das massas e colocou homens novos no Senado. Sérvio Túlio e Tarquínio II foram além disso ao rejeitar abertamente os procedimentos tradicionais e opor-se com todas as suas forças à aristocracia. Ambos alcançaram o poder por meios ilegais e governaram sem se preocupar em obter a aprovação dos deuses nem o voto dos *comitia curiata*. Tarquínio II ignorou totalmente o conselho do Senado, matou seus mais destacados membros e se comportou como um tirano. A comparação mais exata deve ser feita com os tiranos que governavam muitas das cidades gregas durante este mesmo período.

Assim como os tiranos gregos, os três últimos reis de Roma levaram a cabo uma ambiciosa política exterior, fomentaram as artes e empreenderam grandes projetos arquitetônicos. Os tiranos gregos igualmente tentavam legitimar sua posição atribuindo-se um especial e pessoal favor dos deuses; por exemplo, Pisístrato de Atenas se apresentava como protegido de Atena. Da mesma forma, ao que parece, Sérvio Túlio alegou ter certo parentesco com a deusa Fortuna, para a qual construiu um templo no Forum Boarium (as escavações revelaram, na verdade, parte dos alicerces de um templo arcaico nesta parte da cidade, datado precisamente de meados do século VI a.C.).

Mas o traço mais notável da tirania foi seu caráter populista. Os tiranos expropiaram os bens de seus adversários e os distribuíram entre seus amigos e partidários; ao mesmo tempo, anularam os privilégios oligárquicos e ampliaram o direito de voto para grupos maiores. Dentro desse contexto é que devemos considerar as "reformas constitucionais" de Sérvio Túlio. Disse-se que foi Sérvio quem criou os *comitia centuriata*, uma nova assembléia em que os cidadãos se distribuíam em unidades de voto chamadas centúrias, classificadas de acordo com a quantidade de bens que possuíssem e com a capacidade militar segundo as armas e armaduras que pudessem custear.

As fontes atribuem a Sérvio a criação de um complexo sistema que compreendia cinco classes de infantaria classificadas segundo sua riqueza e suas possibilidades de armar-se. Esse sistema, portanto, não pode ser datado em um período anterior ao século VI. Mas não existe razão alguma para duvidar que Sérvio tenha introduzido a organização do centuriato. É provável que devamos atribuir a ele um sistema mais simples, do qual temos algumas referências em fontes antigas, nas quais se fala de uma espécie de infantaria. Esta se compunha de homens que possuíam uma quantidade mínima de bens e eram chamados *adsidui*, para distingui-los dos pobres que constituíam a *infra classem* (classe inferior) e estavam excluídos do exército. Os pobres eram chamados *proletarii*, já que a única coisa que tinham eram filhos (*proles*).

Apesar dos poucos dados que possuímos, a interpretação mais aceita é que a infantaria constava, em suas origens, de 60 centúrias (em épocas posteriores, esse número foi a dotação corrente de uma legião romana), e a cavalaria, de seis centúrias adicionais. É lógico supor que no tempo de sua introdução a centúria foi um corpo de 100 homens; ou seja, na época de Sérvio Túlio, Roma contava com uma força potencial de combate de 6.000 soldados de infantaria e 600 de cavalaria.

A reforma esteve provavelmente relacionada com a introdução de técnicas militares mais aperfeiçoadas e de um método disciplinado de combate em formação cerrada. Disse-se que os romanos aprenderam essas novas táticas com os etruscos, que por sua vez as tinham tomado da infantaria pesada grega, os célebres hoplitas. Os hoplitas, assim como os *adsidui* de Sérvio, tinham bens suficientes para poder-se equipar por si mesmos. As melhorias introduzidas no exército deram a esses homens os meios necessários para intervir em questões políticas, e freqüentemente se viu que os tiranos eram capazes de chegar ao poder e desafiar os aristocratas graças ao apoio dos hoplitas.

Também se disse que Sérvio modificou as bases da cidadania ao criar novas tribos locais, às quais os novos cidadãos eram destinados segundo sua residência. Isso teve por resultado conceder o direito de voto a grande número de imigrantes e a outras pessoas que não eram membros das *curiæ* e tinham sido até então excluídas do conjunto dos cidadãos. A partir desse momento, caíram em desuso as velhas tribos de Rômulo e as *curiæ*.

O caráter popular e aristocrático do regime dos últimos reis é confirmado pela posterior atitude romana com respeito à autoridade monárquica. No período republicano, a simples idéia do rei provocava uma aversão patológica. É difícil crer que ela se devesse unicamente à lembrança popular dos crimes de Tarquínio II; é muito mais provável que fosse uma manifestação da profunda ideologia aristocrática da classe governante da República. Esta classe era dominada por uma reduzida oligarquia de "nobres" que reclamavam o direito exclusivo de competir pelos cargos de poder e influência, e dignificavam essa situação com o nome de "liberdade" (*libertas*). Os romanos sempre tiveram consciência da incompatibilidade básica entre monarquia e libertas, e, tomando precauções contra a implantação da primeira, esperavam defender e conservar a segunda. A tradição é provavelmente exata quando diz que duas das primeiras ações dos novos líderes da República foram fazer o povo jurar que não permitiria nunca a nenhum homem ser rei de Roma, e legislar contra quem quer que ambicionasse uma posição monárquica no futuro; mas a idéia que realmente horrorizava os nobres era que um deles tentasse situar-se acima de seus iguais ao defender as necessidades das classes baixas e por isso ganhasse o apoio delas.

Isso explica por que todas as acusações sérias de monarquismo (*regnum*) na República foram dirigidas contra dissidentes da minoria governante, cujo único delito, pelo que nós podemos saber, foi destinar seus esforços e recursos pessoais a ajudar os pobres. Este foi o caso do desafortunado Espúrio Maélio, executado em 440, e de M. Mânlio, que padeceu um destino similar em 382. Posteriormente, o assassinato dos Gracos também foi justificado com o pretexto de que os irmãos tinham ambicionado a dignidade real. Por mais absurda que essa acusação possa parecer, na verdade não foi simples retórica. Naquela época, não se duvidou que a sincera crença dos que abertamente expressavam seu ódio à monarquia ocultasse um medo inconsciente das classes baixas.

Abaixo: O "Lapis Niger" é o documento público mais antigo de Roma. A inscrição fragmentária em pedra, que foi encontrada numa área de mármore negro que pavimentava o foro, data provavelmente do princípio do século VI a.C. O texto, escrito num latim muito arcaico, não pode ser interpretado completamente, mas parece uma espécie de prescrição ritual para a realização de um culto ou a manutenção de um santuário.

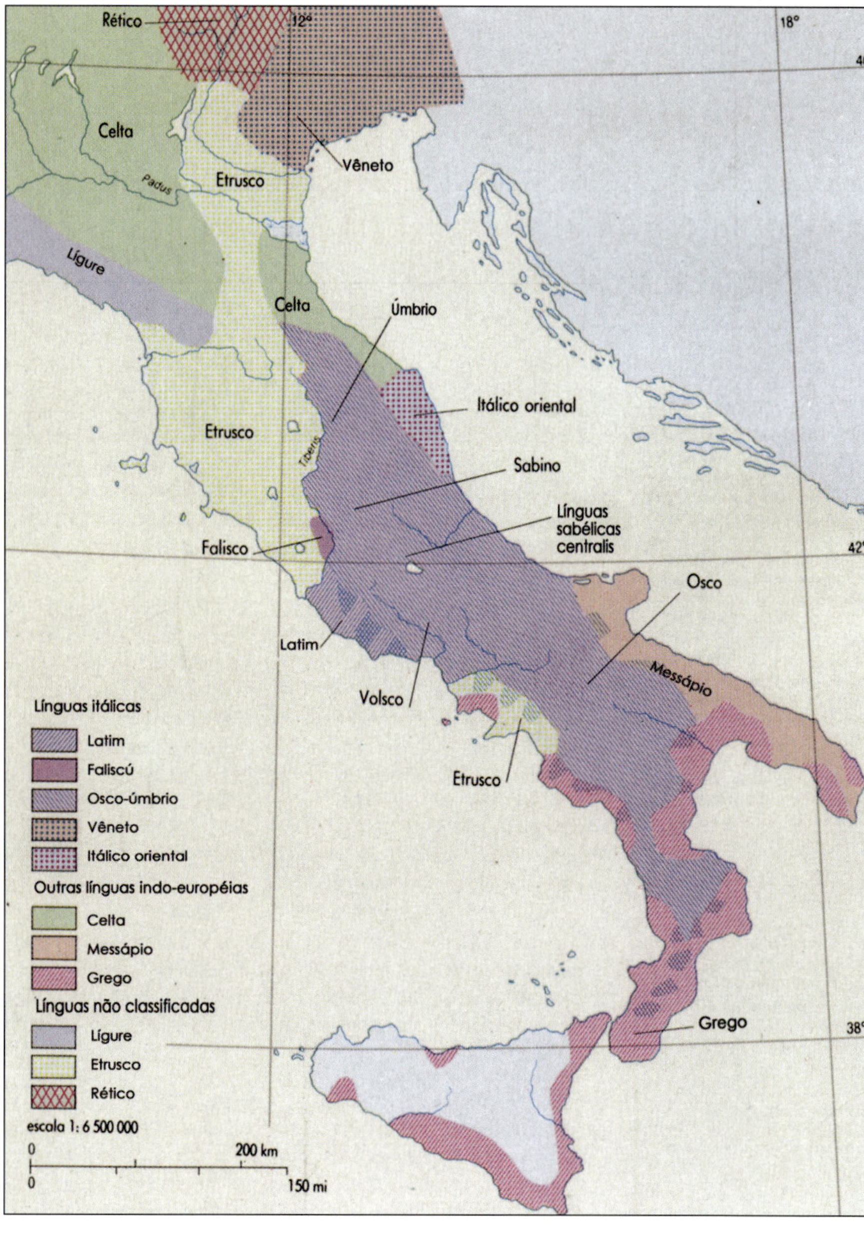

Colônias gregas e fenícias no Mediterrâneo ocidental.

Acima: Moeda de P. Pórcio Laeca, de 110 ou 109 a.C. A *provocatio* ou direito de apelar para o povo foi considerado um elemento fundamental da cidadania romana. A moeda mostra a *provocatio* em ação e traz escrita a legenda *provoco* ("eu apelo").

Esquerda: As línguas da Itália pré-romana, 450-400 a.C. Antes da conquista romana, a Itália era uma região de grande diversidade étnica, cultural e lingüística. Nosso conhecimento das línguas da Itália romana é muito limitado, mas, ao examinarem os pobres restos de inscrições, nomes de lugares e outras indicações, os eruditos puderam dividir as línguas proto-italianas em diversos grupos. A divisão principal é entre línguas indo-européias e não indo-européias (o exemplo mais importante dessas últimas é o etrusco).

A Roma primitiva e os etruscos

A visão tradicional, que considera o final da monarquia como uma reação à tirania, é sem dúvida mais convincente do que uma teoria moderna que interpreta a expulsão dos Tarquínios como um momento de libertação nacional e o final de um período de dominação etrusca em Roma. É verdade que os Tarquínios eram de origem etrusca, mas isso não quer dizer que algum poder etrusco tivesse Roma sob seu domínio. A tradição afirma que Roma foi uma cidade independente sob os reis, e não há nenhuma prova que indique o contrário (além do breve episódio do *lars* Porsena).

Por outro lado, é evidente que a vida cultural de Roma está fortemente incluída na civilização da Etrúria, fato plenamente admitido pela tradição. Por exemplo, as insígnias reais, especialmente os *fasces*, feixe de varas e machados que simbolizam os poderes reverenciais do possuidor de *imperium*, foram tomados da Etrúria, como o foram igualmente os jogos, a cerimônia do triunfo e certas práticas e cultos religiosos. Os deuses etruscos também foram adotados por Roma; foram encontradas nas escavações numerosas amostras de cerâmica *bucchero*, e existem provas de que começou a produzir-se cerâmica local que a imitava. A influência etrusca é patente também na arquitetura e nas artes decorativas, e a presença de artesãos etruscos é assinalada pelo fato de Tarquínio II ter mandado chamar um escultor de Veja chamado Vulca para fazer a estátua do grande templo de Júpiter.

Algumas inscrições etruscas de Roma mostram que a maioria de seus habitantes era latinófona. A língua latina apresenta muito poucos traços de influência etrusca, o que seria surpreendente caso a cidade tivesse estado sob domínio etrusco durante um longo período. Além disso, o latim foi o idioma usado nos documentos públicos, como, por exemplo, a inscrição situada na parte inferior da célebre Pedra Negra, que data do princípio do século VI a.C. Que certo número de famílias etruscas tivesse residência fixa em Roma está demonstrado pela presença de nomes etruscos entre os cônsules dos primeiros anos da República. Isso demonstra, em parte, que o fim da monarquia não implicou a expulsão maciça dos etruscos que viviam na cidade.

Pelo que indicam os dados, os romanos aceitaram sem reticências os imigrantes dentro de sua sociedade. Esse curioso traço da Roma arcaica, completamente aceito pela tradição histórica, parece haver sido também característico de algumas das cidades etruscas, onde as inscrições revelaram a presença de famílias de origem grega, latina e itálica. Esses testemunhos fazem supor a existência de importantes movimentos migratórios que permitiam a livre circulação de indivíduos e grupos que se mudavam de uma comunidade para outra. Estes eram aceitos e se integravam dentro de sua estrutura social e até em seus mais altos níveis. Dessa forma, a história do ancião Tarquínio, que abandonou por decisão própria Tarquínia para buscar a sorte em Roma, poderia ser outro exemplo que daria maior credibilidade às fontes literárias que às teorias modernas que pretendem substituí-las.

Esquerda: Importante inscrição arcaica encontrada em 1977 durante as escavações no templo de Mater Matuta em Sátrico, ao sul do Lácio. A parte conservada do texto diz: "Os camaradas de Públio Valério o dedicaram a Marte". O Públio Valério em questão pode ser o grande Públio Valério Publícola, um dos primeiros cônsules da República; no entanto, a importância real do texto reside em que confirma o retrato de uma sociedade dominada por grupos de guerreiros que prestavam lealdade aos líderes e clãs aristocráticos.

As origens da República romana

Em 509 a.C., um grupo de aristocratas expulsou Tarquínio e pôs fim à monarquia. Em seu lugar, instituiu uma magistratura colegiada, na qual dois homens compartilhavam o poder supremo. Os cônsules, como foram chamados depois (no princípio eram conhecidos simplesmente como "pretores", e aqui o termo cônsul é utilizado para evitar confusões), eram escolhidos pelos *comitia centuriata* e desempenhavam o cargo pelo período de um ano. Não era permitida a reeleição em períodos consecutivos. Os cônsules tinham *imperium* (ainda que fossem obrigados a acatar o voto dos *comitia centuriata*) e conservaram todos os sinais externos da monarquia, embora os fundadores da República dispusessem que os cônsules deviam possuir os fasces por turnos, para não dar a impressão de haverem substituído um rei por dois.

Mas o poder dos cônsules era limitado em outros aspectos mais importantes. Segundo a tradição, no primeiro ano da República foi aprovada uma lei que deu às cidades o direito de recorrer (*provocatio*) ao povo contra uma decisão de um magistrado. Alguns especialistas põem em dúvida a autenticidade dessa lei e a consideram um precedente fictício de leis similares aprovadas em 449 e 300 a.C.; mas não há provas disso, e a tradição não é, naturalmente, tão incerta como se pretende. Sua liberdade de ação, além do mais, era limitada pelo fato de seu cargo ser colegiado e anual. Os princípios paralelos de "colegialidade" e "anualidade" se transformaram em elementos básicos da prática constitucional romana e foram aplicados a todas as magistraturas posteriores; a única exceção (parcial) foi a ditadura. O princípio colegiado pretendia que os projetos de qualquer cônsul pudessem ser frustrados pela intervenção de seus colegas, já que se acordou que em qualquer disputa devia prevalecer a opinião negativa. A limitação do mandato do cônsul a um ano reduzia igualmente as possibilidades de prejudicar o restante e assegurava que a continuidade de governo e a direção política do sistema dependessem do Senado, no qual se elegiam os cônsules e ao qual estes retornavam. De fato, ainda que o Senado só pudesse aconselhá-los, já que seus membros mais influentes tinham sido cônsules antes, sua opinião determinava de fato as ações dos que exerciam o cargo por um tempo. O Senado foi uma encarnação viva da tradição romana e o depositário da sabedoria e da experiência políticas. Na prática, era o corpo governante de Roma, e os magistrados, meros executores.

A única exceção a essas regras básicas foi a ditadura, instituída em 500 a.C. Em casos de excepcional perigo, os cônsules podiam nomear um ditador para que atuasse como comandante supremo e cabeça do Estado. Ele tinha um ajudante, o chefe da cavalaria, subordinado estritamente ao ditador. Não cabia apelação contra um ditador, que não podia ser discutido por seus colegas; por outro lado, a duração de seu cargo era apenas de seis meses.

Entre outros magistrados, estavam os questores, que ajudavam os cônsules; eles eram eleitos por votação popular a partir de 447 a.C., e os censores, eleitos pela primeira vez no ano de 443. Estes se encarregavam das tarefas que antigamente tinham desempenhado os cônsules; a mais importante de suas obrigações era levar a efeito o censo da comunidade, fixar os direitos e obrigações dos cidadãos e designá-los para as tribos e centúrias correspondentes. Os censores eram eleitos de quatro em quatro ou de cinco em cinco anos, e exerciam o cargo por dezoito meses.

O novo sistema constituía um conjunto muito sofisticado de instituições políticas que, pelo que sabemos, não tinham comparação no mundo grego nem na Etrúria. Por essa razão, alguns especialistas duvidaram que uma instituição única como o consulado pudesse haver surgido da nada no início da República, argumentando, em contrapartida, que o consulado se desenvolveu gradualmente a partir de um sistema mais primitivo em que o Estado era governado por um ditador anual ou um único magistrado principal (*praetor maximus*). Mas não há nenhuma prova convincente que apóie essas teorias.

De fato, existem bons motivos para pensar que os fundadores da República estavam muito longe de ser políticos inexperientes. Uma de suas inovações mais ousadas foi a nomeação de um oficial destinado a encarregar-se das antigas funções religiosas do rei. Esse oficial foi chamado rex *sacrorum* (rei dos sacrifícios). Suas funções eram puramente religiosas e não lhe era permitido ocupar nenhum outro cargo. A proibição foi sem dúvida concebida para evitar que o título de "rei" se associasse um determinado traço ou poder político. Segundo A. Momigliano, "o duplo consulado não foi uma forma usual de governo e implicou certa maturidade. A maturidade dos homens que criaram o *rex sacrorum* para isolar e anular o poder sagrado dos reis. Nós vemos atrás disso uma aristocracia vigilante e inquieta trabalhando no início da República romana".

Mas, apesar de sua complexidade, o novo sistema não pôde (nem se propôs a isso primordialmente) assegurar um governo estável e bem ordenado. Ao contrário, a história política e militar de Roma no primeiro meio século de existência da República é uma imagem confusa de tumulto e desordem. Parece que a autoridade fortemente centralizada estabelecida pelos reis, e que desa-

Abaixo: Moeda de L. Cássio Ceciano (102 a.C.). O busto de Ceres no anverso rememora a dedicação do templo plebeu de Ceres no Aventino por Espúrio Cássio em 493 a.C.

pareceu com a queda de Tarquínio, abriu caminho para um ressurgimento da rivalidade entre poderosos grupos e indivíduos, que conseguiram retomar suas atividades à margem do controle do Estado e atuar com exércitos próprios de subordinados e clientes.

O melhor exemplo dessa situação é a história do líder sabino Átio Clauso, que emigrou para Roma em 504 a.C. com 5.000 clientes e subordinados; assumindo o nome de Ápio Cláudio, foi admitido no Senado e se transformou no antecessor da *gens* Cláudia. Outros exemplos do mesmo fenômeno são a tentativa de golpe de Estado de Ápio Herdônio, que em 460 a.C. ocupou o Capitólio com um grupo de 4.000 clientes, e a guerra privada dos Fábios e seus clientes, que em 477 a.C. foram aniquilados pelos etruscos na batalha do Rio Crêmera. A importância política dos Fábios nesse período é confirmada pelo fato de, por sete anos consecutivos a partir de 479 a.C. (momento do início da campanha de Crêmera), um dos cônsules ter sido sempre um Fábio; após o desastre de Crêmera, os Fábios ficaram afastados do consulado até 467.

A visão geral de uma sociedade dominada por grupos fechados sob a liderança aristocrática pode ser confirmada graças ao recente achado de uma inscrição, procedente de Sátrico, em honra a Marte, dos "companheiros de Públio Valério". A inscrição data aproximadamente de 500 a.C., o que aumenta a possibilidade de que o célebre P. Valério Publícola fosse um dos fundadores da República. A questão mais importante é assinalar a existência de um grupo de homens que se autodefinissem não como cidadãos de um Estado ou membros de um grupo étnico, mas como companheiros de um chefe. A palavra latina *sodales*, aqui traduzida por "companheiros", implica um grupo unido por um forte sentimento de solidariedade e lealdade a serviço de um ou vários chefes. A mesma palavra é também utilizada por Tito Lívio para qualificar os seguidores dos Fábios em Crêmera. Semelhantes agrupamentos se encontram em muitas sociedades aristocráticas: podemos recordar, por exemplo, os celtas *ambati* (circundantes), que acompanhavam os capitães gauleses e que foram considerados por César como similares aos clientes (*Guerra das Gálias*, 6.15).

Parece que essa estrutura social teve seu apogeu durante um breve período que se seguiu à desintegração do regime centralizado e ordenado dos reis. Muitas das instituições cívicas criadas sob os últimos reis devem ter caído em desuso quando os aristocratas se assumiram o poder em 509 a.C. Devemos supor, por exemplo, que o sistema centurial de Sérvio Túlio fosse bastante impreciso e ineficaz no tempo da batalha de Crêmera. Mas o ímpeto aristocrático terminou no segundo quarto do século V. Isso sucedeu, em parte, em conseqüência da catástrofe de Crêmera, que foi na verdade mais um de uma série de reveses militares. Mas o desafio principal à ordem aristocrática proveio de um fator completamente novo, que começou a fazer-se sentir naqueles anos: esse fator era a recém-organizada força da *plebs*.

A ascensão dos plebeus

A história de Roma durante os dois primeiros séculos da República é dominada pelo conflito entre os patrícios e os plebeus. Ainda que as fontes de que podemos nos socorrer ofereçam muitos dados sobre essa luta, conhecida como "luta de classes", infelizmente não temos condições de entendê-la. A explicação desse paradoxo é que os principais problemas suscitados no conflito foram resolvidos muito antes de terem nascido os primeiros historiadores de Roma, e, portanto, estes só podiam ter uma vaga idéia da natureza dos conflitos que tentavam descrever. As narrativas que remanesceram são cheias de anacronismos e distorções; são poucos os fatos inequívocos, e qualquer reconstituição moderna está condenada a não passar de mera suposição.

Entenderíamos muito melhor a história do conflito se soubéssemos como definir os patrícios e os plebeus. O que as fontes dizem sobre as origens de tal distinção é certamente insuficiente e, ao menos em parte, incorreto. Segundo elas, os patrícios eram os descendentes dos primeiros senadores eleitos por Rômulo. Algo de verdade há nisso, porque os patrícios foram um conjunto de famílias senatoriais com certos privilégios hereditários, um dos quais era, provavelmente, o direito a um lugar no Senado. O Senado, na verdade, era composto de dois grupos, os pais e os conscritos (*padres et conscripti*), dos quais apenas os primeiros eram patrícios. Se os pais patrícios eram senadores hereditários, os *conscripti* eram possivelmente o equivalente dos pares medievais.

Os senadores patrícios tiveram certas prerrogativas durante a República. Por exemplo, eram eles quem elegia o *interrex* (que era patrício), sempre que necessário. Igualmente, eles monopolizavam os sacerdócios, tinham o direito exclusivo de receber os auspícios e possuíam a *auctoritas* pela qual eram aprovadas as decisões dos *comitia*. A partir disso, deduz-se que o status patrício se baseava na posse hereditária de certos privilégios religiosos, talvez outorgados (durante a monarquia) a um grupo concreto de famílias, quando o *interregnum* era uma instituição regular e importante.

No entanto, não podemos pensar que a classe governante romana fosse, desde os primeiros tempos, exclusivamente patrícia. Essa possibilidade parece excluída pelo fato de quatro reis e alguns dos primeiros cônsules, incluindo o próprio Bruto, terem sido plebeus ou, pelo menos, tinham nomes que depois foram considerados plebeus. A interpretação mais provável é que as famílias sacerdotais dos patrícios participaram de forma destacada no estabelecimento da República e ampliaram gradualmente sua influência durante os primeiros anos desta, sem dúvida fazendo pleno uso de suas prerrogativas religiosas, até adquirirem o virtual monopólio do poder político. A partir de 486 a.C., 77% dos cônsules foram patrícios: essa proporção aumentou até 90% nos anos compreendidos entre 485 e 445. A desgraça e a execução de Espúrio Cássio, o cônsul plebeu de 486, podem ser incluídas nesse processo, denominado "encerramento do patriciado". A fase final chegou em 450 com a proibição de matrimônios entre as diferentes ordens.

A ascensão da *plebs* teve um desenvolvimento paralelo, mas suas origens são ainda mais obscuras. O termo *plebs* se emprega às vezes para designar todos os cidadãos romanos que não fossem patrícios, mas certamente não foi esse o significado original. No latim clássico, o termo também tem o significado mais específico de "as massas" ou "o povo simples", em frases como *plebs urbana* (plebe urbana). É provável que a *plebs* fosse em sua origem um grupo particular de pessoas sem privilégios. E é perfeitamente possível que a primitiva *plebs* não fosse um grupo bem definido, mas antes um conjunto heterogêneo de homens pobres, fracos e vulneráveis de diversas origens e antecedentes. Provavelmente incluía camponeses, artesãos, comerciantes etc. Buscar as remotas origens da *plebs* é quase com toda a certeza o modo como não se deve tratar o problema. O importante é que os plebeus entraram na história durante os primeiros anos da República, quando surgiram como um movimento organizado; e é descrevendo essa organização e investigando seus propósitos que esperamos compreender melhor a *plebs* romana.

Em 494 a.C., os plebeus, angustiados pelas dívidas e pela opressão, retiraram-se da cidade e ocuparam o Monte Sacro (ou, de acordo com uma tradição alternativa, o Aventino). Ali se organizaram no que equivalia a um Estado independente ou "Estado dentro de um Estado". Criaram uma assembléia, o *concilium plebis*, e elegeram seus próprios representantes, conhecidos como tribunos. No princípio, houve apenas dois tribunos, mas seu número aumentou depois para dez. O tribunado começou a existir através do que os romanos chamaram *lex sacrata*. Essa foi uma resolução coletiva acompanhada de um solene juramento dos que tomavam parte. Os plebeus juraram proteger seus tribunos e invocar maldições contra quem quer que os prejudicasse. Os tribunos, desse modo, transformaram-se em "sacrossantos".

A *lex sacrata* é, por outro lado, conhecida como um traço distintivo da primitiva organização militar dos povos itálicos. Entre os samnitas, por exemplo, achamos grupos de guerreiros que juravam obedecer a seus chefes e segui-los até a morte deles. Existem igualmente claras afinidades com os grupos de companheiros ou *sodales* que, como vimos, acompanhavam os líderes aristocráticos do princípio da República. Provavelmente é verdade que os plebeus, que estavam excluídos desses grupos e não gozavam de especial proteção aristocrática, tenham resolvido formar uma organização rival que contrabalançasse os fechados agrupamentos em que se apoiava o poder dos patrícios.

Os patrícios constituíam uma pequena minoria da população total da cidade (os antigos romanos calculavam que havia 136 famílias patrícias em 509 a.C.), e foram capazes de controlar o Estado graças apenas ao apoio de seus clientes. Estes últimos parecem ter desfrutado em muitos casos de uma posição cômoda, que eles deviam aos patrões de que dependiam; desse modo, tinham interesse em preservar o *status quo*. Os clientes dos patrícios podiam comprar suas próprias armas e estavam incorporados à classis sérvia, que provavelmente chegaram a dominar. Isso explica por que os patrícios conservaram sua privilegiada posição e o pescoço por cerca de duzentos anos.

A organização da *plebs* foi um poderoso e potencial instrumento de mudança. Sua força provinha fundamentalmente de sua solidariedade coletiva e não de nenhuma autorização legal, ainda que com o tempo os patrícios se tenham visto obrigados a reconhecer as instituições plebéias através de uma série de decretos como a *lex Publilia*, de 471 a.C., e as leis de Valério-Horácio, de 449. A fase final desse processo teve lugar em 287, quando as resoluções da assembléia plebéia (*plebiscita*) receberam pleno apoio da lei. A arma fundamental da *plebs* foi a "secessão", uma forma extrema de desobediência civil a que se recorreu pelo menos cinco vezes entre 494 e 287 a.C. Em tais ocasiões, a *plebs* se retirou maciçamente da cidade para o Aventino, que se transformou no centro por excelência da atividade plebéia.

Em 493 a.C., ano que se seguiu à primeira secessão, o cônsul Espúrio dedicou um templo a Ceres, Líber e Líbera no sopé do Aventino. O templo se transformou num importante centro de culto plebeu e foi, por sua vez, usado como tesouraria e arquivo. Ao mesmo tempo, a *plebs* criou dois cargos, chamados edis, cujo trabalho consistiu na manutenção e administração do templo (*aedes*).

Os tribunos das *plebs* chegaram a ser sumamente importantes. Ainda que não fossem magistrados no sentido estrito e não tivessem *imperium*, possuíam um poder efetivo (*potestas*) que lhes permitia atuar como se fossem magistrados. Podiam impor sua vontade por coação (*coercitio*), estabelecer multas, prender e até aplicar a pena de morte. Devido à sua inviolabilidade pessoal, os tribunos podiam proteger os indivíduos plebeus dos maus tratos dos cônsules, dando-lhes assistência (*auxilium*). Além disso, estavam capacitados para "interceder" nos procedimentos gerais legislativos, deliberativos e executivos dos órgãos oficiais do Estado e, desse modo, paralisar seus trâmites. Era o famoso "veto" tribunício (*intercessio*).

Os principais objetivos da agitação plebéia nos primeiros anos eram conseguir uma diminuição das dívidas e uma distribuição mais eqüitativa das riquezas, especialmente a terra. Em matéria de dívidas, os plebeus parecem ter-se mostrado especialmente preocupados com uma forma de escravidão por dívida chamada *nexum*. Essa prática não é claramente definida em nossas fontes. A interpretação mais verossímil é que o *nexum* fosse um contrato pelo qual um homem livre oferecia seus serviços como fiança de seu empréstimo; se faltasse à sua obrigação de pagar o empréstimo (com um juro adicional previamente estabelecido), podia ser obrigado a trabalhar em pagamento da dívida. O *nexus* não era um escravo, porque continuava a ser um cidadão e, ao menos em teoria, conservava seus direitos legais. A condição de *nexum* estendeu-se muito e foi a origem de um intenso rancor, talvez devido ao fato de os *nexi* estarem, na prática, sujeitos a todos os tipos de abusos e virem que era quase impossível livrar-se da situação de escravidão. A agitação plebéia contra o *nexum* continuou até este ser totalmente abolido por uma *lex* de 326 ou 313 a.C., a *lex Poetilia*.

O segundo motivo de queixa da *plebs* foi o apetite de terras. De acordo com a tradição, os lotes de terra que os camponeses possuíam na Roma primitiva eram sumamente pequenos. Diz-se que Rômulo entregou a cada um de seus seguidores uma parcela de terra de dois *iugera* ou jugadas (1 *iugerum* = 0,25 hectares) como *heredium* (propriedade hereditária). Outras fontes afirmam que o tamanho normal de um terreno camponês nos primeiros tempos foi de sete *iugera*. Mas, já que esta última cifra representava menos da metade

Roma e seus vizinhos durante a monarquia. A extensão do território romano no primeiro período monárquico (por volta de 700 a.C.) foi comemorada no festival de *Ambarvalia*, um tipo de cerimônia de "golpeadores dos limites" que se realizava todos os anos em maio, e na qual os sacerdotes romanos (os "irmãos arvales") traçavam uma fronteira que se estendia alguns poucos quilômetros ao redor da cidade. Segundo nossas fontes, as conquistas feitas sob os reis levaram os confins do território romano até as colinas albanas, no Sul, e pelo Oeste até a desembocadura do Tibre, onde Anco Márcio estabeleceu um forte em Óstia. O mapa mostra a extensão aproximada dos territórios de várias comunidades latinas no final da monarquia. Como se pode observar, os limites são conjecturais e seguem as linhas sugeridas por K. J. Beloch, que estimou suas respectivas áreas como se segue (em quilômetros quadrados): Roma 822; Tíbur 351; Preneste 262,5; Árdea 198,5; Lavínio 164; Labico 72; Nomentana 72; Gábios 54; Fidenas 50,5; Túsculo 50; Arícia 44,5; Pedo 42,5; Crustuméria 39,5; Ficúlea 37. Aceitamos essas cifras coma ordem de magnitude. Roma ocupava, assim, mais de um terço do território do Lácio e ostentava o comando político da região. Esse quadro geral é confirmado pelos achados arqueológicos, que permitem concluir que Roma era um Estado rico e poderoso no final do século VI, e pelo texto do tratado com Cartago (509 a.C.), em que a hegemonia de Roma no Lácio é reconhecida explicitamente.

do mínimo requerido para que uma família pudesse subsistir, devemos supor que os camponeses tivessem acesso a outras terras. A explicação mais provável é que os camponeses contavam com acesso às terras públicas, o *ager publicus*. Esta era terra pertencente ao Estado, em sua origem adquirida por conquista, e que podia ser ocupada e utilizada como pasto pelos fazendeiros. Mas parece que na época inicial a terra pública passou para as mãos dos ricos patrícios, que a anexaram a suas propriedades e reduziram os pobres à dependência, ao obrigá-los a pagar uma parte do produto do uso das terras. A agitação pela redistribuição do *ager publicus* é bastante documentada durante o século V a.C. Essas informações não deveriam ser rejeitadas como anacrônicas e podem ajudar-nos a conhecer a situação social da era dos Gracos. A necessidade de terras, a pobreza e as dívidas eram características constantes da sociedade romana, presentes desde os primeiros tempos.

A *plebs* pediu também que a lei fosse codificada e publicada. A campanha em favor dessa medida levou, em 451, à suspensão da Constituição e à nomeação de dez legisladores (os "decênviros"). Os decênviros estiveram no poder por dois anos, nos quais publicaram doze "Tábuas" de leis. No entanto, em 450 começaram a abusar de sua posição e foram destituídos. Os cônsules L. Valério e M. Horácio aprovaram, em 449, uma série de leis que reafirmaram os direitos dos cidadãos e reconheceram as instituições plebéias.

As Doze Tábuas foram a base da lei romana. O texto integral não se conservou, mas pode reconstituído em sua maior parte a partir das citações. Escritas em língua arcaica, elas tomam a forma de concisas regras e proibições. Por exemplo: "Se ele for intimado a comparecer a um tribunal, deixa-o ir. Se não for, chame-se uma testemunha. Então ela o deterá" (1.1). "Se alguém mutilou um membro de outro, se não chegar a um acordo com ele, deve haver vingança" (8.2). As Doze Tábuas não eram um código sistemático no sentido moderno. Os principais temas tratados nelas são a família, o matrimônio e o divórcio, a herança, a posse e a transferência de propriedade; ofensas e delitos, dívidas, escravidão e *nexum*. Por outro lado, omitiam tudo quanto se referisse a leis públicas.

As Doze Tábuas são uma mescla de codificação e inovação. A principal inovação foi a proibição de matrimônios entre patrícios e plebeus. Esse decreto provocou uma onda de protestos, e logo foi revogado pelo tribuno C. Canuleu (445 a.C.). Além dessa cláusula claramente excepcional, as Tábuas deram igualdade de direitos a todos os cidadãos livres, que era o que reivindicavam os plebeus. Não obstante, os indivíduos ainda podiam levar seus adversários ao tribunal e executar a sentença por si mesmos. Além disso, em tais leis não eram codificadas as sentenças, que continuaram a ser um mistério para a maioria dos romanos. Essas circunstâncias permitiam que os cidadãos fracos e vulneráveis encontrassem pouca proteção na lei e continuassem a depender da proteção dos ricos e poderosos.

Roma e seus vizinhos

Sob os primeiros reis, Roma foi uma reduzida povoação cujas relações exteriores se limitavam a guerras locais e pequenas disputas com seus vizinhos. A tradição literária fala de campanhas contra a cidade etrusca de Veja, a cujo território, partindo de Roma, se chegava atravessando o Tibre, e contra as povoações dos "antigos latinos" a noroeste de Roma, na região situada entre o Tibre e o Arno. Essas povoações (Antemna, Cornículo, Ficúlea etc.) eram citadas repetidas vezes nos relatos das guerras dos primeiros reis, mas desapareceram deles no século VI, quando se ampliaram os horizontes de Roma.

Nos primeiros tempos, o território de Roma se estendia cerca de sete quilômetros em todas as direções e media por volta de 150 quilômetros quadrados no total. Mas essa superfície aumentou consideravelmente no período da realeza. Túlio Hostílio conquistou Alba Longa e incorporou seu território ao de Roma, enquanto Anco Márcio levou as fronteiras do Estado romano até a costa e anexou, entre outras, Politório e Ficana. No século VI, Roma estendeu sua influência a uma grande área geográfica e começou a ter relações não apenas com os centros históricos do Lácio, como Tíbur, Lavínio e Árdea, mas também com as cidades da Etrúria e da Magna Grécia. Teve vínculos comerciais com Cartago e, durante o reinado de um dos Tarquínios, estabeleceu relações amistosas com a colônia grega de Massília (Marselha), que duraram até os tempos imperiais.

Ao que parece, Sérvio Túlio ergueu, em honra de Diana, um santuário no Aventino, que se transformou em centro de culto comum da federação dos Estados latinos sob a liderança de

Roma. A criação desse culto, junto com os nomes das cidades latinas que tomavam parte, foi registrada numa inscrição arcaica que ainda se podia ver no Aventino no tempo de Augusto.

O templo de Diana foi mais um entre os diversos lugares de culto compartilhados por alguns ou por todos os povos latinos. O mais venerado desses santuários era o do Monte Albano (Monte Cavo), onde todos os anos costumavam reunir-se os representantes dos Estados latinos para celebrar uma festa em honra de Júpiter Latiáris. Outros cultos comuns de características similares eram celebrados em Lavínio, Árdea e no Monte Corne, perto de Túsculo. Essas celebrações deram expressão a um sentimento de afinidade entre os latinos, que compartilhavam a mesma língua e cultura e uma crença na origem racial comum. É possível que Sérvio Túlio tentasse explorar essa antiga união religiosa para fins políticos e para realçar a posição de Roma, transformando-a num novo centro religioso do Lácio. Nossas fontes assinalam que Roma foi, sob Sérvio Túlio, o principal poder militar do Lácio, e que seu sucessor, Tarquínio II, conseguiu uma hegemonia sobre os outros latinos. Dizia-se que ele havia fundado uma liga ou federação política de Estados latinos que se reunia no bosque de Ferentina (*Lucus Ferentinae*), perto de Arícia; e utilizou essa liga para organizar empresas militares conjuntas sob a liderança romana.

A opinião de que Roma era já no século VI a principal cidade do Lácio é bem fundamentada. Em primeiro lugar, isso é confirmado pelo que conhecemos da extensão da cidade e de seu território. Sob Sérvio Túlio, o *pomerium*, o limite sagrado da cidade, ampliou-se até incluir o Quirinal, o Viminal e o Esquilino. O resultado final, "a cidade das quatro regiões", compreendia uma extensão total aproximada de 285 hectares. Também se disse que Sérvio Túlio protegeu Roma com um muro defensivo. Até agora não há indícios arqueológicos que o confirmem. A famosa muralha sérvia, cujos impressionantes restos são visíveis ainda hoje, é da época republicana, mas pode ser que siga o traçado das primeiras fortificações. É pouco provável que Roma não contasse no período monárquico com alguma defesa, já que sabemos que outras povoações latinas (como Lavínio) possuíam muralhas no século VI. A área compreendida pelo perímetro dos muros sérvios é de 427 hectares. Mesmo aceitando a possibilidade de que houvesse grandes espaços abertos ou por edificar dentro das muralhas, não há dúvida de que no período arcaico Roma foi uma grande cidade. Um dado mais de sua extensão e prosperidade no reinado de Sérvio Túlio nos é proporcionado pela organização militar, que se compunha de uma força de 6.000 soldados de infantaria e 600 de cavalaria. Devido a ao fato de essas tropas serem recrutadas dentre as classes endinheiradas que podiam prover-se de suas próprias armas, devemos supor que a população total, incluindo mulheres, crianças, velhos, proletários, escravos e residentes estrangeiros, era bastante considerável, talvez de mais de 30.000 pessoas.

Calculou-se que em 500 a.C. o território de Roma abrangia uma área de cerca de 822 quilômetros quadrados, incluídos os novos distritos tribais criados por Sérvio Túlio. Baseando-nos no nível provável de produtividade, uma área semelhante podia abrigar uma população de entre 30.000 e 40.000 habitantes (com uma densidade normal de 40 a 50 habitantes por quilômetro quadrado), o que coincide com o número já proposto com relação ao exército sérvio, e que, de fato, deve ter sido a densidade real. As outras comunidades latinas foram, em comparação, muito pequenas. A maior delas, Tíbur, possuía um território que não chegava à metade do de Roma. Assim, o Estado compreendia mais de um terço da superfície total do Latium Vetus em 500 a.C.

A plena confirmação do poder e da importância de Roma nessa época procede de um documento que chegou até nós através do historiador grego Políbio (200-118 a.C.). É o texto de um tratado entre Roma e Cartago que data do primeiro ano da República. O tratado (que é, quase com absoluta certeza, um documento real) da por suposto que certo número de cidades é dominado pelos romanos, que, além disso, pretendem falar em nome dos latinos em geral: "Os cartagineses não ofenderão os povos de Árdea, Ântio, Lavínio, Circeios, Terracina nem nenhuma outra cidade latina submetida aos romanos. Quanto aos latinos que não o estão, não tocarão em suas cidades e, se tomarem alguma delas, entregá-la-ão aos romanos indene. Não construirão fortes em território latino. Se entrarem no território armados, não passarão nele uma noite".

O tratado representa provavelmente uma tentativa do novo regime republicano de conseguir um reconhecimento geral e reafirmar a hegemonia de Roma no Lácio. No entanto, parece que os líderes da República não conseguiram impedir que os latinos se aproveitassem da fragilidade temporária de Roma e organizaram uma resistência unida. Esta se baseou na Liga Latina já existente, que se reunia no bosque de Ferentina e de que os romanos foram excluídos nessa ocasião. A aliança anti-romana pode estar relacionada com um documento que se refere à fundação de um santuário comum em honra de Diana em Arícia por Egério Baébio de Túsculo, nomeado "ditador dos latinos". Esse ato pode ser considerado uma tentativa de criar um culto comum a Diana que substituiria o do santuário do Aventino em Roma, proporcionando um centro religioso à coalizão.

A luta que se desencadeou entre Roma e os latinos culminou numa épica batalha junto ao Lago Regilo em 499 a.C., onde os romanos conseguiram uma reduzida vitória. Cinco anos depois, o cônsul romano Espúrio Cássio redigiu um tratado que foi gravado numa coluna de bronze e colocado no Foro, onde permaneceu até a época de Sila. As duas partes do tratado eram, por um lado, os romanos e, pelo outro, todas as cidades latinas. Ele estabelecia a paz entre eles, a cooperação militar contra os ataques de terceiros e um pacto pelo qual compartilhariam o butim e outros ganhos obtidos nas guerras. O tratado deu também apoio legal à comunidade de direitos privados que havia existido entre os latinos desde época imemorial. A disposição tradicional consistia em que um indivíduo de uma comunidade latina que buscasse estabelecer-se gozava de todos os direitos e privilégios possuídos por seus habitantes e podia igualmente chegar a ser membro pleno de tal comunidade, simplesmente por instalar residência ali. Posteriormente, esses direitos recíprocos foram resumidos nos conceitos jurídicos de *conubium* (o direito de contrair matrimônio legal com uma pessoa de outro Estado), de

Abaixo: Moedas de 96 a.C. que comemoram a vitória de A. Postúmio Albino no Lago Regilo (499 a.C.). As imagens mostram uma carga de cavalaria e os gêmeos divinos, Castor e Pólux, dos quais se disse que tinham lutado do lado romano, e que depois aparecem, em outra moeda, dando de beber a seus cavalos numa fonte do Foro.

Abaixo: Essa tabuinha de ouro com inscrições, procedente do porto etrusco de Pirgo, recorda uma dedicatória do governante de Cere, provavelmente do princípio do século V a.C. O texto, escrito em etrusco, é acompanhado de uma breve versão em fenício. Isso parece indicar estreitas relações entre os etruscos e os cartagineses de fala fenícia; os cartagineses também tinham feito um tratado com Roma no princípio da República.

O Norte da Itália sob a ocupação dos celtas. Uma tradição transformada em lenda nos informa de que os celtas tiveram a tentação de invadir a Itália por causa de seus ricos produtos agrícolas, e especialmente por causa do vinho. Segundo Tito Lívio, os gauleses atravessaram os Alpes antes de 500 a.C., enquanto Políbio data a invasão em cerca de 400. A data exata está entre essas duas, e parece que ao longo do século V se estabeleceram os principais agrupamentos tribais no que depois seria a Gália Cisalpina: os ínsubres com sua capital em Milão, os boios ao redor da Bolonha, os cenomanos com seus centros em Brescia e Verona, e os língones e sênones ao longo do Adriático, numa região que era conhecida como *ager gallicus*. A presença celta é confirmada arqueologicamente por achados amplamente distribuídos em pequenos sítios arqueológicos por todo o Norte da Itália; no entanto, as principais concentrações estão na Lombardia e no vale do Alto Adígio.

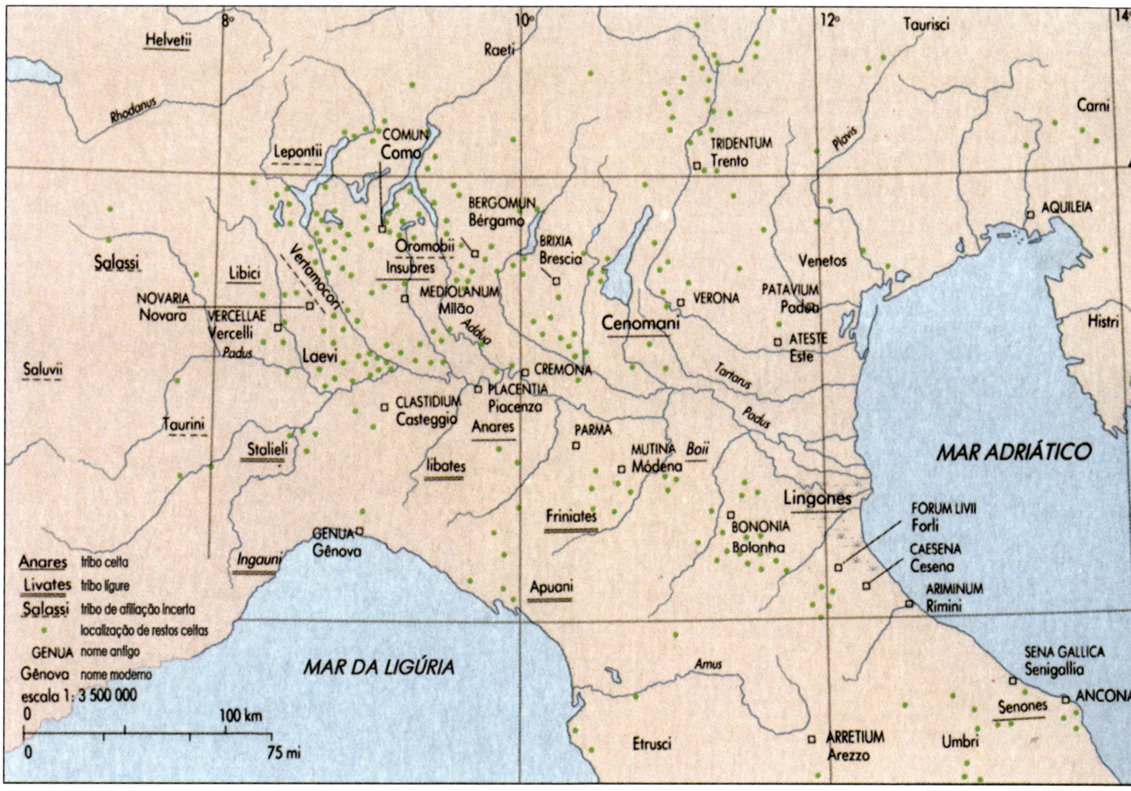

Acima: Pintura de uma sepultura do século IV a.C. achada perto de Pesto, que representa um caçador lucano. Os lucanos eram um povo itálico relacionado com os samnitas que desceu das montanhas do interior para as planícies costeiras do Sul da Itália durante o século V a.C. Em 400, a maioria das cidades gregas da costa tirrena (incluída Pesto) já tinha sido dominada.

Acima: Esta moeda de 43 a.C. mostra o culto arcaico à estátua de Diana no bosque de Arícia, que era um santuário comum dos povos latinos nos primeiros tempos. A deusa é representada em suas três formas: Diana, Hécate e Selene.

commercium (o direito de empreender atividades comerciais com proteção legal) e de *migratio* (o direito de ser cidadão de outro Estado pela simples mudança de domicílio). Esses direitos foram provavelmente definidos no tratado de Espúrio Cássio.

O tratado lançou as bases para uma nova Liga Latina, na qual os romanos dominaram. Essa liga foi administrada conjuntamente por representantes de Roma e dos latinos, que continuavam a reunir-se todos os anos no bosque de Ferentina para discutir assuntos de interesse comum e preparar empreendimentos militares conjuntos. O exército aliado era formado provavelmente por romanos e latinos em igual proporção. Ao que parece, os primeiros forneciam o "comandante", ainda que as provas no que se refere a isto não sejam muito claras, sendo possível que o comando se dividisse entre ambas as partes.

A força militar da reorganizada Liga Latina logo foi posta à prova. No princípio do século V, o Lácio era cada vez mais ameaçado pelas incursões de inimigos de além de suas fronteiras, em particular sabinos, équos e volscos. O movimento desses povos na planície do Lácio foi conseqüência de uma expansão geral das populações do Centro e do Sul dos Apeninos, fato que teve ampla repercussão; as cidades gregas e etruscas da Campânia e os habitantes da Magna Grécia se inquietaram com a pressão crescente dos povos nativos do interior.

As incursões dos sabinos no interior do Lácio se iniciaram no período monárquico e são documentadas de forma esporádica a partir de meados do século V. Uma ameaça muito mais séria foi a dos équos e dos volscos, cujo aparecimento no final do século VI nos limites do Lácio provocou uma drástica mudança na sorte de Roma e de seus aliados latinos. Os volscos eram um povo itálico que falava um dialeto parecido com o úmbrio. Pouco antes do ano 500, eles emigraram de sua terra natal, nos Apeninos, para a costa, e ocuparam o território situado nos limites meridionais do Lácio. As Guerras Volscas desse período foram o marco da romântica história de Coriolano, um orgulhoso romano que abandonou a terra natal, desgostoso com o tratamento que recebia da parte dos plebeus, e se uniu aos volscos, que reconheceram sua coragem e o aceitaram como chefe. Coriolano conduziu o exército volsco numa marcha vitoriosa pelo território latino até chegar a oito quilômetros de Roma, onde apenas as súplicas de sua mãe o fizeram desistir de seu propósito e reconciliar-se com sua cidade; atrás desse episódio se esconde a lembrança de uma invasão dos volscos que ameaçou a existência de Roma. Incursões posteriores dos volscos são documentadas durante todo o século V e até posteriormente; mas o momento culminante de suas ameaças foram as décadas de 490 e 480 a.C.

A segunda ameaça veio dos équos, um povo de língua osca que habitava o vale do curso superior do rio Arno e as colônias situadas junto a Praeneste, de onde desceram com freqüência para a planície. Em 486 a.C., romanos, latinos e hérnicos formaram, em termos idênticos, uma aliança tripartite que foi de importância decisiva, já que o território dos hérnicos separava os équos dos volscos. Estes últimos foram (no final do século V) gradualmente dominados pelos aliados, o que permitiu aos romanos concentrar seus esforços em outras questões.

O grande rival de Roma em sua fronteira setentrional foi a cidade etrusca de Veja, localizada num planalto rochoso distante cerca de 15 quilômetros de Roma. O território de Veja se estendia ao longo da margem direita do Tibre até a costa, e sua disputa com Roma surgiu, ao que parece, da ambição de ambas de controlar as ribeiras salgadas da desembocadura do rio e as rotas comerciais que vão para o interior e correm em ambos os lados do vale do Tibre. No século V, é documentada uma série de guerras importantes; na primeira delas, teve lugar a matança dos Fábios no Crêmera (447 a.C.), e ela terminou em 475 com uma meia paz. A segunda terminou em 426 quando os romanos capturaram Fidenas, posto avançado de Veja na margem esquerda do Tibre, a cerca de 9 quilômetros de Roma rio acima; a isso se seguiu a luta definitiva, que culminou com o grande sítio de Veja, que segundo a tradição romana durou por volta de 10 anos (405-396) e se vincula a certos relatos, alguns inspirados na lenda grega da Guerra de Tróia. O resultado final envolveu um dos momentos cruciais da história de Roma: Veja foi conquistada e destruída pelo general romano M. Fúrio Camilo, e seu território anexado ao de Roma. A repercussão dessa conquista foi que a extensão do território romano dobrou em pouco tempo, adquirindo a cidade (no princípio do século IV a.C.) grande importância. No entanto, poucos anos depois da conquista de Veja, a própria Roma sofreu uma súbita e inesperada calamidade.

A invasão dos gauleses

Os movimentos migratórios de povos celtas através dos Alpes para o Norte da Itália parecem terse iniciado no século VI a.C. Essa é a opinião de Tito Lívio, ainda que até agora não existam provas definitivas da presença celta na planície do Pó antes do século V. Não obstante, em 400 a.C. seus principais grupos tribais (ínsubres, cenomanos, língones, sênones) já se tinham estabelecido no que depois se conheceria como Gália Cisalpina, e dali ameaçaram as povoações etruscas. Em 350 a.C., a maioria das cidades etruscas do Vale do Pó, incluindo Felsema (Bolonha), tinha sido derrotada pelos gauleses, que começaram a fazer incursões esporádicas através dos Apeninos no interior da Itália peninsular. Uma dessas invasões teve lugar no verão de 390 a.C., quando uma horda de sênones varreu o interior da Etrúria, entrou no vale do Tibre pela rota de Clúsio e se dirigiu para Roma.

Em um 18 de julho, recordado a partir de então como o dia mais desafortunado do calendário romano, o exército de Roma enfrentou os gauleses e foi derrotado junto ao Rio Ália. Três dias depois, os gauleses chegaram à indefesa Roma e a saquearam. Somente o Capitólio resistiu com êxito durante alguns meses. As gerações posteriores dos romanos contariam a história de que um ataque noturno dos gauleses foi frustrado graças aos gritos dos gansos sagrados, que alertaram a guarnição. No final, os gauleses decidiram abandonar o lugar, alentados (conforme se disse) pela oferta de uma forte indenização em ouro. Uma tradição patriótica afirmava que, justamente no momento em que o ouro era pesado, um exército romano entrou em cena e os expulsou. Essa improvisada força teria sido reunida por Camilo, exilado desde o tempo de Ália, acusado de utilizar fraudulentamente o butim de Veja. Provavelmente, a verdade é que os gauleses somente buscavam pilhar e não tinham intenção de ficar. O relato da vitória de Camilo pode ser rejeitado com toda a segurança, e possivelmente se baseou no fato de que um exército etrusco alcançou os gauleses em seu regresso e os derrotou. Em qualquer caso, os gauleses se foram e deixaram os romanos recuperar-se.

O Lácio primitivo

A maior parte das comunidades do antigo Lácio parece ter origem nas pequenas aldeias de cabanas localizadas nas colinas que dominavam a planície. Nosso conhecimento se baseia, em grande parte, em achados procedentes das necrópoles que já foram estudadas. Esses achados são uma prova do desenvolvimento da chamada "cultura do Lácio", que cronologicamente vai do século X ao VI a.C. A classificação tipológica das urnas funerárias procedentes dessas necrópoles permitiu ao especialista dividir a cultura do Lácio em seis etapas arqueológicas de características definidas: fase I, por volta de 1000-900 a.C.; fase II A, por volta de 900-830 a.C.; fase II B, por volta de 830-770 a.C.; fase III, por volta de 770730/720 a.C.; fase IV A, 730/720-640/630 a.C.; fase IV B, 640/630-580 a.C. Nas fases iniciais, as povoações consistiam unicamente num agrupamento de cabanas de palha. Mas durante as fases III e IV a cultura do Lácio alcançou grande auge e complexidade a partir do desenvolvimento dos contatos com o exterior (comércio), da produção artesanal especializada e do aparecimento de uma opulenta aristocracia. No denominado período orientalizante (fases IV A e IV B), já se encontram provas evidentes da existência de centros urbanos fortificados, citados em nossas fontes como Estados da Liga Latina.

Abaixo: **Sítios arqueológicos no Lácio antigo.** Nos últimos anos, nossos conhecimentos sobre o antigo Lácio aumentou consideravelmente como resultado de um trabalho arqueológico intensivo. Creio que isso se deveu em parte à necessidade de resgatar na medida do possível a herança arqueológica da *campagna* romana antes de ela ser destruída pelo crescimento urbano e pela agricultura mecanizada. Na última década, os projetos de habitações, a construção de vias e outros planos tinham revelado a existência de sítios arqueológicos como La Rustica, Acquacetosa Laurentina, Decima e Osteria dell'Osa, onde as escavações de resgate tinham desenterrado achados sensacionais. Também foram feitas campanhas sistemáticas em Eicana e Pratica di Mate, que acrescentaram amplos conhecimentos aos das primeiras escavações.

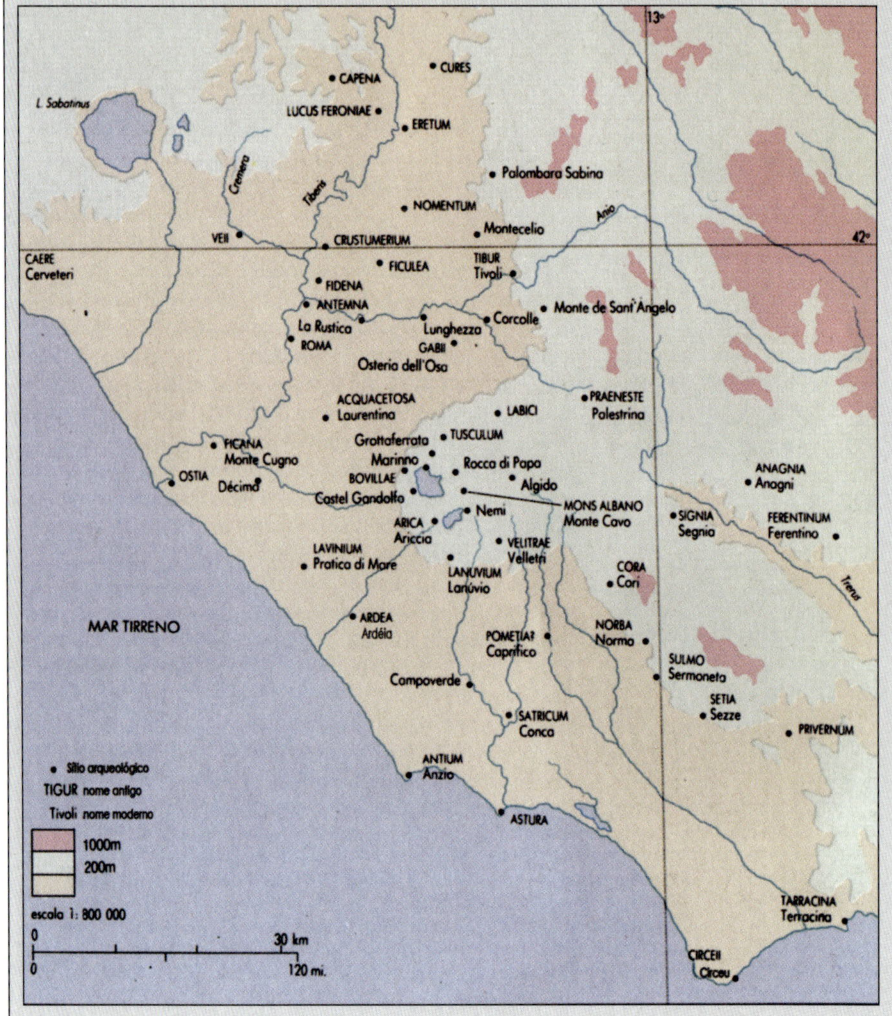

Abaixo: As sepulturas "principescas" descobertas no século xix na Palestrina continham um extraordinário acúmulo de objetos luxuosos e atestam a riqueza e o poder da aristocracia local. Esta fonte de prata com cenas de estilo egípcio achada na sepultura Bernardini foi talvez manufaturada em Chipre no princípio do século VII a.C. (fase IV A).

Abaixo, direita: As sepulturas mais antigas correspondem a cremações. As cinzas dos mortos eram colocadas em urnas funerárias com objetos em miniatura, como armas, vasos feitos a mão e às vezes estatuetas de terracota toscamente modeladas. Estes exemplares procedem de sepulturas da fase II A de Osteria dell'Osa.

Abaixo, esquerda: Antebraço esculpido em marfim da sepultura Barberini em Palestrina, provavelmente de manufatura síria; data do século VII a.C. (fase IV A).

Abaixo, direita: Nas últimas fases, a cremação foi substituída pela inumação.
Na fase III, começam a incluir-se vasos de metal e cerâmica fina, às vezes importadas da Grécia e da Etrúria. Entre os ornamentos pessoais, há broches, brincos, espirais de prata para o cabelo, espelhos e contas de âmbar. A mulher enterrada (La Rustica, fim da fase III) mostra um cinto de chapa de bronze.

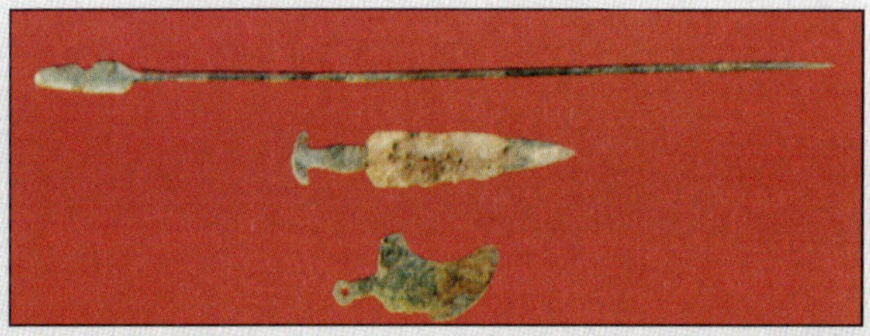

Abaixo: Estatuetas de lâmina de bronze encontradas no depósito votivo do Capitólio de Roma, onde houve um santuário ao ar livre anterior à construção do templo de Júpiter. Tais depósitos votivos constituem uma prova importante da atividade cultural durante a Idade do Ferro.

Direita: *Cista* (recipiente) cilíndrica da sepultura Castellani, em Palestrina (fase IV A, meados do século VII a.C.). A *cista*, de madeira (restaurada) e recoberta de lâminas prateadas, é uma fina peça orientalizante, provavelmente de manufatura fenícia.

Os etruscos

A civilização etrusca é um enigma devido à pouca informação que possuímos dela. A literatura etrusca desapareceu há muito tempo, e as nossas únicas fontes de informação são os escritores gregos e romanos (amiúde ignorantes ou carregados de preconceitos) e dados arqueológicos de interpretação duvidosa. A maioria das provas arqueológicas procede de necrópoles de estrutura complexa, situadas extramuros das grandes cidades etruscas. As sepulturas das famílias nobres eram ricamente ornamentadas e constituem um testemunho vivo do tipo de vida das classes altas. No entanto, essa visão é parcial: a sociedade etrusca se baseava no trabalho dependente de uma classe de servos rurais de que quase não sabemos nada; igualmente, pouco se conhece do caráter urbano das povoações, que nunca foram sistematicamente pesquisadas.

Abaixo: Vista aérea do cemitério de Banditaccia, situado nas cercanias de Cerveteri (Cere). O cemitério era traçado como uma cidade, com sepulturas que representavam as casas.

Abaixo, esquerda: Tarquínia: sepultura dos leopardos. Pintura do princípio do século V a.C. que representa um banquete aristocrático.

Abaixo, direita: Tarquínia: sepultura do Orco I, princípio do século IV a.C. Detalhe com a cabeça de uma mulher chamada Vélia. A sepultura pertenceu provavelmente ao grande clã nobiliário dos Espurinas.

Esquerda: O interior nas sepulturas de Cere contém traços da arquitetura doméstica corrente, como pode ver-se na sepultura dos escudos e dos assentos (séculos VI-V a.C.).

Abaixo, direita: Nosso conhecimento da arte etrusca se enriqueceu graças aos milhares de artefatos encontrados nas sepulturas. Os etruscos se destacavam especialmente pela alta qualidade de suas esculturas de bronze, como o guerreiro de Cagli.
Abaixo, esquerda: Quimera de Arezzo, escultura etrusca de bronze.

A CONQUISTA DA ITÁLIA E DO MEDITERRÂNEO

Recuperação de Roma

Os efeitos do saque gaulês são difíceis de estabelecer. Surpreendentemente, são escassos os restos arqueológicos que demonstrem a destruição da cidade, que pode ter sido superficial. Provavelmente, as perdas humanas da batalha do Ália não foram excessivas, e, em todo o caso, Roma se teria refeito em poucos anos. Em 378 a.C., o Estado romano havia organizado a construção de uma grande muralha, da qual se conservam vestígios. A muralha, de 10km de comprimento, rodeava a cidade e era feita de blocos de pedra esquadrados, procedentes da Grotta Obscura, em território de Veja. Essa região estava nas mãos dos romanos, que após a partida dos gauleses instalaram nela colônias e constituíram quatro novas tribos. Então, o território romano compreendia aproximadamente 1.510km quadrados. Roma possuía condições ótimas para uma rápida recuperação.

Ao norte do antigo ager *Veientanus*, situava-se o território da cidade etrusca de Cere, aliada dos romanos, o que tornava segura sua fronteira setentrional e permitia manter as colônias de Sútrio e Népete, lugares que seriam conhecidos como "as portas da Etrúria".

Ao contrário, os romanos tinham grandes dificuldades no Lácio. Os volscos e os équos retomaram as hostilidades, e os acontecimentos ocorridos nos anos posteriores ao saque gaulês patentearam que a aliança com os latinos e os hérnicos já não cumpria a sua função. Mas os romanos tiveram a habilidade de estreitar laços de união e conseguir desse modo importantes vitórias sob o comando do chefe Camilo, que segundo a tradição seria "o segundo fundador da cidade". Alguns acontecimentos os mantiveram à margem. Uma colônia romana se estabeleceu em Sátrico (385) e depois outra em Sécia (382); um ano depois se concedeu a Túsculo a cidadania romana, e seus territórios foram incorporados ao Estado romano. São desconhecidas as circunstâncias que acompanharam esse processo, já que o período posterior ao saque gaulês constitui a etapa mais obscura da história de Roma. De qualquer forma, podemos concluir que em 358 a.C. Roma havia recuperado sua posição, ao mesmo tempo que renovava sua aliança com os latinos e os hérnicos.

A recuperação de Roma em meados do século IV é assinalada pelo fato de que se encontrava em condições de firmar um segundo tratado com Cartago no ano de 348. No Sul, a situação de Roma não era tão clara, ainda que houvesse estendido suas fronteiras para além do Lácio. Em 354, ela firmou um tratado com os samnitas, de fala osca, que constituíam uma potente confederação ao sul dos Apeninos; esse tratado definiu, provavelmente, as respectivas áreas de influência e estabeleceu um acordo de colaboração contra terceiros, como os gauleses. A aliança foi rompida em 343 a.C., ao iniciar-se um período de hostilidades entre os dois povos (conhecido pelo nome de "Primeira Guerra Samnita", entre 343 e 341 a.C.); finalizado o conflito, renovou-se o acordo.

Em 340, ambos os aliados enfrentaram uma coalizão de latinos, campanienses, sidicinos, volscos e auruncos. Após uma guerra cruenta, romanos e samnitas conseguiram a vitória (338 a.C.).

Romanos e samnitas impuseram aos derrotados um sistema de colonização, crucial para entender a posterior expansão romana na península. Algumas cidades latinas passaram a fazer parte do Estado romano, e seus habitantes receberam o direito de cidadania romana. Outras conservaram a situação anterior à guerra e, ainda que tenham perdido parte de seus territórios, constituíram comunidades independentes. Todas, em geral, se tornaram aliadas de Roma, devendo prestar-lhe assistência militar em tempo de guerra, e recebendo em troca o direito de *conubium* e *commercium* com os cidadãos romanos. No entanto, não podiam exercer esses direitos entre si, e era-lhes proibido estabelecer relações com outros povos; desse modo, era definitivamente dissolvida a Liga Latina, ainda que continuassem a ser celebradas suas festividades religiosas comuns sob a supervisão de Roma. Ao contrário dos latinos, os demais povos que tinham lutado contra Roma (volscos, campanienses etc.) foram incorporados diretamente ao Estado romano, embora seus habitantes recebessem poucos direitos, no que se poderia considerar uma semicidadania ou "cidadania sem direito de voto" (*civitas seme suffragio*). Isso significava que, embora tivessem obrigações militares e fiscais, não podiam votar nas assembléias nem ocupar cargos públicos em Roma. Com a extensão desses novos tipos de cidadania a todas as comunidades, os romanos conseguiram ampliar seu território e aumentar seu poder sem perder as características próprias de Roma como cidade-Estado, conservando integralmente suas instituições políticas tradicionais. Ao mesmo tempo, as comunidades conquistadas também mantiveram

Acima: A muralha da cidade republicana, da qual se conservam ainda amplos pedaços, foi construída em 378 a.C., em seguida ao saque gaulês. Os arcos foram acrescentados provavelmente durante as guerras da década de 80 a.C.

Direita: **Guerras de conquista e colonização da Itália 334-241 a.C. e (quadro) a Itália central em 338 a.C.** A conquista da Itália por Roma implicou a incorporação dos inimigos derrotados como cidadãos de Roma ou como aliados. Grandes áreas territoriais dos aliados foram anexadas e colonizadas pelos romanos. Desde os primeiros tempos, fundaram-se colônias em pontos estratégicos perto das fronteiras do Lácio; depois de 338, Roma começou a fundar colônias como postos avançados militares em território inimigo. Os colonos provinham principalmente do proletariado romano (ainda que alguns aliados também tivessem provindo dele). Perderam seu direito de cidadania em troca de lotes de terra na nova colônia, que se transformava numa comunidade independente. As necessidades de defesa das costas foram atendidas com o estabelecimento de pequenos fortes ao longo do litoral da Itália, cada um deles guarnecido por algumas centenas de cidadãos romanos. Em 311 a.C., foram reforçados por um esquadrão de pequenos navios sob o comando de dois chefes de esquadra (*duoviri navales*). As guarnições costeiras são denominadas erroneamente, nas fontes, "colônias"; convencionalmente são chamadas colônias "romanas" para distinguilas das colônias "latinas" (muito mais importantes).

12º
14º
16º
18º
ARIMINUM 268
Senones
Arnus
SENA GALLICA 283
AESIUM 247
Picentes
ARRETIUM 311
284
SENTINUM 295
CORTONA 311
ETRURIA
L. Trasimenus
PERUSIA 311
CAMERNUM 310
FIRMUM PICENUM 264
VOLSINII 280
L. Volsiniensis
SPOLETIUM 241
CASTRUM NOVUM 289?
HADRIA 290-286
L. VADIMON 283
NARNIA 299
COSA 273
VULCI 280
OCRICULUM 306
Vestini
TARQUINII
SUTRIUM c. 382
NEPET c. 382
Aternus
Paeligni
Marrucini
L. Sabatinus
CASTRUM NOVUM 264
PYRGI antes de 191
CAERE 273
Tiberis
CARSIOLI 298
Aequi
ALBA FUCENS 303
Frentani
ALSIUM 247
FIDENAE
ROMULUS
ROMA
L. Fucinus
Hernici
FREGENAE 245
LABICI 418
VITELIA? 395
ANAGNIA 306
Marsi
OSTIA c. 350
VELITRAE 494
CORA 501
495
NORBA 492
SORA 303
BOVIANUM VETUS 305
TEANUM APULUM
ARDEA 442
AESERNIA 263
ARPIA
ANTIUM 467, 338
SETIA c. 383
FREGELLAE 308, 313
LUCERIA
Samnites
SATRICUM 385
LAUTULACE 316
INTERAMNA 312
Liris
APULIA
316
TARRACINA 329 ou 327
Volturnus
SUESSA 313
CANUSIUM
CIRCEII 393
MINTURNA 299
SINUESSA 299
CALES 334
MALVENTUM 275
BENEVENTUM 268
AUSCULUM 279
SATICULA 313
AQUILONIA 293
CAPUA
HORCAS CAUDINA 321
VENUSIA 291
PONTIA 312
NEAPOLIS 326
CAMPÂNIA
Lucani
BRUNDISIUM 244
PAESTUM 273
TARENTUM 272
HERACLEA 280
MAGNA GRECIA
THURII
Brutii
CROTON
LOCRI
RHEGIUM
local de batalha, vitória romana
local de batalha, derrota romana
310 data da derrota para, ou aliança com, Roma
colônia fundada antes da guerra latina de 340-338
colônia fundada depois da guerra latina de 340-338
guarnição colonial costeira
escala 1: 3 000 000
0
150 km
0
100 mi
12º
14º
território romano (cidadãos plenos)
território romano ("semicidadãos")
aliados latinos
aliados não latinos
liga samnita
L. Volsiniensis
Aternus
SUTRIUM
NEPET
L. Fucinus
42º
TIBUR
ROMA
GABII
PRAENESTE
TUSCULUM
ANAGNIA
ALETRIUM
VERULAE
LANUVIUM
SIGNIA
FERENTINUM
ARDEA
CORA
NORBA
SETIA
ANTIUM
Liris
Volturnus
FUNDI
FORMIAE
MINTURNAE
SINUESSA
CAPUA
escala 1: 2 500 000
0
50 km
0
50 mi

sua identidade e seu próprio autogoverno. Tais comunidades semi-independentes de cidadãos romanos eram conhecidas como municípios (*municipia*) e foram a inovação mais importante do acordo de 338 a.C.

Conflitos internos e reformas políticas

Ainda que o saque gaulês não tenha tido conseqüências a longo prazo, os efeitos imediatos no comércio e na organização econômica e tributária foram consideráveis, especialmente nos setores mais pobres; por isso, não é surpreendente que as conseqüências da catástrofe tenham acelerado, segundo Tito Lívio, a crise dos plebeus por endividamento. Ocorreram contínuos protestos contra a situação criada pelas dívidas durante esses anos, e nesse marco se desenvolveu a revolta de M. Mânlio, que foi executado em 382 a.C. por uma tentativa de autoproclamar-se rei. Embora fosse patrício, Mânlio se aliou aos plebeus, cujas dívidas ele ajudou a pagar com sua fortuna.

A revolta plebéia diante do grande volume das dívidas desembocou nas desordens sociais de 378 a.C. e, depois, num período de anarquia (370 a.C.), durante o qual não se elegeram magistrados pelo menos durante um ano. A lei Licínia Sêxtia (367) serviu para acelerar (a curto prazo) o pagamento da dívida; posteriores medidas, em 357, 352 e 347, tentaram a redução e a regulamentação dos tipos de juros. Em 342, a lex Genucia determinou a ilegalidade dos empréstimos a juros, ainda que seja duvidoso seu cumprimento. Finalmente, o sistema de escravidão por dívidas (*nexum*) foi suprimido no ano de 326.

Na verdade, o que conseguiu diminuir a miséria dos plebeus foi a aquisição de novos territórios por meio da conquista militar e de sua posterior distribuição em lotes entre os cidadãos romanos. Em numerosas ocasiões recorda Tito Lívio a agitação dos plebeus diante da distribuição de terras; as mais ricas eram cultivadas, e as restantes utilizadas como *ager publicus*. Segundo a tradição, a lei Licínia Sêxtia impôs um limite à acumulação de terras públicas por cada paterfamilias, bem como ao número de ovelhas e de gado que podia pastar nelas.

Licínio e seu companheiro L. Sêxtio tinham elaborado, por sua vez, uma série de leis, a mais famosa das quais admitia os plebeus no consulado. O fundamento dessas reformas é confuso. Em 445 a.C., decidiu-se, ao que parece, que o consulado seria suspenso em anos concretos e em seu lugar se elegeriam três ou mais "tribunos militares com poder consular". É difícil saber por que foram introduzidos esses magistrados e quais eram as diferenças que determinavam sua escolha nos diferentes períodos. Tito Lívio sugere que o novo cargo estaria aberto aos plebeus, mas na prática, durante as primeiras décadas, apenas os patrícios foram eleitos como tribunos militares. Por outro lado, os plebeus podiam ser designados para o consulado. O certo é que no final do século V a.C. (e invariavelmente após 390 a.C.) os tribunos militares foram eleitos com mais freqüência que os cônsules; além disso, a partir de 400 a.C. o cargo foi ocupado por um número crescente de plebeus.

Licínio e Sêxtio pressionaram para que se restabelecesse de fato o cônsul como chefe regular da magistratura e solicitaram o livre acesso a esse cargo para os plebeus; pretenderam até que um dos dois consulados anuais lhes fosse reservado. Em outras palavras, exigiram que se favorecesse o acesso dos candidatos plebeus. Levaram a efeito uma experiência que nós qualificaríamos de poder estatutário participativo.

As propostas licínio-sextianas foram definidas e determinaram em 367 a.C., e L. Sêxtio se tornou, no ano seguinte, o primeiro cônsul plebeu sob os novos ordenamentos. Até esse momento, os cônsules eram conhecidos como pretores ou "cônsules-pretores". A partir de 367 a.C., após a criação de uma nova pretoria derivada das anteriores, eles passaram a ser conhecidos como cônsules. Desse modo, a pretoria deu início a uma magistratura independente, que até 337 a.C. não foi reapresentada por um plebeu. Em 356, foi eleito um plebeu como *dictator*, e em 351 foi designado o primeiro censor plebeu. As leis de Licínio e Sêxtio estabeleciam dois edis curuis que deviam colaborar no desempenho das funções cívicas, com edis plebeus. Aqueles novos cargos seriam ocupados alternadamente por patrícios e plebeus. O princípio da ordem estatutária se estendeu em 339 ao cargo de censor, e em 300 aos colégios superiores de sacerdotes, áugures e pontífices. A igualdade das diferentes ordens foi finalmente definida e estabelecida em 287 a.C., quando os plebiscitos e resoluções das assembléias plebéias alcançaram força de lei e validade diante da comunidade.

Um dos resultados mais importantes da legislação de 367 a.C. foi a formação gradual de uma elite governante em que se incluíam as principais famílias plebéias. Estas alcançaram relevância após exercer os cargos de magistrados curuis principais (pretores, cônsules, *dictatores*), e seus descendentes ficaram conhecidos como *nobiles* (nobres). Essa nova nobreza patrício-plebéia (tal como é conhecida) controlava o Senado e tentava assegurar as magistraturas principais para si. Apesar disso, a presença desses nobiles na representação de cargos não seria exagerada. Ao contrário do antigo patriciado, essa nova nobreza romana incorporou freqüentemente novos membros.

Por essa mesma razão, o Senado também esteve aberto a novas linhagens, razão por que uma porcentagem significativa dos senadores era de "homens novos" (quer dizer, a primeira geração de senadores). Em contrapartida, alcançar o consulado era bastante mais difícil para essa nobreza patrício-plebéia, embora isso não signifique que esse cargo fosse "hereditário". Ao contrário, no conjunto do período clássico da história romana (entre cerca de 300 e 200 a.C.), somente uma minoria de cônsules era de filhos de cônsules. Procedente da nobreza, pôde ocupar o cargo um maior número de famílias, o que não teria sido possível se ele houvesse sido hereditário. Como resultado, as magistraturas principais foram extremamente competitivas, e a concorrência se intensificou com o transcurso do tempo.

O patriciado sobrevivia como um reduto de famílias de prestígio dentro da nobreza. Certos sacerdócios arcaicos e cargos como o de *rex sacrorum*, *interrex* e outros eram reservados exclusivamente aos patrícios; além disso, até 172 a.C. um dos consulados era reservado à classe patrícia. Quando no século IV os plebeus consegui-

Esquerda: Estatueta de bronze de um guerreiro samnita, do século VI-V a.C. Está com uma armadura completa: caneleiras, elmo, couraça, cinto, e uma curta túnica de couro. Originalmente devia usar também um escudo e uma lança, que não se conservaram.

Abaixo: A melhor amostra conservada sobre o aspecto dos soldados romanos nesse período é proporcionada por estas placas de marfim achadas em Palestrina, que datam provavelmente da primeira metade do século III a.C.

ram a igualdade de direitos civis, abandonaram seu caráter revolucionário. Suas organizações anteriores foram integradas gradualmente no conjunto do Estado, e seus chefes, que antes de 367 se tinham aliado aos pobres num esforço para conseguir acesso ao comando das magistraturas, agora faziam parte da nobreza. O cargo de tribuno se transformou numa nova magistratura e era considerado um degrau na carreira de um jovem aspirante plebeu nobre. Com o tempo, a maioria dos tribunos passou a fazer parte do Senado, e sem dúvida participou das perspectivas e interesses da classe senatorial em seu conjunto.

A conquista da Itália

A ascensão da nobreza é um dos sintomas da transformação econômica da sociedade romana ocorrida entre 338 a.C. (final da Guerra Latina) e a eclosão da Primeira Guerra Púnica, em 264 a.C. Esse processo coincidiu com uma série de conquistas que, apesar do empobrecimento geral, conduziram Roma, em pouco mais de meio século, à posse total da Itália.

Nos anos seguintes a 338, os romanos consolidaram os êxitos obtidos após a Guerra Latina. Fundaram colônias em Cales (334) e Fregelas (328), situadas na zona estratégica do vale médio do Rio Líris. Os colonos instalados nelas faziam parte principalmente do proletariado romano; perdiam seus direitos de cidadania em troca de um lote de terra na nova colônia, que constituía uma comunidade independente. Apesar disso, conservavam os direitos de *commercium* e *conubium*, num status semelhante ao das cidades latinas; por essa razão, foram chamadas "colônias latinas". Cales e Fregelas foram as primeiras de uma longa série, que contribuíram mais que qualquer outro fator para a consolidação e a unificação da Itália sob a égide romana.

A fundação de Fregelas em 328 provocou imediatamente uma reação hostil dos samnitas, que enfrentaram os romanos de forma esporádica durante um período de quarenta anos. Esse conflito se divide convencionalmente em duas partes: Segunda e Terceira Guerra Samnita (respectivamente, de 327 a 304 a.C. e de 298 a 290 a.C.).

Os romanos obtiveram um êxito inicial em 326, quando o governo da cidade grega de Nápoles os chamou em sua ajuda depois de expulsar os samnitas. Como resultado desse episódio, estabeleceu-se o primeiro contato formal entre Roma e uma cidade grega do Sul da Itália, à qual se aliou. Depois de alguns combates pouco importantes, os cônsules decidiram travar uma grande batalha em território samnita. O exército romano caiu na emboscada das Forcas Caudinas e foi vergonhosamente obrigado a render-se, com o que a tentativa terminou em desastre. A tradição patriótica romana tentou compensar essa humilhação com a invenção de brilhantes vitórias nos anos seguintes. De fato, parece que a paz foi firmada em termos que favoreceram claramente os samnitas, que receberam Fregelas e puseram fim às hostilidades até 316 a.C.

Os romanos aproveitaram o intervalo pacífico para fortalecer sua posição na Campânia e para estabelecer alianças com comunidades do Norte da Apúlia (entre outras, Árpi, Teano e Canúsio). Em 316 se reiniciou o conflito por iniciativa dos samnitas, que invadiram o Lácio e conseguiram derrotar os romanos em Lântulas (315 a.C.), perto de Terracina. No ano seguinte, após devastar o território latino até Árdea, eles foram derrotados pelos romanos, que recuperaram Fregelas (313) e fundaram novas colônias latinas em Suessa Aurunca e em Satícula; no ano seguinte, estabeleceram fundações em Interamna-Lirenas e na Ilha de Pôncia. Em 312, o censor Ápio Cláudio Ceco iniciou a construção de uma via que uniria Roma e Cápua, denominada, em sua homenagem, Via Ápia. Roma iniciou uma forte pressão, seguindo uma política de cerco, e, apesar da intervenção de algumas cidades da Etrúria e da Úmbria (311 a.C.), eles não correram sério risco de ser derrotados. Os romanos os repeliram, desforrando-se com um vigoroso avanço contra a Etrúria e a Úmbria através do vale do Tibre. No frente sul, a guerra com os samnitas permaneceu em ponto morto até 305 a.C., quando os romanos se apoderaram da fortaleza de Boviano. No ano seguinte, firmou-se um acordo de paz.

Nos últimos anos da Segunda Guerra Samnita, os romanos iniciaram a fortificação de suas possessões das zonas montanhosas da Itália central. Em 306, sufocaram uma revolta dos hérnicos, e sua capital, Anâgnia, foi incorporada a Roma como cidade sem sufrágio. Posteriormente, subjugaram os povos dos Abruzos, os marsos, pelignos, marrucinos, frentanos e vestinos, que se transformaram em seus aliados. Nesse período, destaca-se o assédio a que submeteram os équos (304), que eles trataram com a muita dureza. Seu território foi anexado, e os équos deixaram de existir como povo independente.

Para reforçar essas conquistas, foi construída uma via de Roma ao Adriático, através dos Apeninos centrais (a Via Valéria, 306 a.C.); além disso, estabeleceram-se colônias em Sora (303), Alba Fucens (303) e Carséolos (298). Uma nova expedição à Úmbria (299) serviu para estabelecer uma colônia latina em Nárnia.

Em 298, os romanos lutavam de novo em duas frentes. Por um lado, a campanha etrusca de 302 e, por outro, a retomada guerra com os samnitas. Esta última é recordada no epitáfio de L. Cornélio Cipião Barbato, cônsul em 298. O texto, escrito no século II a.C., diz: "L. Cornélio Barbato, gerado de seu pai, Cneu, homem valente e sábio cujo agradável olhar se igualava à sua galhardia, serviu como cônsul, edil e censor, conquistou a Taurásia e Cisauna em Sâmnio, invadiu a Lucânia e se apoderou de reféns". O epitáfio, sem dúvida, exagera as grandezas de Cipião, mas é preferível à versão de Tito Lívio (que o faz guerrear no Norte da Etrúria), já que reflete o alcance da expansão das operações romanas.

Os acontecimentos da Terceira Guerra Samnita tiveram seu ponto culminante em 295 a.C., quando os samnitas enviaram um exército ao Norte da Itália para unir-se aos etruscos e úmbrios, que ainda estavam em guerra com Roma. Ao mesmo tempo, aproveitaram a presença dos gauleses no Norte dos Apeninos, onde tinham realizado incursões desde 299 a.C. Constituiu-se, desse modo, uma potente coalizão, que enfrentou os romanos na grande batalha de Sentino (verão de 295 a.C.), na Úmbria. A vitória romana foi possível talvez graças à ausência dos etruscos e úmbrios, que tinham sido envolvidos pelos romanos numa manobra de diversionismo. As tradições posteriores preferiam destacar, de fato, o ato heróico levou a efeito pelo cônsul P. Décio Mus, ao oferecer-se a si mesmo e a seus inimigos ao poder dos deuses infernais. Após essa derrota, terminaram definitivamente as incertezas. Os territórios samnitas foram invadidos, e em 290 a.C. se chegou a um acordo. Os samnitas perderam a independência e foram obrigados a tornar-se aliados de Roma; além disso, perderam os territórios para além do Rio Volturno, que a partir de então serviria de fronteira. Também adquiriram os romanos algumas terras a sudeste de Sâmnio, onde se havia fundado a colônia latina de Venúsia (291). Os romanos avançaram lentamente. Em 290 a.C., o cônsul M. Cúrio Dentato subjugou os latinos e

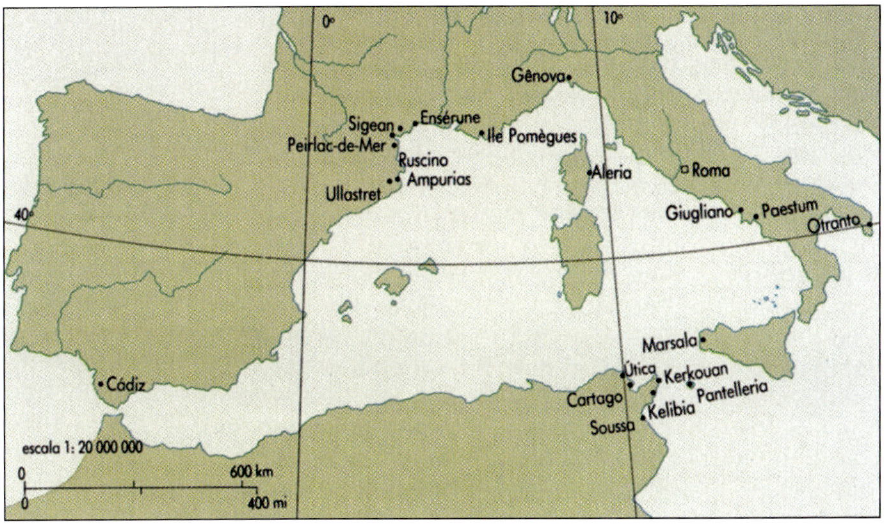

Acima: **Distribuição da cerâmica fabricada em Roma no século III a.C.** Em meados do século, a República romana se tinha convertido num importante centro manufatureiro e comercial. Entre seus produtos, contava-se a cerâmica fina, que era exportada para todo o Mediterrâneo ocidental. Um dos tipos de cerâmica característicos procede de uma oficina conhecida como "Atelier des petites estampilles" e foi encontrado em numerosos sítios arqueológicos da Itália central, na costa sul da França, no Sul da Espanha, na Córsega, na Sicília e no Norte da África.

Esquerda: Rotas romanas do período republicano. As rotas romanas mais antigas foram, sem dúvida, pouco mais que trilhas ou faixas de terra com respeito às quais se reconheceu um direito público de passagem. Algumas, como a antiga Via Latina – que corria pelo Vale Sacco –, seguiam as linhas naturais de comunicação utilizadas desde tempos imemoriais. A grande realização romana foi a construção de calçadas retas e pavimentadas que incluíam pontes e viadutos e que passavam por portos e túneis. Anteciparam-se a eles, de certo modo, os etruscos, cujas povoações eram unidas por uma rede de rotas bem traçadas. A primeira grande rota romana foi construída na época da conquista da Itália e tinha a função estratégica de unir Roma às colônias latinas. As calçadas e as colônias foram o fator mais importante de consolidação da conquista. A segunda grande etapa de construção de vias na Itália se iniciou na última parte do século II a.C. e em certo sentido representa a inversão dos benefícios do Império em obras públicas, que davam emprego ao proletariado e representavam melhorias para a comunidade em geral.

os pretúcios, que passaram a ser cidadãos romanos seme suffragio, e até às vezes lhes expropriaram as terras para dividi-las entre os romanos mais pobres. Como resultado desses episódios, o território romano se estendeu pelo centro da península até o Adriático, onde tinha sido fundada a colônia latina de Hádria (entre 290 e 286). No período, escassamente documentado, que se seguiu, os romanos alcançaram vitórias contra os gauleses e a submissão dos etruscos e dos úmbrios, obrigados a transformar-se em aliados.

Conflito com a Magna Grécia

No princípio do século III, após contínuas tensões e lutas cruentas com os nativos, as cidades gregas do Sul da Itália se encontravam em franca decadência. Em 280, os romanos começaram a imiscuir-se nos assuntos da Magna Grécia quando a cidade de Túrio pediu ajuda a Roma para fazer frente aos lucanos; em poucos anos, Lócride, Régio e Crotona faziam parte das cidades protegidas por Roma. Diante dessa situação, Tarento, a mais poderosa das cidades gregas, contemplava, alarmada, o crescente poder de Roma. Diante da ameaça, os tarentinos apelaram para a ajuda do rei Pirro de Epiro, ambicioso monarca que esperava uma oportunidade para aumentar seu poder.

Pirro desembarcou na Itália (280) no comando de 25.000 homens e 20 elefantes. Essa foi a primeira ocasião em que os romanos tiveram de enfrentar um grande exército helênico, que os derrotou na batalha de Heracléia (280 a.C.); apesar disso, o desfecho não teve excessivas conseqüências para os romanos. Pirro ofereceu um acordo de paz cujas condições não foram aceitas por Roma; segundo a tradição, Ápio Cláudio, velho e cego, instou a que se rejeitasse toda e qualquer negociação até Pirro deixar a Itália. Este se dirigiu para Roma e, após penetrar em Anâgnia, retrocedeu; Cápua e Nápoles fecharam suas portas, e nenhum aliado de Roma lhe prestou apoio. Deve ter compreendido então o alcance da tarefa que se havia imposto ao atravessar o Adriático; Roma era um Estado bem organizado com acesso a recursos que ele não podia esperar obter. Em 279, ele conseguiu uma segunda vitória em Áusculo, ainda que tampouco nesta ocasião as perdas romanas tenham sido importantes (foram até menores que as gregas).

Em 278, ele decidiu deixar a Itália e tentou intervir na Sicília, onde as cidades gregas pediam sua ajuda contra os cartagineses. Em conseqüência, cartagineses e romanos renovaram sua aliança. Os êxitos obtidos por Pirro na Sicília tampouco foram impressionantes, e, quando regressou à Península (275 a.C.), foi derrotado por um exército romano em Malvento (que a partir desse momento passou a chamar-se Benevento). Depois desse fracasso, regressou à Grécia e continuou a levar a cabo empreendimentos infrutíferos, até que alguns anos depois morreu de um telha atirada contra ele numa batalha de rua em Argos.

A unificação da Itália

Após a partida de Pirro, aos romanos foi fácil culminar sua vitória. Tarento foi assediada e conquistada (272 a.C.), o que implicou o fim de sua independência. Os territórios compreendidos entre o Estreito de Messana e a linha que unia Pisa e Rímini no Norte estavam sob controle romano. Eles também fundaram uma série de colônias para assegurar o território samnita e lucano, tais como Pesto (273), Benevento (268) e Esérnia (263), e outras duas em Brundísio (244) e Espoleto (241). Só ocorreu um início de revolta em Falérios, e ela foi reprimida violentamente numa breve campanha de seis dias; uma vez finalizada, instalou-se ali uma colônia.

A política geral dos romanos durante as Guerras Itálicas foi uma mistura paradoxal de comedida generosidade e brutalidade repressiva. Suas vitórias eram acompanhadas de massacres de grande envergadura (sirvam de exemplo as lutas contra os aurinos em 314 a.C. e contra os équos em 304 a.C.), confiscações de terras e escravizações maciças dos derrotados. Graças aos números de Tito Lívio, podemos calcular que mais de sessenta mil indivíduos foram escravizados no transcurso da Terceira Guerra Samnita (no período compreendido entre 297 e 293 a.C.).

Mas o tratamento final que impôs Roma aos inimigos foi tolerante e benéfico para ambas as partes. As comunidades que não foram incorporadas ao Estado romano, junto com outras integradas total ou parcialmente a Roma, formaram uma sólida rede de alianças. Como resultado disso, outros Estados da Itália entraram voluntariamente a fazer parte do mundo romano, sobretudo se tinham sofrido as conseqüências de alguma derrota militar. Em troca da proteção oferecida por Roma, eram obrigados a prestar-lhe ajuda se lhe fosse solicitado. Além disso, perderam a independência em política exterior e se transformaram em Estados vassalos. Não obstante, não tinham de pagar tributos a Roma. Era uma espécie de sociedade em que os aliados recebiam parte do butim de guerra adquirido nas batalhas levadas a cabo junto aos romanos, em sua política de expansão. Esse butim podia incluir escravos e lotes de terras. Realmente, todas as terras confiscadas às comunidades conquistadas passavam para o poder do Estado romano, o qual as vendia, à exceção do *ager publicus* ou da povoação em forma de colônias ou de posses individuais; é perfeitamente sabido que os colonos que tomavam parte no processo de repovoamento eram tanto latinos como Estados italianos aliados e cidadãos romanos. Em outras palavras, através do butim de guerra, os Estados que antes tinham sido vítimas de Roma viram compensadas de forma vantajosa suas perdas.

Um fato importante da organização romana na Itália foi o apoio do Senado às aristocracias locais dos Estados aliados. Ao mesmo tempo, essas classes proprietárias itálicas, quando eram ameaçadas, acorriam a Roma em busca de ajuda. Assim o demonstra o fato de que em várias ocasiões as forças militares romanas intervieram para socorrer os latifundiários, assustados com as diversas insurreições populares (por exemplo, em Arécio em 302 e na Lucânia em 296). Os romanos esperavam, e em geral recebiam, ajuda dos aristocratas reinantes nos diferentes Estados. Essas relações tão cordiais asseguraram a lealdade dos aliados de Roma mesmo nos momentos mais sombrios da Segunda Guerra Púnica e apesar das contínuas tentativas de Aníbal de desestabilizar essa estrutura de alianças.

O resultado mais significativo, a longo prazo, das conquistas romanas na Península, foi o desaparecimento gradual das diferenças étnicas, lingüísticas e culturais. A progressiva romanização dos povos nativos da Itália avançou inexoravelmente nos três séculos seguintes até ser mais ou menos total no século I a.C., com poucas e remotas exceções. Os primeiros povos romanizados foram os da Itália central, aos quais se havia dado a semicidadania. De forma gradual, eles se incorporaram aos corpos políticos como cidadãos de pleno direito, a começar pelos sabinos em 268 a.C.

O processo de assimilação também envolveu os aliados, e não foi conseqüência de uma política concreta do governo romano, mas resultado natural do fato de os homens das comunidades aliadas cumprirem um serviço militar mais ou menos duradouro com os romanos e sob comandos romanos. Além disso, a expansão da língua latina e das formas de vida romanas se tornava efetiva em todos os territórios ocupados. As colônias eram constituídas como unidades políticas autônomas, de origem latina ou romana, e foram os postos avançados da romanização, já que seguiam os costumes romanos e falavam latim.

O sistema nevrálgico da rede de colônias era unido a uma série de rotas militares construídas em razão da conquista. Essas grandes rotas, cujos nomes (Ápia, Aurélia, Flamínia e outras) guardam a lembrança dos homens que ordenaram sua construção, tinham em princípio uma função estratégica; mas na prática permitiram o desenvolvimento das comunidades e do sistema de comunicações e facilitaram novas formas de comércio entre as diversas regiões. Conseqüência inevitável disso foi a crescente expansão das idéias e dos costumes romanos.

A sociedade romana no tempo das Guerras Italianas

Durante esse período de guerras de conquista, a própria Roma sofreu transformações, tanto em seu caráter político como em suas características sociais e econômicas, que tenderam a evoluir para tipos marcadamente republicanos. O poder político estava em mãos de patrícios e plebeus nobres, que dominavam o Senado e as magistraturas mais importantes. Esses homens, incluídos os principais dirigentes políticos, tratavam os assuntos exteriores e a distribuição de terras com o intuito de melhorar a situação das classes mais pobres. Entre os mais destacados, estão Q. Publílio Fílon e M. Cúrio Dentato, além do patrício Ápio Cláudio Ceco, do qual se disse que foi o primeiro "... dos romanos a aparecer em nossas fontes como uma personalidade". Esses êxitos ficaram perfeitamente plasmados numa inscrição impressionante: "Ápio Cláudio Ceco, filho de

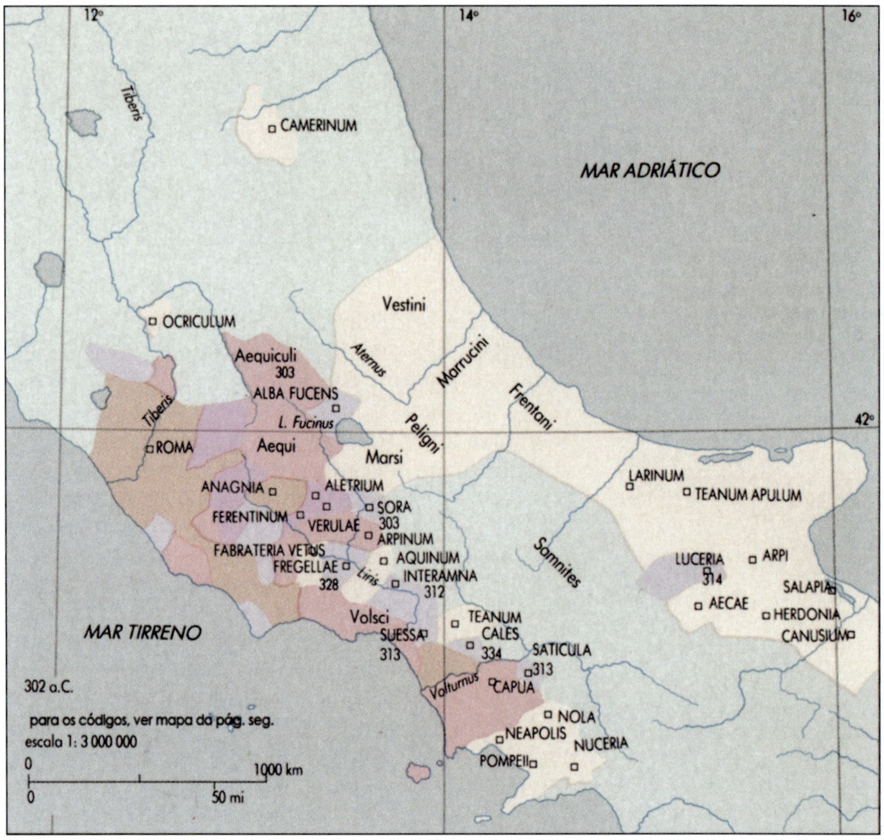

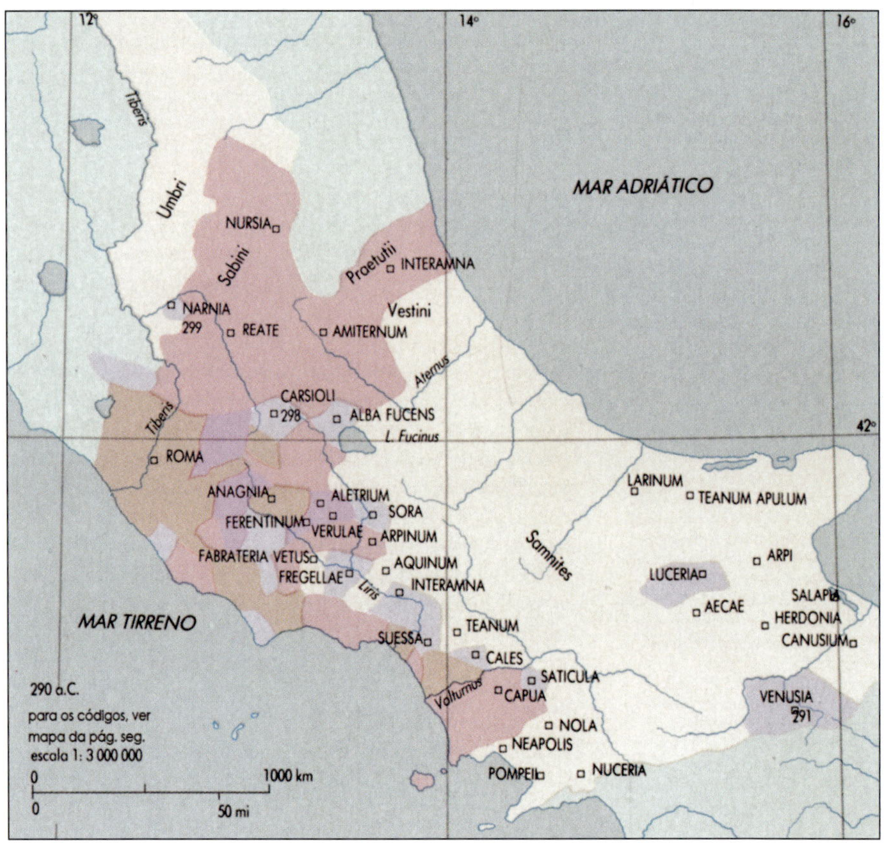

Abaixo: O rei Pirro de Epiro (319-272 a.C.). De todos os reis gregos que governaram nas gerações posteriores a Alexandre, o Grande, Pirro foi um dos que – na opinião geral – mais se assemelhou ao legendário conquistador, não apenas em aspecto e temperamento, mas também em capacidade. Sua derrota para os romanos em 275 abalou ao mundo grego.

Caio, censor, cônsul em duas ocasiões, ditador, iterrex três vezes, pretor em duas ocasiões, edil curul duas vezes, questor e tribuno dos soldados três vezes. Conquistou vários povoados samnitas e derrotou sabinos e etruscos. Evitou que se estabelecesse a paz com Pirro. Como censor, pavimentou a via Ápia e construiu um aqueduto em Roma, além do templo de Belona".

A nobreza era uma elite dentro da classe dirigente e sua riqueza e poder se baseavam na propriedade da terra. Seus domínios eram garantidos pela peculiar estrutura das instituições políticas romanas. Roma se regia por meio de magistrados anuais e de um Senado de ex-magistrados. Os magistrados eram escolhidos por eleição popular, votados em assembléias nas quais podiam participar todos os cidadãos. As votações das assembléias (os vários comitia) também tinham poder de decisão em matéria de paz e guerra, em proposições legislativas e em casos graves de criminalidade. Em teoria, a assembléia do povo romano era soberana, mas na prática estava longe de ser democrática. Os comitia só podiam ser convocados pelos magistrados, que tinham direito de dirigir-se ao povo e de apresentar propostas. Em contrapartida, as assembléias de cidadãos não podiam debater ou corrigir propostas expostas pelos magistrados. Não havia liberdade de expressão.

Mas o aspecto mais antidemocrático das assembléias romanas era que as votações se faziam por grupos. Nos comitia tributa e nas assembléias plebéias, o concilium plebis, os grupos constituintes ou unidades de votantes eram as tribos locais. O número de tribos locais aumentava à medida que Roma conquistava novos territórios, até que em 241 a.C. alcançou o número definitivo de 35 tribos. Esse total se dividia em 31 tribos rurais e quatro tribos urbanas. Apenas os proprietários de terras podiam registrar-se nas primeiras, enquanto os habitantes das cidades eram reunidos em quatro tribos urbanas; e, contrastando com o fato de que eram eles que assistiam maciçamente às assembléias (que só se realizavam em Roma), só contavam com uma porcentagem mínima de votos. Assim, o sistema favorecia claramente o poder dos latifundiários e discriminava o proletariado urbano e os pequenos proprietários camponeses, os quais por razões práticas não podiam assistir pessoalmente aos comitia. O total de votos dos comícios centuriais era de 193 centúrias, distribuídas entre cinco classes economicamente

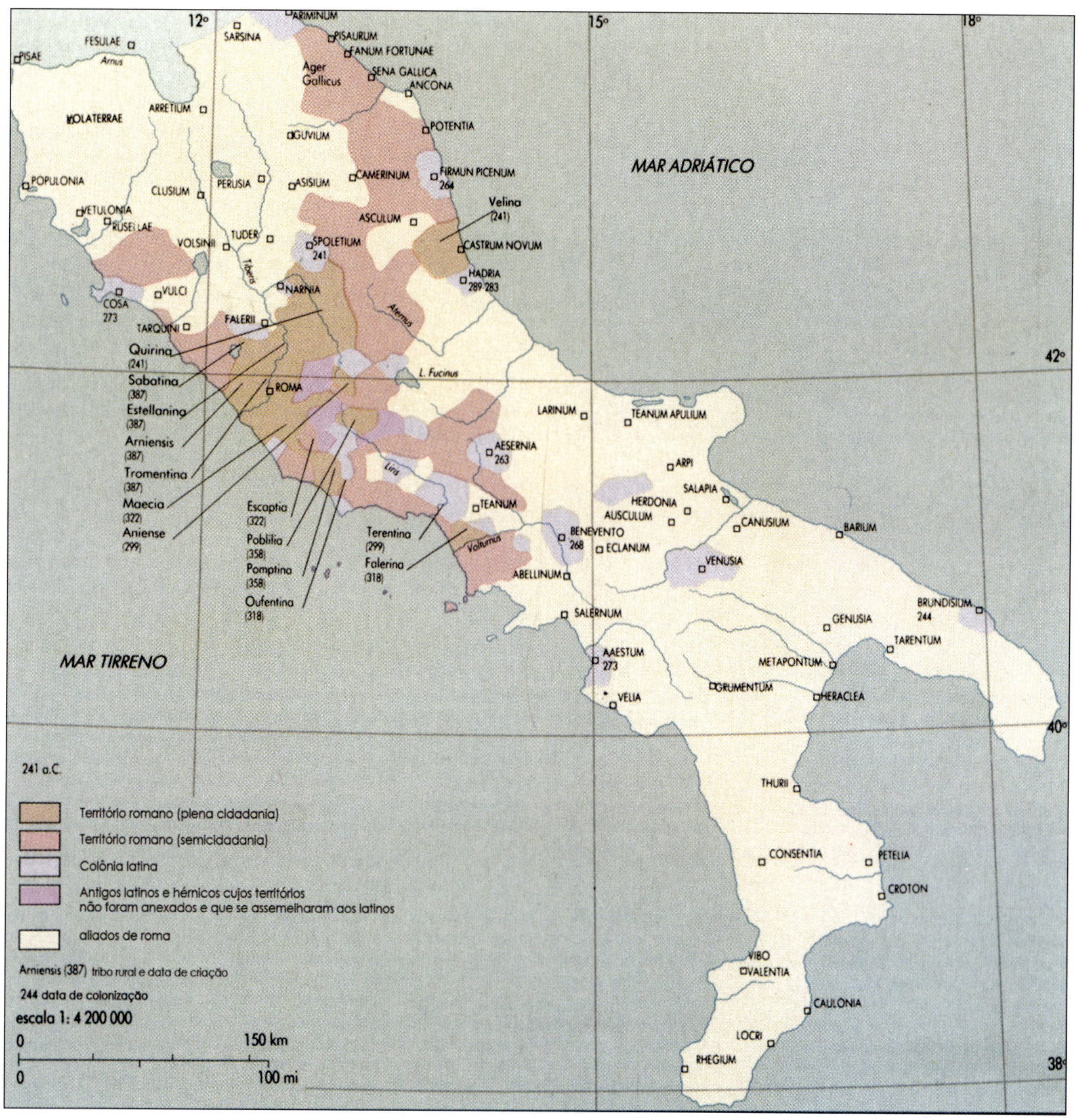

Desenvolvimento da Confederação Romana. A "Confederação Romana" é um rótulo convencional posto no sistema de alianças e dependências com os romanos que se montou durante sua conquista da Península entre os anos 338 e 264 a.C. Os inimigos derrotados foram obrigados a transformar-se em aliados, o que significava que tinham de contribuir com tropas para os exércitos de Roma ou foram incorporados ao Estado romano como cidadãos. Os cidadãos recém-incorporados recebiam a cidadania completa (*civitas optimo iure*) ou a semicidadania (*civitas sine suffragio*), com todas as obrigações dos cidadãos, como o pagamento de impostos e o serviço militar, mas com os direitos civis limitados; por exemplo, não podiam votar nas assembléias romanas. Com o transcurso do tempo, os semicidadãos receberam os direitos completos; assim aconteceu com os sabinos das terras baixas em 268 a.C. e com as pessoas de Arpino em 188. É provável que todas as comunidades de semicidadãos tenham ascendido no final do século II a.C. Com a extensão da plena cidadania, os romanos criaram uma série de novas tribos locais nas quais situaram os novos cidadãos, bem como alguns cidadãos tradicionais, que foram instalados em territórios de recente anexação. As tribos locais funcionavam como unidades constituintes com voto nas assembléias políticas romanas.

definidas; essa distribuição estava previamente decidida, razão por que as classes poderosas obtinham a maioria das centúrias, e, por conseguinte, o domínio da assembléia.

A divisão dos cidadãos latifundiários (adsidui) em cinco classes é atribuída pelas fontes a Sérvio Túlio (ver página 22), mas de fato, provavelmente, foi o último elemento relacionado com a instituição do tributum (imposto direto sobre as posses dos cidadãos romanos). As rendas que proporcionavam essas taxas serviam para pagar aos soldados. O pagamento dos soldados, o stipendium, foi introduzido em 406 a.C., durante o sítio de Veja, para compensar a perda das suas rendas habituais ao longo dos dez anos de sítio. A tradição também indica que em suas origens eram soldados em tempo parcial os camponeses que podiam pagar o próprio equipamento. Esses camponeses foram incluídos entre as cinco classes proprietárias talvez com propósitos políticos e fiscais.

Isso é importante para entender que em muitas cidades-Estados o serviço militar era considerado não uma obrigação, mas antes um privilégio e um sinal de prestígio. Ao mesmo tempo, refletia o fato de os direitos políticos do cidadão se medirem por sua contribuição para o Estado. Assim, o proletariado, sem terras nem riquezas, estava livre de todo e qualquer imposto, era isento de obrigações militares e não tinha participação efetiva na vida política. Esse sistema, conhecido como timocracia na Antiguidade, era baseado no princípio de que, "quanto maior a qualificação no censo, mais obrigações militares e mais direitos políticos" (E. Gabba).

A riqueza baseada na terra era, por conseguinte, a chave do poder político na Roma republicana. No entanto, isso não impede que no final do século IV e princípio do III a.C. os chefes políticos fossem respeitados como modelos de frugalidade e virtude honesta em comparação com o luxo e a extravagância do final da República; mas nem por isso eram pobres. Exemplo disso são a história de M. Cúrio Dentato, cuja humilde habitação rústica impressionaria depois Catão, e o caso de Fabrício Lúscino, que desprezou os subornos oferecidos pelos enviados samnitas que o encontraram cozinhando nabos em sua casa. De fato, às tradições interessava mais o exemplo moral desses homens que seu estado econômico pessoal. Outra história relevante é a de P. Cornélio Rufino, expulso do Senado em 276 a.C. por possuir dez moedas de prata; isso não indica que se reprovasse a riqueza, mas sim o modo escolhido para gastá-la.

De fato, a década anterior e a posterior a 300 a.C. se viram acompanhadas de um aumento da riqueza, pública e privada, dos romanos. Obviamente, seus ganhos mais importantes foram em terras. O território romano, que após a Guerra Latina (338 a.C.) era de 5.525km2, ampliou-se para 26.805km2 em 264 a.C., mais de 20% do total da superfície peninsular da Itália. Os cidadãos romanos também se beneficiaram da fundação de colônias latinas, que em 240 a.C. totalizavam 10.000km2 de terras confiscadas (de acordo com as estimativas modernas mais prováveis).

Simultaneamente, foi crescendo a população de cidadãos de Roma. Segundo o censo realizado no princípio do século III, a população de romanos livres estaria entre 750.000 e um milhão. Nesse momento, Roma era uma das maiores cidades do Mediterrâneo. Para atender às necessidades dos habitantes da cidade, tornou-se necessária a construção de aquedutos, o primeiro dos quais em Aqua Appia, edificado por Ápio Cláudio em 312 a.C., e depois o de Ânio Veto, que M. Cúrio Dentato iniciou em 272 a.C.

Os trabalhos públicos eram financiados com os ganhos das guerras, que fluíam para a cidade em forma de indenizações e butins e deram lugar a um programa de edificações públicas em uma escala como não se havia visto desde os grandes dias dos Tarquínios. Foram construídos pelo menos onze templos importantes entre 302 e 272 a.C., incluídos os de Belona (296), Júpiter Víctor (295) e Vitória (294), que revelam a obsessão romana pelos cultos militaristas; desses templos ainda se conservam dois, construídos por volta de 300 a.C. no Largo Argentina de Roma. Em conseqüência da riqueza, gerou-se um importante setor de serviços, centrado na grande demanda de produtos de luxo, parcialmente abastecidos por produtores locais. Isso se deduz do achado de objetos e restos como a cista de Ficoroni, além de grandes quantidades de finas cerâmicas romanas encontradas em diversos lugares do Mediterrâneo ocidental.

Acima: Esta finíssima *cista* de bronze de Preneste data das últimas décadas do século IV a.C. Traz duas inscrições: "Díndia Malcônia a deu para sua filha", e "Nóvio Pláucio me fez em Roma". A etiqueta "feito em Roma" demonstra que nessa época Roma era um centro importante de produção de peças de alta qualidade.

O aumento da prosperidade econômica romana e de seu refinamento cultural pode ser ilustrado por uma série de acontecimentos importantes no transcurso do século III a.C. Por um lado, o aumento do número de escravos procedentes de escravizações maciças de prisioneiros de guerra; esse fato é perfeitamente corroborado pela institucionalização do status de escravo. Depois, em Roma, os libertos seriam admitidos como cidadãos, ainda que com direitos restritos; seus descendentes, em contrapartida, possuíam os direitos completos que correspondiam à cidadania romana. Como demonstração desse fato, podemos citar Ápio Cláudio, que admitiu filhos de libertos no Senado. Certamente, a maioria dos escravos era de empregados, então, em trabalhos domésticos ou em empresas comerciais ou manufatureiras da cidade; também existem certas provas do uso de escravos para o trabalho nas propriedades dos fazendeiros.

Em segundo lugar, nessa época o Estado romano começa a cunhar moedas. A origem das primeiras cunhagens é difícil de determinar, e surgiram opiniões mutuamente contraditórias; hoje, a mais generalizada entre os historiadores estabelece seu início em cerca de 280 a.C. Anteriormente, as transações eram feitas com metais sem cunhagem, e seu valor era avaliado por seu peso, dentro de uma escala fixa de unidades. A introdução da moeda simplificou o sistema a tal ponto, que era possível pagar, por exemplo, a soldados e camponeses contando simplesmente o número de moedas necessárias. Em conseqüência, a cunhagem e circulação de moedas foram acompanhadas da seleção de uma série de lendas e símbolos que serviriam para simplificar seu valor, identificar a quantia e dar-lhe uma imagem oficial; desse modo, o Estado romano adquiriu um meio notável de difusão de sua imagem por todos os lados. Em 296 a.C., foi emitida uma sé-

Acima: Moeda de T. Vetúrio (137 a.C.) que rememora o acordo com os samnitas, estabelecido por seu antepassado T. Vetúrio Calvino (cônsul em 321 a.C.), depois da derrota de seu exército nas Forcas Caudinas. A cena mostra dois guerreiros prestando juramento, tocando com suas espadas um leitão (seguro pelo personagem ajoelhado do centro).

Abaixo: Primeiras moedas romanas de prata. O reverso de um didracma de prata de 269 a.C. mostra a loba amamentando aos gêmeos Rômulo e Remo; uma emissão posterior, que data do período da Primeira Guerra Púnica, mostra a cabeça de Roma personificada como uma deusa armada no anverso (*esquerda*) e uma Vitória com um ramo de palmeira e uma grinalda no reverso (*esquerda, abaixo*). Estes exemplos são sinais da segurança e do poder militar crescentes de Roma.

rie de moedas de prata com a imagem dos gêmeos Rômulo e Remo, amamentados pela loba. Uma série posterior, algo descuidada, apresentava em seu anverso a cabeça de uma mulher com um elmo (que correspondia simbolicamente à cidade eterna), e no reverso, uma vitória. Tudo isso referendava o crescimento impressionante da cidade e de sua própria consciência de poder.

A cunhagem foi uma invenção dos gregos, e sua adoção por Roma revela a crescente penetração cultural grega na vida romana. Assim como o sistema monetário, os artistas romanos de diversos gêneros imitavam o estilo e as técnicas gregos; além disso, deve-se considerar também a adoção de cultos religiosos helênicos, como o do deus curador Esculápio, a quem se dedicou um templo na ilha do Tibre (291), ou os referentes à Vitória. Assim, o helenismo se transformou em moda na classe alta romana, como evidencia a adoção por aristocratas de nomes gregos (Sophus, Philippus ou Philo).

A notícia da sensacional derrota de Pirro para a até então pouco conhecida República causou profunda impressão no mundo grego. Em 273 a.C., o rei Ptolomeu II Filadelfo do Egito enviou uma embaixada a Roma, sem dúvida como observadora e como gesto de boa vontade. Os romanos, por sua vez, enviaram uma embaixada a Alexandria; os três senadores, desacostumados ao luxo e ao protocolo diplomático, ficaram perturbados ao receber os presentes de Ptolomeu. Roma e seus habitantes se tornaram moda nos círculos intelectuais e literários de Alexandria. Calímaco escreveu um poema baseado no romano Caio; Lícofron terminou um poema épico acerca da nova Tróia, fundada pelos descendentes de Enéias; o erudito Eratóstenes escreveu sobre o "maravilhoso" sistema de governo romano. Ao mesmo tempo, o historiador Timeu, um siciliano exilado, concedeu um lugar preeminente a Roma em seu grandioso estudo sobre os povos do Oeste do Mediterrâneo; compôs também uma monografia sobre a guerra contra Pirro (escritos que não se conservaram). Timeu, mais que qualquer outro, contribuiu a divulgar o nome de Roma entre os gregos. Sua compreensão da importância do novo poder na Itália provinha de seu conhecimento dos assuntos sicilianos e da percepção do iminente conflito entre Roma e Cartago, no qual se decidiria a sorte de sua ilha natal.

Conflito entre Roma e Cartago

Em 246 a.C., Roma e seus aliados se viram envolvidos numa guerra com Cartago, surgida de um incidente fútil no Noroeste da Sicília. Essa situação se radicalizou rapidamente, transformando-se na primeira de uma série das guerras mais importantes da Antiguidade, que iria desembocar numa drástica mudança do poder político no mundo mediterrâneo. Em menos de cem anos, os romanos não apenas reduziram os cartagineses à impotência, mas também humilharam os poderes principais do Leste grego; em 167 a.C., eles eram os soberanos efetivos do Mediterrâneo.

Nada disso tinha sido minuciosamente planejado. A crise de 264 a.C. deve ter parecido de início uma questão de pouca importância. Tudo começou quando os romanos acudiram ao pedido de auxílio de Messana. Em sua origem, esta era uma cidade grega ocupada por alguns mercenários oscos de fala itálica, os quais havia vinte anos que a tinham tomado após um ataque sangrento. Não é estranho que os mamertinos, como a si mesmos se chamavam esses aventureiros italianos, encontrassem pouco apoio entre os gregos da Sicília, razão por que, quando foram atacados por Híeron II de Siracusa, se viram obrigados a buscar novos aliados. Alguns chefes preferiam socorrer os cartagineses, inimigos tradicionais dos gregos sicilianos; outros confiavam em Roma por causa da sua própria origem italiana. Os cartagineses tinham razões suficientes para estar alarmados diante do crescente poder romano, e, quando sua guarnição foi repelida pelos mamertinos, decidiram unir-se a Híeron II, que cercava a cidade.

As hostilidades começaram quando um exército romano atacou os sitiados. Sem seguida, Híeron decidiu negociar com os romanos e abandonar sua aliança com Cartago (263). Roma deu prosseguimento aos ataques e em 261 se apoderou da base cartaginesa de Agrigento. Então os dois lados estavam divididos e decididos a enfrentar-se numa guerra aberta. Políbio nos diz que, após a tomada de Agrigento, Roma começou a contemplar a possibilidade de enfrentar os cartagineses e conseguir o controle total da Sicília. Mas logo os romanos perceberam que isso não seria possível enquanto Cartago reinasse nos mares, e, com a determinação que os caracterizava, decidiram construir uma frota. No princípio do ano de 260 a.C., eles tinham à sua disposição uma frota de 100 navios (*quinqueremes*), que foram dotados e preparados para a ação; se levarmos em conta que até então os romanos não possuíam nenhuma força naval, essa realização foi de envergadura considerável.

Em seu primeiro grande combate naval, os romanos, comandados pelo cônsul C. Duílio, conseguiram uma memorável vitória em Milas (260 a.C.). Houve vitórias posteriores, entre as quais se destaca a da batalha de Écnomo em 256, onde os cartagineses foram totalmente derrotados. O êxito romano não teve continuidade; quando Roma decidiu atacar diretamente Cartago (o exército era comandado por M. Atílio Régulo), para apoiar assim uma força invasora que também atacava os cartagineses, fracassou. Essa derrota se transformou em desastre quando a frota enviada para evacuar o restante do exército naufragou totalmente por causa de uma tempestade (255 a.C.). Dois anos depois, os romanos se dirigiram contra Panormo (Palermo), e em 251 a.C. Lúcio Cecílio Metelo venceu uma batalha decisiva, na qual capturou mais de 100 elefantes. Em contrapartida, foram derrotados em vários combates navais que culminaram no desastre de Drépane (249 a.C.). Nesse mesmo ano, o restante da frota foi totalmente destruído por uma tempestade. A guerra se prolongou por vários anos, com certa vantagem cartaginesa na Sicília, onde Amílcar Barca, pai de Aníbal, comandava o exército. No inverno de 243-242, os romanos se tinham recuperado suficientemente para retomar a guerra no mar. Tinham construído uma nova frota, e em 241 conseguiram uma esmagadora vitória nas Ilhas Egates, situadas na costa ocidental da Sicília; com essa vitória, terminou a guerra. Segundo os termos de paz propostos por C. Lutácio Catulo, os cartagineses deviam evacuar a ilha da Sicília, devolver a Roma todos os prisioneiros de guerra italianos e pagar uma forte quantia a título de indenização (o valor chegou no final a

3.500 talentos, pagáveis em dez anuidades).

Terminou assim uma das guerras mais sangrentas e destruidoras da Antiguidade, na qual as perdas foram imensas em ambos os lados; segundo uma estimativa moderada, os romanos e seus aliados perderam mais de 100.000 homens e 500 navios, e os cartagineses, números parecidos. Os sofrimentos dos sicilianos nativos foram indubitavelmente espantosos. As cidades principais foram saqueadas; Panormo, Agrigento, Camarina e Selino sofreram grandes perdas, e seus povoadores foram escravizados. Em Agrigento, em 261, o número de pessoas escravizadas pode ter alcançado a cifra de 25.000. Segundo Políbio, a Primeira Guerra Púnica foi, "quanto a duração, intensidade e escala de operações, a maior guerra da história".

Os termos do tratado de Lutácio deixavam os cartagineses numa situação sumamente frágil. Em breve iriam padecer ainda mais, em conseqüência de um motim de seus próprios mercenários que se transformou numa guerra desastrosa e sangrenta (241-238). Em 238, os romanos se aproveitaram dessa situação tomando a Sardenha, que era anteriormente uma possessão cartaginesa (operação para a qual não existia a menor escusa, segundo Políbio). Ao mesmo tempo, começaram a dominar a Córsega. Após algumas lutas, essas ilhas passaram a ser possessões romanas nas mesmas condições que a Sicília.

A Sicília tinha sido o principal objetivo alcançado pelos romanos após a vitória de 241. Afora certos casos privilegiados, s como Messana ou o reino de Siracusa, o restante das cidades foi submetido a pagar a Roma um tributo em forma de dízimo. A partir de 227 a.C., a administração dessas propriedades ultramarinas passou a ser de responsabilidade de magistrados com *imperium*; para isso foram instituídos dois novos pretores, um para a Sicília e outro para a Córsega e a Sardenha. O âmbito geográfico em que os magistrados exerciam seu *imperium* era conhecido como *provincia*, um termo que a partir de então passou a ser utilizado para designar as possessões romanas de ultramar. As funções do pretor consistiam em organizar a defesa da província, manter a lei e a ordem e supervisionar a cobrança de impostos.

À medida que a situação se consolidava, os romanos fixaram a atenção no Norte da Itália, onde os gauleses tinham iniciado novas revoltas. Seu comportamento hostil foi causado em parte pela promulgação de uma lei do tribuno C. Flamínio (232 a.C.) que determinava a distribuição de lotes de terra no *ager Gallicus* em favor dos cidadãos romanos e provavelmente comportava também o desalojamento dos gauleses, que tinham usurpado e colonizado aquelas terras em 283 a.C. Em 255, um exército invasor gaulês foi derrotado em Têlamon (Etrúria) e obrigado a atravessar os Apeninos. Os romanos continuaram a obter vitórias avançando em direção ao Vale do Pó. Conquistaram Mediolano (Milão) em 222 e iniciaram o processo de integração da Gália Cisalpina ao restante da Itália romana. Em 218, criaram duas colônias latinas em Piacenza e Cremona. Estas já estavam fortemente estabelecidas quando o exército de Aníbal penetrou na Itália pelo norte.

Cartago tentava recompor-se do duplo desastre da perda da Sardenha e de uma revolta de mercenários iniciando a configuração de

Acima: A antiga cidade fenícia de Cartago, fundada, segundo a tradição, em 814 a.C., foi totalmente arrasada por Cipião Emiliano em 146 a.C. Os restos que se conservam datam do período romano, quando César fundou uma nova cidade. Escavações recentes, no entanto, começaram a revelar alguns vestígios da antiga cidade púnica e de suas instalações portuárias.

Acima: Busto de bronze de um aristocrata romano (popularmente conhecido como "Bruto") que data do final do século IV a.C.

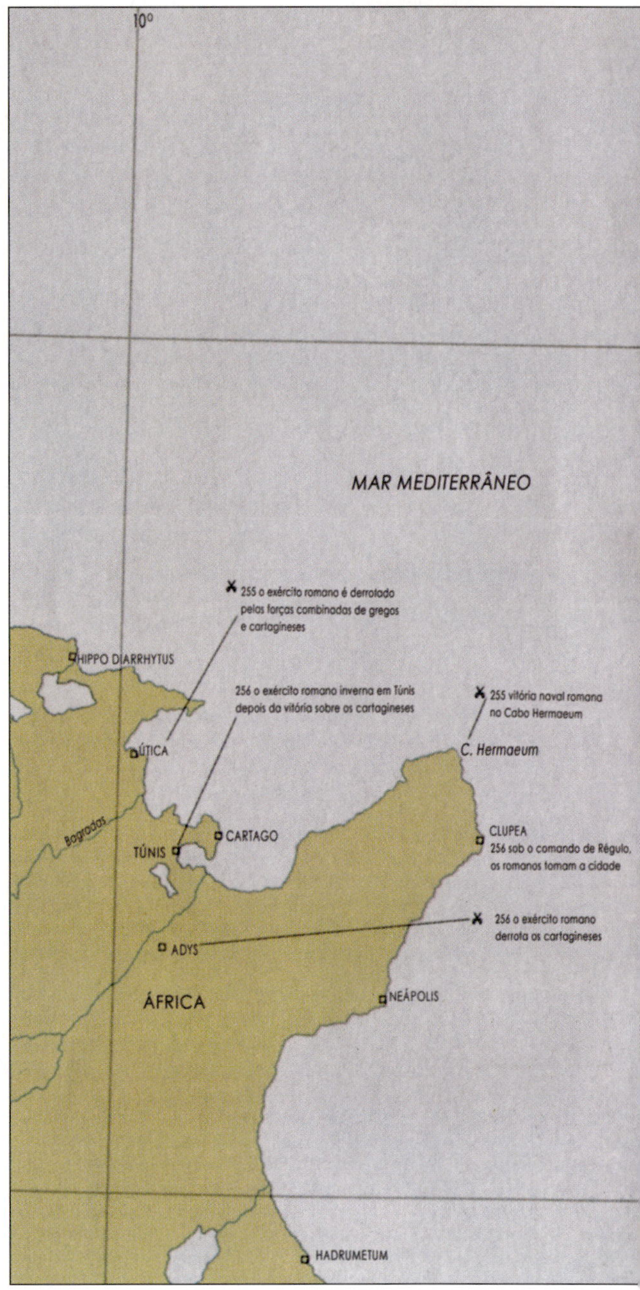

Direita: **A Primeira Guerra Púnica**. A primeira grande guerra entre Roma e Cartago começou quando Roma interveio num pequeno incidente ocorrido na Sicília em 264 a.C. Nenhum dos lados estava disposto a permitir que a Sicília caísse nas mãos do outro, e a disputa degenerou num conflito de grande escala. A guerra foi então travada no mar e em terra, durante mais de vinte anos, com enormes perdas para ambos os lados. Afinal, os recursos de Roma foram superiores aos de Cartago, e após a vitória romana nas Ilhas Egates em 241 a.C. os cartagineses se renderam. Os romanos ocuparam a Sicília, que se tornou a sua primeira província.

Acima: Moeda de C. Metelo (125 a.C.) que mostra Júpiter num carro puxado por elefantes. O tema rememora a vitória de L. Metelo em Panormo (Palermo) em 251 e a captura de mais de cem elefantes de guerra cartagineses.

um Império ultramarino na Hispânia. Liderava essa empresa Amílcar Barca, a quem sucedeu (após a sua morte) seu genro Asdrúbal. Roma receava o possível desfecho desses acontecimentos, e em 226 a.C. solicitou e recebeu garantias da parte de Asdrúbal de que os cartagineses limitariam suas ações ao sul do rio Ebro. Os problemas aconteceram quando Aníbal, que sucedeu a Asdrúbal em 221, atacou Sagunto (219). Ainda que esta cidade ficasse ao sul do Ebro, era fiel aliada de Roma. Aníbal ignorou a exigência romana de não atacar Sagunto, e, quando a cidade caiu, foi enviada a Cartago uma embaixada com um ultimato claro para que se rendesse. Tito Lívio descreveu a dramática cena no Parlamento cartaginês. "Fábio [representante principal da delegação romana] pôs a mano sobre a dobra de sua toga, apoiando-a no peito: 'Aqui', disse, 'nós trazemos paz e guerra, tomai o que quiserdes'. Imediatamente Aníbal respondeu com não menos orgulho: 'Seja o for, nós não o queremos'. Fábio soltou a dobra e gritou: 'Nós oferecemos a guerra'. Os senadores cartagineses replicaram como um só homem: 'Nós a aceitamos, e com o mesmo espírito lutaremos até o final'."

Os romanos provavelmente esperavam combater Aníbal em território hispânico, e ao mesmo tempo apoderar-se de Cartago enviando uma expedição à África. Esses planos foram abortados por Aníbal, que levou suas tropas para fora da Hispânia e prosseguiu em direção à Itália. No outono de 218 a.C., cruzou os Alpes no comando de 20.000 soldados de infantaria e 6.000 de cavalaria, e imediatamente se uniram a ele as tribos gaulesas da planície do Pó, que se insurgiram contra Roma aproveitando a chegada de Aníbal. Com a ajuda delas, Aníbal venceu as grandes batalhas dos rios Tício e Trébia, antes de terminar 218. A atitude dos gauleses fez Aníbal acalentar a esperança de que os aliados italianos de Roma também se uniriam a ele. Em 217, ele avançou contra a Etrúria e conseguiu uma importante vitória no Lago Trasumeno. Mas, ainda que ele tenha proclamado aos quatro ventos que sua luta era unicamente contra Roma e tenha libertado todos os prisioneiros não romanos, os aliados continuaram fiéis a Roma. Com isso ficava claro que Aníbal tinha errado em seus planos

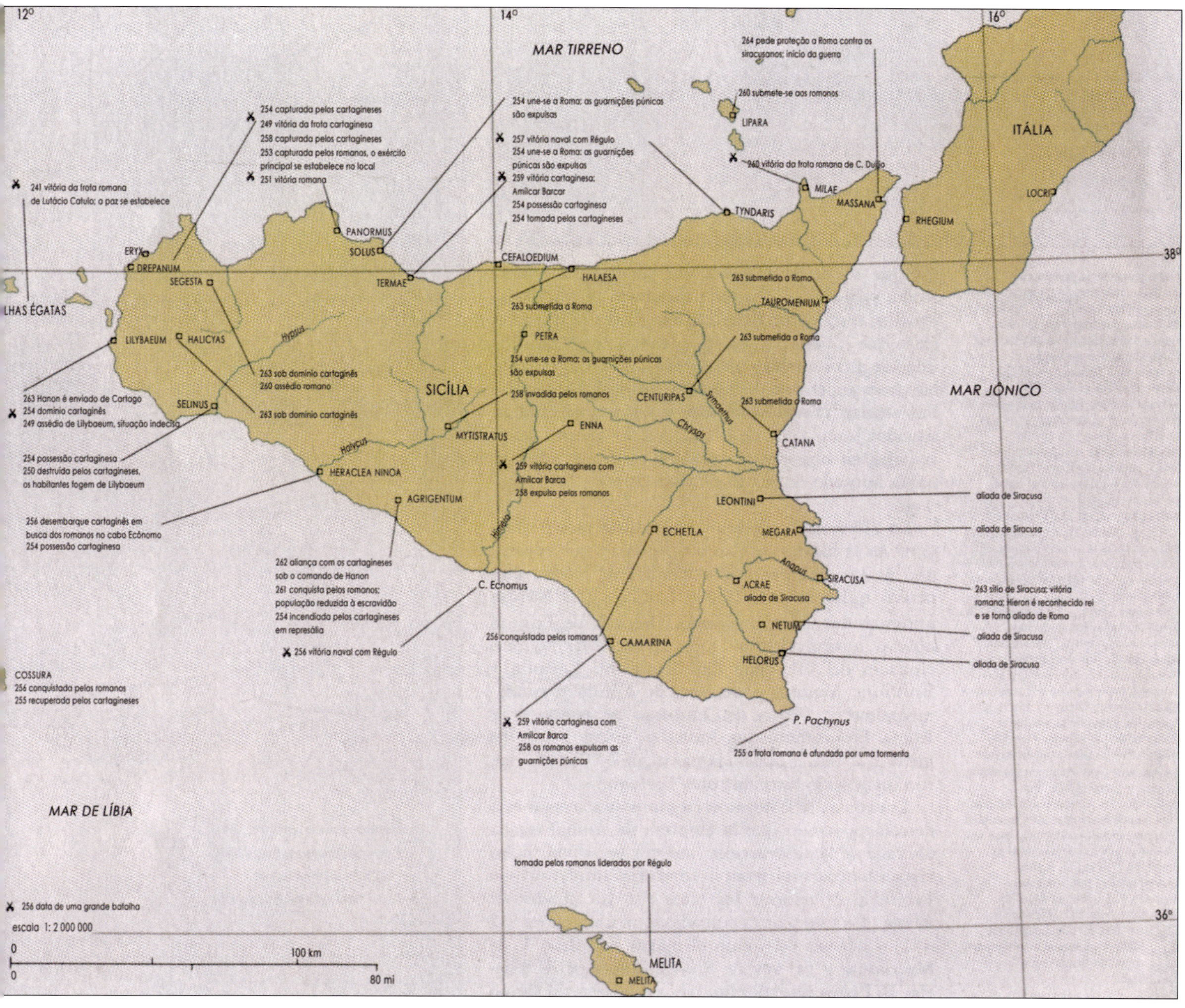

A Itália durante a guerra com Aníbal. Durante os primeiros anos da guerra, os aliados italianos de Roma permaneceram leais, apesar dos esforços de Aníbal para conquistá-los. No entanto, o desastre de Cana mudou a situação. Tito Lívio escreve: "Até que ponto foi mais grave a derrota em Cana do que as que a tinham precedido pode ser percebido pelo comportamento dos aliados de Roma: antes daquele dia fatal, sua lealdade havia permanecido firme; depois, começou a vacilar pela simples razão de que tinham perdido toda e qualquer esperança na sobrevivência do poder romano. Estes foram os povos que se uniram à causa cartaginesa: os atelanos, calatinos, hirpinos, alguns dos ápulos, todos os samnitas exceto os pentros, os brúcios, os lucanos, os ucentinos e quase todas as povoações gregas da costa, especialmente Tarento, Metaponto, Cróton e Lócride, e todos os gauleses da vertente italiana dos Alpes". Devemos acrescentar que a mais importante de todas, a cidade de Cápua, da Campânia, passou para o outro lado em 215. No entanto, os romanos começaram quase imediatamente a recuperar o terreno perdido: ao mesmo tempo que as cidades gregas passavam para o lado do inimigo (212 a.C.), Roma recuperava o controle de Sâmnio e do Norte da Apúlia; Cápua caiu em 211, Tarento, em 209. Em 206, Aníbal foi obrigado a retirar-se para o extremo sul, ficando confinado no Brútio.

quanto à possibilidade de uma revolta geral contra Roma; de fato, as classes superiores daquelas comunidades italianas sentiam profundamente que seus interesses se situavam junto aos de Roma, razão por que não viam nenhuma vantagem em unir-se a um invasor estrangeiro que se havia apoiado nos gauleses para derrotar seu inimigo.

Em 216, Aníbal conseguiu sua vitória mais importante na batalha de Cana (Apúlia), que implicou um dos desastres mais relevantes de Roma, que perdeu talvez mais de 30.000 homens (as fontes antigas dão cifras maiores). Depois de Cana, ele obteve novas vitórias e se apoderou de algumas cidades do Sul, incluídas Sâmnio, Lucânia e Brútio. Alguns povoadores da Apúlia e, fundamentalmente, de Cápua, na Campânia, se separaram de Roma. Nesse momento, Aníbal esperava razoavelmente que Roma pedisse a paz e que esta resultasse num acordo favorável a Cartago.

Os romanos se negaram cegamente a aceitar aquela derrota, pensando que o empreendimento de Aníbal era destinado à destruição, ainda que muitas das circunstâncias sugerissem o contrário. Aníbal teve a habilidade de reforçar os laços com os aliados de Roma (Tarento e outras cidades se uniram a ele em 212 a.C.) e, além disso, conseguiu o apoio de Filipe V da Macedônia e do rei de Siracusa, sucessor de Híeron II. Apesar disso, porém, sua posição geral continuou a fragilizar-se. A causa foi o fato de os romanos adotarem uma estratégia (idealizada por Q. Fábio Máximo, "o das dilatórias") que evitava as batalhas abertas para combater numa guerra de desgaste. Graças a isso, com o passar do tempo as circunstâncias os favoreceram. Roma ainda tinha amplas reservas de homens e de abastecimentos. Aníbal, em contrapartida, estava isolado de sua metrópole e não tinha nenhum grande porto à disposição. Os aliados de Roma (a Etrúria, a Úmbria, Piceno e povos do Centro da Itália) reafirmaram seu apoio, e constituiu-se um bloco militar disposto a lutar com Aníbal; no Sul, onde permaneciam os cartagineses, muitas cidades importantes (incluídas as colônias latinas), fortemente fortificadas, continuavam leais a Roma. Desse modo, enquanto Aníbal não podia sair de sua base de operações no Sul, os romanos saqueavam e reconquistavam os territórios de seus aliados. Como dizia Políbio, os romanos tinham a possibilidade de dividir suas forças, enquanto Aníbal só podia ficar num lugar por vez.

Com o passar dos anos, a iniciativa passou paulatinamente para os romanos. Em 211, Aníbal sofreu um sério golpe quando Cápua caiu depois de um longo sítio. Naquele momento, o líder carta-

Segunda Guerra Púnica. A invasão da Itália por Aníbal em 218 a.C. pegou os romanos de surpresa e frustrou seu plano de ataque direto a Cartago. Mas, ao provocarem uma guerra de desgaste contra Aníbal na Itália e adotar uma audaciosa estratégia ofensiva na Hispânia e na Sicília, que culminou com a invasão da África em 204, pouco a pouco os romanos foram impondo-se. Os cartagineses fracassaram em sua tentativa de enviar reforços a Aníbal, e seus aliados (os gauleses do Norte da Itália e Filipe V da Macedônia) foram ineficazes. No final, Aníbal se viu obrigado a abandonar a Itália para defender Cartago, sendo definitivamente derrotado por Cipião, o Africano, perto de Zama em 202.

ginês pretendia auxiliar a cidade dirigindo-se contra Roma; apesar da impressão que causou a presença de um exército tão impressionante diante das muralhas de Roma, a experiência acabou em fracasso. Enquanto isso, os romanos, dirigidos por M. Cláudio Marcelo, mantiveram a pressão na Sicília, onde tomaram e saquearam Siracusa (211) e esmagaram uma revolta geral. Na Hispânia, os cartagineses tinham sido detidos em 218 pela expedição dos irmãos Cipiões (Públio e Cneu), que derrotaram Asdrúbal (215), irmão de Aníbal, e recuperaram Sagunto (214). Nesta cidade, os romanos tiveram graves problemas, quando em 211 os irmãos Cipiões foram derrotados e mortos; imediatamente mandaram uma nova expedição de reforço (210), dirigida pelo jovem filho e homônimo de Públio Cipião, o qual retomou uma estratégia fortemente ofensiva. Em 209, ele atacou de surpresa Cartago Nova (Cartagena) e a tomou. No ano seguinte, derrotou Asdrúbal em Bécula, mas não pôde evitar que este se transladasse para a Itália a fim unir-se a seu irmão Aníbal. Cruzou os Alpes na primavera de 207 e avançou com rapidez para o Adriático, para tentar encontrar-se com Aníbal na Úmbria. Mas, antes que pudessem reunir-se, Asdrúbal foi interceptado e definitivamente derrotado pelas tropas de Cláudio Nero em Metauro. Sem esperança alguma, Aníbal se retirou para Brútio e em 203 embarcou com seu exército para a África sem ter sido derrotado. Enquanto isso, o jovem Cipião, após expulsar os cartagineses da Hispânia (206), persuadiu o Senado de que lhe permitisse dirigir um exército contra Cartago (204).

Aníbal regressou para a defesa de sua capital, na qual não havia estado desde os nove anos (237). A derrota definitiva se consumou na batalha de Zama (202), após um renhido combate do qual Cipião saiu vitorioso. O próprio Aníbal negociou a paz, que confinou Cartago dentro de uma área muito restrita, além de privá-la de sua frota e obrigá-la a pagar 10.000 talentos em cinqüenta anos.

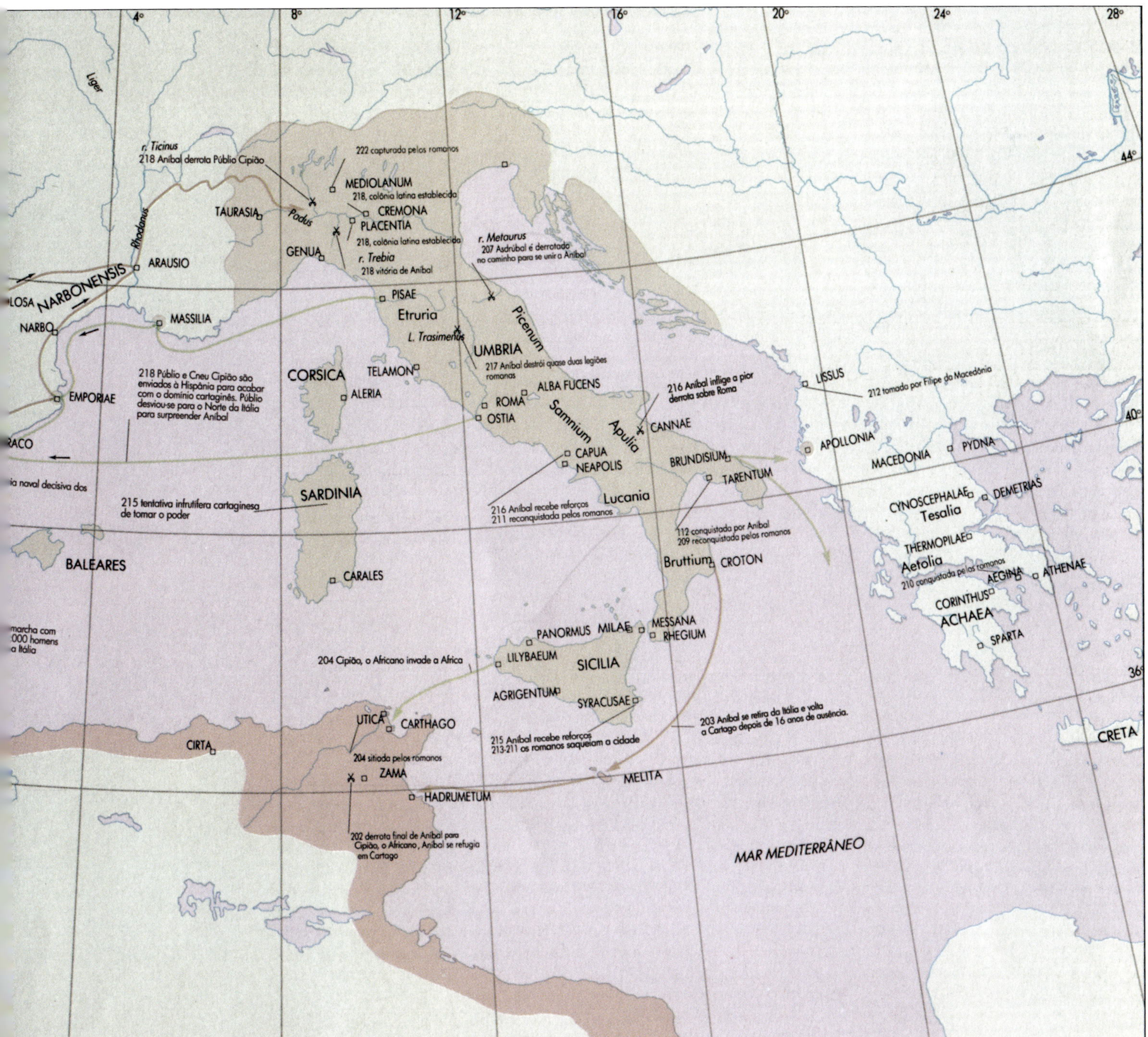

Desenvolvimento do imperialismo romano

Após a paz acordada, desapareceu a ameaça de Cartago, o que deu um alívio para a Itália após esta ter sofrido as conseqüências das devastações e da pilhagem dos 16 anos de ocupação de Aníbal. No entanto, a vitória não significou uma redução sistemática das forças militares romanas; de fato, nas primeiras décadas de 200 a.C., houve guerras importantes no Norte da Itália, da Hispânia, da Sardenha e no Mediterrâneo oriental, nas quais estiveram envolvidos grandes exércitos de Roma durante um sem-fim de anos. P. A. Brunt assinalou que o número de italianos em serviço militar permanente "parece demonstrar... que durante esse período... as necessidades de homens foram ainda muito importantes depois de acabada a guerra com Aníbal e que em 191-190 a.C. alcançaram as mesmas dimensões que na crise mais grave da luta".

Em 203 a.C., os romanos empreenderam a conquista sistemática da Gália Cisalpina, interrompida em 224 a.C. pela invasão de Aníbal. Após diversos combates no Vale do Pó, foi derrotada uma das tribos mais poderosas da Gália Cisalpina: os boios. Os romanos reforçaram Cremona e Piacenza, ao mesmo tempo que fundavam novas colônias. Em 187 construíram a Via Emília (que a partir de então deu nome à região), que unia Piacenza e Arímino (Rímini). Roma voltou então sua atenção para a luta contra os belicosos grupos tribais da Ligúria e do Norte dos Apeninos, que, apesar de sua resistência, foram subjugados em 175, embora sua oposição esporádica tenha durado vinte anos. Em 178-177, invadiram a península da Ístria, tendo estabelecido uma estratégica colônia em Aquiléia (181).

Na Hispânia, Roma herdou de Cartago alguns domínios importantes no Sudeste da Península, que requeriam a presença de um exército permanente, geralmente duas legiões. A Ibéria romana era constituída por duas províncias (Hispânia Ulterior e Hispânia Citerior) desde a retirada cartaginesa de 206. Em 197, o número de pretores anuais aumentou de quatro para seis, com o propósito de proporcionar todas as magistraturas necessárias para o governo das novas províncias. Nesses primeiros anos, a Hispânia foi sistematicamente saqueada pelos romanos, que inevitavelmente atraíram a aversão nativa. Em 197, eclodiu na Hispânia Ulterior uma revolta que se estendeu com rapidez até as tribos do interior. Apesar das enérgicas campanhas de Catão em 195, a guerra não terminou senão em 179, quando T. Semprônio Graco pacificou as províncias e chegou a um acordo com os celtiberos. Vinte e cinco anos depois, abria-se uma nova etapa de conflitos, com os lusitanos, dirigidos por Viriato (154-138), e uma segunda guerra contra os celtiberos (153-151). Esses conflitos provocaram grandes dificuldades e altos custos aos romanos, bem como enormes desastres para os hispânicos, que sofreram atrocidades sem conta. Uma última rebelião dos celtiberos, em 143 a.C., derivou para uma guerra longa e brutal. Um dos capítulos mais vergonhosos da história romana se encerrou com a conquista e destruição de Numância (133 a.C.), capital celtibera, por Cipião Emiliano (neto adotivo do vencedor de Zama). Apesar disso, continuou a ser necessária a presença militar permanente no Noroeste, que não foi conquistado senão no tempo de Augusto.

Acima: Alba Fucens, fundada como colônia em 303 a.C. em território dos équos, ocupa uma posição dominante no sopé do Monte Velino (2.487m). As escavações realizadas pelos belgas a partir de 1949 revelaram restos importantes da cidade, que, como a maioria das colônias romanas, foi construída num plano em forma de tabuleiro dentro de um impressionante recinto de muralhas defensivas. O rei Perseu da Macedônia foi internado ali depois de sua rendição em 167 a.C.

É evidente que no Mediterrâneo ocidental os romanos se entregaram a uma política agressiva para aumentar seus extensos domínios à custa dos "bárbaros" nativos. Isso derivou numa série literalmente interminável de guerras na Gália e na Hispânia. Igualmente, deve-se mencionar as graves revoltas da Sardenha (181-176 e 126 a.C.) e da Córsega (181 e 166-163). A conquista da Gália Narbonense (Provença) entre 125 e 121 confirmou a continuidade de tal política, que culminou com a ocupação da totalidade da Gália continental por Júlio César (58-50 a.C.) e com a invasão da Germânia sob Augusto. Os romanos não parecem ter tido escrúpulos morais com relação a essas atividades, e o Senado romano estava autorizado a perdoar os métodos duros e freqüentemente muito discutíveis empregados por seus comandantes. Em 151 a.C., Sérvio Sulpício Galba, que havia assassinado milhares de lusitanos após sua rendição, foi absolvido em juízo, ainda que sua culpa fosse palpável. Muito pouca gente se preocupava em Roma com o que sucedia aos bárbaros.

Bastante mais complexas foram as ações romanas no Leste do Mediterrâneo, cujas questões foram adiadas até a conclusão da Terceira Guerra Púnica. Ali eles tiveram de enfrentar um mundo culturalmente avançado e com comunidades políticas estabelecidas após a desintegração do Império de Alexandre, o Grande (356-323 a.C.). No final do século III, existia um relativo equilíbrio entre os grandes reinos (os Antigônidas na Macedônia, os Selêucidas na Síria e na Mesopotâmia, os Ptolomeus no Egito). No meio, encontravam-se os Estados da Grécia e do mar Egeu, os mais importantes dos quais eram Atenas, Esparta e Rodes, a Liga Aquéia (que reunia as cidades do Norte do Peloponeso) e a Liga Etólia, do Noroeste da Grécia.

A primeira intervenção romana ao leste do Adriático ocorreu em 229 a.C., quando declararam guerra à rainha Teuta da Ilíria, cujos habitantes praticavam a pirataria e molestavam os comerciantes italianos. Em duas breves campanhas (Primeira e Segunda Guerra Ilírica, de 229-28 e 221-19, respectivamente), Roma humilhou os ilírios e obteve o controle das diversas cidades gregas da costa. Esses acon-

Abaixo: A *groma* era um instrumento topográfico que permitia marcar linhas cruzadas em ângulo reto olhando de um ponto central.

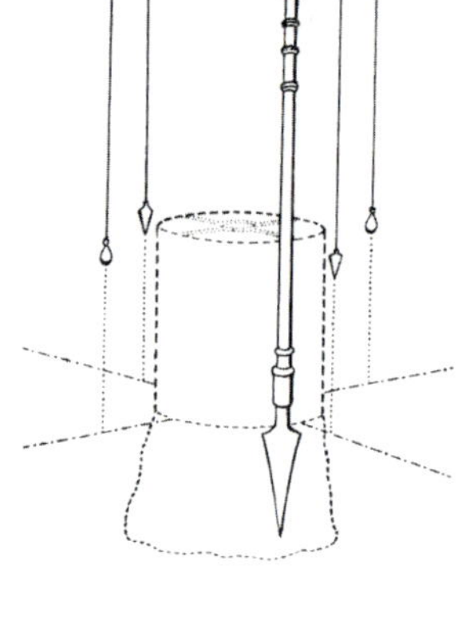

Acima: A distribuição de terras aos colonos romanos era baseada num processo de medição e divisão, conhecido como centuriação, pelo qual a terra era sinalizada em grandes quadros de 200 *iugera* (50 hectares), chamados *centuriae* (quer dizer, áreas que abarcavam cem *iugera*). As marcas da centuriação são reveladas pela fotografia aérea em muitas partes da Itália e das províncias. Esta fotografia mostra um terreno centuriado em Emília.

Acima, direita: A planta em tabuleiro das colônias romanas se reflete nos planos de muitas cidades italianas de origem colonial. Um exemplo é Florença, onde foi fundada a colônia de *Florentia* no tempo de Augusto.

Direita: **Colonização da Itália no século II a.C.** A tradição política romana de colonização continuou depois da guerra contra Aníbal, com o reforço de algumas colônias latinas já existentes e a fundação de outras em Vibo e Túrio, no Sul da Itália. Observe-se o costume romano de dar nomes otimistas às colônias, tais como *Valentia* ("Força") e *Copia* ("abundância"). Durante a década de 190, foi fundado grande número de guarnições coloniais ao longo das costas do Sul da Itália, como defesa diante da possibilidade de uma invasão por parte do rei selêucida Antíoco III.
A ocupação romana da Gália Cisalpina e da Ligúria se consolidou de forma usual, por meio da fundação de colônias; mas, como ao que parece se tornou cada vez mais difícil persuadir os romanos a dar a cidadania, o governo deixou de fundar colônias latinas e, em seu lugar, iniciou a fundação de grandes colônias de cidadãos romanos. Parma e Mútina (183) foram as primeiras colônias do tipo novo, e Aquiléia (181) foi a última do antigo. Após a fundação de Luna em 177, a colonização romana se interrompe bruscamente e não é retomada senão no final do século. A única exceção foi Áuximo (157), data que põem em dúvida alguns eruditos.

tecimentos suscitaram receios de Filipe V da Macedônia, que em 215 se aproveitou da fragilidade romana após a derrota de Cana e se aliou a Aníbal. Os romanos responderam aliando-se aos etólios (217), tradicionais inimigos de Filipe que deram prosseguimento à guerra em terra firme, com o apoio naval romano. Outros Estados gregos aderiram à aliança, e os romanos, com poucas tropas, temeram a ameaça da Macedônia; por outro lado, os etólios, conscientes de suportar a guerra com seu esforço, queixaram-se da pouca assistência de Roma e em 206 firmaram um acordo unilateral com Filipe. Os romanos, ainda preocupados com Aníbal, seguiram o mesmo caminho um ano depois.

Após haver terminado a guerra com Aníbal, os romanos voltaram a atenção para os Bálcãs, onde Filipe havia começado a estender seu poder pelo Egeu e iniciava movimentos ameaçadores na Ilíria. Durante dois anos se produziram ações militares indecisas, e Roma teve alguns êxitos em suas gestões diplomáticas, por meio das quais conseguiu o apoio da maioria dos Estados do Centro e do Sul da Grécia; convenceu-os de que pretendia expulsar os macedônios do território grego. Os acontecimentos reforçaram essa política quando ela derrotou definitivamente Filipe na batalha de Cinocéfalos, em 197 a.C. Nos jogos ístmicos de 196, os romanos, a cuja testa estava T. Quinto Flaminino, proclamaram diante da entusiasta assistência que respeitariam a liberdade e independência dos Estados gregos. Em dois anos se havia consolidado sua posição, e em 194 se retiraram as tropas romanas dos Bálcãs.

Naquela época, surgiram tensões entre Roma e o rei selêucida Antíoco III, que havia intervindo na Ásia Menor e invadido a Trácia (196 a.C.). Ambas as potências se vigiavam mutuamente com ansiedade; houve complexas negociações e uma campanha de propaganda que se poderia comparar com a guerra fria contemporânea. Em 192, os etólios, ressentidos de que Flaminino não lhes houvesse permitido recuperar alguns de seus antigos territórios, após a marcha de Filipe sitiaram a cidade fortificada de Demétrias e chamaram Antíoco para libertar os gregos dos romanos. Antíoco atendeu ao chamado e atacou uma força expedicionária na Grécia. No prazo de um ano, ele foi-se retirando diante do impulso romano, e finalmente foi derrotado nas Termópilas. Os romanos invadiram a Ásia sob o comando de L. Cipião (irmão do Africano, que acompanhava o exército) e derrotaram Antíoco em Magnésia (190 a.C.). Antíoco foi confinado além dos Montes Tauro e obrigado a entregar seus elefantes e sua frota e pagar uma enorme indenização. No ano seguinte, o cônsul Cn. Mânlio Vulsão invadiu o território das gálatas; levou a cabo grandes matanças e adquiriu um enorme butim. Em 188, deu-se o definitivo acordo com Antíoco, com quem se estabeleceu um tratado em Apaméia. Seus antigos territórios foram divididos entre Rodes e Eumenes II, de Pérgamo, que havia sucedido Átalo em 197. Os romanos se retiraram então totalmente da Grécia e da Ásia. Esses acontecimentos inevitavelmente suscitaram algumas questões sobre a política romana no Mediterrâneo oriental, e de modo mais geral sobre as origens e desenvolvimento do imperialismo romano. As modernas interpretações desse fato se dividem em duas correntes. Alguns historiadores apresentam o imperialismo de Roma como resultado acidental de uma política predominantemente defensiva: os romanos guerreavam para defender seus interesses e os de seus aliados de ameaças reais ou imaginárias. Essa explicação coincide em certa medida com a própria opinião dos romanos, segundo os quais eles só combatiam em "guerras justas". Outros estudiosos, no entanto, crêem antes que o imperialismo foi um "mau costume" em que os romanos caíram por seu apego à guerra e às honras militares, bem como por seu desejo de obter terras e butins. De acordo com esta segunda opinião, sua política foi conscientemente agressiva, e todos os argumentos da "guerra justa" eram apenas um exercício cínico de relações públicas ou uma elaboração ingênua de historiadores cheios de patriotismo.

As dificuldades desse tipo de interpretações derivam do fato de que só levam em conta os propósitos e motivações conscientes dos personagens históricos, que não necessariamente controlavam ou entendiam os acontecimentos em que tomavam parte. Sempre num plano concreto, tais explicações eram também, provavelmente, esquemáticas e elaboradas. Por exemplo, é improvável que Roma declarasse guerra à Macedônia em 200 a.C. porque pensasse que Filipe era uma ameaça para seus interesses ou porque estivesse buscando uma nova saída para a ação agressiva. Tito Lívio sugere um motivo mais simples e convincente: a aliança de Filipe com Aníbal em 215 a.C. foi "uma punhalada nas costas" que não seria perdoada, e, assim que os romanos derrotaram Cartago, foram para a Grécia para dar a Filipe o que merecia.

O fato mais significativo da expansão do Império Romano é que foi fruto de uma série de vitórias sucessivas. Portanto, cabe perguntar não apenas por que os romanos combateram em muitas guerras, mas também por que obtiveram tantas vitórias. A resposta a ambas perguntas é, definitivamente, a mesma: os romanos tinham à sua disposição uma eficiente máquina militar e enormes reservas humanas, que seus oponentes não conseguiram igualar. Tinham grande capacidade de recuperar-se de suas perdas, como demonstram os acontecimentos da Segunda Guerra Púnica. Tito Lívio foi absolutamente equânime ao declarar (com respeito a Trasimeno e Cana): "Nenhuma outra nação do mundo poderia ter sofrido tão tremendos desastres sem ter naufragado".

O poder militar de Roma era baseado fundamentalmente no sistema de alianças, resultado de suas conquistas na Itália; o fato de que os aliados fossem partidários ativos em vez de sujeitos tributários passivos teve importância vital. Assim, havia-se constituído uma grande organização militar que podia ser utilizada se dela derivasse algum benefício. A guerra e a conquista se transformaram, desse modo, numa necessidade lógica. Na prática, isso significava que o governo romano podia recorrer à guerra como instrumento de sua política, em algumas circunstâncias em que outros Estados teriam desistido por causa dos perigos ou da impossibilidade de recuperar-se de suas perdas. A prática constante do belicismo tornou possível a formação de um quadro de militares especialista e efetivo e criou uma ética militarista que inspirou todos os âmbitos da sociedade romana.

Direita: A antiga cidade grega de Corinto foi destruída por Roma em 146 a.C. como lição para o restante do Império. A Corinto romana, da qual se conservam ruínas impressionantes, incluído o teatro (que pode ser visto aqui), foi fundada como colônia por Júlio César. (Ver página 149.)

O resultado dos êxitos militares foi a ampliação do território e um aumento da riqueza (em forma de butim, impostos e indenizações), da segurança e do poder. Os romanos se julgavam no direito de receber essas contrapartidas, que compensavam os gastos e esforços das operações militares a que tinham sido levados. As conquistas também foram, posteriormente, justificadas pelos benefícios que o governo romano levava para os territórios conquistados: civilização para os bárbaros, estabilidade e ordem para os gregos ingovernáveis. Todos ganhavam, à exceção daqueles que resistiam com arrogância ou cegueira:

tu regere Imperio populos, Romane, memento
(hae tibi erunt artes), pacisque imponere morem,
parcere subiectis et debellare superbos.

("Recorda, romano, que te cabe reger os povos com estes recursos: impor os caminhos da paz, perdoar os submetidos e destroçar os arrogantes por meio da guerra" Virgílio, *Eneida*, 6.851-51)

O governo de Roma se manifestou de diferentes maneiras conforme as circunstâncias. No Mediterrâneo ocidental, como vimos, favoreceu a política de integração, o governo direto e a presença militar permanente; por outro lado, na Grécia evitou a anexação e preferiu manter independentes os governos locais, que por sua vez agiam em favor dos interesses romanos. De fato, os Estados gregos, nominalmente livres, eram clientes de Roma em muitos aspectos, seguindo as diretrizes romanas (ver página 19); fosse ou não fosse assim, os romanos usaram o termo *clientela* para descrever suas relações com outros Estados, e não há dúvida de que o termo "Estados clientes" definiu a posição dos aliados "livres" controlados por Roma.

Transcorreram vinte anos antes que os romanos tivessem necessidade de uma intervenção militar no mundo grego. Em 171, foi enviado um exército através do Adriático para enfrentar Perseu, sucessor e irmão de Filipe V da Macedônia. Os romanos estavam alarmados com a revitalização da Macedônia (iniciada já antes da morte de Filipe) e se preocuparam especialmente quando Perseu tentou reconciliar-se com o restante dos Estados gregos. A idéia de que sua intenção última fosse fazer guerra a Roma é infundada, ainda que fosse improvável que os romanos estivessem satisfeitos com o fato de Perseu apelar para as classes mais baixas das cidades gregas; como na Itália, também na Grécia os romanos tenderam naturalmente a proteger os interesses das classes proprietárias (embora houvesse exceções). Perseu teve algum êxito inicial, como a vitória na batalha de Calinico (171 a.C.); em 168, em contrapartida, sofreu uma decisiva derrota diante de L. Emílio Paulo em Pidna. O exército macedônio foi quase totalmente destruído, e Perseu se rendeu pouco depois.

O acordo estabelecido após a vitória de Pidna foi oneroso e mostra a que ponto havia mudado a atitude de Roma a partir de 190. A Macedônia ficou dividida em quatro repúblicas independentes, e sua população foi forçada a pagar tributos a Roma, justamente metade do que lhes havia exigido Perseu. Desse modo, os romanos receberam importantes lucros sem ter de enfrentar as desvantagens do governo direto nem os gastos de administração e defesa. Também reservaram um cruel destino aos molossos de Epiro, que tinham colaborado com Perseu após sua vitória na batalha de Calinico; seu território foi saqueado sistematicamente por Paulo, e sua população, escravizada. Cabe destacar a deportação de 1.000 membros das classes poderosas, pertencentes à Liga Aquéia, para território italiano, onde foram reclusos sem julgamento algum. O mais conhecido entre os detidos era Políbio. Aos gregos da Ásia Menor, de Pérgamo e de Rodes se castigou com perdas de territórios, já que, embora não tivessem participado da guerra, tinham acalentado o propósito de fazê-lo. Desse modo, Roma deixava patente que não toleraria a menor tentativa de desobediência.

Com tais métodos, foi possível aos romanos governar indiretamente os gregos por 18 anos. No princípio de 150 a.C., ocorreu um levantamento na Macedônia, auspiciado pelas pretensões de Andrisco, razão por que Roma teve de intervir mais uma vez. Andrisco foi derrotado em 148, e a Macedônia se transformou numa província normal. Dois anos depois, foi igualmente sufocada uma infrutífera revolta da Liga Aquéia, cujos territórios também perderam a independência. Corinto foi saqueada ra dar um exemplo ao mundo, e se estabeleceram constituições timocráticas (ver página 42), para substituir as democracias das cidades gregas.

Foi um período crucial para a expansão do Império Romano. Em 150 a.C., teve início a Terceira Guerra Púnica, quando os romanos intervieram para defender seus aliados (o rei da Numídia, Massinissa), agredidos por Cartago. Por conselho do velho Catão, os romanos resolveram destruir Cartago. Os cartagineses opuseram uma forte resistência; mas no final a cidade se rendeu ao general Cipião Emiliano, que a arrasou (146 a.C.). Seus territórios constituíram a nova província da África.

A Roma arcaica

Os vestígios mais antigos de habitação que foram achados em Roma são sepulcros de cremação no foro que desde o século X a.C. serviram de cemitério para as povoações das colinas circundantes. O primeiro núcleo de população no Palatino data da Idade do Ferro, como confirmam os alicerces de cabanas achados nesse lugar, bem como a tradição, segundo a qual Rômulo havia fundado a cidade no Palatino. Essa primeira povoação se estendeu para a área do Foro, e no século viii o Esquilino se transformou em cemitério principal. No final do século vii, as cabanas do Foro foram demolidas, e se traçou uma planta urbanística quadrangular; as povoações circundantes também melhoraram seu aspecto urbanístico; foram construídas casas de pedra de caráter permanente, templos e outros prédios públicos. A tradição associou esse desenvolvimento ao reinado de Tarquínio I (616-579 a.C.); segundo Tito Lívio, "Tarquínio concedeu terras ao redor do Foro para que fossem empregadas na construção de prédios privados e ergueu lugares de comércio e pórticos". Seu sucessor, Sérvio Túlio, aumentou a cidade incorporando as colinas do Esquilino, do Quirinal e do Viminal, rodeou-as com uma muralha e dividiu-as em quatro regiões. Os restos arqueológicos confirmam esse aspecto geral do desenvolvimento urbano no século VI.

Abaixo: Reconstituição (segundo Gjerstad) da fachada do grande templo de Júpiter, Juno e Minerva, construído pelos Tarquínios e dedicado pelos primeiros cônsules em 509 a.C. A construção, que tem cerca de 64m de comprimento, 55m de largura e uma altura estimada de 40m, foi um dos maiores templos arcaicos do mundo mediterrâneo. Permaneceu intacto até 83 a.C., ano em que foi destruído pelo fogo.

Abaixo: A "Loba Capitolina". Este magistral bronze arcaico data aproximadamente de 500 a.C. e é talvez de manufatura etrusca. As figuras dos gêmeos foram acrescentadas no Renascimento, mas há boas razões para crer que a restauração seja correta. Se assim for, a lenda de Rômulo e Remo estava já bem arraigada em Roma no final do período monárquico.

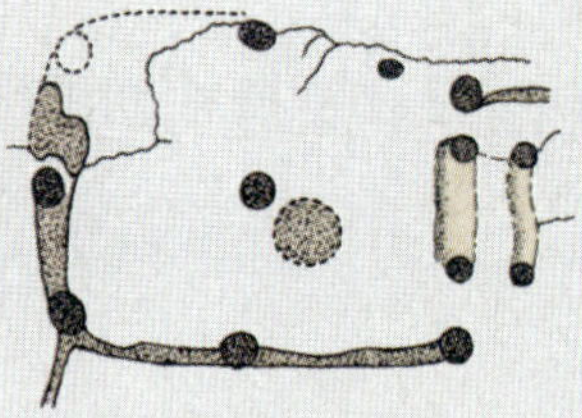

Esquerda: Restos de toscas choças que datam do século VIII a.C. e que foram encontradas no Palatino, que segundo a tradição foi a povoação de Rômulo. Os romanos conservaram uma lembrança dessa etapa primitiva na *Casa Romuli* (casa de Rômulo), uma simples choça de pastor preservada carinhosamente até os tempos do Império.

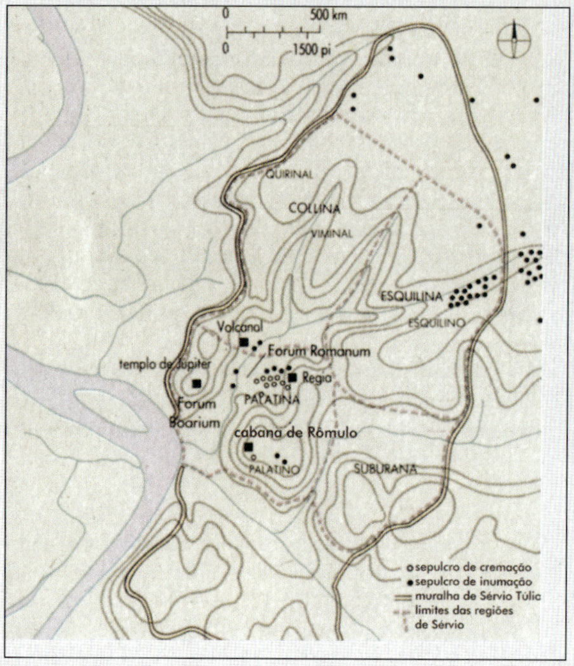

Acima: Jarra com duas asas procedente de um sepulcro de inumação no Esquilino (provavelmente do final do século VIII a.C.).
Acima, direita: Urna em forma de choça procedente de um sepulcro de cremação do Foro romano. As urnas desse tipo eram claramente destinadas a representar as moradas humanas.
Direita: Sepultura e Foro do típico sepulcro de cremação. A urna em forma de choça e os objetos circundantes foram colocados num recipiente amplo e enterrados num buraco; séculos X-IX a.C.

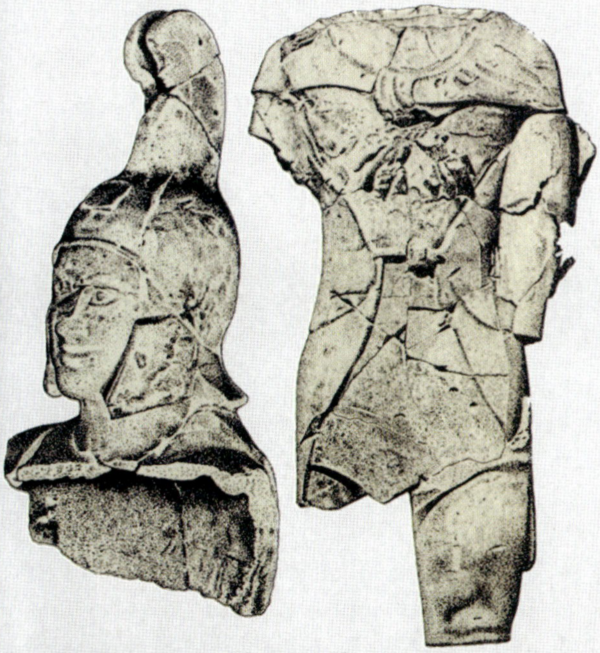

Direita: Friso arquitetônico de terracota da Régia, um edifício sagrado do Foro em que o rei (e na República o *rex sacrorum*) cumpriam suas funções religiosas. A primeira Régia foi construída no final do século VII a.C.; os frisos pertencem a uma reconstrução, provavelmente da segunda metade do século VI.

Esquerda: Fragmentos de um grupo de estátuas que representam Hércules e (provavelmente) Minerva, achados perto do templo arcaico no Forum Boarium. As estátuas, ao que parece, faziam parte do *acroterium*, ou seja, erguiam-se no teto do templo como parte de sua decoração. A iconografia e o estilo escultórico são gregos orientais e sugerem que as estátuas eram feitas por artesãos da Jônia, provavelmente em 530 a.C.

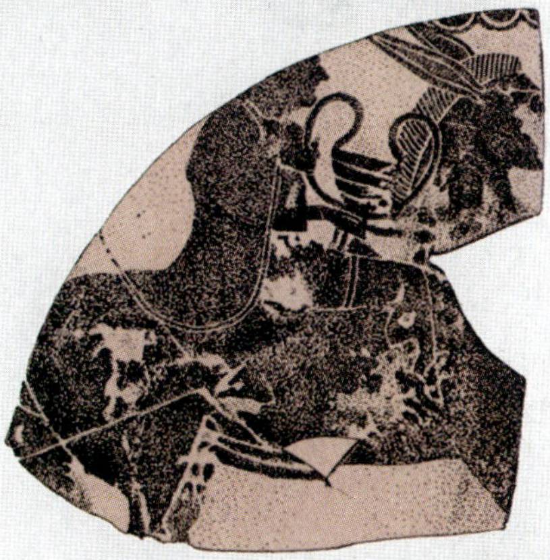

Acima: Leão acaçapado, miniatura de marfim em placa procedente de um depósito votivo associado ao templo arcaico do Forum Boarium (segunda metade do século VI a.C.). No dorso do leão, há uma inscrição etrusca – *araz silqetenas spurianas* –, talvez com o nome da pessoa que fez a oferenda no santuário. É uma das várias inscrições etruscas da Roma arcaica (ver página 23).

Abaixo: Fragmento de cratera ática com figuras negras (c. 570-560 a.C.) em que Hefesto regressa ao Olimpo. O fragmento foi encontrado no depósito votivo do Lapis Niger, santuário que pode ser também identificado como o templo de Vulcano (Volcanal). A presença deste fragmento nesse contexto dificilmente pode ser casual e demonstra que os romanos tinham identificado Vulcano com Hefesto já no século VI a.C.

CRISE E REFORMA

As conseqüências do Império

A conquista romana do Mediterrâneo trouxe como conseqüência inevitável profundas mudanças na vida política, social e econômica de Roma e da Itália. No âmbito político, a conduta do Senado com respeito ao esforço realizado na guerra com Aníbal e seus subseqüentes triunfos no Leste grego comportou uma aceitação geral entre as pessoas do governo senatorial; a legislação popular e os ataques à ordem estabelecida foram muito pouco freqüentes no século seguinte ao tribunado de C. Flamínio em 232 a.C. (ver página 44). Foi um período de aparente calma e estabilidade política, mas Cícero o recordaria como a idade de ouro do mandato senatorial.

O Senado mesmo foi dominado pelos nobres, que se encontravam divididos em dois campos totalmente opostos. Esses grupos adotaram uma forma de alianças *ad hoc* entre amigos e parentes que se uniam para promover programas políticos próprios e mobilizavam seus clientes e seguidores para votar e favorecer seus candidatos nas eleições. Na verdade, essas facções não eram partidos políticos permanentes, e, apesar de algumas amizades terem durado mais tempo que outras, isso não é suficiente para supor que os políticos romanos fossem dominados por alianças preestabelecidas e hereditárias de famílias nobres ou *gentes*. As rivalidades entre indivíduos e grupos eram habituais, o que garantia uma espécie de equilíbrio; mas as tensões dentro da oligarquia senatorial ressurgiram em conseqüência do aumento da retribuição pelos cargos e da forte concorrência pelas magistraturas principais.

No curso da guerra contra Aníbal, as necessidades militares obrigaram, na prática, a prolongar os mandatos dos generais vitoriosos para além do limite regulamentar de um ano. Ainda que isso pudesse ser justificado do ponto de vista prático, teve como resultado perigosas conseqüências políticas, já que gerou ambições pessoais como as de Cipião, que minaram de fora o sistema das magistraturas anuais. Esses homens também se destacaram de seus iguais por levar um estilo de vida afetado e luxuoso e por vangloriar-se de seu conhecimento da cultura grega. Outros nobres se apressaram a segui-los, e o resultado foi a intensificação da luta pelos cargos, o auto-enriquecimento, a corrupção e um indiscriminado culto ao helenismo. A oposição a essas tendências foi assumida por Catão, o Censor (234-149 a.C.), que adotou deliberadamente um tom austero de vida, imitando com isso um dos grandes homens do passado, M. Cúrio Dentato (ver página 42). Catão ridicularizou o frívolo exibicionismo dos helenistas, advogou pelas virtudes simples e mostrou profundo respeito pelas tradições nacionais italianas. Seus esforços por manter a coesão tradicional da oligarquia lhe permitiram levar a cabo um ataque político contra Cipião, que se viu obrigado a retirar-se por algum tempo da vida pública em 184 a.C. Catão apoiou o cumprimento de leis suntuárias e se opôs com freqüência aos subornos, à corrupção e aos abusos de poder.

A oposição de Catão ao helenismo não se baseou em simples preconceitos. Ele mesmo falava grego e conhecia a cultura grega muito melhor que muitos daqueles que atacava; favoreceu de fato que se tomassem emprestadas idéias gregas, sempre que pudessem ser adaptadas às necessidades romanas. Foi Catão quem ordenou, durante o período de censura que ele mesmo iniciou, a construção da primeira basílica romana, no estilo das construções gregas. É um dos numerosos exemplos de construções públicas de tipo grego que se ergueram nessa época.

Mas o exemplo mais notável da adaptação das idéias gregas às necessidades romanas é o desenvolvimento da literatura latina, para o que Catão contribuiu decisivamente. O primeiro escritor da literatura latina foi Lívio Andrônico, um grego levado preso para Roma depois da tomada de Tarento em 272 a.C. A Lívio Andrônico se deve a tradução para o latim da *Odisséia*; ele compôs também tragédias baseadas em originais gregos. Seu exemplo foi seguido por Cneu Névio (para 275-200 a.C.) e Quinto Ênio (239-169), que escreveram poemas épicos e obras teatrais. Vale destacar que não eram latinófonos: Cneu Névio, procedente da Campânia, era de fala osca, e Quinto Ênio era um messápio de Rúdias. Idêntica situação foi a do úmbrio Tito Mácio Plauto, do celta Célio Estácio e de Públio Terêncio Áfer, que produziram durante a primeira metade do século n a.C. comédias latinas ao estilo grego (as de Tito Plauto e as de Públio Terêncio Áfer têm o mesmo estilo). Outras figuras proeminentes da literatura latina inicial foram os autores trágicos M. Pacúvio (220-por volta de 130 a.C.) e C. Ácio (170-por volta de 90 a.C.) e o satírico C. Lucilo (por volta de 180-20 a.C.). O grande êxito de Catão foi a criação da literatura latina em prosa. Entre suas obras, há discursos, 142 dos quais foram conhecidos por Cícero, que os admirou muito; uma obra sobre agricultura, que se conservou; e uma obra histórica sobre Roma e a Itália intitulada *Origines*. As histórias mais antigas de Roma (por exemplo, a de Fábio Píctor) foram escritas em grego. Uma das características das *Origines* foi que incluía tanto a história dos povos italianos como a dos romanos.

Assim, os esforços de Catão se voltaram para a exploração construtiva da cultura grega tomada de empréstimo e à recusa da influência corruptora da riqueza, do luxo e da busca do poder, que ele associava ao helenismo como produto indireto da conquista militar. Mas, como podemos ver, Catão não se dava conta das profundas e sérias conseqüências do imperialismo romano. Durante sua vida, a economia rural da Itália foi transformada por um processo que levou a uma crise agrária grave. Os sintomas mais óbvios dessa mudança foram o empobrecimento e deslocamento do campesinato italiano, como resultado de mais de meio século de guerras contínuas.

A guerra afetou a política econômica da Itália em dois aspectos: primeiro, com os efeitos diretos da invasão de Aníbal, que teve por resultado

Acima: Este elegante torso de Apolo, procedente de um templo de Falérios (final do século IV ou princípio do século III a.C.), é provavelmente obra de um escultor grego da Magna Grécia. A peça ilustra como a Itália central era influenciada pela cultura grega nessa época, e é um excelente exemplo de arte "ítalo-helenística".

Acima, direita: O templo circular do Forum Boaraium (chamado em geral, ainda que erroneamente, templo de Vesta) data provavelmente do final do século II a.C., e é o templo de mármore mais antigo que se conserva em Roma. Seu estilo é puramente grego.

uma extensa devastação do campo, sobretudo no Sul da Itália, e a aniquilação de comunidades inteiras. Por exemplo, quando Tarento caiu nas mãos dos romanos em 209 a.C., a maior parte de sua população foi escravizada, e aquela cidade, antes próspera, se transformou num lugar desolado. A devastação afetou necessariamente a capacidade produtiva do terreno agrícola, e a destruição das colheitas, das edificações do gado foi suficiente para arruinar muitas famílias de camponeses e para despovoar grandes áreas do território. Os efeitos indiretos das contínuas guerras foram até mais sérios para os camponeses que tiveram de suportar a carga de um prolongado serviço militar. O exército romano tradicional foi uma milícia camponesa que se mostrou eficiente enquanto as guerras eram locais e os conflitos eram com as comunidades vizinhas; mas foi insuficiente para as necessidades militares romanas durante e depois da guerra contra Aníbal, quando se recrutaram grandes contingentes de soldados para servir por muitos anos em áreas distantes do Mediterrâneo.

Estimou-se que, em média, os exércitos combinados de romanos e italianos, durante os 35 anos que se seguiram à derrota de Aníbal, superavam os 130.000 homens; isso representa uma proporção muito elevada do total de homens adultos da Itália. A média de cidadãos romanos homens adultos em serviço por certo tempo durante os dois últimos séculos da República é calculada em cerca de 13 por cento. Isso significa que mais da metade dos homens adultos serviu regularmente nas legiões por no mínimo sete anos. Tal nível de dedicação à guerra foi desastroso para o pequeno campesinato. Muitas famílias de camponeses ficaram assim privadas da força de trabalho essencial durante longos períodos e até permanentemente, se seus homens morressem no campo de batalha. As fazendas foram abandonadas, contraíram-se dívidas, e a isso se seguiu o despojamento através da venda ou do despejo. O processo se acelerou pelo fato de os ricos buscarem investir os ganhos das guerras vitoriosas em terras italianas. Isso permitiu o crescimento de grandes fazendas (*latifundia*) mediante a acumulação por parte de poucos da terra que antes o pequeno campesinato havia trabalhado.

Famílias inteiras de camponeses foram afastadas de suas terras por esses endinheirados investidores e substituídas por escravos. Estes eram fornecidos em abundância graças às vitórias militares e às escravizações maciças de populações vencidas; organizados em verdadeiras equipes de trabalhadores para proporcionar o trabalho necessário às empresas agrícolas em grande escala, eram relativamente baratos, e havia a vantagem adicional de os escravos serem isentos do serviço militar. Assim, o desenvolvimento dos *latifundia* se viu favorecido pelo influxo da riqueza e dos escravos, produto das vitórias conseguidas pelos esforços e sacrifícios dos camponeses italianos que serviram no exército. Como diz Keith Hopkins: "Os soldados camponeses romanos lutaram para ser desalojados".

O desenvolvimento dos latifúndios no século II a.C. foi acompanhado de novos métodos de cultivo, pensados para proporcionar aos latifundiários ausentes as rendas da venda dos produtos excedentes. O novo regime foi bem exemplificado na obra de Catão *De Agricultura*, manual dirigido aos proprietários de fazendas de tipo médio (ele especifica propriedades de 25 a 60 hectares) trabalhadas por escravos e supervisionadas pelos *vilici*, escravos administradores residentes. Catão trata especialmente dos cultivos de vinhas e oliveiras, que dão bons lucros, mas requerem um alto investimento de capital inicial e posses relativamente extensas para conseguir economias em grande escala. Igualmente proveitosa era a prática da criação de gado e do pastoreio de ovelhas, mas também requeria capital e grandes áreas. Havia pastos extensivos disponíveis no Sul da Itália, onde a totalidade das regiões tinha ficado despovoada na Segunda Guerra Púnica. Muitas daquelas terras se transformaram tecnicamente em *ager publicus*, ao terem sido confiscadas por Roma aos Estados aliados que se tinham unido a Aníbal. Mas o governo romano não foi muito exigente diante da expropriação de tais terras e não fez cumprir as restrições legais à extensão das propriedades. Parece provável que acontecesse o mesmo com o *ager publicus* em outras partes da Itália.

Muitos dos camponeses deslocados emigraram para as vilas ou cidades da Itália e especialmente para Roma, onde começaram a ser criadas possibilidades de emprego devido aos grandes gastos dos ricos em luxos, serviços, subornos políticos e diversões. Assim, os gastos públicos contribuíram para o desenvolvimento de uma economia de mercado urbanizada. As receitas estatais em forma de butim, indenizações e taxas foram imensas; depois da colonização da Macedônia em 167 a.C., aboliu-se o *tributum* e não se exigiram taxas diretas sobre as propriedades dos cidadãos romanos. Uma elevada proporção das receitas públicas foi reinvestida em conquistas ulteriores, ou seja, foi gasta em pagamentos e fornecimentos ao exército. O restante serviu para levar a cabo extensos projetos de obras públicas empreendidos por todas as partes em Roma e nas cidades da Itália durante o século II a.C. (isso demonstra que não houve um declínio na atividade construtora na década de 130, como às vezes se disse). O desenvolvimento ou crescimento das cidades criou um mercado para os produtos dos grandes latifundiários, enquanto as necessidades do exército deram conta de grande parte da lã e do couro que se produziam nas fazendas do Sul da Itália.

Os povos e as cidades também foram centros de intensa produção e de certa atividade industrial em pequena escala, provavelmente baseada no trabalho dos escravos. O principal mercado de produtos manufaturados foi indubitavelmente o exército, que necessitava regularmente de provisões de roupas, equipamento e armas. A organização do fornecimento era levada a efeito por setores privados que competiam pelos contratos com o governo. Esses contratistas privados eram chamados publicanos (*publicani*). Faziam contratos para a construção e reforma dos prédios públicos e das estradas e outros serviços, e foram eles que adquiriram os direitos de exploração das propriedades mineiras do Estado e de arrecadação dos impostos indiretos (como pedágios e direitos portuários), bem como das rendas do erário público. Os contratos que cada cinco anos os censores emitiam foram imensamente lucrativos e de grande importância econômica. Políbio conta que quase não houve ninguém em Roma que não estivesse envolvido na venda desses contratos ou nos negócios que surgiam deles. Isso implicou riqueza e poder para os principais publicanos, que formaram um grupo de pressão muito influente fora do Senado (aos senadores não era permitido participar dos contratos públicos).

O desafio dos Gracos

O processo de urbanização e o desenvolvimento de uma economia de mercado produziram certas desordens, cujos efeitos não escapavam à atenção dos contemporâneos. O contínuo deslocamento do pequeno campesinato era inquietante, não apenas por causa da miséria que gerava, mas também porque levou a uma diminuição gradual do número de recrutas para o exército, que tradicionalmente tinham saído das classes dos *adsidui*; os camponeses sem posses ficaram reduzidos ao *status* de proletários e, portanto, deixaram de ser aptos para o serviço militar. As dificuldades para recrutar homens destinados às legiões se evidenciam em escritos em numerosas ocasiões a partir de 150 a.C. Em segundo lugar, aumentou a preocupação com o número de escravos que eram importados da Itália para trabalhar no campo em substituição aos camponeses livres. Em 136 a.C., aconteceu na Sicília uma importante sublevação de escravos com dezenas de milhares de fugitivos, e que foi sufocada não sem certa dificuldade. Distúrbios similares sucederam no restante da Itália ao mesmo tempo, e Roma se viu diante da ameaça de uma derrocada geral da lei e da ordem.

O problema da segurança interna, as crescentes dificuldades de recrutamento e a degradante condição do proletariado rural foram os principais problemas que Tibério Graco se dispôs a re-

Acima: Moeda de P. Licínio Nerva (113-12 a.C.), que mostra os cidadãos numa assembléia, passando por uma passarela (*pons*) para depositar seus votos. A moeda comemora o sistema de voto secreto, que foi introduzido por uma série de leis na segunda metade do século II a.C.

Esquerda: Templo circular de Tívoli (Tíbur), que mostra uma grande similitude com o do Forum Boarium de Roma (ver página 55) e data do mesmo período. Ele demonstra que as construções monumentais de estilo grego foram erguidas tanto nas cidades da Itália como em Roma.

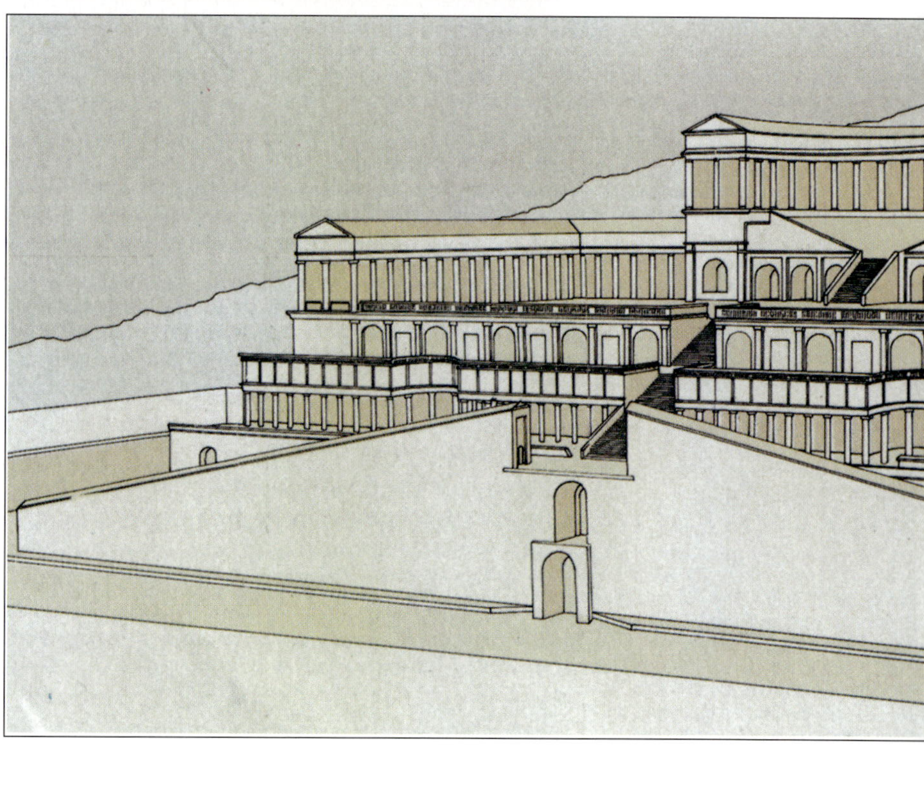

Abaixo: O santuário de Fortuna Primigênia em Palestrina (Preneste) foi muito mais impressionante que qualquer outra construção contemporânea em Roma. O enorme complexo de edifícios, que data provavelmente da última parte do século II a.C., é projetado de forma similar aos santuários helenísticos de Pérgamo e Rodes.

As reformas agrárias dos Gracos. As reformas agrárias dos Gracos tiveram como pano de fundo uma crise militar, o empobrecimento rural e o aumento da inquietação urbana. Os camponeses livres eram expulsos de suas terras e substituídos por escravos que trabalhavam nos latifúndios; os resultados desse processo foram observados por Tibério Graco numa viagem pela Etrúria em 137 a.C. Poucos anos depois, eclodiu a grande revolta de escravos na Sicília, acompanhada de insurreições menores em Roma e na Itália. A solução de Tibério se dirigia à reinstauração do campesinato livre, distribuindo propriedades "públicas" de terras em pequenos lotes aos cidadãos pobres. Sua lei agrária provocou uma convulsão política e a sua própria morte; mas a comissão de terras por ele nomeada pôde levar a cabo sua tarefa e deixou provas de suas atividades nos *termini* (pedras divisórias), com inscrições que foram encontradas em várias partes da Itália. Seu irmão Caio deu continuidade a seu trabalho e retomou a tradição de fundação de colônias, duas das quais, pelo menos, são conhecidas: Escolácio (Minérvia) e Tarento (Netúnia).

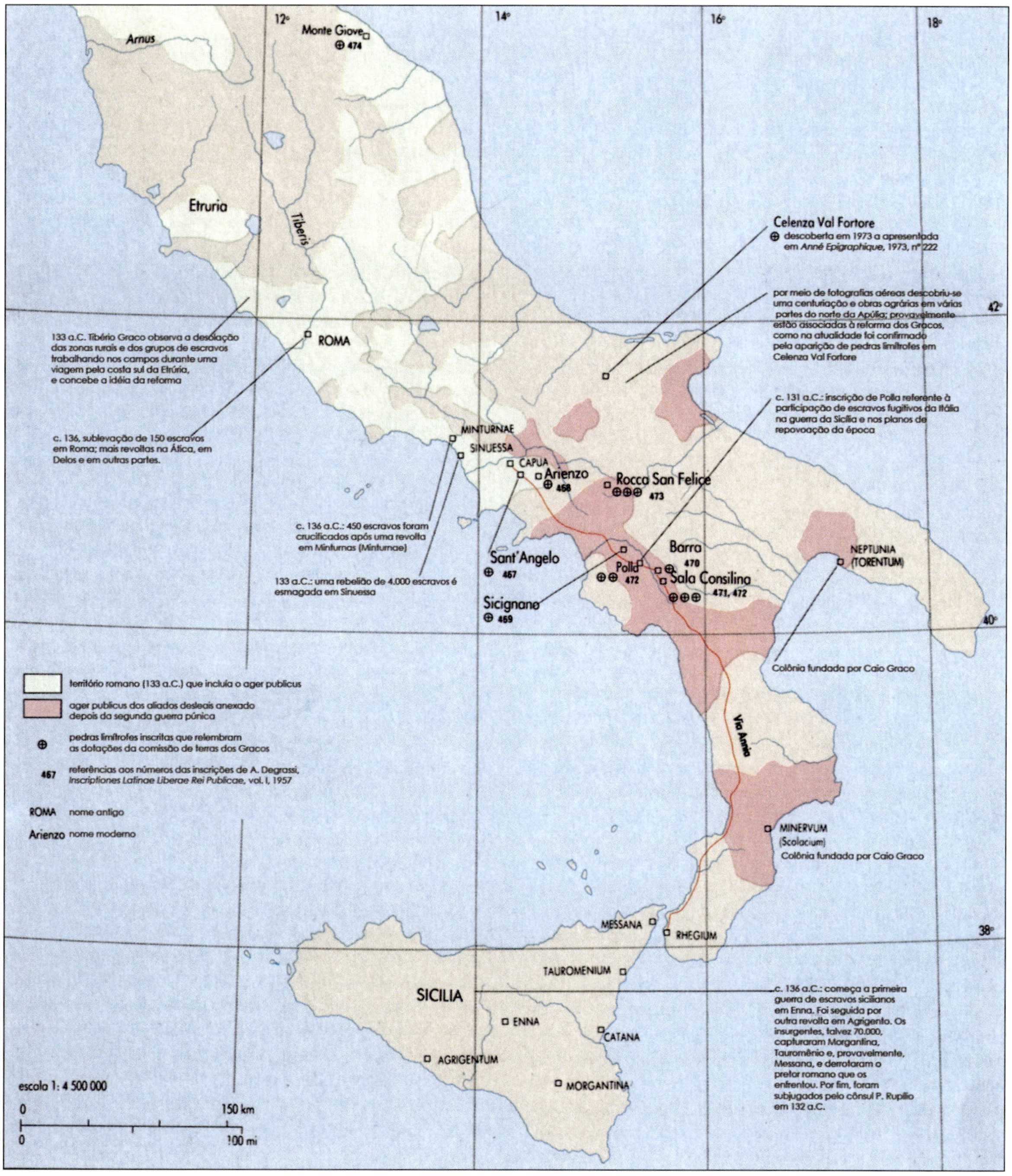

Página seguinte: O Foro romano visto através do arco de Septímio Severo, olhando para o templo de Vesta.

solver durante o tempo que esteve no cargo de tribuno da plebe (133 a.C.). Sua solução, uma simples lei agrária cuidadosamente planejada, foi muito simples em sua concepção, ostensivamente moderada em sua forma e potencialmente revolucionária em seus efeitos. Graco propôs restabelecer os camponeses sem posses em parcelas do território público. A terra necessária foi adquirida com a imposição de um limite legal (500 *iugera*) à extensão das propriedades individuais do *ager publicus*, e com a tomada em nome do Estado de propriedades dos que tinham terras acima do limite estabelecido. A tarefa de recuperação das terras era levada a cabo por uma comissão de três homens que distribuía pequenas parcelas entre os pobres. O positivo dessa disposição foi que não atacou os direitos tradicionais da propriedade privada, mas, ao contrário, quis atingir somente os que sempre tinham estado fora da lei. Não obstante, na prática o projeto de lei de Graco implicou uma grave ameaça aos interesses de muitos proprietários ricos e despertou uma intensa oposição. Por outro lado, o apoio popular estava assegurado, especialmente entre os pobres do campo, que acorreram maciçamente a Roma para votar a lei. Uma tentativa de vetá-la foi frustrada quando Graco mando expulsar de seu cargo os ofendidos tribunos; a lei foi aprovada, e a comissão de terrenos, devidamente constituída pelo próprio Graco, por seu irmão Caio e por seu sogro Ápio Cláudio.

Mas a oposição começou a alarmar-se diante das implicações políticas do que estava sucedendo. Graco propôs sua lei sem consultar ao Senado, como era costume; não acatou, por meios possivelmente ilegais, o veto de um colega e serviu unicamente aos interesses da comissão de terras. Por outro lado, não hesitou em fazer uso de um acontecimento inesperado, quando Átalo III, rei de Pérgamo, morreu legando seu reino aos romanos. Imediatamente Graco decretou que o legado devia ser aceito e os tesouros reais distribuídos como subsídios entre os novos possuidores de terras para assisti-los na provisão de suas fazendas. A oposição se escandalizou com essa interferência sem precedentes no controle tradicional das finanças públicas pelo Senado. Finalmente, quando Graco anunciou sua intenção de apresentar-se novamente como candidato tribunício no ano seguinte e fez alusão a outras leis, provocou a consternação geral e foi acusado de *regnum* (ver páginas 22-23). No dia da eleição, alguns destacados senadores e seus fiéis acompanhantes tentaram interromper a assembléia popular, e no conseguinte distúrbio Tibério Graco e 300 de seus partidários foram mortos. Seguiu-se uma perseguição geral em que muitos dos simpatizantes de Graco foram condenados por um tribunal especial criado pelo Senado para atuar contra seus partidários.

A imunidade dos tribunos da plebe foi violada, e o conflito político terminou, pela primeira vez na história da República romana, num banho de sangre. Ainda assim, é pouco provável que o significado total do acontecimento fosse compreendido naquela época. A comissão de terras subsistiu e continuou seus trabalhos (ainda que com certas dificuldades), mas em outros aspectos a vida de Roma voltou à normalidade. Não obstante, o exemplo de Tibério Graco continuou vivo e logo começou a ser imitado por outros tribunos. Em poucos anos, seu irmão mais novo, Caio Graco, dirigiu um ataque mais radical à ordem estabelecida. Obteve dois tribunados consecutivos (o de 123 e o de 122 a.C.), nos quais introduziu uma ampla gama de reformas legislativas.

As leis de Caio Graco podem ser resumidas em quatro blocos: primeiro, uma série de importantes medidas que aspiravam a promover o bem-estar geral. Ele aprovou uma lei agrária que substituía a de seu irmão, e promoveu, além disso, a fundação de colônias na Itália; pelo menos duas delas foram efetivamente estabelecidas (Minérvia e Netúnia). Uma medida muito radical foi a tentativa de fundar uma colônia em Cartago (Junônia). Ele tentou outras medidas para um programa de obras públicas, para a melhoria das condições do serviço militar, para a organização pelo Estado do fornecimento de trigo à cidade de Roma e para a distribuição de grãos às cidades a preço fixo, subvencionado pelo governo. Em segundo lugar, Graco tentou aumentar as receitas fiscais do Estado impondo novas tarifas aduaneiras e promulgando que as taxas das províncias imensamente ricas da Ásia (calculou até um dízimo de seus produtos) deviam ser arrecadadas pelos publicanos. Os contratos teriam de ser feitos mediante leilões públicos pelos censores de Roma; nesse sentido, o Estado queria assegurar certa quantidade de receitas durante cinco anos, já que o risco de flutuações no rendimento e na carga dos custos administrativos deveria recair sobre os publicanos. A preocupação de Graco com as finanças públicas foi resultado de seu desejo de obter fundos para seu projeto de assistência social; sua ação era regida pelo princípio de que as possessões de Roma no ultramar deveriam ser exploradas plenamente, e os lucros, integralmente empregados em benefício do povo.

Em terceiro lugar, Caio atacou a corrupção senatorial e tentou frear os abusos de autoridade dos magistrados. Proscreveu a conspiração judicial, e decretou que não poderiam ser constituídos sem autorização popular tribunais especiais, similares aos que fizeram a cassação após a morte de seu irmão. Sobretudo, reorganizou o procedimento em caso de especulação e má administração dos funcionários senatoriais. Em 149, constituiu-se um comitê especial de senadores para tratar de tais delitos (talvez devido ao escândalo de Galba, página 48). Mas a experiência teria demonstrado que os senadores estavam mais interessados em encobrir as atividades vis de seus pares que em velar pela justiça, e o comitê acabou por revelar-se uma medida inadequada para evitar os abusos. Caio descartou esse cômodo sistema de comissões internas e o substituiu por um tribunal regular de justiça, presidido por um júri do qual os senadores foram rigorosamente excluídos. O júri foi escolhido na ordem dos cavaleiros, ou seja, a classe dos proprietários. Depois se disse que Graco havia dividido a classe governante e dado ao Estado duas cabeças. Um aspecto pouco feliz do novo sistema foi que os publicanos ganharam influência dentro da ordem dos cavaleiros, com o resultado de que os governadores provinciais que confabulavam com os publicanos na malversação dos fundos públicos esperavam ser absolvidos se processo se desse em Roma. Também se produziu o contrário: por exemplo, em 92 a.C. P. Rutílio Rufo foi condenado por extorsão por um júri de cavaleiros depois de tentar impedir os abusos dos publicanos nas províncias da Ásia. O caso ficou muito conhecido e, ao que parece, foi o primeiro desse tipo. É pouco provável que se pudessem prever tais conseqüências no tempo de Caio Graco.

Por último, Graco tentou ampliar o direito de voto, outorgando a cidadania romana aos latinos e os direitos latinos aos aliados italianos. A proposta, que não foi a primeira desse tipo (um companheiro de Graco propôs um projeto similar em 125), foi talvez uma resposta à expressão de descontentamento na classe dominante dos Estados aliados, que se tinham oposto energicamente às atividades da comissão de terras de Graco. Em todo o caso, a disposição foi rejeitada pela *plebs*, que não desejava compartilhar seus privilégios. Nesse tempo (no final de 122), Graco foi perdendo gradualmente apoio e não conseguiu um terceiro tribunado para o ano 121. Assim que expirou seu mandato, deu-se uma tentativa de revogar algumas de suas leis, a começar pela colônia de Cartago. Graco e seus seguidores tentaram protestar com uma exibição de força. O Senado optou por considerá-lo uma ameaça ao Estado e ordenou aos cônsules que impedisse qualquer dano à República. Graco e seus amigos fugiram para o Aventino, antigo refúgio plebeu (ver página 26), onde foram cercados e assassinados; diz-se que 3.000 pessoas perderam a vida naquela matança espantosa.

A importância histórica de Caio Graco se deve, de certo modo, ao volume e alcance de sua legislação. Nada semelhante se havia visto antes em Roma e não se repetiria senão no governo ditatorial de Júlio César. Toda a ordem estabelecida foi abalada a começar de seus alicerces, e já não havia dúvida de que o período de governo oligárquico sem mudanças que havia resistido até a guerra com Aníbal havia terminado para sempre. Os Gracos revitalizaram o papel tradicional dos tribunos como protetores da plebe e afirmaram o direito do povo de legislar em seu próprio interesse. Caio Graco não tentou mudar a conduta política nem a administração do Senado e dos magistrados, mas quis torná-los mais responsáveis para com o povo através das assembléias e por meio da independência judicial exercida por uma classe afastada por definição da política.

A época de Mário e Sila

O triste final de Caio Graco foi uma vitória para muitos dos elementos reacionários do Estado. Mas o triunfo destes durou pouco. A agitação dos tribunos se reiniciou quase imediatamente, e os

populares (líderes políticos que adotaram os propósitos e métodos dos Gracos) tiveram oportunidade de iniciar um ataque mais enérgico depois de 114, quando Roma se viu inesperadamente diante uma desesperadora crise militar. Nesse ano, o cônsul M. Pórcio Catão (neto do famoso censor) foi desastrosamente derrotado na Macedônia pelos escordiscos, tribo trácia que invadiu as províncias romanas. Ao mesmo tempo, receberam-se noticias de uma migração de povos, entre os quais se encontravam as tribos germânicas dos címbrios e teutões, e que segundo rumores estavam aproximando-se das fronteiras da Itália. Esse fato provocou pânico na cidade, onde se tentou aplacar os deuses por meio de rituais arcaicos, incluindo os que envolviam sacrifícios humanos. O mesmo havia sucedido na época da batalha de Cana; os romanos se davam conta, sem dúvida alguma, de que estavam novamente diante de um grande perigo.

Durante a guerra contra Aníbal, a oligarquia senatorial havia adquirido uma posição de inquestionável autoridade, quando demonstrou sua competência para o comando e a organização militar e sua habilidade para a direção dos assuntos exteriores. Mas essas qualidades faltaram visivelmente ao Senado posterior aos Gracos. Em 113, o cônsul Cn. Pipírio se arriscou numa batalha contra os címbrios em Noréia e sofreu uma derrota calamitosa. A Itália sobreviveu graças ao fato de os germanos, por razões desconhecidas, terem decidido transladar-se para as terras ocidentais da Gália; poucos anos depois, eles voltaram e derrotaram os exércitos romanos ao sul da Gália em três ocasiões (109, 107 e 105 a.C.). A última dessas derrotas, a batalha de Aráusio, foi uma carnificina e deixou a Itália à mercê dos germanos.

Enquanto isso, a indignação popular explodiu em Roma por causa da forma como o Senado atuou numa crise do Norte da África, quando um príncipe númida chamado Jugurta desafiou Roma. O papel do Senado nessa questão foi uma mistura de indecisão, corrupção e incompetência. Quando um exército romano foi vergonhosamente derrotado por Jugurta em 110, um tribuno propôs que se criasse um tribunal especial de investigação com um júri de cavaleiros para investigar a conduta do Senado em política exterior. Em conseqüência disso, foram exilados alguns personagens notáveis, incluindo L. Opímio, assassino de Caio Graco. Esse acontecimento, que teria sido impensável uma geração antes, foi seguido em 108 da eleição de C. Mário para o consulado.

Mário era um "homem novo" (ver página 36) procedente da cidade volsca de Arpino. Sua eleição para o consulado foi resultado de uma hábil campanha em que ele atacou os nobres e deu uma visão positiva de sua própria falta de linhagem. Mário obteve grande número de partidários e não apenas foi eleito para a direção do consulado, mas também foi nomeado por plebiscito para dirigir a guerra contra Jugurta em lugar de Q. Metelo, proposto pelo Senado, a quem acusou de incompetência (neste caso, ao que parece, injustamente). Depois de alguns reveses, Mário derrotou Jugurta em 105 e foi eleito, durante a sua ausência,

Roma e o mundo Mediterrâneo, c. 146-70 a.C. A marcha triunfal da expansão imperialista de Roma alcançou uma meta com a destruição de Corinto e Cartago em 146 a.C. As gerações seguintes conheceram o colapso do equilíbrio político, que havia prevalecido desde o final da guerra contra Aníbal, e ao mesmo tempo presenciaram uma série de reveses militares sem precedentes. Entre os anos 147 e 70 a.C., os romanos enfrentaram a inquietação e a hostilidade de todas as partes do Império, e, numa tentativa de resposta, a aristocracia governante se mostrou corrupta e incompetente. O ponto mais baixo foi alcançado no ano de 105, quando um exército romano foi aniquilado em Aráusio por bárbaros germanos; nesse momento, Roma correu o perigo de completa extinção. Quase igualmente grave foi a revolta das províncias orientais durante o avanço de Mitrídates em 88; foi a resposta a uma longa exploração criminosa e à opressão dos romanos. As crises só foram resolvidas com a permissão de que indivíduos capazes e ambiciosos alcançassem posições de poder supremo no Estado romano.

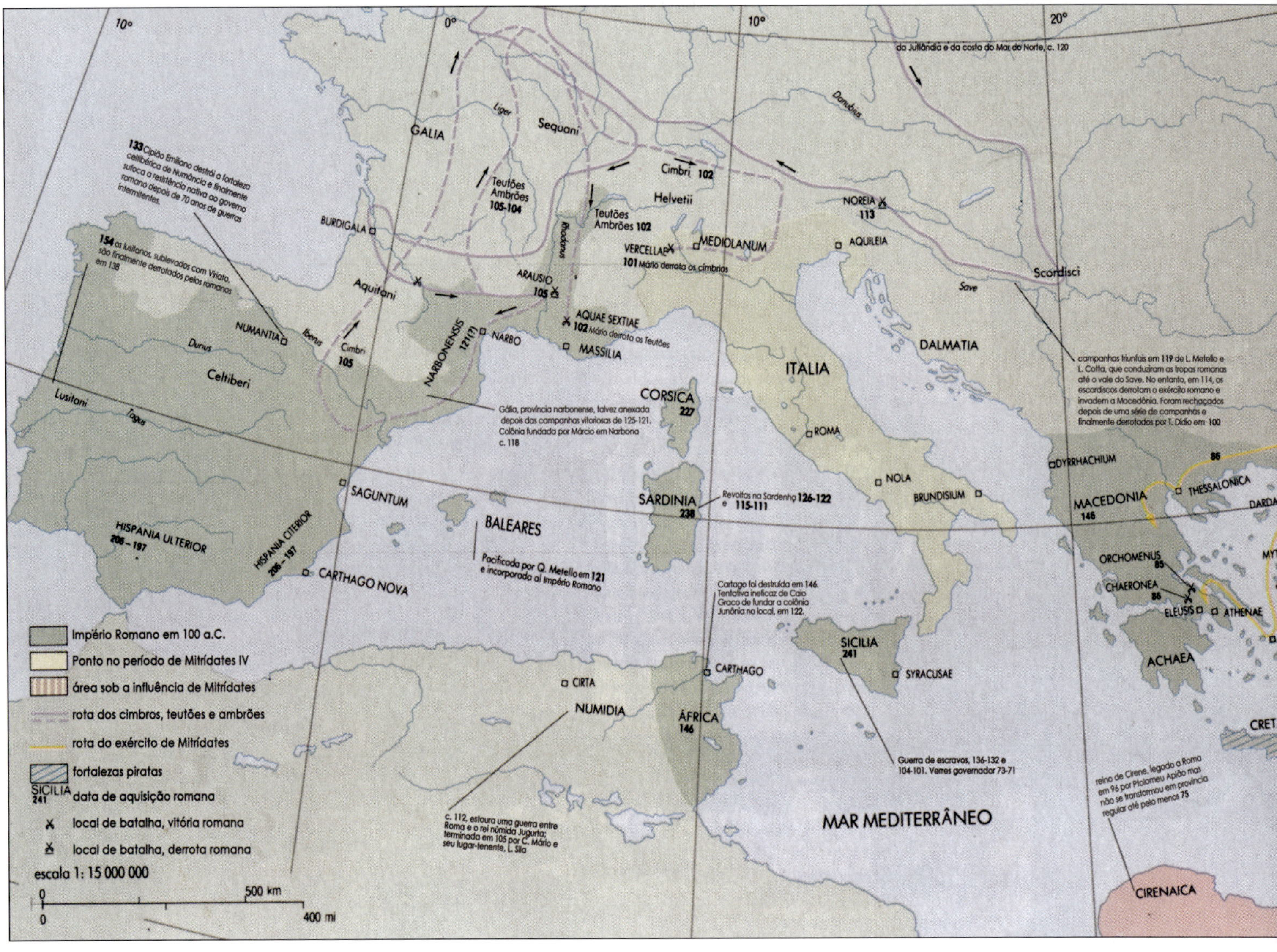

para um segundo consulado em 104. Após sua partida de Roma, houve uma breve reação conservadora dirigida por Q. Servílio Cepião, cônsul do ano de 106. Mas, quando Cepião foi derrotado no ano seguinte em Aráusio, a oligarquia perdeu completamente a calma. Cepião se transformou no primeiro homem depois do rei Tarquínio a perder seu *imperium*, e Mário, o herói popular, foi nomeado para salvar a Itália dos germanos. De qualquer modo, a ameaça bárbara diminuiu temporariamente, e Mário teve a oportunidade de levar a cabo uma reforma sistemática da organização, instrução e equipamento do exército romano (104-102). Durante esse período, ele foi reeleito, até que finalmente derrotou os teutões em Aquae Sextiae (102) e os címbrios em Vercelas (101). Mário voltou triunfante a Roma e conseguiu um sexto consulado no ano de 100 a.C.

As vitórias de Mário foram obtidas por um exército que ele mesmo havia transformado numa força de combate eficiente e disciplinada. Suas reformas militares impuseram normas profissionais a homens que com antes só o eram no sentido socioeconômico. Para suas campanhas contra Jugurta em 107, Mário abandonou a prática tradicional de recrutar tropas da classe dos *adsidui* e, simplesmente, alistou voluntários do proletariado. Como já vimos, o número de *adsidui* havia diminuído no curso do século II, o que foi a causa das reformas agrárias dos Gracos. Estes tentaram restabelecer a classe do pequeno campesinato, mas não atacaram a raiz do problema. Como sublinha P. A. Brunt, "havia uma contradição inerente no objetivo dos Gracos: a tentativa de aumentar o número de soldados romanos camponeses, quando o serviço no exército havia destruído o campesinato". Em todo o caso, as disposições dos Gracos foram rejeitadas por uma série de leis nos anos seguintes à morte de Caio, e devemos considerá-las, a longo prazo, como um verdadeiro fracasso. Com o campesinato em declínio, o único caminho para resolver o problema do recrutamento não era outro senão limitar a qualificação de proprietário para efeitos do serviço militar, solução que já tinha sido empregada antes da década de 120 em várias ocasiões, ou ignorá-la completamente, como fez Mário em 107. O fato indica que o exército já estava "proletarizado" naquela época, e que a ação de Mário foi simplesmente a etapa final da formação de um exército profissional que deixou de basear-se na dedicação parcial dos camponeses. A relação entre a posse de propriedades e o serviço militar foi totalmente rompida, e o serviço no exército se transformou numa forma de emprego para homens que não possuíam terras. Não obstante, a conseqüência disso foi que os exércitos proletários começaram a pedir alguma remuneração permanente por seus serviços, e então o Estado não estava preparado para garantir um sistema regular de remuneração de lotes de terras para compensar os veteranos; por isso, os homens recorreram a seus chefes para obter algum benefício. Desse modo, os exércitos se transformaram em instrumentos de interesses políticos nas mãos de chefes sem escrúpulos que abundaram na República tardia.

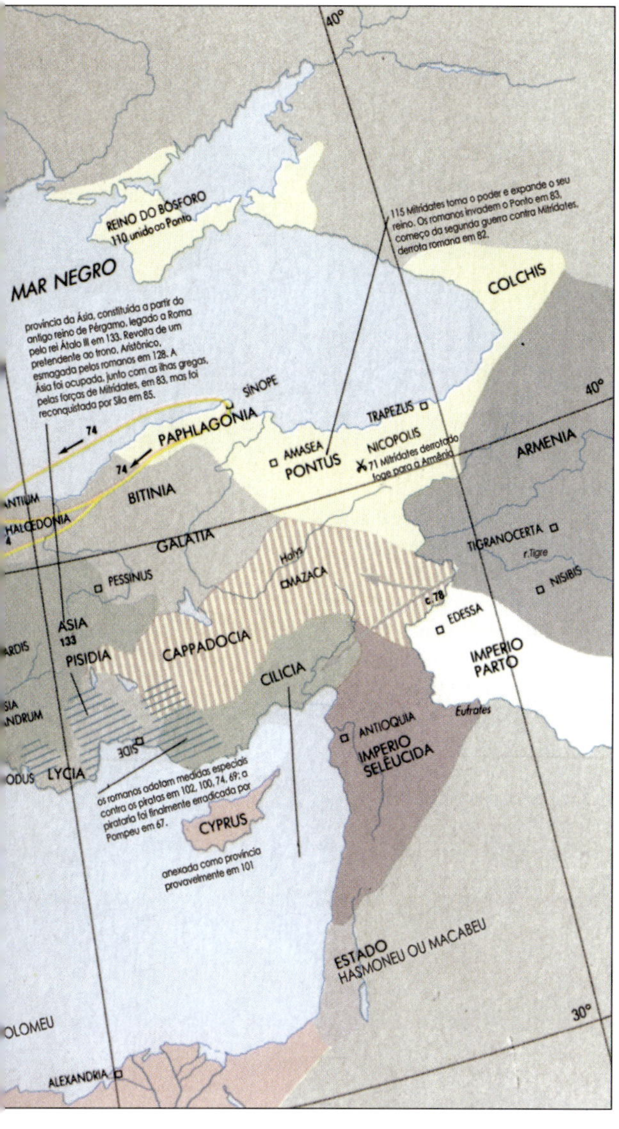

Realmente Mário não previu essas conseqüências, algumas das quais se manifestaram de imediato. Em 103, um tribuno, L. Apuleio Saturnino, mandou promulgar uma lei pela qual se deviam distribuir grandes parcelas de terra na África aos veteranos da guerra contra Jugurta. Durante seu segundo tribunado, no ano 100, Apuleio propôs novas distribuições e a fundação de colônias nas províncias para os veteranos das guerras germanas e de uma recente campanha na Sicília, onde havia tido lugar uma segunda revolta de escravos (104-101). Essas e outras proposições receberam um sólido apoio por parte dos veteranos, e até se forçou a assembléia com a violência do populacho. Nesse ano, a questão adquiriu tal gravidade, que Mário se viu obrigado a intervir para restaurar a ordem. Saturnino e seus associados se renderam, mas Mário não pôde impedir que os linchassem. As leis de Saturnino foram revogadas pelo Senado. O resultado final foi que Mário ficou desacreditado, e seus veteranos nunca receberam suas esperadas recompensas.

A profunda comoção das invasões germânicas patenteou as tensões subjacentes e as divisões internas da sociedade romana, precipitando o processo de decomposição política. Esse problema, que começou a ser crítico na década seguinte à batalha de Vercelas, produziu a deterioração das relações entre Roma e seus aliados italianos. Na guerra contra Aníbal, Roma havia estado à frente de uma aliança de comunidades italianas livres. Mas nas guerras do século II na Hispânia, na Grécia, na Ásia e na África, a noção de uma aliança defensiva começou a desvanecer-se. Pouco a pouco, os aliados se deram conta de que já não eram interlocutores livres, mas sim súditos que levavam o peso de algumas guerras nas quais não tinham nenhum interesse e das quais não obtinham benefício algum. Os ganhos com butins, indenizações e taxas provinciais permitiram aos romanos, a partir do ano 167, pagar a seus soldados sem ter de impor taxas diretas a seus próprios ci-

Abaixo: Moeda de C. Fundânio (101 a.C.). O relevo mostra C. Mário num carro, celebrando seu triunfo contra os címbrios e os teutões.

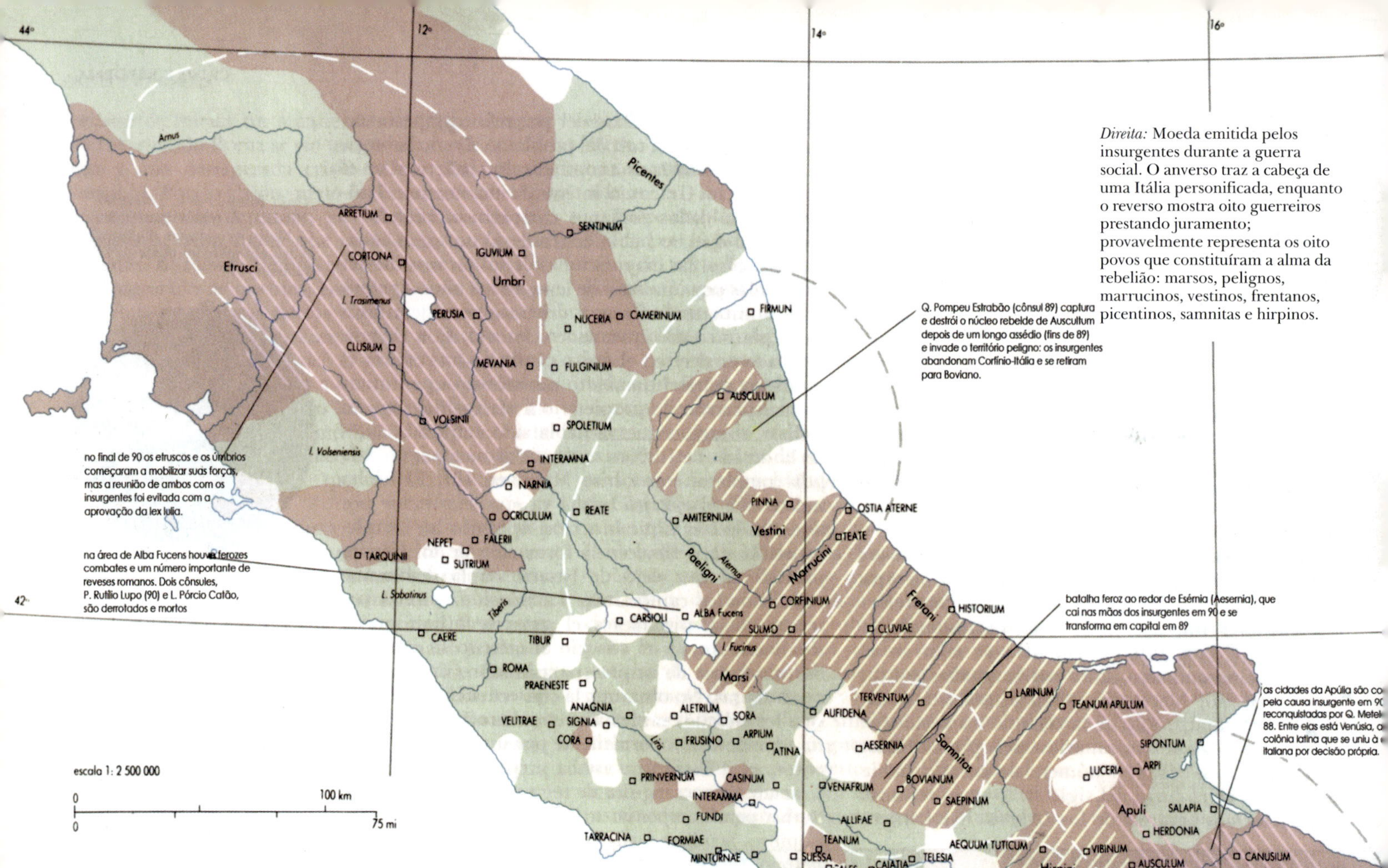

Direita: Moeda emitida pelos insurgentes durante a guerra social. O anverso traz a cabeça de uma Itália personificada, enquanto o reverso mostra oito guerreiros prestando juramento; provavelmente representa os oito povos que constituíram a alma da rebelião: marsos, pelignos, marrucinos, vestinos, frentanos, picentinos, samnitas e hirpinos.

dadãos (ver página 56); o que não se aplicou aos aliados, que se viram obrigados a recorrer aos seus próprios recursos. Por outro lado, é provável que, como os romanos tinham cada vez mais dificuldades para alistar recrutas entre seus próprios cidadãos, tentassem transferir a responsabilidade para os aliados, obrigados a contribuir cada vez em maior proporção para o total dos exércitos romanos. Assim, os aliados se viram diretamente afetados por decisões políticas tomadas em Roma, sobre as quais eles não tinham controle. A lei agrária de Tibério Graco é um exemplo claro disso; não sabemos como foram afetadas as comunidades aliadas, mas nossas fontes pressupõem que muitos latifundiários italianos que ocupavam o ager publicus foram despejados pela comissão de terras. Caio Graco tentou, como vimos, compensá-los com a concessão da cidadania romana; seus esforços fracassaram, mas parece que a idéia de obter a cidadania romana foi gradualmente aceita entre os aliados, para os quais começou a ser de modo crescente uma atraente meta política. Como cidadãos, os italianos teriam o direito de apelar contra os magistrados romanos, de intervir na marcha da política, acesso direto aos ganhos do Império (em particular com relação aos contratos públicos) e oportunidade de entrar no Senado e nas magistraturas.

Certa sensação geral de ressentimento foi sem dúvida acentuada pelas Guerras Germânicas, que envolveram uma luta conjunta dos romanos e dos italianos para sobreviver e patentearam a flagrante injustiça do status inferior em que se encontravam os aliados. É provável que Mário se desse conta dessa situação e que simpatizasse com a causa dos aliados; também é provável que Saturnino tentasse incluí-los nas povoações coloniais. Se foi assim, a anulação das leis de Saturnino pode ter significado uma amarga decepção para os aliados, que se viram marginalizados quando os cônsules do ano de 95 castigaram severamente os que se tinham registrado ilegalmente como cidadãos romanos. Finalmente, o ano de 91, por causa da emancipação dos italianos, foi considerada pelo tribuno M. Lívio Druso como parte de um extenso programa, no qual ele incluiu propostas de povoações agrárias na Itália e nas províncias e uma reforma jurídica.

Infelizmente, as tentativas de Druso de obter um amplo apoio foram inúteis e só conseguiram despertar uma hostilidade geral. A proposta de ampliar a cidadania não teve possibilidades e provavelmente nunca pôde ser votada. A morte de seu colaborador mais influente, o orador L. Crasso, deixou Druso politicamente isolado; suas leis foram anuladas pelo Senado mediante tecnicismos legais, e um ano depois ele foi assassinado em circunstâncias misteriosas. Para os aliados, que tinham depositado todas as suas esperanças em Druso, esta foi a última oportunidade. Antes de terminar o ano de 91, eclodiu uma revolta armada.

O conflito que se seguiu à morte de Druso (conflito que passou a ser conhecido como guerra social)

Direita: O Tabularium, um dos edifícios mais belos que se conservam da época republicana, localiza-se no extremo ocidental do Foro, de costas para o Capitólio. A construção, que foi utilizada como escritório de registro e como edifício dos arquivos do Estado, foi erguida em 78 a.C. por Q. Lutácio Catulo e substituiu uma estrutura mais antiga destruída pelo fogo em 83 a.C.

A Itália e a guerra social, 91-89 a.C. A guerra social (a guerra dos aliados) começou em 91 a.C. em conseqüência da persistente recusa dos romanos a outorgar o direito de cidadania a seus aliados italianos. Os insurgentes se constituíram num Estado independente chamado Itália, com capital em Corfínio. A revolta se fortaleceu nas regiões do Centro e do Sul da Península, alcançando os povos de fala osca dos Apeninos centrais (especialmente os marsos), os samnitas e lucanos, e a cidade de Ásculo, em Piceno. Com exceção de Venúsia, as colônias latinas mantiveram fidelidade a Roma, como o fizeram as cidades gregas; os etruscos e úmbrios se abstiveram até as etapas final da guerra e foram os primeiros a receber a cidadania romana nos termos da *lex Iulia*.

foi ferozmente reprimido, e os romanos conseguiram a vitória militar, mas à custa de reconhecer sua derrota política. Em 90 a.C., o cônsul L. Júlio César aprovou uma lei que concedia a cidadania romana a todas as comunidades leais e a algumas outras que tinham deposto as armas. Em 89, a guerra quase havia terminado, à exceção de alguns focos de resistência no Sul que foram liquidados nos anos seguintes.

Assim que se resolveu a crise italiana, chegaram notícias de um desastre nas províncias orientais. Durante alguns anos, Roma se manteve na expectativa diante da espetacular ascensão do reino do Ponto sob seu poderoso rei Mitrídates VI (121-63 a.C.). Em 89, um pretor romano provocou imprudentemente um ataque a Mitrídates, diante do que este partiu para represálias, invadindo a província da Ásia e ordenando a morte de todos os romanos ali residentes (88 a.C.). Nossas fontes afirmam que 80.000 pessoas foram assassinadas num só dia. O fato parece tremendamente exagerado, e o número real deve ter sido, na verdade, de quatro algarismos, ainda que isso também seja pura conjectura.

Então romanos e italianos estavam dispersos por todas as províncias romanas como arrecadadores de impostos, comerciantes, prestamistas e latifundiários. Foram muito numerosos na Sicília, que esteve aberta à exploração romana desde o século iii a.C.: na época da primeira guerra de escravos (136 a.C.), muitos de seus proprietários eram cidadãos romanos da classe dos cavaleiros, e havia grande número de italianos residindo nas cidades na época de Verres, que governou Sicília no final da década de 70. Sua presença no Norte da África é indicada pelo episódio do massacre de um grupo de "homens de negócios" italianos (negotiatores) em Citra, em 112 a.C., que foi a causa da guerra com Jugurta. Freqüentemente os veteranos preferiam fixar-se nas províncias onde tinham servido, especialmente na Hispânia, onde havia várias comunidades italianas. Com respeito à Gália meridional, Cícero nos conta (74 a.C.) que "a Gália está repleta de comerciantes relacionados com os cidadãos romanos. Gália não faz negócios à margem dos cidadãos romanos; nenhum denário conseguido através do comércio muda de mãos sem ser registrado nos livros dos cidadãos romanos". Cícero classificou os romanos residentes na Gália como "taberneiros, pequenos fazendeiros, grandes fazendeiros e outros homens de negócios". Também havia no Oriente muitos italianos, especialmente na Grécia, nas ilhas egéias e nas costas da Ásia Menor. Por exemplo, na Grécia uma inscrição de 103 a.C. mostra que por volta de dez por cento do território da cidade de Messênia estava nas mãos de romanos e italianos. Um centro importante foi a Ilha de Delos, que os romanos tinham declarado porto livre (67 a.C.) com a intenção política de prejudicar o comércio de Rodes (ver página 51). Delos se transformou em centro do comércio de escravos, e segundo Estrabão chegou a fazer mais de dez mil transações em um só dia. Na província da Ásia, muitos dos italianos residentes foram empregados nas empresas dos publicanos, que tinham o direito exclusivo de arrecadar os tributos diretos, outorgado pela lei de Caio Graco. Os abusos eram notáveis (vide o caso do infortunado Rutílio Rufo, página 58), o que despertou a indignação da população nativa, que de bom grado cooperou com Mitrídates na matança de 88. Mitrídates foi considerado o libertador dos gregos contra os odiados romanos, "inimigos comuns de toda a espécie humana". No final de 88, suas forças tinham ultrapassado o Egeu e invadido a Grécia.

A tarefa de conduzir um exército romano contra Mitrídates foi encomendada a um dos cônsules de 88, L. Cornélio Sila. Era um nobre pouco escrupuloso e dissoluto de uma velha família patrícia (um de seus antecessores foi o notável Rufino, ver página 42). Havia mostrado sua habilidade como lugar-tenente de confiança de Mário nas campanhas da África e da Germânia e adquiriu muita reputação como comandante na guerra social. Assim, estava bem qualificado para a tarefa de enfrentar Mitrídates. Não obstante, Mário, que ainda era influente, se decepcionou com essa decisão, porque esperava que o comando fosse concedido a ele. Em geral, supunha-se que a vitória sobre Mitrídates seria fácil, e ao mesmo tempo proveitosa, e Mário se indignou ao saber que se havia concedido a honra a Sila, com o qual havia brigado poucos anos antes.

Com a idéia de retificar esse estado de coisas, Mário contratou os serviços de um tribuno, P. Sulpício, que havia ocupado outrora o cargo como partidário dos optimates (os elementos mais reacionários do Senado), mas por alguma razão se havia separado deles. Sulpício propôs uma série de leis, incluindo uma que dava igualdade de direito de voto aos italianos recém-emancipados (que devem ter-se sentido decepcionados diante da limitação desse direito a um restrito número de tribos) e outra para nomear Mário em lugar de Sila comandante na próxima campanha do Oriente. Os acontecimentos se precipitaram. As leis de Sulpício foram aprovadas em meio a violentas lutas de rua. Sila se reuniu com suas tropas em Nola (Campânia) e ao receber uma resposta favorável marchou contra Roma, que se rendeu sem violência. Mário foi pego por surpresa, mas conseguiu fugir para a África; Sulpício foi assassinado e suas leis derrogadas. Depois de promulgar algumas medidas constitucionais que anunciavam um governo ditatorial, Sila foi para o Oriente.

Após sua partida, eclodiram novas dissensões. Um dos cônsules do ano de 87, L. Cornélio Cina, tentou restabelecer a lei de Sulpício sobre os novos cidadãos, mas o impediu seu colega Cn. Otávio, seguidor de Sila. Sobreveio um motim, e Cina teve de fugir, mas encontrou um bom aliado em Mário, que voltou à África e mobilizou os seus seguidores. Cina e Mário marcharam então contra Roma, capturaram a cidade e assassinaram os seus adversários num novo reinado do terror. Mário iniciou então seu sétimo consulado, mas morreu poucos dias depois (86 a.C.). Seu colega Cina tentou estabelecer certa normalidade: decretou-se um tratamento eqüitativo para os novos cidadãos, Sila foi proscrito, e enviou-se um exército "oficial" para a Ásia sob o comando de L. Valério Flaco.

Os acontecimentos dos anos seguintes são difíceis de avaliar, já que as fontes são claramente a favor de Sila. Parte dessa predisposição se deveu às próprias memórias de Sila, que não se conservaram, mas que sem dúvida alguma exerceram profunda influência na tradição histórica. Em Roma, o governo foi controlado por Cina, que exerceu o consulado por quatro anos sucessivos (87-84) e evidentemente contou com um forte apoio. As classes altas pareciam ao menos estar de acordo; naquela época, poucos dos principais senadores estavam preparados para atacar Sila, e, pelo que sabemos, nenhum deles o fez.

No Oriente, Sila conseguiu expulsar da Grécia as forças de Mitrídates depois de uma vitória em Queronéia em 86 a.C.; no mesmo ano, Valério Flaco se apresentou com seu exército e começou a lutar contra Mitrídates na Ásia Menor. Flaco foi logo assassinado por seu próprio legado, C. Flávio Fímbria, mas a guerra continuou e Fímbria obteve alguns êxitos notáveis. Sila, no entanto, firmou um tratado de paz com Mitrídates em 85 – em termos generosos – e em seguida se voltou contra Fímbria, cujas tropas tinham desertado. A colonização da Ásia por Sila foi extremamente dura; ele permitiu a suas tropas saquear quase à vontade e as alojou nas cidades.

Em 83, ele regressou à Itália, onde se uniu a jovens oportunistas como M. Crasso e Q. Metelo Pio, e em particular ao jovem Pompeu, que recrutou três legiões por iniciativa própria. A oposição era desorganizada e mal dirigida (Cina foi assassinado num motim no ano de 84), e o apoio a Sila cresceu quando começou a ficar cada vez mais claro que ele iria ganhar. No entanto, houve encarniçadas lutas na Itália, onde os partidários de Mário se uniram aos samnitas, e nas províncias em que tinham considerável apoio. Mas, no final de 82, Sila se estabeleceu em Roma após derrotar os samnitas na batalha de Porta Colina e depois de o filho de Mário ter sido vencido e morto em Preneste. A resistência na Sicília e na África foi rapidamente sufocada por Pompeu, que foi premiado com um triunfo (provavelmente no ano de 81) e recompensado por Silo com o título de magnus ("o grande").

Em Roma, Sila levou a efeito uma cassação de oponentes seus, que foram perseguidos e justiçados sem julgamento. As pessoas condenadas foram "proscritas", ou seja, seus nomes foram inscritos em listas públicas em que eram declaradas fora da lei, e tiveram a cabeça posta a prêmio. Diz-se que morreram milhares, incluindo mais de 40 senadores e 1.600 cavaleiros (equites); suas propriedades foram confiscadas e entregues aos seguidores de Sila, muitos dos quais fizeram fortuna (um exemplo famoso foi Crasso). Sila castigou as comunidades italianas que se tinham oposto a ele, confiscando suas terras e dando-as em parcelas a seus soldados; diz-se que 120.000 homens foram assentados em colônias, principalmente na Etrúria e na Campânia.

Em uma tentativa de regularizar sua posição, Sila se tornou ditador, cargo que estava em desuso desde a Segunda Guerra Púnica. Sob sua autoridade, introduziu-se uma série de leis (81 a.C.) com que ele esperava restabelecer a estabilidade e prevenir uma repetição das desordens que tinham afligido Roma durante a época de Tibério Graco. Em particular, tentou minar o tribunado, limitando severamente seus poderes de veto e legislação e não permitindo aos tribunos ocupar outros cargos. Destacou várias centenas de homens da ordem dos cavaleiros dentro do Senado e confiou ao extenso corpo (de cerca de 600 membros) a tarefa de fornecer júris para os tribunais permanentes, que foram reorganizados a fundo. Constituiu-se uma série de tribunais regulares para que se ocupassem, em particular, dos crimes públicos: extorsão, traição, suborno, malversação, fraude, assaltos, atentados, assassinatos etc. Alguns desses cargos já existiam antes de Sila, mas outros provavelmente foram instituídos por ele.

Sila estabeleceu uma ordem regular para as principais magistraturas e prescreveu as idades mínimas para os cargos de questor (30), pretor (39) e cônsul (49). Os que houvessem sido questores eram automaticamente admitidos no Senado, e, para manter o número de senadores em cerca 600, Sila aumentou o número de questores anuais para 20 (levando em conta que a média de vida era aproximadamente de 60 anos). O número de pretores aumentou de seis para oito, para proporcionar governadores para as novas províncias. Finalmente, ele aboliu o subsídio estatal de rações de grãos.

Sila acabou seu mandato ditatorial no final de 81, ocupou o consulado em 80, retirou-se para a vida privada em 79 e morreu no princípio de 78. Sua incrível carreira deixou um legado de amargura e ódio que ensombrou a última geração da República romana. Cabe assinalar o fato paradoxal de que esse homem, que não mostrou em suas próprias ações senão desprezo pela legalidade, pela vida humana e pelos direitos de propriedade, fez, porém, tão enérgico esforço para estabelecer a ordem e a normalidade. Em seus esforços por curar os males da República, Sila atacou os sintomas, mas não as causas. A agitação tribunícia das décadas anteriores foi muito difícil de resolver com restrições legais. A povoação forçosa de seus veteranos, que até então havia proporcionado uma garantia armada de estabilidade, provavelmente criou (após a sua morte) novo mal-estar nas regiões da Itália e se transformou num instrumento de futuras tentativas revolucionárias. Sila havia estabelecido uma estrutura de governo em que teve mais poder que nunca a oligarquia senatorial, baseada na violência e na morte e não no consenso geral. Os principais seguidores de Sila eram os mais dispostos e oportunistas e foram os primeiros a explorar a fragilidade do sistema assim que o líder morreu, enquanto os principais beneficiários dessa nova ordem, os optimates, nunca tiveram vontade nem autoridade moral para continuar sua obra.

Acima: L. Cornélio Sila (h. 138-78 a.C.) provinha de uma antiga família patrícia sem méritos recentes. Obteve relevância política como associado de Mário, a quem serviu nas guerras contra Jugurta e contra os címbrios. Sua disputa com Mário se inicia em 90 a.C. e chega a seu ponto culminante durante o consulado do ano de 88, quando Mário foi indicado por plebiscito para assumir o comando contra Mitrídates, que antes havia sido conferido a ele. Sila respondeu marchando contra Roma e forçando os inimigos a retirar-se. Depois de quatro anos de campanhas no Oriente, Sila retornou para uma segunda guerra civil; sua vitória em 82 lhe permitiu estabelecer uma ditadura impiedosa.

Mitrídates VI do Ponto (132-63 a.C.) sucedeu a seu pai quando ainda era um menino, em 120 a.C. Sua carreira expansionista se iniciou ao apoderar-se da maior parte da costa norte do Mar Negro; ocupou depois parte da Armênia e voltou o olhar para a Ásia Menor. Sua oportunidade chegou em 88, quando pôde adentrar-se pela província da Ásia e ocupar as ilhas do Egeu, apresentando-se como libertador e explorando o ódio dos gregos aos romanos. Derrotado em campanhas sucessivas por Sila, Lúculo e Pompeu, acabou por ser induzido ao suicídio em 63 a.C.

SEGUNDA PARTE

DA REPÚBLICA AO IMPÉRIO

A REVOLUÇÃO ROMANA

Conseqüências do governo de Sila e ascensão de Pompeu

No final de 81 a.C., Sila quase tinha suprimido toda a oposição, com a notável exceção de Q. Sertório, antes confidente de Mário e Cina, que se tinha exilado da Itália em 83 ao se aproximarem os exércitos de Sila e se tinha retirado para a sua província da Hispânia. Exilado temporariamente Sila em 81, regressou em 80 e iniciou uma revolta geral, apoiada tanto pelos nativos hispânicos como pelos romanos e itálicos residentes ali. Em 79, Q. Metelo Pio encabeçou um exército que não foi capaz de derrotá-lo, razão por que em 77 o Senado decidiu enviar reforços.

Ao mesmo tempo, na Itália o governo teve de sufocar uma insurreição, encabeçada por M. Emílio Lépido (cônsul de 78), que pretendia derrubar as disposições de Sila com o apoio dos camponeses pobres da Etrúria. Lépido foi derrotado por Pompeu, a quem o Senado deu um mandato especial (77). Propôs então dirigir seu exército para a Hispânia em apoio de Metelo. Apoiado em um exército leal, ao Senado foi difícil negar-se; em 77, ele foi nomeado procônsul para dirigir a campanha contra Sertório.

Depois da partida de Pompeu, seguiu-se um difícil período de governo oligárquico interrompido por agitações ocasionais. No Oriente (74 a.C.), Roma anexou as províncias da Bitínia e de Cirene, mas teve de enfrentar uma nova guerra contra Mitrídates sob o comando de L. Lucínio Lúculo, um dos primeiros sequazes de Sila. Durante esse período, o mundo romano também padeceu as conseqüências das depredações dos piratas. Mas o problema mais sério que teve de enfrentar Roma no final dos anos 70 foi a revolta de Espártaco, a última (e maior) das guerras de escravos da Antiguidade clássica. Espártaco era um gladiador trácio que fugiu em 73 e conseguiu constituir um exército de escravos fugitivos concentrados no Monte Vesúvio. Em pouco tempo conseguiu reunir dezenas de milhares de escravos (as fontes nos falam de aproximadamente 120.000) que durante dois anos percorreram a Itália; não só saqueavam tudo o que encontravam no caminho, mas também conseguiram derrotar repetidas vezes os exércitos romanos enviados para combatê-los (cabe destacar que no ano de 72 eles venceram dois exércitos consulares). Finalmente, foram derrotados em Brúcio por Crasso (71), que comandava um grande exército de oito ou dez legiões. Espártaco morreu e cerca de 6.000 escravos capturados foram crucificados ao longo da Via Ápia; fileiras de cruzes iam de Roma a Cápua. Cabe indicar também que as revoltas de Espártaco, assim como as insurreições da Sicília (ver páginas 56 e 61), não foram genuínos movimentos revolucionários, mas antes patéticas tentativas dos escravos de escapar de sua miserável condição e vingar-se de seus senhores. Assim, não tinha um fundo ideológico revolucionário, nem havia um movimento organizado para a abolição da escravatura como tal.

Na Hispânia, Pompeu e Metelo fizeram lentos progressos até que em 72 Sertório foi assassinado por um de seus oficiais. Então Pompeu concluiu a guerra com rapidez e regressou com suas tropas para a Itália para terminar com os últimos resíduos do exército de Espártaco. Pompeu e Crasso retomaram seus esforços e, embora receosos um do outro, decidiram compartilhar o consulado em 70 a.C. Pompeu não estava legalmente qualificado para o cargo, já que tinha só 36 anos e não tinha ostentado nenhum cargo (nem sequer tinha sido membro do Senado). Mas o governo, com a prudência do homem que entrega sua bolsa ao ladrão antes que este a exija, renunciou à Constituição para favorecê-lo.

Pompeu se tornou a figura mais destacada da República. Era popular, inteligente e generoso, e freqüentemente foi comparado com Alexandre, o Grande. Tinha leais seguidores não somente entre os soldados e o povo, mas também nas províncias, onde tinha tratado com moderação e respeito as populações nativas. Isso, junto com sua tentativa de reformar o sistema de Sila e sua aliança com Crasso

Acima: Pompeu, o Grande (106-48 a.C.). "Em sua juventude", escreve seu biógrafo Plutarco, "Pompeu tinha um semblante muito atraente, que falava por ele antes que ele abrisse os lábios. Mas a graça de seu aspecto não carecia de dignidade, o que, unido à sua viçosa juventude, lhe dava um ar venerável e principesco. Seu cabelo era um pouco ondulado na frente; o que, junto com a brilhante umidade e o girar vivaz de seus olhos, lhe dava uma semelhança com Alexandre, o Grande, maior do que aparecia nas estátuas desse príncipe. De modo que alguns lhe deram formalmente o nome de Alexandre, e ele não o rejeitou."

Abaixo: Monumento do princípio do século I a.C. conhecido convencionalmente como o "altar de Domício Aenobarbo". O friso ao longo de um de seus lados mostra cenas de um censo romano. À esquerda, um cidadão está sendo registrado, enquanto no centro se pratica o *lustrum* (purificação) com o sacrifício de um touro, de uma ovelha e de um porco. É possivelmente um monumento de L. Gélio Publícola, censor em 70 a.C.

Direita: A colonização da Itália, século I a.C. No final da República, a colonização se transformou em um projeto com que os líderes revolucionários podiam recompensar as massas de seus partidários. Sila fundou colônias para seus veteranos em terras expropriadas a seus inimigos; muitas de suas colônias foram estabelecidas junto a cidades já existentes, que se transformaram em comunidades duplas (por exemplo, Pompéia). O exemplo de Sila foi seguido por César, Antônio e Augusto.

Abaixo: M. Túlio Cícero (106-43 a.C.) provinha de uma família rica de Arpino. Graças a suas extraordinárias qualidades como orador, ele alcançou o consulado em 63 a.C. e se transformou em membro proeminente do Senado. Figura intelectual emblemática de sua geração, Cícero escreveu não só discursos, mas também tratados retóricos e filosóficos; sua volumosa correspondência sobrevive como uma lembrança inestimável da vida política e da alta sociedade da época. Fiel defensor da República, Cícero foi brutalmente assassinado nas proscrições de 43 a.C.

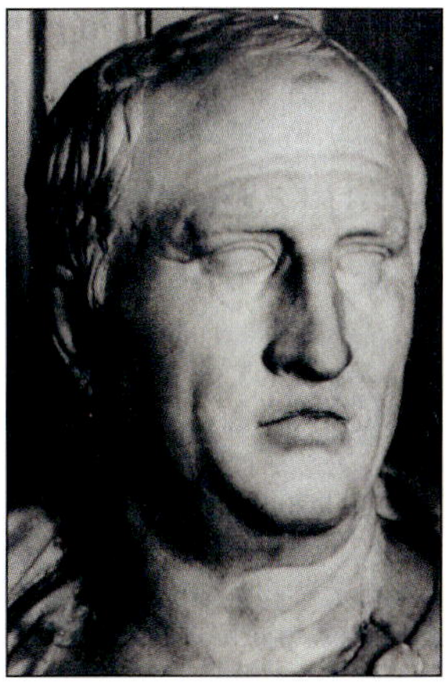

para compartilhar o consulado fizeram com que sua eleição fosse um mero trâmite.

Como cônsules, Pompeu e Crasso restauraram os poderes dos tribunos e apoiaram uma lei que acabou com o monopólio do Senado sobre os tribunais. Os júris eram compostos por uma mescla de senadores (um terço) e *eguites* ou cavaleiros (dois terços). Essas mudanças se deram em resposta às permanentes demonstrações de pouca predisposição do Senado para reprimir os abusos cometidos por seus próprios membros. A condenação de C. Verres (70 a.C.) após três anos de desgoverno na Sicília se levou a cabo apesar da obstrução dos *optimates*. Nesse conhecido caso, o processo foi conduzido por Cícero, cujas palavras contra Verres envolveram uma das acusações mais duras contra a imoralidade oficial.

Após a derrota de Espártaco, o problema da pirataria se tornou mais agudo; no princípio dos anos 60, os piratas levaram a cabo uma série de ataques na costa italiana, saqueando vilas e seqüestrando viajantes na Via Ápia. Quando o fornecimento de trigo à cidade começou a escassear, a opinião pública solicitou que se tomassem medidas; em conseqüência, em 67 a.C. se deu a Pompeu um comando especial contra os piratas. Desse modo, Pompeu assegurou para si o poder e obteve imensos recursos em homens, dinheiro e fornecimentos. Em três meses conseguiu limpar de piratas as costas, espantosa façanha de organização e tática.

No ano seguinte, o tribuno C. Manílio propôs que fosse ampliado o mandato de Pompeu para continuar a guerra contra Mitrídates, que continuava livre apesar de haver sido expulso no ano 70 da província da Ásia por Lúculo. Este se tinha tornado impopular entre suas tropas por proibir o saque das cidades das províncias orientais; por outro lado, ele reprimiu as atividades dos publicanos, que decidiram acabar com seu poder. As propostas de Manílio, apoiadas por Cícero (agora pretor), foram esmagadoramente aprovadas, e o desafortunado Lúculo teve de abrir caminho para Pompeu.

Pompeu permaneceu no Oriente por mais de quatro anos. Nesse tempo, levou a cabo um curto empreendimento bélico contra Mitrídates; conquistou toda a Anatólia e a Síria e avançou pelo Sul até Jerusalém, conquistando-a no ano de 63. Anexou a Síria, ampliou a fronteira da Cilícia, uniu o Ponto a Bitínia e rodeou as novas províncias de um escudo protetor constituído por reinos vassalos tributários de Roma. No final da campanha, Pompeu tinha conseguido aumentar as rendas públicas do Estado romano em cerca de 70%. Apoderou-se de valioso butim e teve a habilidade de recompensar seus soldados com um donativo de 1.500 denários, que equivaliam a doze anos e meio de pagamento. Em tudo isso, atuou por iniciativa própria e sem consulta prévia ao Senado; era considerado pela maioria como um monarca absoluto (na prática, essa era exatamente sua posição).

A atmosfera política em Roma durante esses anos foi dominada pela lembrança do ausente Pompeu, pelo temor do que pudesse fazer em seu regresso e pela memória de Sila. A tensão aumentou ao aprofundar-se uma crise monetária (embora as causas não estejam claras, sabemos que o aumento da quantidade de moeda em circulação tinha decrescido a partir dos anos 70), e, como conseqüência, reduziu-se o crédito e generalizaram-se as dívidas e o descontentamento entre os pobres.

A inquietação social e a carência econômica fomentaram o descontentamento e uma complexa política de intrigas em que os rivais de Pompeu tentaram assentar suas próprias posições na ausência dele. Entre esses homens, cabe destacar Crasso, apoiado e induzido pelo jovem J. César, o qual em 63 a.C. propôs a criação de um tribuno que adquirisse terras na Itália e nas províncias para o assentamento de alguns pobres e dos veteranos das campanhas de Pompeu, que estavam chegando ao fim. A lei foi rejeitada em repetidas ocasiões por Cícero, que a considerava uma ameaça aos interesses de Pompeu, dos quais se considerava custódio. As atividades de Crasso e César despertavam profundas suspeitas entre os círculos conservadores; por isso eram freqüentes os rumores de conspirações e ameaças à ordem pública. O objeto primordial desses temores, no entanto, foi um desacreditado patrício chamado L. Sérgio Catilina, que alcançou o consulado de 63 por suas promessas de reforma agrária e cancelamento das dívidas. Essa ameaça levou as classes prósperas a apoiar um candidato rival, Cícero, que foi triunfalmente eleito apesar de ser um "homem novo". Quando Catilina voltou a fracassar nas eleições de 62, tentou preparar um golpe de Estado, mas tal tentativa foi frustrada por Cícero, que ordenou a prisão dos cabeças antes que pudessem levá-lo a cabo. O próprio Catilina fugiu para a Etrúria, onde tinha eclodido uma revolta geral. Esta foi facilmente sufocada, e Catilina morreu em combate. Seus seguidores foram sumariamente executados em Roma por ordem de Cícero. Estes últimos atos despertaram uma série de controvérsias, dado que os conspiradores, como cidadãos, tinham direito a um julgamento. Pompeu se horrorizou quando chegaram a seus ouvidos as notícias e ditou uma fria réplica ao informe exagerado de Cícero.

A conspiração de Catilina patenteou a importância do problema da dívida e da pobreza. Entre os grupos de descontentes, contavam-se as vítimas das expropriações de Sila, as famílias dos proscritos, os próprios veteranos de Sila (que também tinham contraído dívidas) e os plebeus urbanos, oprimidos por pesados tributos e condições de vida degradantes. As diferentes regiões da Itália tinham sido amplamente devastadas em conseqüência dos vinte anos de guerra anteriores à derrota de Espártaco. Os altos níveis de recrutamento nas décadas de 70 e 60 aceleraram o processo de emigração que a legislação agrária tinha conseguido deter em parte. A violência se transformou em um mal endêmico quando muitos homens desesperados se inclinaram a uma vida de crimes. Bandidos e terroristas intensificaram sua atividade em Roma, onde a força policial era insuficiente para manter a ordem. A crise econômica também foi um problema para as classes superiores, que se viram obrigadas a aumentar os gastos para poder alcançar os mais altos cargos, que asseguravam enormes recompensas aos que tinham êxito, enquanto os fracassados ficavam mergulhados na ruína. A carreira de Catilina e de seu grupo de nobres frustrados resume essa situação caótica.

No final de 62, Pompeu desembarcou em Brundísio, mandou que suas tropas se fossem (para descanso de todos) e regressou a Roma para celebrar seu triunfo; após o que provavelmente esperava levar uma vida tranqüila e digna, como merecia o homem de Estado mais respeitado de Roma; se era assim, sofreu uma decepção. Esperava que o Senado ratificasse sem dificuldades seu ordenamento

Direita: Reconstituição da grande vila de Settefinestre, no território de Cosa. Ruínas impressionantes assinalam o lugar desse grande estabelecimento, que se desenvolveu no século I a.C. como centro de um grande latifúndio. A partir de 1976, a vila foi objeto de um programa importante de escavações levadas a cabo por uma equipe anglo-italiana. Os resultados preliminares confirmam que a vila foi o centro de uma fazenda dedicada à produção agrícola em grande escala (particularmente de vinho) que utilizava trabalho escravo.

Acima: Caio Júlio César (100-44 a.C.) pertencia a uma família patrícia que fazia chegar sua ascendência até Enéias. Entre suas conexões políticas mais recentes, contavam-se Mário, seu tio por casamento, e Cina, seu sogro. Quando jovem, César despertou a inimizade de Sila, mas conseguiu escapar das proscrições. No período que se seguiu à morte de Sila, César buscou diligentemente a popularidade: associou-se a Pompeu, apoiando sua causa, e uniu-se a Crasso, com quem contraiu grandes dívidas. Em 60 a.C., estipulou um acordo com Pompeu e Crasso que lhe permitiu obter o consulado com seu apoio e servir-se do cargo para fomentar os interesses daqueles. Mas o principal beneficiário do "primeiro triunvirato" foi César, que alcançou um mandato especial nas Gálias, onde seus êxitos militares acabaram por proporcionar-lhe os meios para obter o poder absoluto. César se mostrou imensamente dotado como orador, escritor, soldado, político e administrador. Absolutamente não tinha escrúpulos para satisfazer seus próprios interesses e só sentiu desprezo pelo sistema republicano de governo, que de forma deliberada ele se esforçou por destruir.

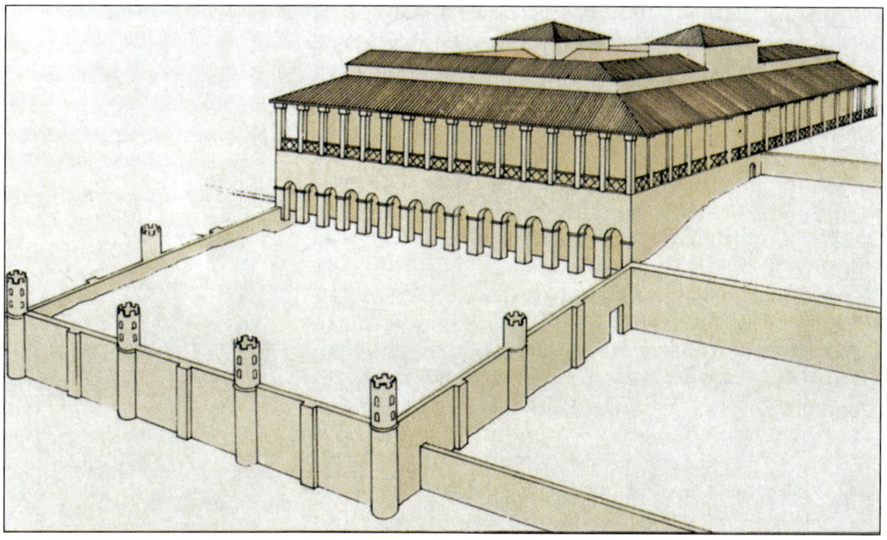

Acima: Afresco de Pompéia procedente de uma vila à beira-mar; é um reflexo das residências luxuosas que se tornaram correntes nos últimos anos da República, quando entre os romanos opulentos se impôs a moda de passar certo tempo descansando fora da cidade. A grande maioria de essas vilas costeiras foi construída em torno da Baía de Nápoles.

no Oriente e que provesse de terras seus veteranos. Mas esses pedidos se chocaram com a resistência dos *optimates*, guiados por Lúculo. Este contou com o apoio de M. Pórcio Catão, um homem intransigente cujo mérito principal era ser descendente de Catão, o Censor, que ele tentou imitar. Esses homens e seus aliados decidiram frustrar os desejos de Pompeu por longo tempo; ao fazê-lo, provocaram inconscientemente sua própria ruína e a destruição da República.

Fim da República

A atuação dos *optimates* levou o frustrado Pompeu a uma eventual aliança com Crasso e César. Esse pacto, conhecido como o primeiro triunvirato, supôs o afiançamento informal das classes tradicionais (ver página 24), mas a tripla combinação da popularidade de Pompeu, da opulência e conexões de Crasso e da sagacidade política de César se tornou irresistível. César ganhou o consulado em 59 e, já no cargo, introduziu uma série de leis satisfatórias para os três. Foi confirmado o ordenamento de Pompeu no Oriente, e seus veteranos, junto com grande número de famílias desarraigadas, instalaram-se em lotes de terras sob um marco legal parecido com as infrutíferas medidas de 63. Outras leis possibilitaram uma redução dos impostos da Ásia, cujo valor tinham acordado os publicanos em 61. A concessão favorecia a Crasso, que provavelmente estava em uma situação econômica difícil. Finalmente, César se outorgou um mandato especial de cinco anos na Gália e na Ilíria. Neste mesmo ano, o triunvirato se viu fortalecido pelo casamento de Pompeu com Júlia, filha de César; além disso, os triúnviros asseguraram a eleição de cônsules afins para o ano seguinte.

Em 58, César foi para a sua província e se lançou à conquista da Gália continental. Nesse ano se destacaram em Roma as atividades do tribuno P. Clódio (membro da arrogante *gens* Cláudia, tinha sido adotado por uma família plebéia para poder chegar ao tribunado). Clódio ganhou a adesão dos plebeus da cidade, em cujo interesse conseguiu introduzir várias leis, como uma reforma do fornecimento de trigo. Esse sistema de subsídio dos grãos, introduzido por C. Graco e posteriormente abolido por Sila, foi reinstaurado de forma parcial em 73 e ampliado em suas prerrogativas por Catão (62). Agora Clódio suprimiu qualquer carga tributária e transformou o processo em uma dádiva regular. Legalizou a formação de *collegia* (corporações ou associações), o que lhe permitiu mobilizar o proletariado urbano em apoio de suas idéias políticas. Outras disposições ordenaram o exílio de Cícero (pelo assassinato dos partidários de Catilina) e a transferência de Catão (enviado em uma missão para a anexação de Chipre). Embora inicialmente Clódio tenha colaborado com os triúnviros, não foi de modo algum seu agente; no final de ano, lançou uma série de ataques verbais contra Pompeu. Em 57, Pompeu conseguiu a ajuda de outro tribuno, T. Ânio Mílon, que criou um bando rival de desqualificados e combateu abertamente nas ruas os grupos de Clódio. Com isso, Clódio se viu freado, e Pompeu conseguiu um mandato especial de cinco anos para organizar os subsídios de grãos da cidade, tarefa que empreendeu com sua eficácia característica, embora de vez em quando se tenha padecido de escassez.

Em 56, César convidou Crasso e Pompeu a se encontrarem em Luca (Gália Cisalpina) para renovar sua aliança. Pompeu e Crasso foram nomeados cônsules em 55 e receberam (por meio de um plebiscito) um mandato especial de cinco anos cada um; Crasso devia dirigir-se para a Síria e encabeçar uma campanha contra o Império parto. Pompeu, por seu lado, recebeu a Hispânia, que ele governou por meio de legados (quer dizer, deputados nomeados diretamente por ele), enquanto ele permanecia em Roma para continuar a administração dos subsídios de grãos e vigiar os acontecimentos da cidade. O mandato de César na Gália foi prolongado por um segundo período de cinco anos.

A renovada aliança logo começou a dar sinais de fraqueza. Em 54, a esposa de Pompeu, Júlia, morreu e, com ela, o laço pessoal que o unia a César. Um ano depois o triunvirato deixou de existir pela derrota e morte de Crasso na batalha de Carras, que pôs um ponto final à sua temerária tentativa de invadir o Império parto. Isso aumentou ainda mais as tensões entre César e Pompeu. Enquanto isso, a violência e a desordem prevaleciam em Roma, impedindo o funcionamento normal do governo; o ano de 53 e o de 52 começaram sem cônsules. No princípio de 52, Clódio e Mílon se encontraram na Via Ápia e a luta entre eles concluiu com a morte do primeiro. Esse acontecimento provocou uma revolta na qual se ateou fogo ao prédio do Senado. Finalmente, o Senado nomeou Pompeu cônsul único e acabou por restabelecer a ordem.

Então César quase tinha culminado a conquista da Gália, e seu segundo mandato de cinco anos estava prestes a chegar ao fim. O medo de César provocou a união de Pompeu e dos *optimates*, que tentaram frustrar as ambições de César de passar de seu presente mandato para um segundo consulado e depois, presumivelmente, para uma nomeação de maior duração. O Senado queria obter que César terminasse seu mandato, mas suas disposições foram vetadas por tribunos amigos dele. As negociações foram longas e vãs; estava claro que nenhum lado estava disposto a encontrar uma solução. Finalmente, em 7 de janeiro de 49 o Senado ditou o "último decreto", que instava os magistrados a que a República não sofresse danos. Os tribunos partidários de César (entre os quais se achava Marco Antônio) fugiram da cidade; três dias depois, César cruzava o Rubicão e seu exército invadia a Itália.

Com o início da guerra civil, a República, definida como o governo dos magistrados, do Senado e do povo de Roma, já estava moribunda. Desde o ano de 60, o controle do governo tinha passado do domínio aristocrático para o dos dinastas, apoiados por seus exércitos privados e por vastas clientelas e constitucionalmente dotados de mandatos especiais que os liberavam das restrições do sistema de magistraturas anuais colegiadas. A oligarquia, restabelecida por Sila, se tinha mostrado irresponsável, corrupta, egoísta e indiferente e não contava com o respeito e a lealdade de nenhum grupo significativo da sociedade. As classes proprietárias da Itália não tinham confiança em um regime que excluía seus homens mais proeminentes dos principais cargos e que não era capaz de garantir a ordem e a estabilidade; felizmente, os pobres renunciaram à sua aparente liberdade e a seus direitos políticos em favor dos líderes individuais que dependiam deles e de seu apoio e que, conseqüentemente, dedicavam todo o seu esforço a garantir suas necessidades materiais. Em meados dos anos 50, Pompeu controlava o fornecimento de grãos, possuía o consulado único (em 52) e o *imperium* na Hispânia (que em 52 foi renovado por mais cinco anos) com uma posição que antecipava a dos imperadores.

Acima: Retrato de um gaulês (que se acreditou erroneamente tratar-se de Vercingétorix) em uma moeda de 48 a.C. que celebra as vitórias de César.

O triunfo de César

A conquista da Gália por César foi um êxito notável. Os detalhes foram descritos nos sete livros da *Guerra das Gálias*, que César publicou provavelmente em 51-50 a.C. (um oitavo livro sobre os acontecimentos de 51-50 foi publicado depois por A. Hírtio). Esse trabalho, sem dúvida, pretendia justificar as ações do autor e aumentar seu prestígio em Roma; no entanto, é considerado um relato magistral sobre o desdobramento dos acontecimentos. A campanha se iniciou em 58, quando César atacou os helvéticos, que, segundo ele, representavam um perigo para a nova província romana. Durante os três primeiros anos,

Abaixo: **A ascensão de Júlio César:** os acontecimentos das guerras civis e das Gálias (58-45 a.C.).

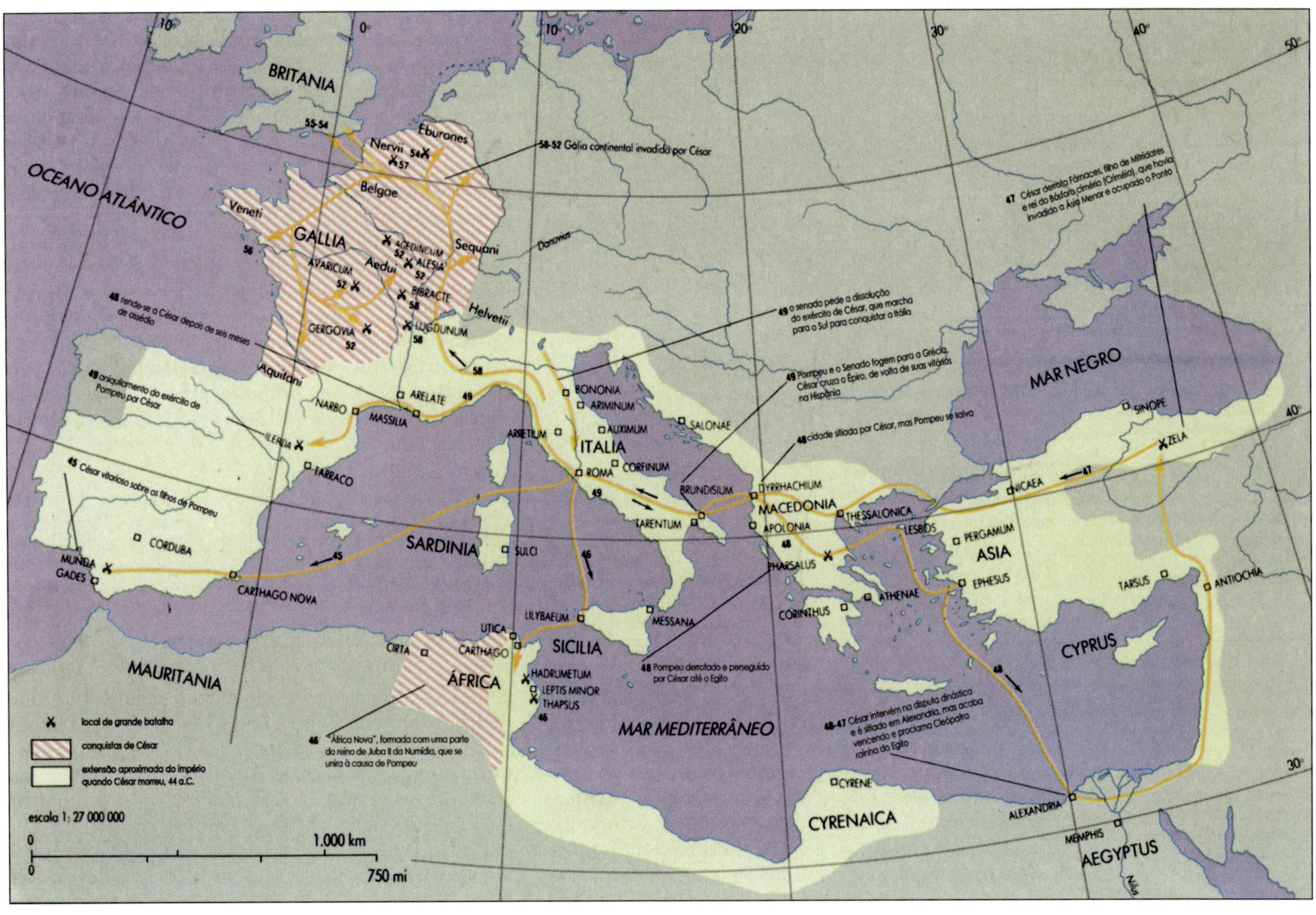

Acima: Moeda emitida em 43-2 a.C. pelos libertadores para celebrar o assassinato de César. Mostra duas adagas e um *pileus* (uma espécie de gorro de feltro usado pelos escravos libertos) e traz a legenda *EID.MART.* (os idos de março).

Acima: Moeda emitida por Marco Antônio em 39 a.C. O retrato de Antônio, no anverso, combina com o de Otávia, irmã de Otaviano, no reverso, com quem Antônio casou em 40 a.C. para selar a reconciliação das duas dinastias em Brindísi. A ruptura do casamento em 36 conduziu a uma nova cisão entre Antônio e Otávio e precipitou o começo da guerra civil.

ele saqueou a maior parte da Gália, geralmente em direção contrária ao ponteiro do relógio; subjugou as tribos do Franco Condado e da Alsácia (58 a.C.), da Normandia (57) e da Britânia e as costas atlânticas (56). Em 55 e 54 se aventurou através do Reno e fez duas expedições ao Sul da Inglaterra. Em seu regresso, enfrentou uma revolta belga, que reprimiu após feroz combate. Um ano depois (52), eclodiu uma revolta na Gália central auspiciada por Vercingétorix, que se tinha proclamado chefe supremo dos gauleses em Bibrate (lugar próximo a Autum); mas no mesmo ano César conseguiu surpreender engenhosamente Vercingétorix na fortaleza de Alésia, na Burgúndia, que os romanos capturaram após um mês de assédio. Em 51, foram extirpados os últimos restos da resistência gaulesa, e César pôde concentrar sua atenção na crise política de Roma. As Gálias ficaram então como Estados vassalos, pagando um tributo de dez milhões de denários anuais.

Quando César invadiu a Itália, no princípio de 49 a.C., Pompeu preferiu não enfrentá-lo e em hábil retirada cruzou o Adriático e começou a mobilizar suas forças nos Bálcãs. Assim, César se apoderou com rapidez de toda a Itália, entrou em Roma e se assenhoreou do tesouro. Levou então a cabo uma rápida incursão à Hispânia, onde derrotou as forças de Pompeu antes de regressar à Itália, onde foi nomeado *dictator*. No final de 49, partiu para o Oriente e finalmente se encontrou com Pompeu. A batalha decisiva se deu no verão de 48 na Farsália (ao norte da Grécia), onde César conseguiu a vitória. Pompeu fugiu para o Egito e ali foi assassinado à traição. César chegou pouco depois, recebendo a notícia da morte de seu rival. Em Alexandria, ele interveio em uma disputa dinástica e tomou partido de Cleópatra, que se tornou sua amante. Apesar da feroz oposição, conseguiu instalar Cleópatra e Ptolomeu XIV no trono do Egito. De volta a Roma através da Ásia Menor (onde reprimiu uma revolta dirigida por Fárnaces, filho de Mitrídates), César perdoou àqueles que, como Cícero, tinham apoiado Pompeu, e organizou os assuntos da cidade. No final de 47, partiu para a África, onde os partidários de Pompeu tinham estabelecido uma base após derrotar os lugares-tenentes de César em 49. Venceu os republicanos em Tapso e saqueou a província da África. Os sobreviventes, entre eles dois filhos de Pompeu, fugiram para a Hispânia; Catão, com gesto teatral, se suicidou em Útica, negando a César a possibilidade de perdoar-lhe. Em seu regresso a Roma (46), César celebrou um triunfo esplendoroso, mas antes de acabar o ano teve de acorrer de novo para a Hispânia, onde os filhos de Pompeu tinham posto um exército em pé de guerra. Finalmente, os partidários republicanos fracassaram no campo de Munda (45); o jovem Cneu Pompeu morreu, mas seu irmão Sexto continuou lutando. César se dirigiu para Roma, aonde chegou no princípio de outubro. Não tinham transcorrido seis meses quando foi assassinado. Durante sua breve estada em Roma, César empreendeu um vasto programa de reformas políticas, sociais e administrativas, das quais somente cabe dar um brevíssimo resumo. Precisava-se de uma intervenção urgente para minorar a miséria e as dívidas. Já em 49, César reduziu as dívidas em mais de 25%. Em 48, e provavelmente de novo em 47, garantiu-se a revisão das rendas anuais. Grande número de cidadãos pobres e veteranos foi assentado em lotes de terras criados em colônias italianas e especialmente nas províncias. Cada soldado de César recebeu 5.000 denários após seu triunfo em 46, e o pagamento anual dos legionários foi elevado de 120 para 225 denários. Adotaram-se outras medidas para regulamentar a distribuição de trigo, para controlar o comércio de mercadorias na cidade e para proibir os *collegia* (à exceção das sinagogas judaicas); Além do mais, reformaram-se as leis de extorsão, traição e suborno. Deu-se forma definitiva ao sistema de contratação para a arrecadação de taxas diretas na Ásia e outras províncias, que foram governadas por legados nomeados diretamente por César. Em 49, outorgou a cidadania romana aos habitantes da Gália Cisalpina (que tinham sido excluídos das divisões depois da guerra social). Também concedeu franquias a algumas comunidades provinciais, como Gades, na Hispânia, e os direitos latinos aos povos do Sul da Gália e da Sicília. Recompensou muitos de seus aliados admitindo-os no Senado, razão por que o número de seus membros aumentou rapidamente até 900. Iniciou uma série de grandiosos projetos de edificações, o mais impressionante dos quais foi a construção de um foro completamente novo ao redor do templo de Vênus Genetrix, ancestral da família Júlia (a realização da obra, iniciada em 54, se completou em 46). A civilização ocidental deve a J. César o calendário de 365 dias, introduzido em 1°. de janeiro de 45 a. C.

Durante seus últimos anos, César governou com as atribuições de um rei, ainda que sem o título. Em 46, foi nomeado *dictator* por dez anos; em 44, recebeu o título para sempre. Foi também cônsul em 48 e continuamente desde 46. Acumulou inauditas e extravagantes honras no Senado. Foi chamado "guardião dos costumes" e "pai da pátria"; o mês em que tinha nascido foi chamado "Julius". Desse modo, embora tenha recusado o título de *rex* e rejeitado a coroa real, que Antônio lhe ofereceu nas Lupercais (44), adotou, não obstante, muitos dos ornamentos associados à realeza (como a toga púrpura), pôs sua estátua entre as dos reis antigos no Capitólio e emitiu moedas que levavam seu retrato. Também instituiu honras de culto à sua pessoa.

César não ocultava seu desprezo pela República e pelas formas constitucionais. Nomeou os magistrados, manteve as "eleições" consulares com vários anos de antecipação, limitou as funções do Senado à aprovação de suas decisões e silenciou os tribunos que tentaram opor-se a ele. Nos últimos dias do ano de 45, morreu um cônsul, e César mandou eleger outro homem para substituí-lo nas poucas horas de mandato restantes. Tais fatos ofendiam gravemente homens como Cícero, que valorizavam as tradições do Estado. O assassinato de César nos idos de março de 44 a.C. por um grupo de senadores nobres foi um ato cruel e absurdo capaz de provocar uma nova guerra civil, pior ainda que a que acabava de terminar. Mas o fato era muito compreensível. César o tinha provocado e, provavelmente, o sabia.

Antônio e o novo César

A morte de César gerou, em um primeiro momento, confusão e perplexidade, e, ao mesmo tempo, uma luta desenfreada pelo poder. Os personagens mais importantes entre os antigos aliados de César eram o cônsul Marco Antônio e o

Emigração de cidadãos romanos para as províncias. Os principais problemas sociais e econômicos que destruíram a República acabaram resolvendo-se com a emigração forçada de grande número de italianos livres para as províncias. Antes de César, as colônias de ultramar (como Narbo Márcio, por volta de 118 a.C.) eram poucas e desconfortáveis. César, no entanto, assumiu uma política de colonização em grande escala nas províncias e assentou mais de 80.000 cidadãos com suas famílias em mais de trinta colônias. Entre eles, havia proletários da cidade e veteranos. César outorgou, além do mais, a cidadania romana a muitas

chefe da cavalaria, M. Emílio Lépido. Antônio tinha na Itália o apoio do exército, constituído para a planejada expedição de César contra os partos. Além do mais, ele ganhou o apoio popular do proletariado urbano jogando com suas emoções e explorando habilmente o testamento de César. Após chegar a um acordo, por um lado, com os assassinos, Bruto e Cássio (que poderiam abandonar a cidade), e, por outro, com os *optimates* conservadores encabeçados por Cícero, Antônio parecia haver alcançado o controle. Mas poucas semanas depois do assassinato se apresentou um novo e inesperado fator com o regresso a Roma de C. Otávio, que César tinha adotado como a um filho e nomeado herdeiro.

Otávio era neto da irmã de J. César; a família de seu pai procedia de Velitras e era de origem humilde. Em 44, Otávio tinha 19 anos e estava estudando na Grécia, quando chegou a seus ouvidos a notícia da morte do ditador. Decidiu regressar à Itália imediatamente para reclamar seus direitos de sucessão, ignorando assim a advertência que lhe fizeram seus familiares de que permanecesse à margem da luta. Em Roma, Antônio o recebeu friamente, já que não podia estar satisfeito com sua intromissão; por isso, ele viu-se obrigado a aliar-se aos *optimates*, que acreditavam que mais adiante poderiam utilizá-lo em sua luta contra Antônio. Cícero escreveu: "É preciso louvar e honrar o rapaz, para dar-lhe depois um pontapé".

Em 43, Antônio foi para o Norte, para cumprir um mandato provincial na Gália. Em Roma, Cícero lançou um grande ataque contra ele (as chamadas *Filípicas*) e persuadiu o Senado de que enviasse um exército sob o comando dos cônsules e de Otávio para combater Antônio. Em duas batalhas, realizadas nas proximidades de Mutina, Antônio foi derrotado, mas os cônsules foram mortos; após isso, Otávio se pôs à cabeça do exército e solicitou o consulado. O Senado declarou Antônio inimigo público, mas recusou aceder às demandas de Otávio, que marchou para Roma à frente de seu exército e obteve o consulado à força. Ao mesmo tempo, fez com que o povo ratificasse sua adoção, após o que se transformou oficialmente em "C. Julius Caesar Octavianus". Enquanto isso, outros membros importantes do partido cesarista, como Lépido, se aliaram a Antônio. Otávio, por seu lado, contava com a ajuda dos exércitos da Itália e dos plebeus, que se uniam a ele como ao herdeiro de César.

comunidades nativas, especialmente nas províncias ocidentais, que desse modo adquiriram *status* de *municipia*. A política de César foi continuada, em escala ainda maior, por Augusto, que fundou cerca de 75 colônias provinciais. No *Res Gestae* escreve ele: "Eu fundei colônias de soldados na África, na Sicília, na Macedônia, nas duas províncias hispânicas, em Acaia, na Ásia, na Síria, na Gália Narbonense e em Pisídia".

Antes de acabar o ano, os líderes cesaristas decidiram aparar suas arestas e apresentar uma frente única contra o Senado e os *libertadores*. Antônio, Otávio e Lépido constituíram um triunvirato (junta de três para o governo do Estado), após o que dividiram entre si o Império e expurgaram seus oponentes com o apoio legal do restaurado decreto de proscrições de Sila. De acordo com algumas fontes, mais de 300 senadores (incluído Cícero) e 2.000 cavaleiros encontraram a morte no reinado do terror que se seguiu a esses acontecimentos.

Em 42, Otávio e Antônio perseguiram Bruto e Cássio, que controlavam as províncias orientais, e os derrotaram em Filipos. Após a vitória, levou-se a cabo uma nova distribuição do Império. Otávio obteve Itália, a maior parte das províncias ocidentais e um mandato especial contra Sexto Pompeu, que tinha ocupado a Sicília e a tinha convertido em foco de resistência; Antônio recebeu um mandato contra os partos no Oriente. Lépido, "homem quase sem méritos", foi enganado com a África. Na Itália, Otávio procurou assentar os veteranos de Filipos em terras confiscadas a algumas cidades. Isso se chocou com os interesses de um de seus cônsules, Lúcio, irmão de Antônio, que acabou insurgindo-se com ajuda dos italianos desarraigados. Após meses de luta, L. Antônio foi sitiado na Perúsia, que caiu no princípio do ano de 40; Lúcio escapou, mas seus seguidores foram mortos. Antônio desembarcou em Brundísio no final do ano, mas se evitou um conflito de grande escala pela negativa de ambos os exércitos a lutar, obrigando os líderes a superar suas diferenças. O triunvirato foi restabelecido, e ratificada a divisão entre o Oriente e o Ocidente.

No ano seguinte, Antônio levou a cabo uma campanha contra os partos, que terminou em fracasso (36). Em 34, saqueou o território armênio e em Alexandria viveu com Cleópatra, de quem se apaixonou perdidamente. Enquanto isso, Otávio pôs fora de combate Sexto Pompeu (36) e conseguiu muito bons resultados no Ilírico (35-33). A partir de então, dedicou todos os seus esforços a consolidar sua posição na Itália; iniciou uma guerra propagandística contra Antônio, explorando sua relação com Cleópatra e a tradicional aversão dos romanos aos orientais. Em 32, as cidades da Itália lhe prestaram juramento pessoal de fidelidade e lhe pediram que encabeçasse uma "cruzada" nacional contra Antônio e Cleópatra. Essa campanha, iniciada pouco depois, terminou com a vitória total de Otávio na batalha de Ácio (31 a.C.); Antônio e Cleópatra fugiram para Alexandria, onde se suicidaram.

O principado de Augusto

A vitória de Ácio deixou Otávio com o controle completo do Império. Após uma série de experiências, poucos anos depois ele regularizou sua situação na Constituição. Evitou o absolutismo aberto de César e conseguiu governar como uma espécie de *princeps* ("primeiro cidadão") constitucional. Restaurou a paz e a prosperidade e reinou durante 45 anos até sua morte, em 14 d.C. Então tinha assegurado sua sucessão para um dos membros de sua própria família e a consolidação de um regime monárquico que duraria séculos.

A paz serviu para que Otávio levasse a cabo uma profunda tarefa de reconstrução de uma sociedade destroçada por vinte anos de guerra civil. Desde o princípio deixou bem claro que tentava restaurar a forma tradicional da Constituição. A dificuldade residia em sua própria posição de autoridade arbitral, que, embora se sustentasse em uma força esmagadora, não tinha provavelmente justificação legal. Em janeiro de 27 a.C., Otávio anunciou que se tinha apoderado do Estado para servir ao Senado e ao povo romanos. Recebeu então um mandato especial de dez anos para uma "província" que incluía a Hispânia, a Gália, a Síria e a Cilícia. Nessas áreas se concentrava o grosso do exército, e ele as governaria mediante legados. Foi-lhe concedido o *imperium*, que, ao mesmo tempo que legalizava sua posição, tinha claros antecedentes republicanos (por exemplo, Pompeu em 55). Ele continuou no consulado e recebeu várias honrarias, incluído o título de Augusto. Em 23 a.C., descobriu-se um complô contra a sua vida; então ele decidiu renunciar ao consulado, sem dúvida porque a posse vitalícia do cargo ofendia a sensibilidade dos mais conservadores e restringia o aceso a ele de outros nobres. Mas continuou a governar como procônsul sua dilatada província, e, além disso, seu *imperium* abarcava maiores atribuições que o de outros procônsules. No mesmo ano (23), foi-lhe outorgado o cargo vitalício de tribuno. Em 19 a.C. lhes foram concedidas as insígnias (e talvez também os poderes completos) dos cônsules; evidentemente, o fato de que já não ostentasse o cargo supremo tinha causado inquietação entre as classes populares, que pressionavam para que ele aceitasse ser cônsul perpétuo ou ditador.

Nessas questões, Augusto era muito moderado e fez ostentação de recusar as honras mais extravagantes. Por exemplo, em *Res Gestae* (obra em que conta suas próprias realizações pessoais e que foi publicada após a sua morte) escreveu que em três ocasiões "o Senado e o povo romanos concordaram em que eu fosse nomeado guardião exclusivo das leis da moral sem nenhum colega e com poder supremo; mas eu não aceitaria nenhum cargo que estivesse em desacordo com os costumes de nossos ancestrais". Augusto pretendia não ter mais poder legal que os demais magistrados, embora tivesse a suprema *auctoritas*; o que presumivelmente significava que sua autoridade pessoal o capacitava a impor sua vontade sem necessidade de recorrer a seus poderes legais. Continuou a haver eleições, mas pouco a pouco elas se foram reduzindo a uma pura formalidade; no final de seu reinado, Augusto era, na prática, o mais importante entre os magistrados principais. Uma oposição política séria à autoridade imperial era impensável. Em virtude de seu poder tribunício, ele tinha também o direito absoluto de veto, mas, pelo que sabemos, não lhe foi necessário usá-lo, já que sua *auctoritas* foi suficiente.

Acima: Denário de prata de 18 a. C. O reverso com dois ramos de loureiro e a legenda "Caesar Augustus" comemora as honras conferidas ao imperador em 27 a.C., quando o Senado decretou que as jambas das portas de sua casa fossem decoradas com louros.

O principado foi estabelecido, e a *Res Publica* restaurada. A noção de uma República restaurada não pretendia ocultar o domínio de Augusto, mas indicava antes o retorno à normalidade após vinte anos de caos e o renovado funcionamento da maquinaria do governo. Augusto reduziu o número de membros do Senado, eliminando os "indignos", e reinstaurou a sucessão regular nos cargos públicos. Diferentemente de Júlio César, tratou com grande respeito o Senado e suas tradições. Os governadores provinciais e outros administradores foram escolhidos dentre seus membros. As denominadas províncias "públicas" foram concedidas a procônsules, que governavam durante um ano, enquanto as províncias "imperiais" (dentro da "província" do imperador) foram governadas por legados nomeados diretamente por Augusto, geralmente por períodos de vários anos. Procônsules e legados eram em geral ex-pretores ou (nas mais importantes e prestigiosas províncias) ex-cônsules. Os senadores também foram empregados no comando de legiões concretas e para outros postos administrativos em Roma e na Itália; por exemplo, os *curator* pretorianos das vias e prefeitos do tesouro ou os *curator* consulares (de obras públicas, aquedutos etc.). Durante o Império, as magistraturas tradicionais se transformaram em títulos honoríficos sem obrigações importantes; sua função era a de conferir um *status* aos membros do Senado e qualificá-los para os postos militares e administrativos mais importantes, outorgados pelo imperador. Quer dizer, o Senado imperial não foi tão importante como assembléia deliberativa quanto como corpo de administradores.

Augusto concedeu muitas dessas tarefas administrativas a homens da ordem dos cavaleiros, primeiro como agentes pessoais (procuradores) e depois como funcionários destacados em suas próprias províncias; nelas, eles exerciam, por exemplo, o papel de administradores financeiros e governadores de pequenos Estados ou distritos provinciais, como o dos Alpes. Os cavaleiros também receberam muitos

O governo do Império Romano. Sobre a divisão do Império, o geógrafo Estrabão (aproximadamente 63 a.C.-21 d.C.) escreveu o seguinte: "Augusto dividiu o conjunto de seu Império em duas partes e deu uma parte para si e outra para o povo romano [...] e dividiu cada uma das duas partes em várias províncias, algumas das quais são chamadas 'províncias imperiais' e outras 'províncias públicas'. "Para as províncias imperiais Augusto manda legados e procuradores [...], enquanto para as províncias públicas o povo envia pretores e cônsules". Os governadores das províncias públicas (que na verdade se chamavam "procônsules") eram os senadores de mais idade, escolhidos por sorteio para prestar serviço por um ano; os legados que governavam as províncias imperiais eram também senadores de alto nível, mas eram nomeados diretamente pelo imperador e prestavam serviço até serem destituídos. A exceção mais significativa a essa orientação foi o Egito, que foi governado por um prefeito da ordem dos cavaleiros nomeado pelo imperador.

postos militares e administrativos que requeriam homens de comprovada habilidade e cuja lealdade fosse inquestionável. Entre tais cargos, destacam-se o de prefeito da guarda pretoriana (corpo militar de elite que constituía a escolta oficial do imperador, de guarnição na Itália), o de prefeito do Egito (a província mais rica do Império, que excepcionalmente não era regida por um senador) e o de prefeito dos fornecimentos de trigo (*annona*).

A classe social mais interessada na restauração republicana, pelos benefícios que lhe trazia, era a classe proprietária de cidadãos romanos que tinham sido formalmente excluídos da vida pública sob a oligarquia republicana, quer dizer, aqueles que normalmente eram conhecidos como *equites* (cavaleiros). A maioria desses cidadãos romanos ricos já não provinha de Roma, mas dos povoados e cidades da Itália. O próprio Augusto pertencia a uma família municipal, e foi entre as famílias de classe média italianas que encontrou maior apoio. Seus dirigentes foram os exemplares típicos: seu amigo da infância M. Vipsânio Agripa, italiano de origem incerta; C. Mecenas, etrusco de Arécio; T. Estatílio Tauro de Lucânia, no Sul da Itália, entre outros. Famílias novas de origem italiana alcançaram, sob Augusto, o Senado e os cargos públicos criados para homens da ordem dos cavaleiros. Assim, M. Sálvio Óton, filho de um cavaleiro e pertencente a uma antiga família etrusca, ingressou no Senado no tempo de Augusto; depois (69 d.C.), seu filho chegou a imperador. Também Vitélio, outro dos imperadores de 69 d.C., era descendente de P. Vitélio de Nucéria (Campânia), que tinha sido procurador dos *equites* de Augusto.

Os interesses e as aspirações da classe média italiana foram satisfeitos por um programa nacional de regeneração espiritual e moral. Augusto se apresentou como defensor da tradição romana e manifestou que restauraria a antiga religião estatal, a moral tradicional da vida familiar e as formas legais de governo republicanas. Revitalizou antigas festividades religiosas e práticas de culto que tinham caído em desuso, preencheu lugares vacantes no clero arcaico, reparou os templos e consagrou prédios na cidade de Roma. Nos anos 18 e 17 a.C., introduziu leis contra os delitos sexuais, freou os divórcios, e o adultério adquiriu caráter de crime público. Também impôs penas aos solteiros e premiou os casais com filhos. Essas medidas foram modificadas pela lei consular de 9 d.C.; não faltaram ironias ao saber-se que os dois cônsules que prepararam a lei eram solteiros ou que a única filha do imperador, Júlia, teve uma conduta sexual tão escandalosa que no ano de 2 a.C. foi desterrada para uma ilha. Não é provável que as leis sobre o casamento fossem elaboradas para aumentar a taxa de natalidade; a legislação

era antes uma tentativa de regulamentar o estilo de vida das classes poderosas, cuja decadência e amor pelos prazeres perversos eram notórios no final da República. A idéia tradicional de que todos os cidadãos romanos tinham a obrigação de casar-se e ter filhos se transformou em política oficial. Augusto introduziu também leis suntuárias e restringiu a excessiva e indiscriminada manumissão de escravos.

Escritores e artistas promoveram os ideais do regime alentados por Mecenas, amigo do imperador. Destacam-se poetas de seu círculo, como Propércio, que escreveu fundamentalmente poemas de amor e panegíricos de Augusto, e Horácio, cujas obras estão cheias de referências favoráveis ao imperador e à sua política. Em 17 a.C., Horácio compôs o *Hino secular* para o grande festival religioso, que celebrava o nascimento de uma nova era (*saeculum*). O hino resenha as realizações de Augusto e saúda o retorno das antigas virtudes. O maior dos poetas da era de Augusto foi Virgílio, entre cujas obras há poemas pastorais (*Églogas*), um poema didático sobre agricultura (*Geórgicas*) e a *Eneida*, poema épico sobre a lenda de Enéias, ancestral da *gens* Júlia e herói legendário da tradição romana; o poema expõe a grandeza de Roma e destaca as realizações de Augusto. Esses homens eram indubitavelmente sinceros em seus elogios à nova ordem. Por outro lado, devemos mencionar também o poeta erótico Ovídio, que mereceu o desprezo do imperador (especialmente por seu poema *A arte de amar*) e que foi desterrado de Roma em 8 d.C. Uma das figuras literárias mais importantes da era foi o historiador Tito Lívio, cuja magnífica narração da história de Roma totaliza 142 livros. Seus relatos contêm exemplos de grandes homens e de seus feitos mais nobres, mas também supremas lições de decadência moral. As artes visuais também floresceram sob Augusto, com pintores, escultores e arquitetos que foram incumbidos do embelezamento da cidade e de dar expressão concreta aos ideais da nova era. Exemplos importantes da arte "oficial" foram o Altar da Paz e a estátua de Augusto da Prima Porta, esculturas de estilo clássico e de grande perfeição técnica, ainda que criticadas por sua falta de calor e vitalidade.

Em Roma, Augusto continuou o trabalho de Júlio César e levou a cabo um vasto programa de edificações públicas. Foram erigidos templos, teatros, pórticos e arcos de triunfo por todas as partes, justificando o dito do imperador de que tinha convertido Roma de uma cidade de tijolo em uma de mármore. Ele construiu um novo Foro (inaugurado em 2 a.C.) e melhorou toda a área do Campo de Marte; ali os principais monumentos foram o Pórtico de Otávia, o teatro de Marcelo e seu próprio Mausoléu. No mesmo distrito, Agripa construiu o Panteão e o primeiro dos grandes banhos públicos imperiais, além dos novos aquedutos, e supervisionou pessoalmente os fornecimentos de água para a cidade. Então, provavelmente a população da cidade girava em torno de um milhão de habitantes, muitos dos quais viviam em condições terríveis. A grande maioria habitava altos prédios de cômodos nos bairros pobres, miseravelmente construídos e deficientemente iluminados; não tinham calefação e estavam expostos a desmoronamentos e incêndios a qualquer momento. As habitações dos pobres eram similares a casas de hóspedes, com quartos de pequenas dimensões, contratos de aluguel de curto prazo e com preços exorbitantes. O sistema de canalização era rudimentar; o esgoto corria por debaixo das ruas, mas somente as casas dos ricos eram diretamente conectadas a ele. As epidemias eram freqüentes e aniquiladoras; as escavações desenterraram montes de sedimentos que continham milhares de cadáveres. Não havia hospitais públicos nem serviços médicos. De noite, as ruas eram escuras e perigosas; os assassinatos, roubos nas casas e assaltos eram freqüentes.

Augusto também seguiu a política de Júlio César de assumir a responsabilidade de governar e administrar a cidade. Impôs um limite de 21m de altura para a construção de blocos de prédios e organizou uma brigada contra o fogo de 7.000 *vigiles* (vigilantes) sob a direção de um prefeito *equite*. Com finalidades administrativas, a cidade foi dividida em 14 regiões e 265 bairros que elegiam seus próprios funcionários locais. As tarefas policiais nas ruas eram realizadas por uma força de três coortes urbanas sob o comando do prefeito da cidade, normalmente um ex-cônsul. Periodicamente, os transbordamentos do Tibre afogavam muitas pessoas e minavam os alicerces dos prédios; por isso Augusto constituiu um organismo senatorial para "a conservação das margens do rio". Foi reorganizado o fornecimento de trigo sob a responsabilidade de um

Direita: O *Ara Pacis Augustae*. Sobre esse grande monumento escreveu Augusto nas *Res Gestae*: "Quando voltei da Hispânia e da Gália (13 a.C.) [...] o Senado decretou que devia consagrar-se um altar da Paz Augustal, próximo ao Campo de Marte, em honra a meu retorno, e ordenou que os magistrados e sacerdotes e as virgens vestais levassem a efeito ali um sacrifício anual". O altar propriamente dito e o recinto que o rodeia são cobertos de relevos que ilustram alguns aspectos da nova era. O friso meridional da parede do recinto mostra uma procissão em que participam membros da família imperial, parte dos quais aparecem aqui. A identificação dos indivíduos em particular é muito discutida, mas há acordo quanto ao fato de a figura dominante, que se segue aos servidores de cabeça coberta, é Agripa, acompanhado por seu jovem filho Caio César. O outro menino representado é possivelmente Germânico, que está entre seus pais, Antônia e Druso.

Esquerda: Retrato de Augusto de Prima Porta (perto de Roma). Neste caso, há muito mais polêmica sobre o significado das figuras do peitoral; no entanto, a cena central representa claramente a recuperação de um estandarte romano de um bárbaro derrotado. Nas *Res Gestae* (ver página 74), escreve Augusto: "Em algumas vitórias sobre os inimigos, eu recuperei, na Hispânia e n Gália e dos dálmatas, vários estandartes perdidos por outros comandantes. Obriguei os partos a restituir-me os despojos e estandartes de três exércitos romanos e a pedir, suplicantes, a amizade do povo romano".

Abaixo: Teatro de Marcelo. A construção do teatro de Marcelo foi iniciada sob Júlio César, mas foi terminada por Augusto, dedicando o teatro à memória de seu sobrinho e sucessor (designado), Marcelo, que morreu em 23 a.C.

prefeito da ordem dos cavaleiros. Rações gratuitas de grãos eram entregues e distribuídas a cidadãos homens registrados, cujo número (em 2 a.C.) não podia passar de 200.000. A *plebs* também recebia de vez em quando donativos em dinheiro; mantiveram-se os entretenimentos gratuitos de jogos e espetáculos. O entusiasmo geral da *plebs* pelo novo regime era incondicional.

No final de seu reinado, Augusto tinha estabelecido um governo forte e eficiente, além de ter assegurado a lealdade e o respeito de todas as classes sociais, tanto em Roma como nas províncias. Estas tinham sido cruelmente exploradas sob a República por seus governadores e pelos arrecadadores de impostos agrícolas, não sujeitos a nenhum tipo de controle. O principado mudou aquela situação. As províncias tinham agora garantidas a paz e a segurança; era-lhes proporcionado um destinatário para a sua lealdade e a perspectiva de um governo forte que controlava a atuação de seus próprios funcionários e agentes econômicos. As normas do governo provincial estavam ainda longe de ser ideais, mas não há razão para duvidar que a nova administração tenha sido geralmente bem recebida nas províncias.

No ano de 2 a.C., Augusto recebeu o título de *Pater Patriae* (Pai da Pátria), um título que inevitavelmente sugeria a firme mas bondosa mão do *paterfamilias* (ver página 19). Após dezenove anos de governo, o líder que tinha tomado o poder pela força das armas já estava totalmente esquecido. Uma das maiores realizações de Augusto foi neutralizar as forças mais poderosas da mudança revolucionária, e em particular o exército. Depois de Ácio, ele reduziu drasticamente o número de homens a serviço do exército e assentou os veteranos das campanhas em colônias da Itália e das províncias criadas precisamente para isso. As 28 legiões (por volta de 140.000 homens) com caráter permanente foram estacionadas nos pontos fronteiriços mais importantes, junto com um número similar de auxiliares (tropas de não cidadãos recrutadas nas províncias). O exército se transformou em um corpo regular que admitia constantemente novos recrutas, os quais serviam às legiões por um prazo de vinte anos. Em contrapartida, recebiam doações de terras e soldos em moeda. Em 6 d.C., o sistema foi institucionalizado e constituída uma tesouraria militar, que em primeira instância se abastecia da concessão direta do próprio imperador, até que, depois, se estabeleceu um imposto de duas novas rendas que gravavam os cidadãos romanos: uma, 1% das vendas; e a outra, 5% dos direitos de sucessão. O novo sistema desvinculou o exército da política e o tornou leal ao Estado e ao imperador, que se transformou em seu comandante-em-chefe (ele nomeava pessoalmente seus oficiais). O exército manteve sua lealdade aos herdeiros de Augusto até a morte de Nero (68 d.C.), quando por pouco tempo reapareceram as guerras civis.

Augusto viveu de maneira simples e austera; seu temperamento parece haver sido um tanto frio e seco. Era judicioso e acertado na hora de escolher seus amigos e colaboradores, muitos dos quais lhe foram leais até a morte. Sua vida familiar foi marcada pela tragédia e pelo fracasso, embora ele tenha mantido a confiança de sua terceira esposa, Lívia, ao longo de seus 53 anos de casamento. Embora sua saúde fosse bastante delicada, viveu até os 77 anos; morreu de forma natural em Nola, em 19 de agosto de 14 d.C.

A dinastia Júlio-Cláudia, 14-68 d.C.

Após a ascensão de Tibério, o Senado revisou pela primeira vez a natureza do cargo imperial e, formalmente falando, sancionou sua sobrevivência. A sucessão foi desde o princípio matéria de herança dinástica, embora se tenha encoberto com as formas legais propostas pelo Senado. Augusto favoreceu de início seu sobrinho Marcelo; depois, o su associado Marco Agripa, a quem casou com sua filha Júlia. Quando Agripa morreu (12 a.C.), Tibério foi induzido, muito a contragosto, a casar-se com Júlia após divorciar-se de sua esposa, com a qual se tinha casado apaixonado; a oposição dos jovens filhos de Júlia e Agripa, Caio e Lúcio, e a dificuldade de conviver com Júlia provocaram o famoso retiro de Tibério na Ilha de Rodes (6 a.C.), onde se dedicou ao ócio e ao estudo da cultura grega, sua grande paixão. Quando Caio e Lúcio morreram (em 2 e 4 d.C. respectivamente), Tibério, que tinha voltado a Roma, foi adotado por Augusto, obrigando-o a que fizesse o mesmo com Germânico. Em todas essas ocasiões, o Senado teve de votar os poderes legais que tornavam efetivas as adoções, outorgando o *imperium* e o poder tribunício que asseguravam a posição dos sucessores escolhidos.

Tibério, que carecia da facilidade de trato de Augusto, ressentiu-se do tratamento recebido por este e por não haver sido o primeiro escolhido para a sucessão; ele era também mal considerado por seu orgulhoso afastamento e por sua pouca sinceridade. O aspecto de seu principado pelo qual foi criticado mais duramente foi sua conduta com respeito à denominada lei de *maiestas*. A republicana *lex maiestatis*, que de certo modo correspondia ao moderno conceito de traição, dizia respeito a qualquer coisa que pudesse "diminuir a majestade do povo romano". Sob o principado, foi aplicada não só às tentativas de rebelião e conspiração, mas também às discrepâncias com o imperador e em alguns casos aos libelos dirigidos contra os senadores. Assim, ela funcionava como fator restritivo da liberdade de expressão e do direito de criticar o imperador.

Pelas acusações de *maiestas* era responsável o Senado, que se constituiu em tribunal especial com aquela ampliação de seus poderes e que com um procedimento quase judicial ditava sentença sobre as denúncias. O próprio Tibério tentou no princípio restringir o uso da *maiestas*, mas depois, e especialmente depois da queda de Sejano (31 d.C.), seu ministro, se inicia o reinado do terror que tornou famoso o seu principado. Parte das dificuldades procedia de que Roma carecia de um sistema fiscal do Estado, ficando para a iniciativa dos cidadãos privados apresentar uma acusação. Além do mais, os subornos e a crescente pressão política multiplicaram as acusações. Um acusador que tivesse êxito na denúncia de um delito capital, suscetível de ser homologado como *maiestas*, recebia uma parte dos bens do acusado e ao mesmo tempo importantes recompensas, e podia esperar o favor imperial pela eliminação dos oponentes ou críticos do regime. Ainda assim, era o Senado que dirigia os "processos", pondo freqüentemente em jogo as inimizades e ódios pessoais. E era o Senado, tanto quanto o imperador, que merecia o descrédito pelas freqüentes acusações de *maiestas* no tempo de Tibério.

A morte de Tibério, em 37 d.C., foi recebida com júbilo pelo Senado e pelo povo romanos, como resultado do pouco que tinha feito para tornar-se popular. Sempre distante em seus costumes, nos últimos dez anos de sua vida se retirou em Cápri acompanhado dos amigos mais íntimos, muitos dos quais literatos e astrólogos. As fantásticas histórias referentes a seus hábitos sexuais em Cápri certamente foram inventadas por aqueles que sabiam que não podiam ser refutadas e que ninguém o tentaria.

O reinado de Caio (Calígula), sucessor de Tibério, começou com bons augúrios, mas depois, provavelmente por causa de uma doença que lhe afetou o cérebro, degenerou em uma caprichosa tirania que terminou com seu assassinato em 41. Tentou-se estudar seu principado de forma racional, a ponto sugerir, por exemplo, que ele se tinha proposto a transformar o principado em uma flamejante monarquia helenística de tipo familiar no Oriente; tal projeto, se levado a sério, refletiria falhas de julgamento político pouco preferíveis à demência.

Cláudio, inesperadamente convertido em imperador após o assassinato de Caio, demonstrou que era sério, trabalhador, pacífico e solícito, e se dedicou a melhorar a administração, as obras públicas (a mais impressionante das quais foi a ampliação do porto de Óstia) e as conquistas externas. Seu principado foi objeto de críticas pelo excessivo poder que concedeu a seus libertos e pela usurpação de atribuições do poder senatorial ou público, especialmente em sua atividade judicial. Ao que parece, ele distinguiu os libertos por sua carência de apoio nos círculos senatoriais ou palacianos. No momento de sua proclamação pelo chefe da guarda pretoriana, o Senado debatia a possibilidade de restauração republicana.

As virtudes práticas e humanas de Cláudio lhe granjearam a estima popular e prevaleceram sobre suas deficiências pessoais, tanto as físicas quanto as de sua vida privada. Sua segunda esposa, Messalina, foi executada por conspirar com o apoio de um senador chamado Sílio para substituir a Cláudio. A isso podem ter-se devido muitas das execuções de senadores e *equites* de que nos falam as fontes coetâneas. A terceira esposa de Cláudio, sua sobrinha Agripina, se dedicou a favorecer seu filho Nero, fruto de um casamento anterior.

Ao subir ao trono no ano de 45 (Cláudio tinha morrido, pelo que se diz, envenenado com um prato de cogumelos), Nero prometeu restaurar o princípio augustal da divisão de poderes entre o imperador e o Senado. Por algum tempo, especialmente enquanto foi influenciado por seu tutor, o filósofo estóico Sêneca, essas promessas foram observadas, mas as coisas mudaram à medida que os gostos de Nero se foram tornando mais frívolos. Após o assassinato de sua mãe por vingança em 59, seu reinado se desdobrou em uma infausta conquanto pitoresca tirania na qual deu asas a suas paixões pela música e pelas corridas de carros, acossando até a morte senadores e filósofos que se opunham a ele. Aumentou os gastos sociais, e isso lhe permitiu manter a popularidade entre as pessoas de Roma. A paz conseguida com os partos foi comemorada com fantásticas celebrações, durante as quais o rei armênio Tiridates recebeu sua coroa das mãos do imperador em pessoa. Em 66, Nero empreendeu uma espetacular viagem pela Grécia e regressou a Roma com mais de 1.600 galardões de vitórias atléticas e teatrais. Mas sua posição foi deteriorando-se. Depois do grande incêndio de Roma em 64, Nero percorreu toda a Grécia em busca de objetos de arte para embelezar a cidade restaurada; logo se espalhou entre os romanos a opinião de que tinha sido o próprio Nero quem de certo modo tinha provocado o incêndio em Roma com a finalidade de construir sobre suas ruínas uma grandiosa capital nova. Nero escolheu os cristãos para culpá-los, aproveitando o fato de serem impopulares (eles acreditavam que o fim do mundo, em meio a chamas, estava próximo). Ao contrário do que o imperador esperava, os terríveis castigos, como morrer queimados no circo (acusados de incendiários), obtiveram maiores simpatias.

O período Júlio-Cláudio não se caracterizou pela existência de uma forte oposição à instituição do principado como tal e foram efêmeras as possibilidades de restaurar o governo republicano. A filosofia estóica, cujo representante mais conhecido (além de Sêneca) foi o senador Tráseas Pacto, fomentou a participação na vida pública e o respeito à instituição monárquica. A *libertas*, premissa ideológica desse grupo, tinha evoluído sob o Império de seu sentido republicano ou de liberdade diante do governo

Abaixo: Cláudio, escondido no palácio depois do assassinato de Calígula em 41 d.C., foi encontrado e levado para o quartel dos pretorianos, onde foi proclamado imperador. Na moeda aparecem Cláudio e um pretoriano portador de um estandarte, com as mãos enlaçadas, e com a legenda: "aceito pelos pretorianos".

Abaixo: O jovem Nero durante os primeiros anos de seu reinado teve a ajuda de conselheiros, entre os quais estavam Sêneca, o prefeito pretoriano Burro e sua própria mãe, Agripina. A moeda mais antiga emitida se destaca pelo explícito reconhecimento da posição de Agripina.

Direita: Distribuição das legiões nas províncias. O quadro ilustra a localização das legiões romanas nas províncias em três datas: 24, 74 e 150 d.C. Essas datas foram escolhidas como períodos representativos de relativa paz e estabilidade. Não há informe algum sobre o movimento provisório de legiões em tempos de crise, como as guerras civis de 68-69, nem sobre as variações a curto prazo que se desviam da linha geral, como a concentração de sete legiões na Síria durante a revolta judia de 60 ou o reforço da fronteira do Danúbio durante as guerras de 86-112. Mas o quadro deixa claro que houve uma mudança de longo prazo no equilíbrio de forças entre as metades ocidental e oriental do Império, quando os exércitos da Hispânia e da Germânia se reduziram enquanto aumentavam nos Bálcãs e no Oriente. (A informação para este quadro foi amavelmente dada por J. C. Mann e Margaret Roxan.)

Distribuição das legiões nas províncias

Províncias	**24 d.C.**	**74 d.C.**	**150 d.C.**
ÁFRICA	III Augusta	III Augusta	III Augusta
HISPÂNIA	IV Macedônica VI Victrix X Gemina	VII Gemina	VII Gemina
BRITÂNIA	–	II Augusta II Audiutrix IX Hispânia XX Valéria Victrix	II Augusta VI Victrix XX Valéria Victrix
GERMÂNIA INFERIOR	I Germana V Alaudae XX Valéria Victrix XXI Rapax	VI Victrix X Gemina XXI Rapax XXII Pimigênia	I Minérvia XXX Ulpia
GERMÂNIA SUPERIOR	II Augusta XII Gemina XIV Gemina XVI	I Adiutrix VIII Augusta XIV Cláudia Pia Fidelis XIV Gemina	VIII Augusta XXII Pimigênia
PANÔNIA	VIII Augusta IX Hispânia XV Apollinaris	XIII Gemina XV Apollinaris	Superior: I Adiutrix X Gemina Inferior: XIV Gemina II Adiutrix
DALMÁCIA	VII XI	IV Flávia	XIII Gemina
MÉSIA	IV Cítia V Macedônica	I Itálica V Alaudae V Macedônica VII Cláudia Pia Fidelis	Superior: IV Flávia VII Cláudia Pia Fidelis Inferior: I Itálica V Macedônica XI Cláudia Pia Fidelis
CAPADÓCIA	–	XII Fulminata XIV Flávia	XII Fulminata XV Apollinaris
SÍRIA	III Gálica VI Ferrata X Fretensis XII Filminata	III Gálica IV Cítia	III Gálica IV Cítia XVI Flávia
JUDÉIA	–	X Fretensis	VI Ferrata X Fretensis
EGITO	III Cirenaica XXII Deiotariana	III Cirenaica XXII Deiotariana	II Trajana
ARÁBIA	–	–	III Cirenaica

Legiones	**24 d.C.**	**74 d.C.**	**150 d.C.**
I Audiutrix	(ampliada c. 68)	Germânia superior	Panônia superior
I Germana	Germânia inferior	(desaparecida c. 70)	
I Itálica	(ampliada c. 66)	Mésia	Mésia inferior
I Minérvia		(ampliada c. 83)	Germânia inferior
II Audiutrix	(ampliada c. 70)	Britânia	Panônia inferior
II Augusta	Germânia superior	Britânia	Britânia
II Trajana		(ampliada c. 104)	Egito
III Augusta	África	África	África
III Cirenaica	Egito	Egito	Arábia
III Gálica	Síria	Síria	Síria
IV Flávia	(ampliada c. 70)	Dalmácia	Mésia superior
IV Macedônica	Hispânia	(desaparecida c. 70)	
IV Cítia	Mésia	Síria	Síria
V Alaudae	Germânia inferior	Mésia	Síria
V Macedônica	Mésia	Mésia	Mésia inferior
VI Ferrata	Síria	Síria	Judéia
VI Victrix	Hispana	Germânia inferior	Britânia
VII	Dalmácia		
VII Cláudia Pia Fidelis	Mésia	Mésia superior	
VII Gemina	(ampliada c. 68)	Hispana	Hispana
VIII Augusta	Panônia	Germânia superior	Germânia superior
IX Hispânia	Panônia	Britânia	(desaparecida 132?)
X Fretensis	Síria	Judéia	Judéia
X Gemina	Hispânia	Germânia inferior	Panônia superior
XI	Dalmácia		
XI Cláudia Pia Fidelis		Germânia superior	Mésia inferior
XII Fulminata	Síria	Capadócia	Capadócia
XIII Gemina	Gemina superior	Panônia	Dalmácia
XIV Gemina	Gemina superior	Gemina superior	Panônia superior
XV Apollinaris	Panônia	Panônia	Capadócia
XVI	Germânia superior	(desaparecida c. 70)	
XVI Flávia	(ampliada c. 70)	Capadócia	Síria
XX Valéria Victrix	Germânia inferior	Britânia	Britânia
XXI Rapax	Germânia inferior	Germânia inferior	desaparecida c. 92)
XXII Deiotariana	Egito	Egito	(desaparecida c. 125)
XXII Primigênia	(ampliada c. 40)	Germânia inferior	Germânia superior
XXX Ulpia		(ampliada c. 140)	Germânia inferior

monárquico para o de direitos de liberdade de expressão e de crítica permitidos sob tal governo. A participação na vida política se tornou quase impraticável quando um reinado como o de Nero degenerou em crueldade e tirania; porque era impossível a um filósofo servir a tal tirano sem perder sua integridade moral. Nesse ponto, era seu dever afastar-se da vida pública em uma clara demonstração de desaprovação; tal foi o caso de Pacto, que representou uma declaração de dissidência. Sua clamorosa ausência do Senado foi o detonador da denúncia que o levou ao suicídio em 66. A morte de Pacto foi seguida dos suicídios do próprio Sêneca e de seu sobrinho, o poeta Lucano. Todos eles eram suspeitos, como muitos outros, de estar envolvidos em um complô para matar a Nero e substituí-lo por Píson, um senador pouco conhecido. Essa tentativa de conspiração, cruelmente reprimida em 65, anunciou o declínio dos últimos anos de Nero e o fim da dinastia Júlio-Cláudia.

Na primavera de 68, um senador gaulês chamado Júlio Vindex, governador da província Lugdunense da Gália, buscou apoio entre os comandos provinciais para provocar uma revolta geral. Só conseguiu o beneplácito de Galba, governador da Tarraconense, na Hispânia; e, embora só contasse com o apoio do exército gaulês e da pequena guarnição estacionada na Hispânia, à qual se somou uma segunda legião criada por ele mesmo, Galba foi proclamado imperador. Vindex foi eliminado em Vesonção pelo governador da alta Germânia, Virgínio Rufo, que por sua vez foi proclamado imperador por seu exército, embora ele se tenha negado a aceitar tal responsabilidade. A explicação mais provável da conduta um tanto ambígua de Virgínio Rufo é que ele apoiava Nero em uma situação em que ignorava o que sucedia em outros lugares. Depois do suicídio de Nero (9 de junho de 68), Rufo aceitou a candidatura de Galba, mas foi substituído como governador.

Vitélio, enviado por Galba como governador da baixa Germânia, foi proclamado no princípio de 69. No mês seguinte, Óton, a quem Galba não tinha levado em conta para a sucessão, foi proclamado em Roma pelo prefeito da guarda pretoriana e matou Galba. Sua política, conquanto necessária, tinha sido demasiado severa e parca para compensar seu desagradável temperamento. Após uma primeira derrota para as tropas de Vitélio e impotente para conter seu avanço, Óton se suicidou (19 de abril) sem esperar a chegada à Itália das legiões da Ilíria que teriam podido salvá-lo. Vitélio, no entanto, logo teve de enfrentar a ameaça que representava o exército de Vespasiano, perfeitamente organizado; suas legiões do Oriente o proclamaram imperador no princípio de julho. Vespasiano se dirigiu para Alexandria, de onde pôde controlar o fornecimento de trigo a Roma; e se fez vitorioso no Ocidente com um desdobramento de força nos Bálcãs combinado com um ataque à Itália. Após a derrota de Bedríaco, a resistência de Vitélio cedeu irremediavelmente; ele foi morto quando as tropas de Vespasiano entravam em Roma (20 de dezembro de 69). Domiciano, filho de Vespasiano, foi aclamado como César, e o novo imperador chegou a Roma em outubro de 70. Suprimiu os últimos focos de resistência dos partidários de Vitélio e sufocou a rebelião de Júlio Civil, um comandante auxiliar da Batávia, no Reno. Os exércitos já tinham dado sua última palavra, e as guerras civis chegaram ao final.

As fronteiras e o exército romano

A maioria dos grandes exércitos que participaram da guerra civil do final da República foram licenciados por Augusto, que ficou com 26 legiões (aumentadas depois para 28). Com essas forças, relativamente modestas, levou a cabo uma série de campanhas racionalmente planejadas, completando a pacificação das províncias em parte já conquistadas. Só depois destinou Augusto recursos às campanhas de expansão e conquista.

A primeira zona pacificada foi o Noroeste da Península Ibérica, tendo-se de enfrentar a fragosidade de suas montanhas e as recalcitrantes tribos nativas. Após pôr fim a essas árduas guerras, em 19 a.C., Augusto transferiu parte de seus exércitos hispânicos para as fronteiras germânica e ilírica, deixando na Hispânia uma guarnição de quatro legiões. No final do período Júlio-Cláudio, esse número se reduziu a uma só legião, estacionada em Leão. Augusto se ocupou depois da Récia e de Nórico, regiões que constituíam uma ameaça potencial à agricultura romana, e assentou comunidades no Norte da Itália; também cuidou das comunicações com a província crucial da Ilíria. No Oriente, apesar do clamor popular pela conquista, foi a diplomacia o que melhorou as relações com os partos. Recuperaram-se os estandartes arrebatados a Crasso em Carras (19 a. C.), e os interesses romanos foram assegurados por meio dos reizinhos vassalos que tinham conservado sua independência efetiva em compensação por sua lealdade. Os herodianos da Judéia são o exemplo mais conhecido de reinos helenísticos que viveram um último período de florescimento sob a proteção romana.

Após a morte de Cleópatra, última dos Ptolomeus, o Egito foi governado por prefeitos da categoria dos cavaleiros como domínio mais ou menos pessoal do imperador. Aos senadores não foi permitido ocupar esses cargos.

Depois das primeiras campanhas, que Augusto às vezes dirigiu pessoalmente, os exércitos foram utilizados para consolidar a fronteira do Reno, levando-a até o rio Elba e para pacificar a Ilíria. Terminadas essas ações, planejou-se uma nova campanha para a anexação do reino de Marobóduo, ao norte do Danúbio, entre a Ilíria e as zonas da Germânia recentemente ocupadas. Mas toda a política da fronteira setentrional fracassou em 6 d.C., quando os ilírios iniciaram uma revolta; e se abandonou a campanha contra Marobóduo. Embora em 9 d.C. essa revolta tenha sido sufocada, nesse mesmo ano as três legiões de Quintílio Varo foram destroçadas pelo chefe germânico Armínio, em um lugar desconhecido do bosque de Teutoburg. Varo foi tachado de incompetente por haver-se deixado surpreender. São poucos os dados que temos sobre as circunstâncias, mas pode ser um atenuante o fato de que a revolta da Ilíria tinha deixado isolado Varo em uma província que sobressaía da frente do Reno como uma ponta vulnerável.

A política júlio-cláudia, no Norte, se destinou a consolidar as fronteiras por meio do estabelecimento de acampamentos de legionários e de auxiliares no lado romano da fronteira e da instalação de cabeças-de-ponte no rio. A fronteira do Danúbio, após a recuperação da Ilíria por Tibério (6-9 d.C.), recebeu o mesmo tratamento. O exército, nessas e em outras províncias de conquista recente, se transformou em agente eficaz de romanização desde que os acampamentos de legionários geraram povoações informais conhecidas como *canabae*, e em pontos próximos nasceram povoados civis (*municipia*); um bom exemplo disso é Carnunto, no Danúbio.

Esquerda: O arco de Tito em Roma foi erguido em comemoração do triunfo sobre a rebelião judaica alcançado por Tito em 70 d.C. em nome de seu pai, Vespasiano. A cena mostra os objetos espoliados do templo destruído, os quais são conduzidos a Roma em uma procissão triunfal.

A recomendação de Augusto de não estender o Império foi estritamente observada por Tibério, que, não obstante, teve de intervir na Trácia e sufocar uma revolta nativa na Numídia africana, dirigida por um líder tribal chamado Tacfarinate. No Oriente, Tibério confirmou no trono da Armênia um rei vassalo aceitável para os partos. Isso foi ratificado por Germânico durante seu longo giro de inspeção em que também visitou Palmira e Petra, cidades de caravanas vinculadas ao Império parto.

A invasão da Britânia levada a cabo em 43 foi certamente fruto dos planos de Cláudio assim que se tornou imperador. Seus motivos foram muito debatidos. É improvável, apesar dos altos níveis de romanização alcançados na Britânia, que seus povoadores tenham provocado a ocupação, embora ela tampouco estivesse nos cálculos dos romanos. É possível que Cláudio estivesse ansioso por obter a glória da conquista como meio de compensar suas deficiências pessoais como imperador. Certamente ele deu grande importância à conquista e até assistiu à campanha durante um breve período de tempo (a essa conquista se destinaram elefantes, que deviam ser um extraordinário espetáculo para os bretões), e até chamou seu filho de Britânico; em geral, recebeu um sem-número de saudações militares jamais obtidas antes. A explicação mais provável é que a Britânia era mais estreitamente vinculada do que parecia aos principados belgas da Gália. Isso é evidente se analisarmos a atividade política e econômica através do canal no período anterior à conquista; certamente por isso, Cláudio e seus conselheiros concluíram que a Gália não podia estar completamente segura sem a anexação da Britânia.

Cláudio reduziu também a Mauritânia a um *status* provincial em conseqüência das desordens produzidas após a morte de um rei vassalo. Essa anexação, mais significativa do que parece depreender-se das fontes que se conservam, completou a pacificação das terras romanas situadas no Mediterrâneo ocidental.

No Oriente, Nero herdou de Cláudio a revitalização dos conflitos com os partos e os armênios. Depois de quase dez anos de campanhas militares e complexas mudanças na política diplomática, o rei parto Vologeses concordou em que seu delfim, o conhecido Tiridates, visitasse Roma para receber sua coroa das mãos de Nero. Por esse tratado, a Armênia passou da esfera de influência romana para a de domínio parto que lhe correspondia por afinidades étnicas.

A Judéia, que no tempo de Augusto era um reino cliente, governado por Herodes, o Grande, foi

Acima: A moeda emitida com a inscrição "IVD" [aea] CAP [ta]", com as figuras de dois cativos desconsolados e uma palmeira, comemora o mesmo acontecimento que o arco de Tito (ver ilustração da página contígua). Cunhagens similares foram emitidas por Adriano depois da repressão da revolta de Bar-Kochba em 135 d.C. Para uma descrição mais detalhada de Jerusalém e da fortaleza de Massada, capturada em 73 d.C., ver páginas 162-63.

convertida em província romana após a morte daquele. Cláudio a restituiu a seu amigo Herodes Agripa como recompensa por sua ajuda durante sua ascensão ao cargo imperial, mas após a morte de Agripa, em 44, a Judéia se transformou de novo em província romana. Um de seus governadores foi Félix, irmão de um liberto de Cláudio, Palas, ante o qual compareceu São Paulo (*Atos*, 23-24 ss.). Após alguns anos de descontentamento, a Judéia se insurgiu (66); a missão de sufocar a revolta foi encomendada a Vespasiano e a seu filho Tito. Ainda que interrompida pela proclamação de Vespasiano em 69, ela foi completada por Tito com a destruição do templo de Jerusalém em 70. A última praça-forte, Massada, caiu três anos depois após um longo e cruel sítio.

A subjugação da Britânia foi seguida de ações repressivas que levaram à insurreição de Boudicéia em 60-61; o descontentamento britânico era dirigido principalmente contra a colônia de veteranos de Camuloduno, considerada um símbolo da opressão romana, e contra Londres, capital da província. Posteriormente, a política romana se suavizou, o que permitiu a rápida expansão do poder romano até o último ponto alcançado pela muralha de Adriano. Sob o governo de Agrícola, houve uma tentativa de estender as anexações para o norte, mas não durou muito, porque Domiciano precisou tirar uma legião da Britânia para servir na Germânia. Assim, a fortaleza de legionários de Inchtuthill, construída por Agrícola, só foi ocupada brevemente e abandonada de fato antes que sua construção estivesse terminada.

Essas novas anexações ao Império foram asseguradas, como vimos, por um disciplinado exército profissional de menos de 150.000 homens e por um número semelhante de tropas auxiliares, recrutadas em várias regiões do Império ou às vezes em reinos vassalos, que podiam proporcionar técnicas de combate especializadas. O número de efetivos militares era limitado às necessidades regionais e às considerações políticas e econômicas. Os fatores econômicos, ou, o que é o mesmo, o sistema de pagamento militar, eram assegurados pela imposição de taxas especiais e outras receitas. O soldo não tinha sido aumentado entre o tempo de Augusto e os de Domiciano, que a aumentou em um terço, provavelmente à custa de um grande esforço financeiro (ver página 102). Ao longo do século I, e mais particularmente do II e do III, o exército dependeu cada vez mais dos pagamentos adicionais recebidos, por exemplo, após a ascensão de um novo imperador, e, em menor escala, dos espólios em campanhas ativas.

Os perigos que representava um exército eficiente mas freqüentemente inativo foram parcialmente remediados com a utilização dos soldados em trabalhos de construção, como vias e pontes, exploração de minas e abertura de canais, tudo isso muito benéfico para o desenvolvimento econômico das províncias, mas que no oferecia, em troca, demasiados estímulos ou compensações financeiras. Embora os governadores romanos se impacientassem algumas vezes ante as restrições que lhes eram impostas, também é verdade que os soldados se viram provavelmente atraídos pelas perspectivas de lucros que apresentavam as campanhas ativas, ainda que fossem em uma guerra civil.

Os exércitos foram estabelecidos em fortalezas de legionários que demarcavam as fronteiras. O legado provincial não tinha mais que quatro legiões à sua disposição, o que limitava a possibilidade de revoltas contra o imperador, que podia estar certo do apoio de seus comandantes. Os motins dos exércitos provinciais só se deram de forma ocasional e foram facilmente sufocados. Mas, quando um imperador caía ou era considerado incerto, como sucedeu nos anos 41, 68, 97, 193 e já repetidamente no século III (ver páginas 168-169), foi impossível restringir as iniciativas individuais dos comandantes provinciais e seus exércitos. Em 68-69, os exércitos mais importantes, à exceção do da Britânia, participaram ativamente na guerra civil. Como Tácito dizia em uma frase famosa, tinha-se revelado o segredo de que os imperadores podiam ser nomeados em qualquer parte do Império menos em Roma.

Em um sentido óbvio, os imperadores romanos dependiam do apoio do exército, e a ameaça desestabilizadora das forças militares era a realidade que se ocultava atrás das minúcias de sua posição constitucional. Os imperadores do século I, à exceção de Tibério, Trajano e, em menor escala, Vespasiano, não foram em geral homens de grande experiência militar. Tampouco as carreiras senatoriais do princípio do Império, que mesclavam funções militares e civis com o serviço nas províncias e em Roma, estimularam a formação de uma classe militar de elite, profissionalizada. Alguns legados imperiais, como Agrícola e o escritor de táticas marciais Frontino, foram homens de considerável experiência militar, sistematicamente acumulada e posta em prática. Ainda assim, tais homens seguiam ligados ao estilo de vida dos senadores romanos; dispunham de grandes meios privados e eram educados na cultura tradicional das classes civis altas. Como exemplo, podemos citar Pompônio Secundo, que governou a Germânia sob Cláudio. Tácito escreveu que ele era famoso por seus triunfos militares, mas ainda mais pelas poesias que tinha composto. O contraste entre essa situação e a dos séculos III e IV não podia ser mais bem ressaltado.

A romanização do Ocidente

O processo conhecido como "romanização" foi a expressão conjunta dos incentivos imperiais e da opulência provincial. Os romanos não utilizaram a coerção para levá-la a cabo, mas promoveram um exemplo a imitar fomentando entre os nativos das províncias a adoção da vestimenta romana e o aprendizado da língua latina, e, levando em conta os diferentes ambientes, dispondo as suas povoações como centros urbanos. No Oeste, recentemente pacificado, as fortificações das comunidades nativas se transformaram em capitais dos distritos administrativos conhecidos como *civitates*, sobre a base dos territórios das antigas tribos. Outras vezes se construíram novas cidades em substituição de velhas localidades pouco adequadas. Por exemplo, o povoado-colina gaulês de Bibrate (Mont Beuvray) serviu de base para a fundação de Augustoduno, construída perto do Rio Arroux, em melhor localização para o impulso das atividades comerciais. O mesmo ocorreu com Nórico, onde a localização nativa de Magdalenberg foi substituída pela nova capital provincial, Viruno.

Os romanos proporcionavam instituições cívicas, à imagem dos *municipia* da Itália. As novas cidades tinham conselhos (*curiae*) compostos pelos membros mais ricos da sociedade local, que por sua participação na vida política receberam a cidadania romana e foram incluídos formalmente nos antigos distritos eleitorais de Roma. O cargo municipal de *duumvir*

Esquerda: O arco do triunfo de Saintes tem em seu friso a inscrição comemorativa de C. Júlio Rufo, cuja família remonta através de C. Júlio Otuaneuno e C. Júlio Gedomo (o primeiro cidadão romano da família, que recebeu esse privilégio de Júlio César) até Epotsorovido, chefe de uma época pré-cesariana. Rufo foi também sacerdote de Roma e Augusto no altar das Três Gálias em Lugduno (ver página seguinte) e é conhecido por haver contribuído para a construção de um anfiteatro na mesma cidade.

Abaixo: Oferenda votiva de madeira, conservada graças às condições de imersão em água do santuário de Sources-de-la-Seine, perto de Dijon. A estátua é um exemplo interessante do estilo da arte celta popular na Gália romana, assim como o próprio santuário é uma expressão de ancestrais costumes religiosos do Império Romano.

aparece na Gália como o *vergobret* celta e o *sufes* na África púnica.

A organização política das províncias desenvolvidas se realizou sempre por meio das classes superiores existentes; podemos achar muitos exemplos de que as funções políticas e a munificência cívica foram sempre da velha nobreza das províncias. Em Léptis Magna (Tripolitânia), o teatro mais antigo e quase todos os prédios públicos do século I foram erigidos por membros das famílias púnicas mais poderosas. Em Mediolano Santono, no Sudoeste da Galiza, o arco do triunfo erguido em 18 d.C. foi construído por ordem de C. Júlio Rufo, neto romanizado de um notável celta que tinha recebido a cidadania de Júlio César.

O grau de urbanização alcançado diferia muito entre as regiões influenciadas por um clima mediterrâneo e as que o eram por um clima nórdico. Na África, a urbanização avançou rapidamente; nas regiões das províncias orientais, ela se baseou na existência de comunidades púnicas, e na Numídia, nas povoações nativas, substituídas, como sempre, por colônias romanas. A Hispânia também experimentou um rápido desenvolvimento urbano; em contrapartida, no Norte da Gália, nas províncias belgas e germânicas e na Britânia, o processo foi muito mais lento. Muitos povoados, como Verulâmio (perto de St. Albans), na Britânia, não tiveram grandes prédios de pedra senão no século II. Não obstante, Augustoduno, capital dos éduos, era já um centro de cultura romana no começo do século I; ali eram educados os filhos dos nobres gauleses nas artes liberais, quando foram tomados como reféns durante uma rebelião em 21 d.C.

No Norte, a cultura da vila teve um papel relativamente mais significativo que nas áreas do Mediterrâneo; naquela região, a romanização não pode ser avaliada somente pelo grau de desenvolvimento urbano. Também devemos considerar o avanço da cultura material nas vilas, que proporcionalmente estava no mesmo nível da das cidades.

Há outros dois fatores importantes para avaliar as bases econômicas da romanização. Já se desta-

Direita: O templo da deusa Vesuna ou Périgueux é um excelente exemplo de santuário celta construído durante o período romano mais antigo. Sua ampla cela circular ou santuário era rodeada por um complexo recinto sagrado do qual restam os alicerces. Podem ser reconstituídos planos de templos similares em diversos pontos das antigas províncias celtas do Império Romano.

cou o papel do exército, tanto na provisão de realidades físicas (pontes ou vias) como no estabelecimento de acampamentos de legionários que serviam de bases para o desenvolvimento urbano. Afora esses campos de legionários com suas *canabae* adjacentes e, com o tempo, com os *municipia*, os veteranos retirados dos exércitos provinciais propendiam a estabelecer-se perto das comunidades locais e freqüentemente se transformaram em senhores das vilas e membros destacados das comunidades urbanas. O papel do exército como agente de romanização pode ser percebido claramente em regiões antes pouco desenvolvidas como Panônia, as terras do Reno e as planícies do Sul da Numídia. Em áreas urbanizadas, como as do Oriente, os soldados se viram mais envolvidos na vida social das cidades existentes.

O segundo fator é a emigração de italianos no final da República, especialmente para a Hispânia, a África e a Ásia Menor. Os civis que tinham buscado fortuna no estrangeiro e os veteranos ali assentados após as campanhas nas províncias alcançaram freqüentemente grande prosperidade; seus descendentes se contam entre os primeiros na ampliação da classe romana governante com a entrada dos provinciais no Senado durante o primeiro século do Império. O filósofo Sêneca, o poeta Lucano, o imperador Trajano, os primeiros cônsules da África (os irmãos Patumeus de Cirta) e muitos outros podem ser assinalados, com base em seus nomes, como descendentes de famílias italianas que tinham emigrado no tempo da República.

Com mais freqüência, os senadores provinciais eram membros de famílias locais nativas, que aproveitaram a oportunidade de manifestar sua opulência e seu *status* social em Roma. Cláudio, que foi particularmente consciente do processo de expansão da classe governante romana desde os primeiros tempos, ofereceu aos éduos privilégios especiais para que pudessem desenvolver a carreira senatorial em Roma. A admissão de gauleses, de hispânicos e de africanos, e depois de gregos e orientais, na ordenação governativa romana é parte de um processo mais amplo que reflete o firme avanço das províncias sob o governo de Roma e seus diferentes graus de integração no ideal clássico de vida cívica e política.

Os limites da romanização podem definir-se tão cuidadosamente como sua extensão geográfica. As regiões do Império conservaram seus próprios cultos e línguas, freqüentemente por trás de uma sólida fachada de romanização. As línguas celta e púnica continuaram a ser usadas; assim, por exemplo, um texto legal do princípio do século III estabelece que os testamentos escritos em qualquer dessas línguas eram válidos. Boa prova disso, no Norte da África, é a sobrevivência de uma língua nativa que segundo as modernas discussões podia ser o líbio ou "berbere", embora não haja maneira de saber o grau de conexão desses dialetos nativos com a moderna língua berbere. No Oriente, segundo o tardio testemunho de São Jerônimo, o celta era falado em algumas regiões da Galácia, e, no tempo de Nero, Paulo e Barnabé foram aclamados pelos habitantes da cidade de Listra "em língua licaônia" (*Atos*, 14, 11). Para além dos montes Tauro, o sírio foi falado em todas as partes, durante o Império Romano, desde Antioquia até a Babilônia e o Sul de Gaza, embora não se tenha produzido uma literatura escrita em sírio senão quando se implantou a Igreja cristã no final do século III.

A sobrevivência de formas de arte locais, especialmente esculturas em relevo, é notável, contrastando freqüentemente com as formas mais universalizadas da escultura imperial encontradas nas províncias. A arquitetura dos templos no Oeste celta conservava um estilo completamente diferente dos modelos clássicos, com uma ampla nave central, rodeada por extenso recinto. Os exemplos mais bem conservados, em Autum e Perigueux, contrastam radicalmente com os templos clássicos de Mimes e Vienne. Os deuses e deusas do Oeste eram freqüentemente divindades nativas romanizadas, como a tripla "deusa-mãe" e o "deus com a maça" na Gália romana e as três divindades encapuzadas da Britânia. Na África, a Virgo Caelestis e Saturno eram versões romanizadas dos deuses púnicos Tanit e Baal Hammon. A deusa Sulis Minerva do frontão do templo de Aquae Sulis, cujo rosto é como de Górgone, é uma expressão particularmente viva da persistência do estilo decorativo celta em um contexto cívico e religioso romanizado. Os aspectos da prática religiosa nativa menos compatíveis com os ideais civilizados romanos, tais como o druidismo, foram suprimidos pela ação governamental, sendo essa uma das poucas áreas em que as autoridades romanas intervieram energicamente no desenvolvimento da vida provincial.

Um fator importante de unidade foi o culto imperial, do qual são abundantes as notícias em todos os cantos do Império Romano. Com sua base nas capitais regionais, como Tarraco, Narbo, Éfeso (na Ásia Menor) e Sardes (na Lídia), o culto imperial dirigiu habilmente o patriotismo local para a lealdade a Roma. O culto era administrado por um conselho provincial composto por delegados das cidades; ele se reunia anualmente e era presidido por um de seus membros, o sacerdote-chefe da província, eleito por um ano. O conselho podia não só expressar seus bons desejos ou condolências ao imperador de acordo com as circunstâncias, mas também (como atestam muitas inscrições) selecionar e enviar embaixadas ao imperador para tratar de matérias de interesse substancial para as comunidades das correspondentes províncias.

Acima: Altar de Roma e de Augusto em Lugduno, erguido em 10 a.C. com o concurso de um conselho provincial das Três Gálias. Os líderes tribais romanizados ocuparam os cargos de sacerdotes de Roma e Augusto, e em suas festividades anuais – celebradas em 1º. de agosto – o altar teve um papel muito importante para a unificação das Gálias e o crescimento de sua lealdade a Roma. O altar no se conservou, mas se conhece sua estrutura através das cunhagens de Augusto. O anfiteatro das Três Gálias foi nos últimos anos trazido à luz pelas escavações.

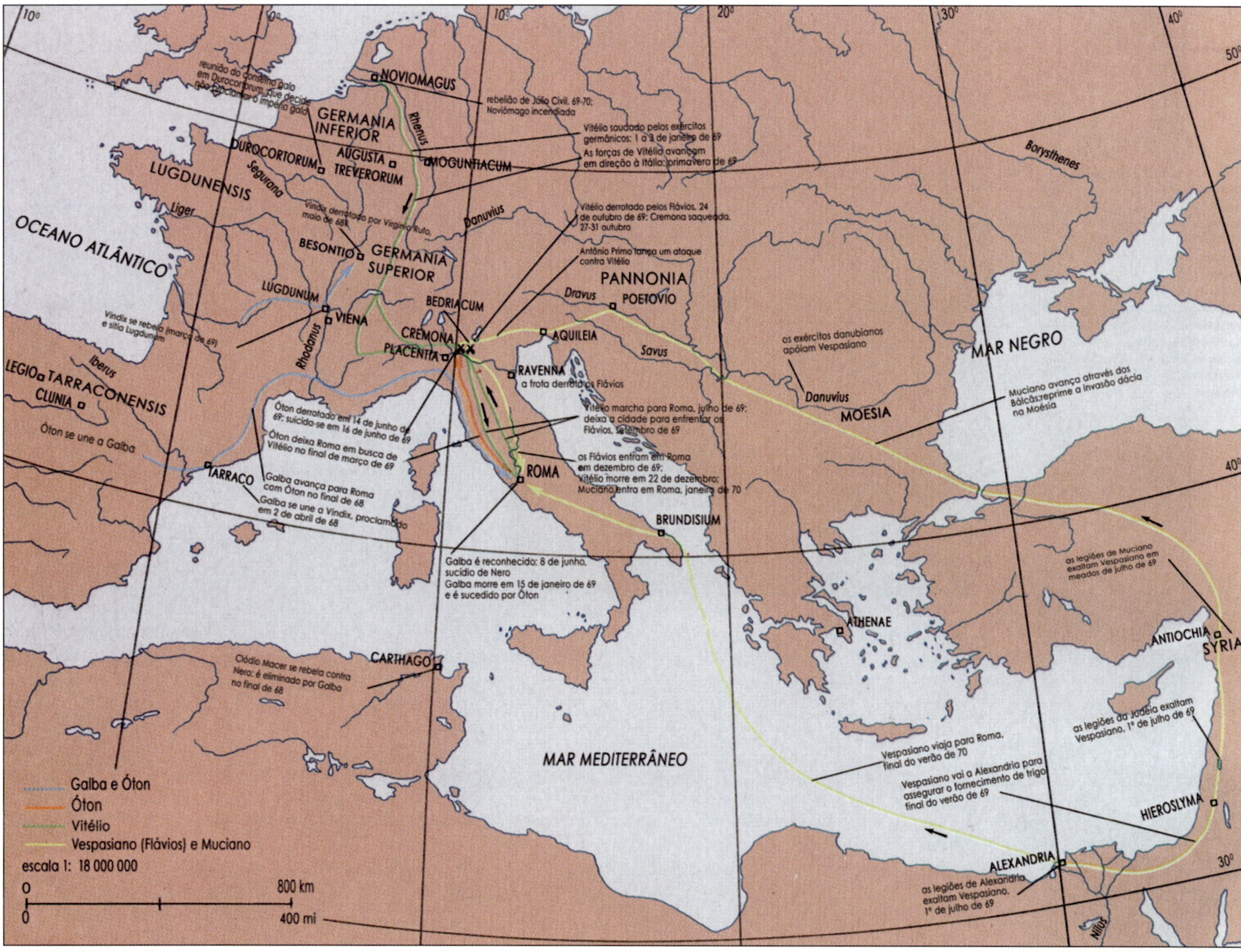

As atitudes religiosas envolvidas no culto imperial tinham marcantes diferenças no Leste e no Oeste do Império. No Ocidente, o culto imperial se centrava não só no imperador, mas também em seu nume ou espírito guardião e estava ligado à reverência à cidade (ou à deusa) Roma. O imperador era considerado um ser divino (*divus*) só depois de morto, e não em todos os casos; morto o imperador, sua promoção à categoria de deus dependia da atitude de seu sucessor e do Senado. No Oriente, acostumados como estavam aos monarcas helenísticos divinizados, o culto imperial foi mais direto. A inscrição publicada em 1963 que recordava o governo de Pôncio Pilatos na Judéia testemunha a existência em Cesaréia de um "Tibereium" ou templo de Tibério, imperador que antes se opunha ao culto direto da figura imperial.

O conceito de romanização mal se pode aplicar a Grécia. As atitudes romanas de imitação do grego, combinadas com a admiração que sentiam por sua cultura (uma admiração que Nero levou ao extremo), se mesclaram com uma espécie de afeto condescendente. Por seu lado, os gregos foram impermeáveis à influência da cultura latina. As colônias romanas fundadas no Leste foram enclaves latinófonos gradualmente absorvidos por seu entorno grego. Ainda assim, os gregos se dirigiram a Roma para prosperar sob patrocinadores romanos; tal foi o caso do geógrafo Estrabão, do astrólogo Trasilo e de muitos poetas, historiadores etc., de nome conhecido. As idéias culturais e religiosas gregas e orientais fluíram para Roma através do Mediterrâneo pacificado. O século II foi testemunha de um florescimento impressionante da cultura greco-romana no movimento literário conhecido como dos segundos sofistas, com seus correlatos artísticos (ver páginas 110-112).

Disse-se que as guerras civis do 68-70 a.C. (que puseram fim à dinastia Júlio-Cláudia) foram expressão das dissensões existentes nas províncias do Império Romano. A idéia de que Vindex era um líder nacionalista que aspirava a estabelecer um "Império dos gauleses" independente se contradiz com as cunhagens e com o que se conhece de sua política e atitudes, que foram tradicionalmente favoráveis a Roma. Mas, ao reunir as forças camponesas da região da Gália, Vindex trairia claramente sua posição de dinasta local e de senador romano; nesse sentido, sua rebelião foi expressão, se não de um movimento nacionalista, ao menos da peculiar estrutura social daquela parte da Gália de que procedia. Contudo, o aspecto mais significativo das guerras civis de 68-70 pode ser o fato de que, dadas essas circunstâncias e a desordem geral, no houvesse nenhuma secessão nacionalista nas províncias romanas. Assim, foi uma guerra entre exércitos romanos, sob o comando de seus generais, que não representou nenhum risco sério de desmembramento do Império.

As guerras de 68-70 d.C. As guerras de 68-70 envolveram sucessivamente os principais grupos militares do Império, e a vitória foi para o que mais coerentemente se mobilizou. A exceção principal foi a Britânia, com forças potencialmente extraordinárias, mas isoladas. A única legião africana era inadequada para um enfrentamento sério, e as forças de Galba, herdadas por Óton, foram insuficientes contra os exércitos combinados das províncias germanas, frustradas em suas tentativas de proclamar Virgínio Rufo, que transferiram seu apoio para Vitélio. Por ter sido capaz de combinar as legiões do Leste com as do Danúbio, Vespasiano obteve vantagens irresistíveis; além disso, também pôde utilizar suas relações italianas para ampliar o descontentamento. A única inquietação provincial séria depois da revolta de Vindex se deu no extremo nordeste da Gália com a rebelião do batavo Júlio Civil, mas nem sequer isso foi capaz de provocar uma revolta geral.

Direita: Fantástica paisagem urbano do *cubiculum* da vila de Públio Fânio Sinister, em Boscoreale.

A vida urbana de Pompéia

Pompéia, originariamente uma cidade etrusca, foi ocupada no século V a.C. pelos samnitas. Depois disso, ela foi durante longo tempo uma comunidade de língua osca, até que no ano de 80 a.C. Sila estabeleceu ali uma colônia. Após ser destruída por uma erupção em 79 d.C., Pompéia permaneceu enterrada sob uma camada de cinza e lava até o século XVIII.

A economia de Pompéia se baseava principalmente nos produtos de seu fértil território, em especial vinho e azeite de oliva. As principais indústrias foram a manufatura e o acabamento de tecidos. Há também muitas provas de produção artesanal em pequena escala, de comércio varejista e de outras atividades comerciais.

Como todas as cidades romanas, Pompéia tinha seu próprio governo local, estritamente inspirado no de Roma. A instituição governante era o conselho da cidade (*ordo*), composto por 80-100 homens (*decuriones*) que procediam da classe dos proprietários e ocupavam o cargo por toda a vida. Os magistrados executivos eleitos por dois anos eram os *duoviri* (equivalentes aos cônsules romanos), assistidos por edis, que, como seus equivalentes romanos, administravam as obras públicas. Foram encontrados *slogans* e grafitos que mostram o interesse que despertavam as eleições.

Enquanto os pobres viviam em minúsculas habitações ou em *tabernae* (tendas) que davam para as ruas, os ricos viviam em casas luxuosas. O modelo de casa pompeana tinha como parte central um vestíbulo (*atrium*) que se abria para um peristilo ou jardim com colunas. As casas eram ricamente decoradas com pinturas murais, das quais provém a maior parte de nossos conhecimentos sobre a arte pictórica romana. As pinturas se classificam cronologicamente em quatro períodos ou "estilos".

Direita: Natureza-morta com ovos e sabiás. As naturezas-mortas eram muito populares no período do quarto estilo (c. 55-79 d.C.).
Abaixo, esquerda: A casa das Bodas de Prata ilustra o modelo típico do *atrium* de uma casa. O *atrium* era uma sala central com uma abertura no telhado para sua iluminação e uma piscina retangular no piso para recolher a água da chuva.
Abaixo, direita: Peristilo (jardim com colunas) da casa dos Vettii.
Página seguinte, acima: Vista geral, das muralhas do Norte, na direção sul, para o Foro.
Página seguinte, abaixo, esquerda: Vista de uma rua de Pompéia. Observem-se as altas calçadas e as pedras centrais para facilitar o cruzamento dos pedestres.
Página seguinte, abaixo, direita: Vista parcial do Foro na direção norte. O Capitólio (templo de Júpiter, Juno e Minerva) está à esquerda do arco. Ao fundo, pode-se ver o Vesúvio.

A Roma republicana

A cidade de Roma experimentou uma extraordinária expansão durante a República. Já no final do século VI existia uma importante povoação; em 300 a.C., a população talvez alcançasse os 100.000 habitantes, e cerca de um milhão no tempo de César. Os míseros blocos de habitações que davam sua fisionomia à cidade imperial apareceram já no tempo de Aníbal. Os prédios públicos – funcionais, recreativos, templos e monumentos decorativos – começaram a ser erguidos em grande número na época de Ápio Cláudio (que construiu o primeiro aqueduto em 312) e continuaram a ser edificados em escala cada vez maior na época de expansão imperial que se seguiu à Segunda Guerra Púnica. Finalmente, os dinastas do século I a. C., como Sila, Pompeu e César, empreenderam projetos arquitetônicos que mudaram totalmente o aspecto da cidade visando à sua glória pessoal. No entanto, poucos monumentos da Roma republicana perduraram até nossos dias: em sua maior parte, foram sucessivamente substituídos durante o período imperial por programas de construção ainda mais ambiciosos.

Acima: Relevo em mármore do Lacus Curtius (Lago Cúrcio). Segundo uma antiga lenda, um tal de Cúrcio tinha perecido com seu cavalo, engolido por uma fenda no centro do Foro. Essa lenda identificava Cúrcio com um líder samnita que guerreou contra Rômulo; segundo outra versão da história, o acontecimento ocorreu no século IV a.C. e o protagonista foi um cavaleiro romano. Este relevo, que ilustra a história e que data da época republicana, foi encontrado no lugar, no século XVI; transladado para um museu, foi substituído por uma cópia.

Acima destas linhas: O Foro romano foi durante séculos o centro da vida política e religiosa romana. Seus monumentos mais antigos, como o Lapis Niger (ver página 22), o templo de Vesta (página seguinte) e a Cúria datam do tempo dos reis. A fotografia mostra a Via Sacra, a rua mais antiga de Roma, que passa por entre o Lago Cúrcio e a Basílica Júlia, construída por Júlio César em 54 a.C. Perto da basílica, erguem-se três colunas do templo republicano de Castor, construído no lugar de um templo arcaico que comemorava a vitória do Lago Regilo em 499 a.C. Dominando a linha do horizonte, está o arco de Tito, que pertence ao período imperial.

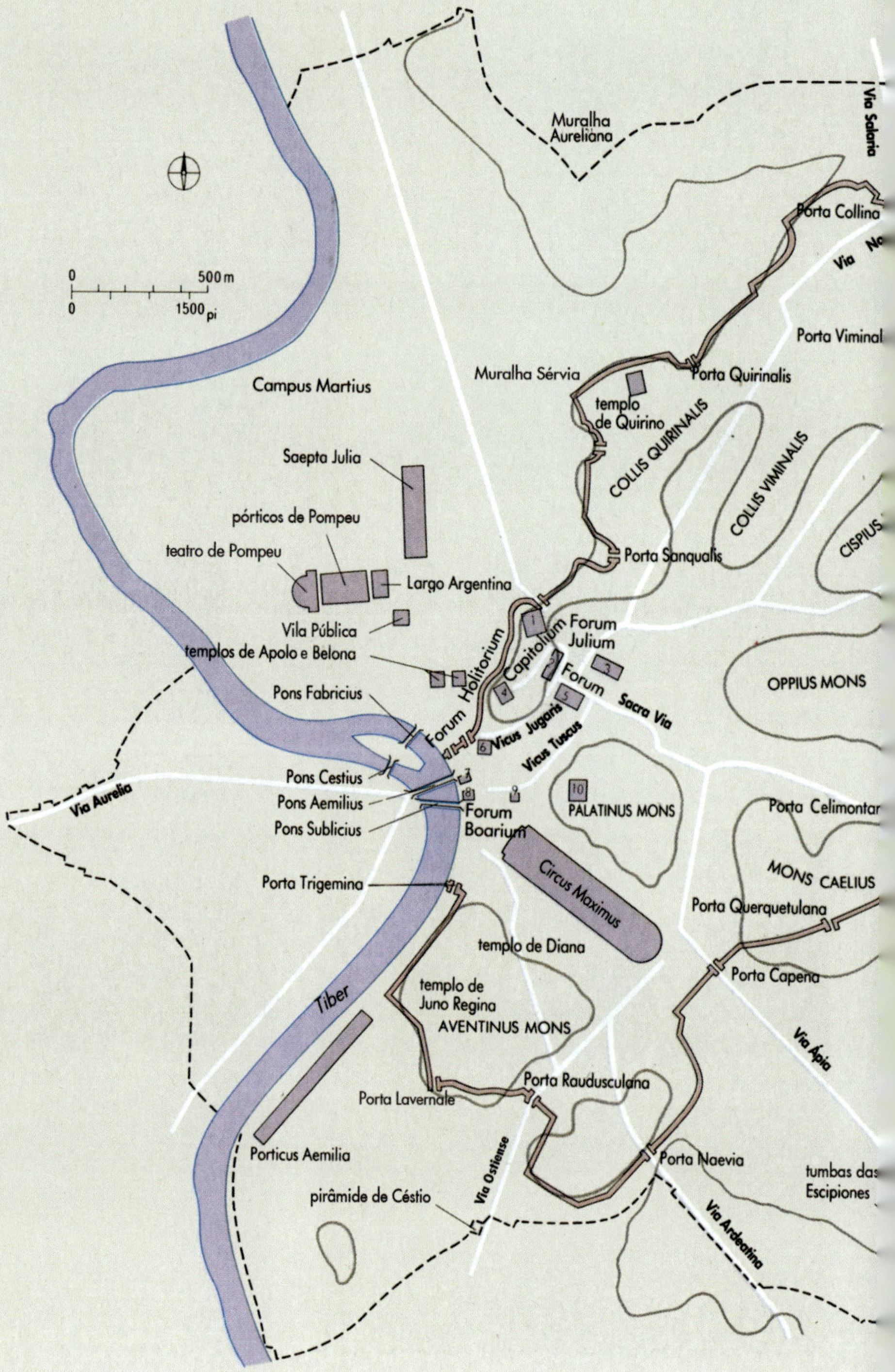

Acima, esquerda: Este templo retangular tão bem conservado (do princípio do século I a.C.), comumente conhecido como o templo de Fortuna Virilis, mais provavelmente deve ser identificado com o templo de Portunus, deidade relacionada com o porto próximo.
Acima, direita: O Foro de César (consagrado em 46 a.C.) era dominado por um grande templo de Vênus, ancestral mítico da família Júlia. Uma estátua eqüestre do ditador se erguia no centro da praça.
Abaixo, esquerda: Complexo monumental de Longo Argentina, trazido à luz por escavações feitas em 1920, com quatro templos republicanos construídos do final do século IV, o mais antigo, ao final do século II, o mais moderno. A fotografia mostra as ruínas do templo A, do século III.
Abaixo, direita: A ponte Fabrício, que une a margem esquerda à ilha do Tibre, foi construída por L. Fabrício, supervisor das calçadas, no ano de 62 a.C.

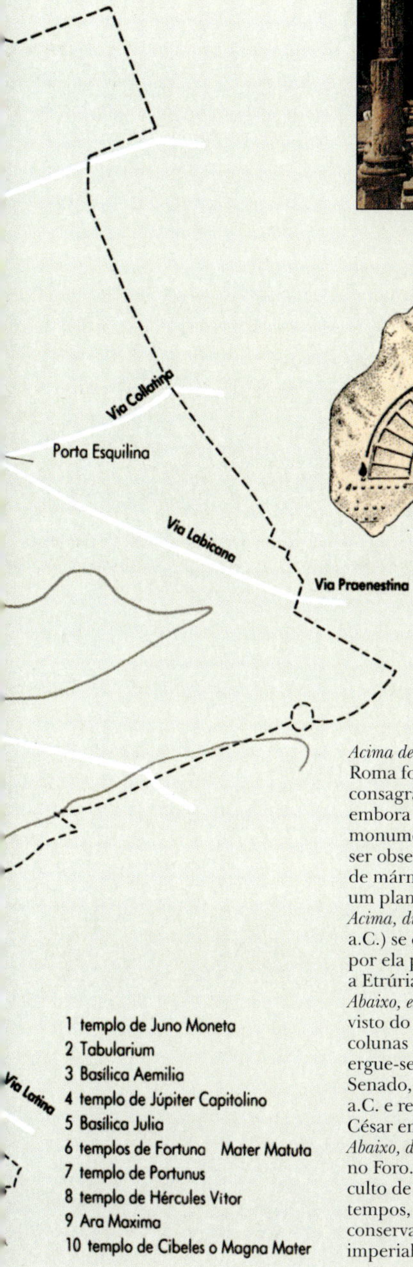

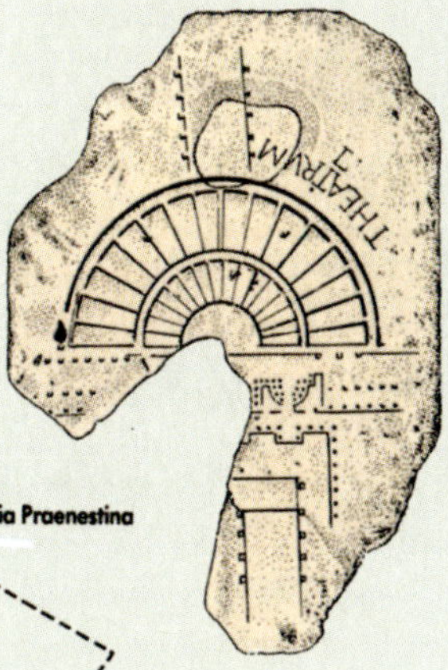

Acima destas linhas: O teatro de Roma foi iniciado por Pompeu e consagrado por ele em 55 a.C.; embora haja poucos restos do monumento, seu traçado pode ser observado em um fragmento de mármore do século III que é um plano da cidade.
Acima, direita: A ponte Mílvio (109 a.C.) se ergue ao norte de Roma e por ela passa a Via Flamínia para a Etrúria e a Úmbria.
Abaixo, esquerda: O Foro romano visto do Palatino. Atrás das colunas do templo de Castor, ergue-se a cúria ou sede do Senado, iniciada por Sila em 80 a.C. e reconstruída por Júlio César em 44.
Abaixo, direita: O templo de Vesta no Foro. O lugar foi associado ao culto de Vesta desde os primeiros tempos, embora os restos conservados datem do período imperial.

O começo da Roma imperial

A Roma imperial era uma imensa concentração urbana com uma população aproximada de mais de um milhão de habitantes, a maior parte dos quais vivia em péssimas condições. A miséria dos bairros pobres contrastava com a magnificência dos prédios públicos, erguidos pelos sucessivos imperadores a partir de Augusto. Segundo Suetônio, "Augusto embelezou tanto a cidade que seu alarde está justificado: 'Encontrou uma cidade de tijolo e deixou uma cidade de mármore'". Uma nova transformação teve lugar no tempo de Nero em conseqüência do catastrófico incêndio do ano de 64. Tácito nos diz que "das quatorze zonas em que se dividia Roma (ver mapa da página 19) só quatro permaneceram intactas (I, V, VI, XIV), três foram totalmente destruídas (III, X, XI) e das sete restantes algumas casas sobreviveram ao incêndio, ainda que seriamente afetadas por ele". Nero iniciou um enérgico programa de reconstrução que incluía um novo e vasto palácio, a *Domus Aurea* ou Casa Dourada, que se estendia do Palatino às muralhas de Sérvio no Esquilino. Essa área foi depois ocupada pelo templo de Vênus e Roma (135 d.C.), pelo Coliseu (80 d.C.) e pelas termas de Trajano, construídas em parte com as ruínas da Casa Dourada após sua destruição pelo fogo no ano de 104. As termas de Trajano são as primeiras dos três grandes complexos termais (os outros dois são as termas de Caracala e as de Diocleciano) que constituem a culminação da arquitetura monumental romana.

Página seguinte, acima, esquerda: Esta bela representação de Marco Aurélio é a única estátua eqüestre de bronze que se conserva dos tempos clássicos.

Página seguinte, acima, centro: Mercado de Trajano, nome dado ao complexo de edificações com numerosos frisos que dominavam o Foro de Trajano e ocupavam um espaço que foi escavado na encosta sudoeste do Quirinal. O mercado consiste em uma grande sala abobadada rodeada de lojas e locais comerciais; tudo isso atrás de uma grandiosa *exedra* de tijolos que forma o lado oriental do Foro de Trajano. Como o Foro e as termas de Trajano, o conjunto foi projetado pelo arquiteto Apolodoro de Damasco.

O arco que domina a parte ocidental no final do Foro foi construído em 203 em honra de Septímio Severo e seus filhos Caracala e Geta (cujo nome foi apagado da inscrição depois de seu assassinato em 212). O relevo mostra cenas das campanhas de Severo contra os partos e os árabes.

(NÚMEROS INTERCALADOS)

1 coluna de Trajano
2 bibliotecas
3 Atrium Libertatis
4 estátua equestre de Trajano
5 templo de Venus Genetrix
6 templo de Antonino y Faustina
7 Regia
8 templo de Júlio César
9 arco de Augusto
10 templo de Vesta
11 Atrium Vestae
12 templo de Castor
13 Argiletum
14 templo de Saturno
15 Rostra
16 arco de Septimio Severo
17 pórtico d s Consentes
18 templo de Vespasiano
19 templo da Concordia
20 Forum Romanum

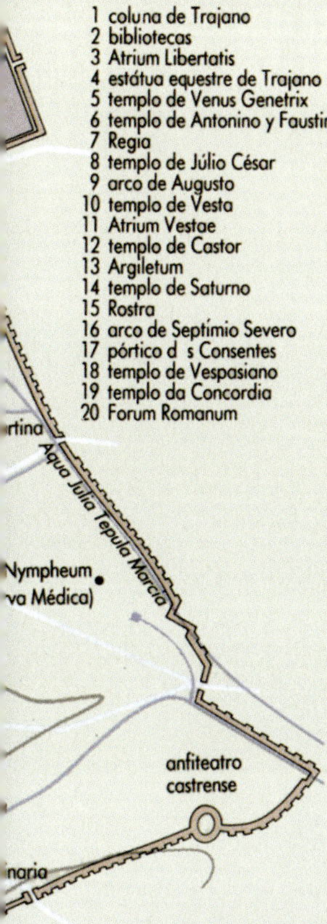

Acima destas linhas: Templo de Antonino e Faustina, construído por Antonino Pio no Foro (141 d.C.), foi transformado em igreja na Idade Média; a fachada barroca foi acrescentada em 1602.
No centro da página: O anfiteatro Flávio (ou "Coliseu") foi iniciado por Vespasiano e completado por seus filhos Tito e Domiciano. Com mais de 50m de altura, cobria uma área elíptica de 188 por 156m. Foi inaugurado oficialmente em 80 d.C. e podia abrigar cerca de 70.000 espectadores.
Direita: A coluna de Trajano foi erigida no novo Foro do imperador em 113 para comemorar sua conquista da Dácia.

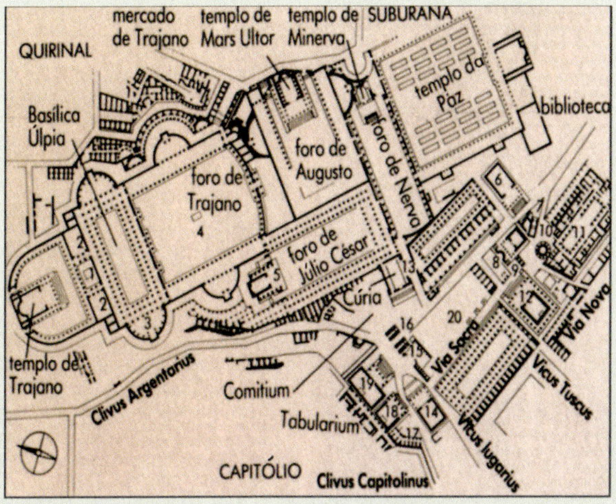

Acima destas linhas: O Aqua Claudia, aqueduto iniciado em 38 d.C. por Calígula e completado por Cláudio em 52, levava água para a cidade de uma fonte próxima ao Subiaco, a 68km de Roma.
Direita: Detalhe da maquete da antiga Roma, no Museo della Civiltà Romana (em Roma). Em primeiro plano está o Circo Máximo; mais além, os palácios imperiais do Palatino. Na parte superior da fotografia, da esquerda para a direita, o Foro, a Basílica de Magnêncio, o templo de Vênus e Roma, o Coliseu e o templo do divino Cláudio.

Óstia, porto de Roma

A tradição atribui a fundação de Óstia ao rei Anco Márcio. Os vestígios mais antigos achados pertencem à guarnição costeira, a "colônia" (ver página 34) fundada no século IV a.C. Óstia foi uma importante base naval durante a Segunda Guerra Púnica e no século II conheceu um grande desenvolvimento como porto comercial a serviço da crescente população de Roma. Nos inícios do Império, o porto fluvial já não pôde atender ao volume do tráfego marítimo, razão por que Cláudio construiu um grande porto artificial cerca de três quilômetros ao norte, em Portus. Esse novo porto foi ampliado no tempo de Trajano. Óstia alcançou um grande esplendor no século II, e sua população quase duplicou. Surgiram prédios de apartamentos e se ergueram edifícios públicos e de espetáculos. Durante o século III, no entanto, foram construídos poucos prédios novos, e alguns dos anteriormente erguidos desabaram e não foram reconstruídos. A população decresceu, o comércio sofreu um retrocesso e a cidade decaiu gradualmente.

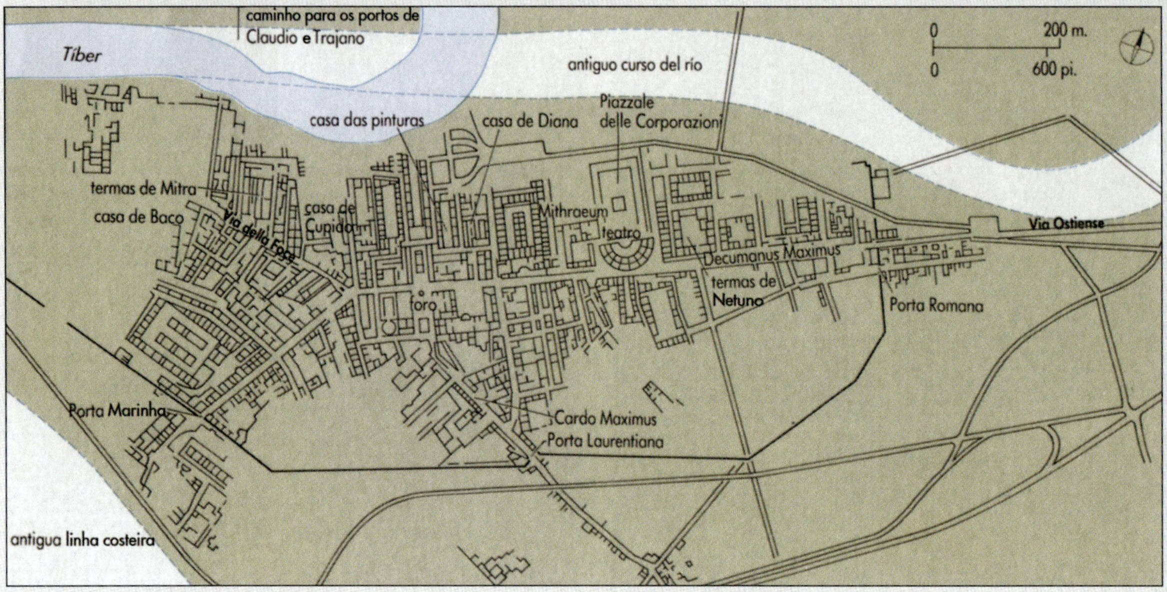

Acima, esquerda: O porto de Portus, construído por volta de 350 d.C., como aparece no mapa medieval de Peutinger (ver página 116).

Centro, esquerda: Representação do porto em um relevo de mármore de cerca de 200 d.C. encontrado nas proximidades do porto de Trajano. O navio amarrado à direita do quadro está sendo descarregado nos cais. À esquerda, outro navio atraca no porto, enquanto seus tripulantes fazem sacrifícios para celebrar seu feliz regresso. Note-se que o emblema de Roma, a loba com os gêmeos, está pintado duas vezes na vela maior. Ao fundo se vê um farol (provavelmente o que foi construído no tempo de Cláudio). A cena em seu conjunto é dominada pela figura central de Netuno segurando seu tridente.

Direita: Plano de Portus. Observe-se a planta hexagonal da doca interior de Trajano.

Abaixo destas linhas: Vista parcial do Decumanus Maximus, rua principal de Óstia.

Abaixo: Pintura de uma tumba de Óstia com uma embarcação fluvial, o *Isis Giminiana*, que é carregado de grãos para a viagem rio acima até Roma. O capitão, Fárnaces, aparece na popa manejando o timão. A representação dos estivadores nos recorda que muita gente de Óstia e de Roma encontrava emprego nos cais.

No centro da página: Mosaico (século II d.C.) do Piazzale delle Corporazioni. A ampla praça com colunas no centro da cidade era rodeada pelos escritórios de embarque das companhias comerciais romanas e ultramarinas. Os escritórios eram decorados com finos mosaicos de cenas náuticas.

Abaixo destas linhas, e abaixo, direita: O nível do comércio marítimo no Mediterrâneo é indicado pelos restos de antigos naufrágios achados pela arqueologia submarina. A concentração em áreas concretas reflete o nível de atividade arqueológica, sem que indique necessariamente que o tráfico fosse especialmente intenso nessas águas nem que estas fossem particularmente perigosas para a navegação antiga. A concentração cronológica dos naufrágios datáveis no período entre 300 a.C. e 300 d.C. ilustra o alto nível de tráfego nos tempo clássicos se se compara com o de períodos anteriores e posteriores.

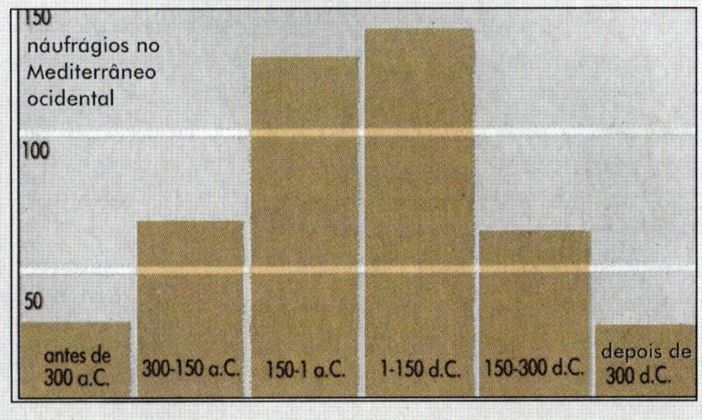

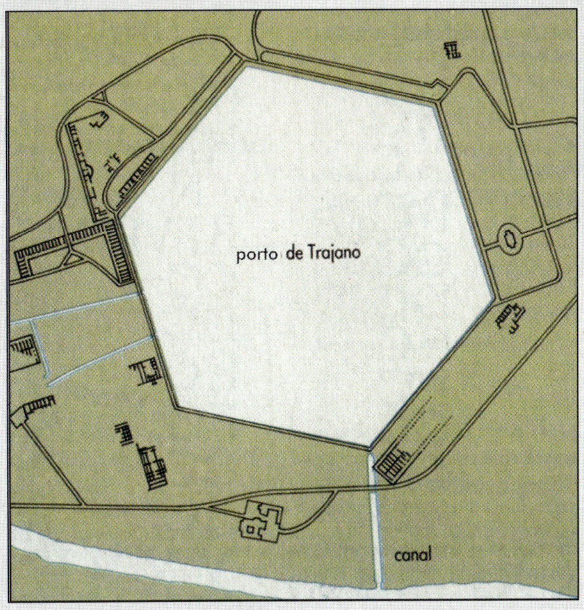

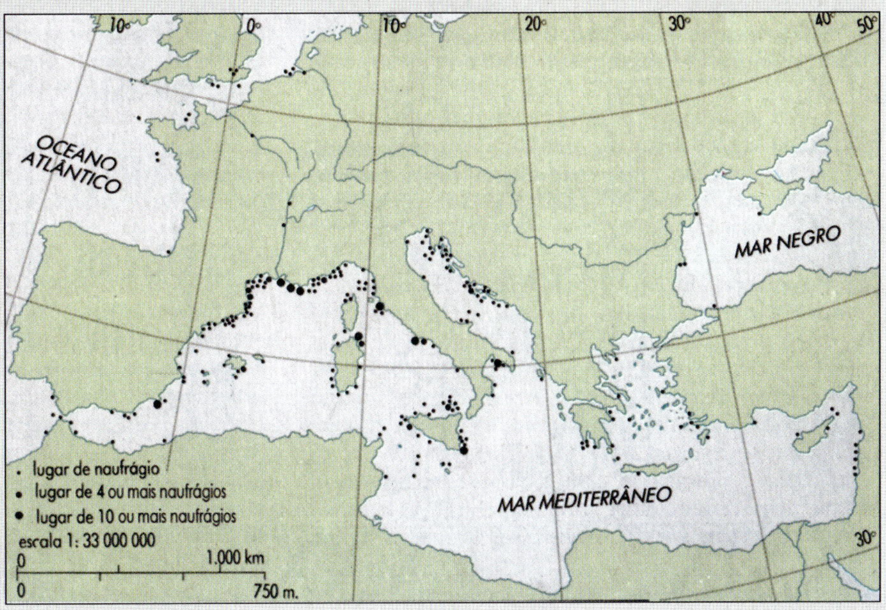

As festividades da religião estatal

Desde os primeiros tempos de sua história, os romanos adotaram os cultos e as idéias religiosas gregas. O primeiro templo de Apolo foi construído em 431 a.C., durante uma praga. Apolo foi especialmente preferido por Augusto, que construiu um templo em sua honra no Palatino. Nesta moeda do ano 10 a.C. se vê Apolo com sua lira.

A religião tradicional pagã de Roma nos é mostrada como uma confusa mescla de cerimônias e ritos arcaicos realizados repetida e mecanicamente para tentar assegurar o favor dos deuses, o que os romanos chamavam a *pax deorum*. Função do *paterfamilias* era levar a cabo os rituais apropriados para propiciar os deuses domésticos, como Vesta (o lar), os Penates (os provedores) e os Lares (os antepassados). Uma função similar era exercida, em nome da comunidade, pelos principais sacerdotes e magistrados. Com o tempo, chegou-se a estabelecer toda uma série de cultos públicos localizados em centenas de santuários e templos dos arredores da cidade. Os sacerdotes não eram uma classe profissional, mas membros da aristocracia governante, que também ocupavam magistraturas e comandavam exércitos. Os cargos sacerdotais mais importantes eram os pontífices, que supervisionavam as festas estatais e o calendário, os áugures, que se encarregavam do concernente à adivinhação, e os *Decemviri Sacris Faciundis*, que se ocupavam dos livros sagrados e dos cultos forâneos. Outros sacerdotes eram os Flamines, os irmãos Arval, os Fetales, os Salii, o Rex Sacrorum e as virgens vestais. Todos estavam sob a autoridade do Pontifex Maximus, que era a cabeça da religião estatal.

Esquerda: A adivinhação, baseada no exame das entranhas de animais, era parte importante tanto da religião romana como da etrusca. Os adivinhos etruscos (harúspices) eram regularmente consultados pelos romanos. Este espelho etrusco mostra o mítico vidente Calcas, representado como *haruspex*.

Abaixo: Sacrifício de um boi, de uma ovelha e de um porco. Procedente de um monumento do princípio do século IV, do tempo de Diocleciano, um dos últimos imperadores pagãos.

Abaixo: As seis virgens vestais realizavam tarefas domésticas para o Estado. Guardavam o fogo sagrado que ardia continuamente em um prédio do Foro. Escolhidas com a idade de 6-10 anos, as vestais eram obrigadas a manter-se virgens pelo menos durante 30 anos. As transgressoras eram queimadas vivas.

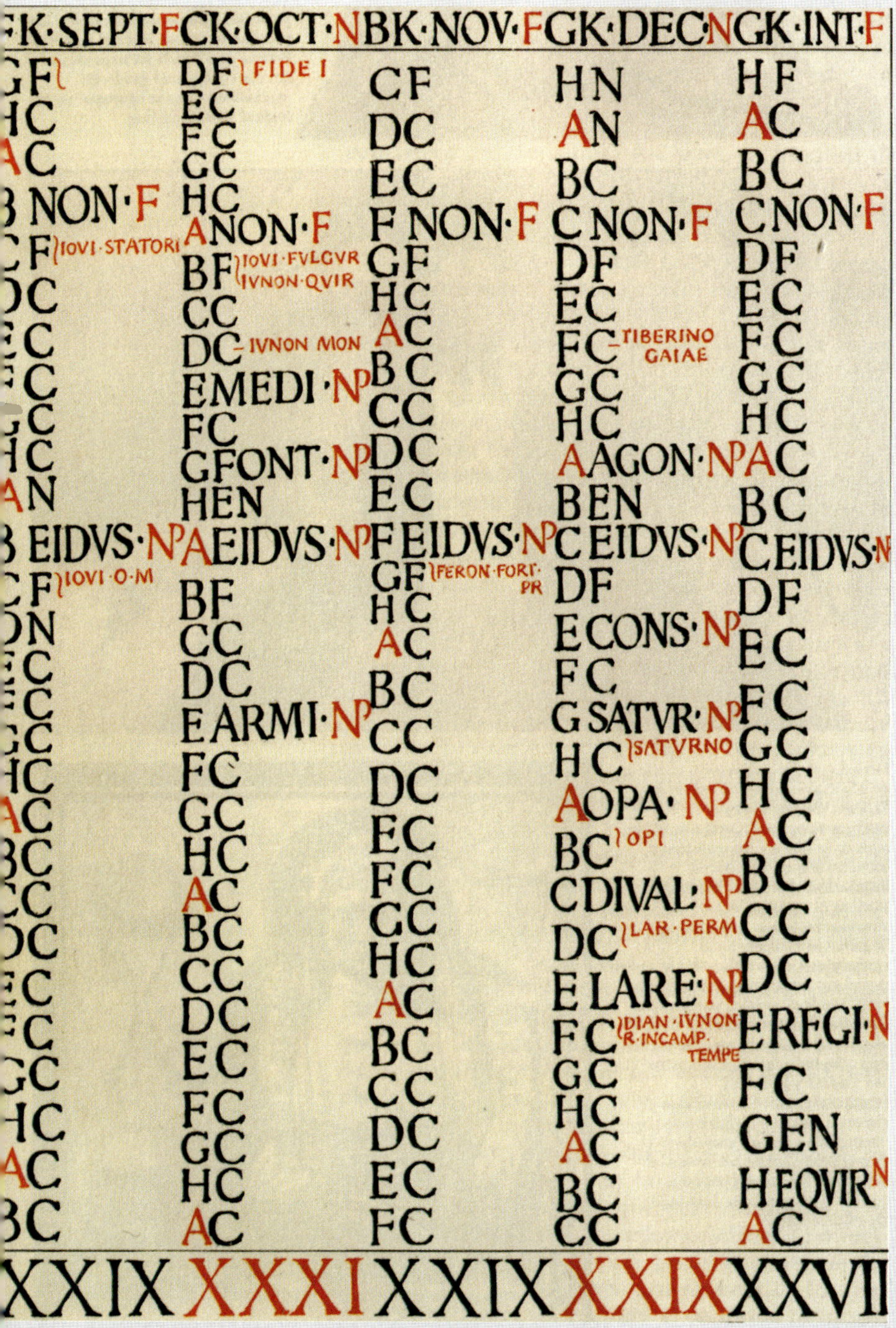

Esquerda: Antes de 46 a.C., quando Júlio César introduziu o calendário que ainda usamos, o ano romano tinha 355 dias divididos em 12 meses: quatro de 31 dias (março, maio, *quintilis*/julho e outubro), um de 28 (fevereiro) e os restantes de 29 dias. Em uma tentativa de manter o calendário oficial de acordo com o ano solar, os romanos intercalaram um mês de 22 ou 23 dias em anos alternados. Mas esse processo na prática não se realizou regularmente nem de forma eficaz, e o calendário estava com freqüência gravemente defasado com respeito às estações. Para o necessário ajuste, César teve de ampliar o ano de 46 a.C. em 90 dias.

Nosso conhecimento do calendário pré-juliano é fundado, em parte, nos relatos literários e em parte em um calendário inscrito em Âncio, os *Fasti Antiates Maiores* (reconstituído na ilustração), único calendário pré-juliano que se conserva.

Em cada mês havia três pontos fixos que correspondiam originalmente às fases da lua. Eram as calendas, no primeiro dia de cada mês, as nonas, nos dias quinto ou sétimo, e os idos, nos dias décimo terceiro ou décimo quinto. Os dias do mês eram contados retrospectivamente a partir dessas datas. Por exemplo, a batalha de Canoas (2 de agosto de 216 a.C.) teve lugar no "quarto dia antes das nonas de agosto" (por essa razão, o quarto dia antes das nonas sempre foi considerado de azar). Além do mais, os meses eram subdivididos em "semanas" de oito dias, com um dia de mercado (*nundinae*) cada oitavo dia. Nos calendários, todas as datas eram marcadas com uma letra de A a H, indicando assim seu lugar no ciclo nundinal (ver ilustração). Além da letra nundinal, os dias eram marcados com outras letras ou séries de letras que indicavam se eram dias de trabalho ou de repouso. A letra F (*fastus*) assinalava um dia comum de trabalho, e a letra C (*comitialis*) indicava as datas em que se podiam celebrar assembléias. Os dias marcados com a letra N (*nefastus*) impediam certos tipos de negócios públicos. Os dias assinalados com as letras EN (*endotercisus*) eram divididos em noite e manhã (que eram N) e tardes (que eram F). As letras NP (provavelmente *nefastus publicus*) geralmente designavam os dias das grandes festividades públicas, cujos nomes se incluíam também de forma abreviada: por exemplo, TERMI [nalia], AGON [alfa], FORDI [cidia] etc. Além dessas festividades fixas (*feriae stativae*), havia um número considerável de festas móveis (*feriae conceptivae*), como as Ambarvais (ver página 26), que não apareciam no calendário, mas eram celebradas nos dias de cada ano que eram determinados pelos pontífices.

As festas eram muito antigas, e quase todos os eruditos estão de acordo em que provavelmente os elementos básicos do calendário republicano datam pelo menos do século VI a.C. As festividades refletem os interesses de uma comunidade agrícola simples: assegurar a fertilidade do solo e a saúde do gado, fomentar a natalidade, aplacar os espíritos dos mortos ou afastar a doença e a peste. Uma sociedade de guerreiros primitivos também comportava certas cerimônias, como o *Tubilustrium* (purificação das trombetas) em 23 de março e 23 de maio, e o *Armilustrium* (purificação das armas) em 19 de outubro. Os ritos praticados nas diversas festividades eram múltiplos e variados; havia boa parte de mistificação, e no final da República os próprios romanos eram incapazes de explicar muitas das coisas que faziam e até de identificar os deuses que eles honravam. Entre as festas mais conhecidas, estão as Lupercais (15 de fevereiro), cerimônia de purificação em que grupos de jovens nus corriam ao redor do Palatino, lugar da primeira povoação, golpeando as mulheres que encontravam com umas tiras de pele de cabra; e as Saturnais (17 de dezembro), precursoras do Natal. Naquele tempo, segundo Ácio (ver página 54), "quando as pessoas celebram o dia, desfrutam com agrado das festas em campos e cidades e cada pessoa cumprimenta os seus próprios escravos".

Os cultos orientais

As religiões orientais, que se difundiram em Roma e nas províncias ocidentais no final da República e no princípio do Império, pertencem a um mundo de idéias totalmente distintas das crenças e costumes do paganismo romano tradicional. As religiões tradicionais satisfaziam as necessidades de uma sociedade agrícola simples, e em sua forma mais avançada legitimavam as atividades políticas e o imperialismo progressivo do governo republicano de Roma; mas eram cada vez mais deficientes na sociedade cosmopolita e urbana da Roma imperial. No princípio, os cultos orientais foram trazidos para o Ocidente por mercadores, comerciantes e sobretudo escravos; é significativo, por exemplo, que Euno/Antíoco, chefe da primeira rebelião de escravos na Sicília (136-132 a.C.), fosse devoto de Atargátis, a "deusa síria", e que grande parte de seu carisma proviesse da pretensão de ser protegido por ela. A manumissão de escravos em grande escala e a imigração espontânea ocasionada pelo comércio deram lugar ao crescimento, nas principais cidades da parte ocidental do Império, de um número importante de comunidades gregas orientais, que se transformaram em centros de difusão dos cultos orientais, assim como as comunidades judaicas da diáspora foram centros de propagação do cristianismo inicial. A transmissão de idéias foi também propiciada pela facilidade de comunicações que o próprio governo romano tinha tornado possível.

O culto da "deusa síria" foi um dos mais importantes entre as cada vez mais populares religiões de mistérios. Outros foram os cultos frígios de Cibeles e de Sabázio, o egípcio de Ísis e o persa de Mitra. Caberia acrescentar o culto judaico-palestino do cristianismo, que, embora único em certos aspectos, tem muito em comum com outros cultos orientais, com os quais rivalizou durante algum tempo.

Os cultos orientais diferiam do paganismo tradicional pelo fato de apelarem diretamente ao indivíduo e lhe oferecerem a oportunidade de uma redenção pessoal através da comunhão com os poderes divinos. O apelo às convicções pessoais do individuo oferecia a possibilidade de conversão, que envolvia cerimônias de iniciação e de revelação de mistérios conhecidos só por um grupo eleito e privilegiado. Eles concediam especial importância às refeições rituais, ao sofrimento como meio de expiação e às cerimônias de purificação. A mais surpreendente destas últimas era o *taurobolium*, relacionado de início com o culto de Cibeles e que depois se generalizou; no *taurobolium*, o devoto era colocado em um buraco e banhado com o sangue de um touro sacrificado sobre ele. O devoto surgia daquele rito em um estado de purificada inocência.

Parte do atrativo dos cultos de mistérios se devia a que os iniciados conseguiam uma igualdade de *status* com seus companheiros de crenças, com o que desapareciam as barreiras sociais e étnicas. Resumindo, eram cultos que permitiam satisfazer as necessidades estéticas, intelectuais e espirituais de pessoas de todos os tipos, que viviam em um mundo freqüentemente cruel e injusto.

Esquerda e abaixo: O mitraísmo, surgido na Pérsia, chegou ao Império Romano através da Ásia Menor no século I d.C. Mitra era o deus da luz que enfrentava, em combate permanente, Ahriman, o príncipe maligno das trevas. Seu papel como deus criador era simbolizado pela matança do touro, cujo sangue era fonte de vida e de vegetação. A morte ocorria em uma caverna, refletida simbolicamente na localização subterrânea das capelas mitraicas, como a que está abaixo da igreja de São Clemente, em Roma (ver ilustração). O mitraísmo foi um culto exclusivamente masculino, popular entre os soldados, o que permitiu que se estendesse pelas províncias que faziam fronteira com o império. O mitraísmo possuía uma rígida hierarquização do clero, de acordo com o grau de iniciação, e tinha como base a lealdade e a disciplina.

Direita: Relevo com um *archigallus* ou sumo sacerdote de Cibeles, com a roupa e os instrumentos de sua profissão. Os ritos da deusa eram extáticos e incluíam danças frenéticas, flagelação (note-se o látego que o *archigallus* segura) e automutilações. Os que chegavam ao extremo da castração se convertiam em sacerdotes e eram conhecidos como *galli*. Desde o primeiro momento o governo romano suspeitou desse novo culto forâneo, que tinha sido adotado inadvertidamente (ver página seguinte). Originalmente, os cidadãos romanos estavam excluídos das cerimônias e tinham proibido o acesso às fileiras dos fanáticos sacerdotes eunucos, mas essas normas foram sendo relaxadas sob os imperadores.

Abaixo: O culto de Ísis e de seu consorte Osíris-Serápis, cujas cerimônias podem ver-se em uma pintura mural de Herculano, era uma versão helenizada de um antigo culto egípcio que se estendeu através do mundo mediterrâneo no período helenístico. Já estava estabelecido em Pompéia no ano 100 a.C. e em Roma no tempo de Sila. Foi perseguido pelo governo até a época de Calígula, que reconheceu oficialmente o culto e construiu um templo a Ísis no Campo de Marte. O mito de Ísis simbolizava a criação, com a morte e ressurreição de Osíris e a concepção de Hórus no corpo de Ísis.

Abaixo: A divindade Sabázio foi identificada com Júpiter e com Dioniso e freqüentemente confundida com Átis. Uma característica deste culto eram as oferendas votivas de mãos cobertas de símbolos mágicos; neste caso, dos sinais do zodíaco; a mão constitui o símbolo litúrgico da bênção.

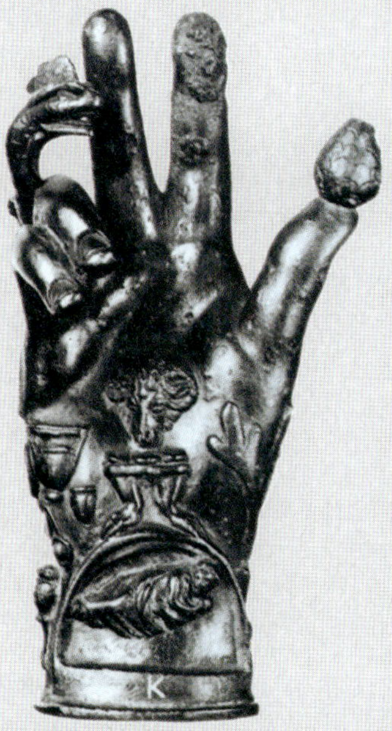

Abaixo: Figura com cabeça de chacal do deus egípcio Anúbis, posta sobre uma pedra funerária das catacumbas dos séculos I e II em Kom el-Shuqafa (Alexandria). No antigo Egito, acreditava-se que Anúbis estivesse associado aos ritos da morte e da vida no além; aqui ele aparece com a vestimenta e pose de um soldado romano. "O ladrador Anúbis" era uma das deidades orientais monstruosas enumeradas por Virgílio entre as que apoiavam Marco Antônio e Cleópatra, contra os deuses romanos tradicionais do lado de Otávio.

Direita: O culto oriental que primeiro se estabeleceu em Roma foi o da Magna Mater ou Cibeles, originário da Frígia (Ásia Menor), e introduzido na religião estatal romana em 204 a.C. Era resultado de uma profecia segundo a qual ele ajudaria os romanos contra Aníbal. Uma deusa da terra, Cibeles, é representada com freqüência conduzindo um carro puxado por leões que simbolizam seu papel de senhora dos animais selvagens. Seu consorte, que conduzia a seu lado, era o deus da vegetação Átis, cuja morte e ressurreição se refletiam nas estações e eram celebradas com ritos frenéticos e extáticos.

Os imperadores: de Augusto a Justiniano

O quadro anexo mostra a natureza mutável do cargo imperial: nos dois primeiros séculos e meio, as dinastias estáveis se sucederam em um processo acelerado por uma que outra guerra civil; no século III, teve lugar uma rápida sucessão de imperadores de curto reinado, embora suas perspectivas de sobrevivência tenham aumentado no final do século; nos séculos IV e V, depois da agitação provocada pela ascensão de Constantino, restabeleceu-se a estabilidade das dinastias hereditárias, baseada na divisão do Império e na colegialidade do cargo imperial.

Os retratos imperiais selecionados são um fiel reflexo de como os imperadores eram visto por seus contemporâneos. O juvenil paternalismo de Augusto (que aparece aqui com o velo de Pontifex Maximus) contrasta com o aspecto inquieto e pensativo de Maximino, imagem recolhida de modo mais estilizado nos traços decididos de Diocleciano e Maximino. A estátua de Barletta, na Itália, foi associada freqüentemente a Valentiniano I, pois sua rigidez parece enquadrar-se no caráter autoritário deste; mas o estilo é mais do século V que do IV, e o melhor candidato parece ser Marciano.

Por último, o retrato de um Justiniano em idade avançada, com aspecto de serenidade distante.

Augusto

Maximino

Diocleciano e Maximiano

27 a.C.-14 d.C.	Augusto	dinastia Júlio-Cláudia
14-37	Tibério	
37-41	Caio	
41-54	Cláudio	
54-68	Nero	
68-69	Galba	
69	Óton, Vitélio	
69-79	Vespasiano	dinastia Flaviana, Nerva-Trajana y Antonina
79-81	Tito	
81-96	Domiciano	
96-98	Nerva	
97-117	Trajano (97-98 com Nerva)	
117-38	Adriano	
138-61	Antonino Pio	
161-80	Marco Aurélio (161-69 com Lúcio Vero)	
180-92	Cômodo	
193	Pertinax	dinastia dos Severos
193	Dídio Juliano	
193-211	Septímio Severo	
211-17	Caracalla (211-12 com Geta)	
217-18	Macrino	
218-22	Heliogábalo	
222-35	Alexandre Severo	

Período de anarquia política e desordem

235-38	Maximino
238	Gordiano I e II (em África)
238	Balbino e Pupieno (em Itália)
238-44	Gordiano III
244-49	Filipe
249-51	Décio
251-53	Treboniano Galo
253	Emiliano
253-60	Valeriano
253-68	Galieno (253-60 com Valeriano)

OCIDENTE		ORIENTE	
259-74	Império gaulês de Póstumo Vitorino, Tétrico	260-72	Imperio de Palmira Odenato, Zenobio, Vaballath

268-70	Cláudio
270	Quintilio
270-75	Aureliano
275-76	Tácito
276-82	Probo
282-83	Caro
283-84	Carino e Numeriano

284-305 Diocleciano e a tetrarquia

OCIDENTE		ORIENTE	
287-305	Maximiano Augusto	284-305	Diocleciano Augusto
293-305	Constâncio César	293-305	Galeno César
305-06	Constâncio Augusto	305-11	Galério Augusto
305-06	Severo César (305-07 Augusto)	305-09	Maximiano César (309-13 Augusto)

306-12 Magêncio (Itália)

OCIDENTE
306-07 Constantino César (desde 307, Augusto)

ORIENTE
308-24 Licínio Augusto

312-24 Constantino imperador junto com Licínio

324-37 Constantino governante único

OCIDENTE			ORIENTE	
337-40	Constantino II	Constante	337-61	Constâncio II
340-50	Constante			
350-53	Magnêncio (usurpador)		351-54	Galo César
355-61	Júlio César (360-63 Augusto)			

361-63 Juliano governante único
363-64 Joviano

364-75	Valentiniano		364-78	Valente
375-83	Graciano		379-95	Teodósio
		375-92 Valentiniano II (Itália, Ilíria)		
383-88	Máximo (usurpador)			
392-94	Eugênio (usurpador)			
395-423	Honório (395-408 Estílico como regente)		395-408	Arcádio
421	Constâncio III		408-50	Teodósio II
423-25	João (usurpador)			
425-55	Valentiniano III		450-51	Marciano
455	Petrônio Máximo			
455-56	Avito		457-74	Leão
457-61	Majoriano			
461-65	Líbio Severo			
467-72	Antêmio			
472	Olíbrio			
473	Glicério			
473-75	Nepote		474-91	Zenão
475-76	Rômulo Augústulo		(475-76	Basilisco)

Governantes bárbaros de Itália:

476-93	Odoacro	491-518	Anastásio
493-526	Teodorico, o Grande	518-27	Justino
526-34	Atalarico	527-65	Justiniano
534-36	Theodahah		

536-40 Witigis
440-41 Hildebad
541-52 Tótila
552-53 Teia
} período da reconquista bizantina

Arriba: Marciano (?) *Abajo:* Justiniano

O exército de Trajano

Apolodoro de Damasco, projetista da coluna de Trajano e do complexo monumental em que se assentava, é considerado um dos grandes gênios pragmáticos da Antiguidade. A coluna narra, em forma de relevo contínuo em espiral com mais de duzentos metros de comprimento, as duas guerras dácias de Trajano (101-102 e 105-106 d.C.). É difícil vê-la do chão, embora originariamente as esculturas pudessem ver vistas das galerias dos prédios da biblioteca Úlpia, que rodeavam a coluna. Apesar das dificuldades de detalhe e da quase total ausência de outros dados, a narração da campanha dácia pode ser seguida com notável precisão.

Além do interesse que apresentam sua técnica narrativa e seu estilo artístico, os relevos são cheios de detalhes que reproduzem fielmente a atividade do exército romano. Ilustram não só o momento da luta, mas também as marchas, a construção e a engenharia, as instalações médicas e o transporte, sem esquecer as práticas religiosas, tudo o que constituía o malha da vida do exército romano.

Ao longo da série, a figura de Trajano vai aparecendo, em geral acompanhada de conselheiros, discutindo e passando em revista suas tropas, oferecendo sacrifícios, recebendo embaixadas e prisioneiros; às vezes (como se vê no centro da imagem da direita) olhando com calma expectante. Ele é apresentado como "companheiro de armas" de seus homens; com esta palavra, *commilitones*, deve ter-se dirigido a eles em seus discursos.

Abaixo, esquerda: Músicos de uma procissão relacionada com um sacrifício. Seus instrumentos não têm válvula, e o maestro da banda – que toca um instrumento sem embocadura, parecido com uma corneta – utiliza a mão direita para obter uma mudança de tom ou de som. A Legio III Augusta, estacionada em Lambésis (África), tinha entre suas forças 37 trombetas (*tubicines*) e 36 trompas (*cornicines*, como os aqui representados).

Abaixo, direita: As *ballistae* romanas, parecidas com grandes bestas, de grande precisão e distância (mais de 500m segundo se estimou). Com ambos os braços, esticavam-se as cordas de fibra das bestas, seguras por um cilindro de cada lado. Aqui aparecem dois tipos: uma *ballista* transportada em carroça para o lugar preparado, e a reconstituição, com um veículo muito mais resistente, versão móvel de uma espécie de canhão de campanha transportado por duas mulas.

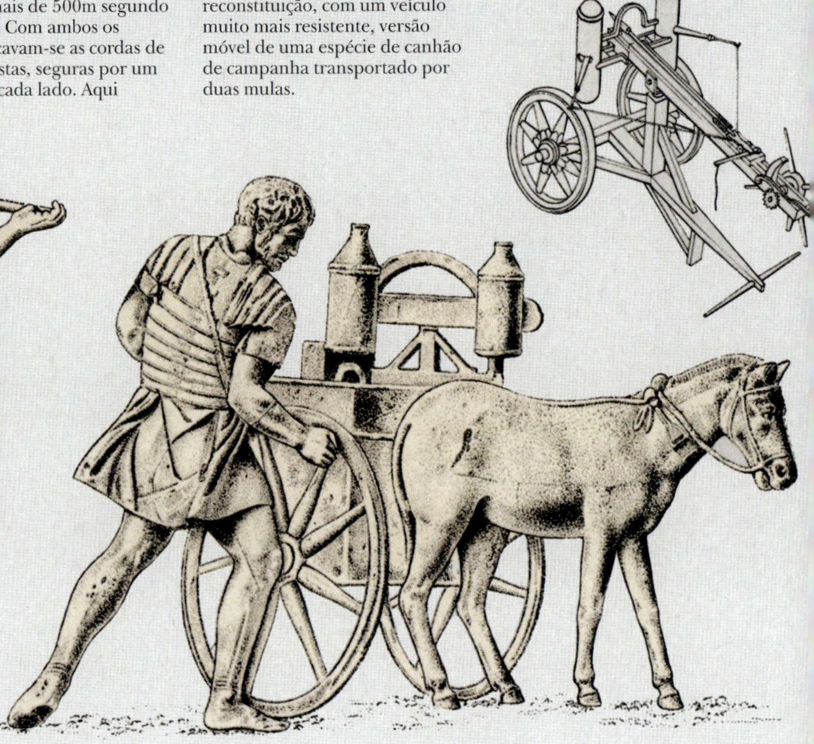

Abaixo: Nesta cena dos primeiros episódios da Primeira Guerra Dácia, é representada a construção de um acampamento de legionários, cujos capacetes, lanças e escudos estão apoiados nas proximidades. Alguns soldados cavam uma valeta dupla, tirando a terra em cestos, enquanto outros constroem as defesas com peças de carvão fóssil esquadradas, algumas das quais aparecem em primeiro plano. Os muros são escorados com travessas de madeira; o escultor realizou sua obra mostrando o final dessa construção, sem entender aparentemente o que era. Pode ver-se a figura de Trajano supervisionando de seu acampamento o que ocorre. À esquerda, outros legionários constroem uma ponte de madeira sobre um arroio, para além do qual (começo do relato) há outro acampamento completo com sua sentinela. Abaixo, um prisioneiro dácio é levado diante de Trajano (que fica fora da imagem) por dois auxiliares.

Abaixo: Detalhe do ataque final à capital dácia de Sarmizegetusa; as tropas auxiliares dirigem o ataque; são de infantaria, estão armados de espadas curtas e escudos retangulares, e os arqueiros usam armaduras de escama. Estes últimos eram recrutas orientais, principalmente das regiões de Comagena, Émesa e Ituréia. Eles davam cobertura, da retaguarda, à infantaria e lançavam suas flechas contra os defensores dácios. Os fundeiros e os legionários também participavam do ataque. Tal como aparecem na coluna, os legionários usavam elmos redondos, enquanto os dos auxiliares eram cônicos. Os auxiliares em geral – ainda que não neste exemplo – usavam escudos ovais.

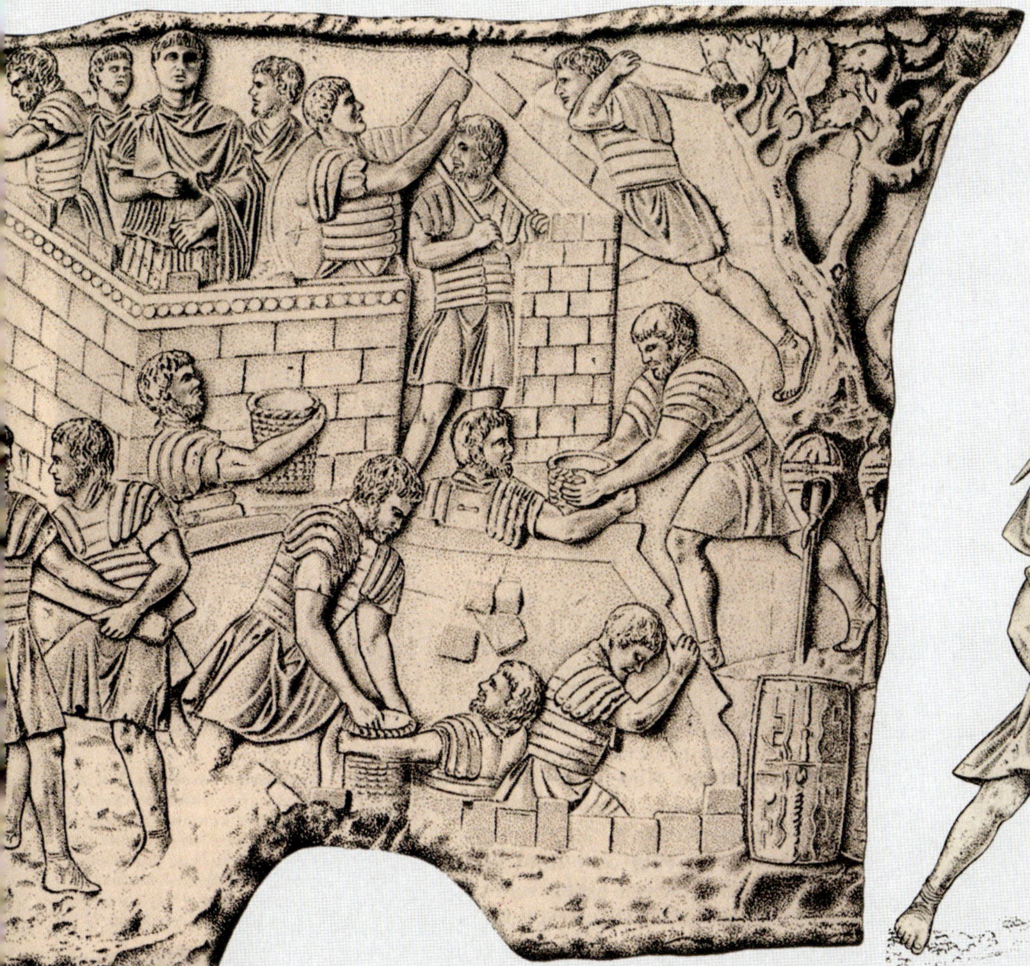

Esquerda: Porta-estandarte de uma coorte pretoriana. A haste de seu estandarte é decorada com as coroas das vitórias conseguidas pela coorte e com a imagem do imperador, tudo rematado pelo emblema da unidade.

Direita: Novésio (Neuss), na Baixa Germânia (fronteira do Reno), era uma típica fortaleza permanente de legionários. Seus blocos de barracões acomodavam mais de 5.000 legionários divididos em dez coortes, e cada uma delas em seis centúrias que em teoria contavam com cem homens cada uma, embora na prática fossem menos.

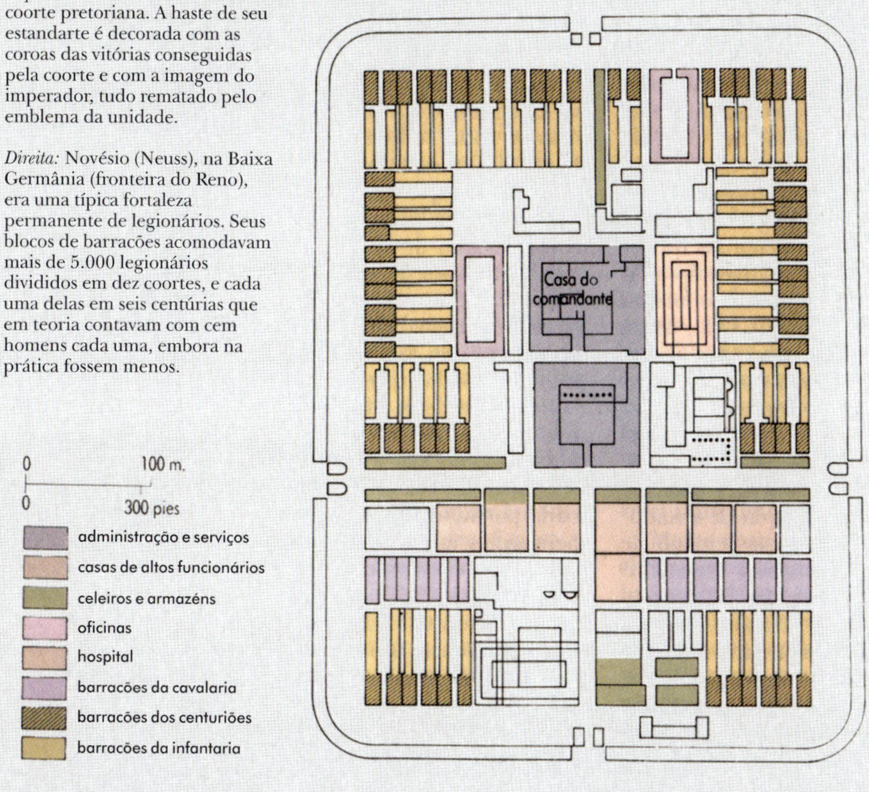

Acima: A mais famosa formação militar romana, a *testudo* ou "tartaruga", utilizada para aproximar-se das muralhas dos inimigos em um assédio. Neste caso, é empregada em um ataque à cidadela de um cômoro fortificado dos dácios.

UM IMPÉRIO PODEROSO E COMEDIDO

Questões imperiais

É opinião geral que, durante o século e meio que transcorreu entre os anos 70 e 235 a.C., o Império Romano alcançou seu máximo apogeu tanto em suas realizações políticas como nas culturais. Podemos considerá-lo como um período de lento desenvolvimento mais que de mudanças radicais ou acontecimentos espetaculares. Gibbon escreveu que o imperador Antonino Pio (138-161) "difundiu a ordem e a tranqüilidade pela maior parte da Terra"; com o resultado de que seu reinado oferece escassos materiais para a história, "que quase não é outra coisa senão o registro dos crimes, loucuras e desgraças da humanidade". Gibbon pensava na narrativa histórica geral, que conta preferentemente fatos políticos e militares. Mas, após a evidente prosperidade da época de Antonino, algumas mudanças no equilíbrio militar do Império, com relação a seus vizinhos, acabaram por transformar as bases sociais do poder imperial e conduziram (no século III e no final do Império) a uma situação muito diferente. Ao mesmo tempo, se observarmos as mudanças produzidas no século II na sensibilidade social, descobriremos que alguns dos traços culturais e religiosos característicos da sociedade romana do final da Antiguidade clássica tiveram seus antecedentes nesse período.

Do ponto de vista político, foi um período em que geralmente predominaram as dinastias imperiais bem estabelecidas, tendo sido os momentos mais críticos para o Império as guerras civis de 69-70 (que levaram os Flávios ao poder) e de 193 (da qual emergiu a dinastia dos Severos). Sob os Flávios, o princípio de sucessão era baseado no fato familiar hereditário. A Vespasiano sucederam seus filhos: o popular e malogrado Tito (79-81) e Domiciano (81-96). Este último era uma personalidade complexa em que se combinavam uma moral puritana e o arcaísmo religioso (tinha sepultado viva uma virgem vestal adúltera) com uma intolerância tirânica que foi a causa de nos últimos anos seu reinado ter degenerado em uma sangrenta perseguição dos que expressavam publicamente sua oposição ao imperador, especialmente os filósofos. Sua caracterização pelo satírico Juvenal como um "Nero calvo", esgotando um mundo meio morto e escravizando Roma (*Sátiras*, 4.38), desse ponto de vista não deixava de ser apropriada.

Parte do atrativo de Nerva como candidato imperial após a inesperada morte de Domiciano em um complô palaciano (18 de setembro de 96) consistia em não ter filhos, o que parecia deixar aberta uma possibilidade de manobrar politicamente; além do mais, contava sua personalidade e sua reputação de senador indulgente e inatacável. Mas o breve reinado de Nerva (96-98) foi inseguro e turbulento e provocou uma crise ainda maior; a guerra civil só pôde ser evitada, talvez, pela adoção de Trajano, comandante dos exércitos da Germânia superior. Trajano e su sucessor, Adriano, que não tinham filhos, recorreram à adoção como meio de assegurar a continuidade do poder; mas a ascensão de Adriano em 117 e os preparativos para a sua sucessão se viram acompanhados da agitação política e das execuções de alguns possíveis rivais.

À exceção de Domiciano e Cômodo, a conduta política dos imperadores das dinastias Flávia e Antonina foi relativamente moderada, razão por que a oposição, que apareceu de maneira intermitente, não se generalizou. Pode atribuir-se a má lembrança que deixou Adriano à confusão e à acrimônia que acompanharam suas tentativas de assegurar su sucessão; o primeiro que ele escolheu, Élio César, foi adotado em 136 de uma família senatorial italiana; após sua morte prematura, foi substituído pelo que foi depois imperador, Antonino Pio. Tinha pouco mal-estar entre os exércitos provinciais, em comparação com o que tinha permitido a Vespasiano alcançar o poder (69), após a proclamação de outros candidatos na Hispânia, na Germânia, na África e em Roma. Domiciano teve de reprimir a rebelião de Antônio Saturnino na Germânia (89-90), e Marco Aurélio se viu ameaçado pela insurreição no Oriente de Avídio Cássio, governador da Síria, em 175. Essa rebelião, presumivelmente alimentada pela avançada idade de Marco Aurélio e pela aparente incapacidade de Cômodo para suceder a ele, parece haver obtido algum apoio em círculos cortesãos próximos do próprio Marco Aurélio. Julgou-se saber que Faustina, sua própria esposa, estava envolvida na conspiração, mas (após a morte de Cássio) Marco Aurélio se absteve de levar até o final indagações que podiam produzir resultados comprometedores.

O governo dos Flávios e Antoninos se caracterizou também, salvo poucas exceções, pela moderação e sobriedade. Isso foi especialmente verdadeiro no caso de Vespasiano, que justificou sua notória mesquinharia financeira com o imenso custo que implicaram para o Império as guerras civis de 69-70. Mas mesmo Vespasiano fez grandes gastos na reconstrução de Roma; e o breve reinado de Tito se caracterizou pelas altas somas gastas por ocasião sobretudo da inauguração do anfiteatro flávio (o Coliseu) e na reconstrução de Roma após um incêndio que devastou a cidade. Tito foi, além do mais, louvado pelas medidas que tomou para remediar as conseqüências da destruição de Pompéia e Herculano por causa de uma erupção do Vesúvio, em 79. Disse-se que Domiciano enfrentou uma séria crise financeira, devida talvez a ele ter aumentado o soldo militar em um terço. Esse pode ter sido um dos motivos pelos quais perseguiu os senadores; mas a amplitude da crise financeira, se realmente existiu, continua incerta. Os Flávios, e especialmente Domiciano, exigiram uma conduta responsável dos governadores provinciais. O biógrafo Suetônio, nada partidário de Domiciano, destacou que os governadores jamais foram tão moderados e honrados como sob esse imperador.

A política militar dos Flávios evidencia uma planificação cuidadosa e consistente, sobretudo no que se refere ao reforço das fronteiras nas regiões do Reno superior e do Danúbio. As guerras

Abaixo: Este sestércio de prata foi emitido pelo imperador Tito para comemorar a inauguração, em 79 d.C., do anfiteatro Flávio. Iniciado por Vespasiano como parte de suas obras de embelezamento e reconstrução de Roma após as guerras civis do 68-70, o anfiteatro podia comportar 70.000 espectadores sentados e permaneceu em uso até o século VI.

Acima: Tetradracma de prata emitido por Simão bar-Kosiba, ou Bar-Kochba, dirigente da terceira revolta judaica de 132-35 d.C. A inscrição diz (anverso) "Simão", com uma imagem da fachada do templo, e (reverso) "da liberdade de Jerusalém".

Acima: O relevo do *Lararium* ou santuário doméstico de L. Cecílio Jucundo, de Pompéia, expressa plasticamente o efeito do terremoto que em 62 d.C. danificou grande parte da cidade antes de sua destruição pela grande erupção do Vesúvio no ano 79.

Abaixo: As duas guerras dácias de Trajano se encerraram com a transformação da Dácia em província romana (107 d.C.). Este relevo da coluna de Trajano mostra parte da batalha final contra Decébalo, após a qual o rei dácio se suicidou. Uma inscrição recentemente publicada registra a façanha do soldado romano Tibério Cláudio Máximo, que levou para Trajano a cabeça de Decébalo.

da Dácia, de Domiciano, catastróficas no princípio (com as grandes derrotas de 85 e 86), acabaram vitoriosamente com a batalha de Tapas (88) e prepararam o caminho para as guerras de Trajano e a anexação da Dácia. Entre as condições acordadas por Domiciano e o rei dácio Decébalo, cabe destacar a provisão de engenheiros romanos para os dácios, precoce mostra dos "programas de ajuda exterior" que tão freqüentemente serviram para a penetração estrangeira em povos independentes, mas menos avançados.

A anexação da Dácia pode ser vista como parte de uma manobra defensiva, dentro do contexto estratégico geral das fronteiras setentrionais do Império; no entanto, as guerras de Trajano, de 101-102 e 106, foram apresentadas ao público romano com um espírito abertamente imperialista; os relevos da coluna trajana descrevem as campanhas desse imperador com grande riqueza de detalhes, recolhendo todos os aspectos da vida do exército. A construção da coluna e do Foro de Trajano, no qual estava localizada, foi custeada quase em sua totalidade com os recursos obtidos do derrotado rei da Dácia. O outro empreendimento militar de Trajano, a invasão da Pártia (aparentemente visando à anexação), não pode justificar-se senão como um imperialismo agressivo com o qual ele tentava emular Alexandre, o Grande. Iniciado em 115, o projeto se frustrou em 117 pela doença e morte do imperador na Cilícia, ficando para Adriano a tarefa de garantir as anexações e reprimir o descontentamento na Judéia, no Egito e na Cirenaica. Adriano abandonou a tentativa de conquistar o território parto... se é que Trajano não o tinha feito antes. Após a segunda revolta judia de Bar-Kochba (132-35), ele destruiu Jerusalém e estabeleceu em seu lugar o acampamento legionário de Aelia Capitolina.

Por temperamento, Adriano foi muito diferente de seu predecessor. Trajano era um soldado simples, enquanto Adriano era um homem com inquietudes intelectuais e que sentia predileção pela cultura grega. Durante seus 21 anos de reinado, viajou constantemente para visitar seus exércitos nas diversas regiões do Império (uma inscrição conserva um discurso pronunciado por ele diante dos soldados destacados em Lambaesis, Numídia, após tê-los passado em revista e ter presenciado suas manobras) e conhecer centros culturais como Atenas e Alexandria. A versatilidade de seus gostos é perfeitamente refletida em seus dois monumentos mais famosos: a residência imperial em Tíbur (Tívoli), que reflete em sua disposição a influência de muitos dos lugares que ele tinha visitado, e a denominada Muralha Adriana, que delimitava o ponto mais remoto e setentrional do Império, na fronteira da Britânia.

Ao contrário de Trajano e Adriano, Antonino Pio não abandonou a Itália enquanto foi imperador; viveu tranqüilamente em Roma, dedicado ao governo do Império e rodeado de um lar sóbrio e das virtudes de uma família honesta. Quanto a isto, também se diferenciou de Adriano, que abandonou a esposa, a infeliz Sabina, e teve escandalosas relações com o rapaz Antínoo, cujo nome pôs ele pôs numa população do Egito após a morte acidental do amante, afogado no Nilo. Nos últimos anos de seu reinado, Antonino governou conjuntamente com seu sobrinho e filho adotivo, N. Ânio Vero (Marco Aurélio), e morreu de morte natural em 161. Marco Aurélio governou junto com seu irmão adotivo L. Vero até 169, ano em que este morreu quando ambos regressavam da Germânia; anteriormente tinha dirigido com êxito uma campanha contra os partos. De 177 a 180, Marco Aurélio governou com seu filho Cômodo. Seu reinado patenteou as crescentes tensões que afetariam o Império Romano e mudariam as estruturas de seu governo. Marco Aurélio foi um filósofo estóico e é um dos imperadores romanos mais admirados por antigos e modernos. Escreveu em grego as *Meditações*, que expõem com estilo espontâneo seus pensamentos mais pessoais, bem como os acontecimentos mais importantes que ele viveu (seu título original era, simplesmente, "Para si mesmo"). Não tinha aspirado ao cargo de imperador e não dever ter gostado muito do poder que o cargo lhe dava; mas sua filosofia lhe deu um sentido muito estrito das obrigações da função para a qual tinha sido chamado e à qual devia dedicar todas as suas capacidades morais e intelectuais. Escreveu as *Meditações* enquanto realizava uma série de campanhas no Norte do Império contra os quados e os marcomanos, inimigos de Roma, que requereram sua presença durante vários anos no palco da guerra. As campanhas também foram narradas em uma coluna de Roma, com um estilo mais tosco, mas em certos aspectos mais vigoroso, que o da coluna trajana, e não menos agressivo. Aquelas campanhas não pretendiam uma expansão, mas a mera defesa do Império contra a crescente pressão na fronteira do Danúbio. Tal iria ser a linha militar romana no século seguinte.

Marco morreu em Vindobona (Viena), em 180, no curso dessas guerras. Seu filho e sucessor, Cômodo, foi criticado pela rapidez com que acordou a paz com os bárbaros e regressou a Roma. Ele preferia viver em Roma a dirigir campanhas nas fronteiras. A história de seu reinado é marcada pelos acontecimentos que

Acima: Busto do imperador Adriano, de cerca de 120 d.C.

Direita: Vila de Adriano em Tívoli (Tíbur), que se pode descrever como um grupo de pavilhões distribuídos livremente como "uma paisagem arquitetônica inventada" (B. Cunliffe). O efeito final é refinado, culto e um tanto nostálgico. Aqui se vê o "Canopo", que reproduz um elemento arquitetônico observado nesta cidade egípcia. As lembranças que Adriano tinha do Egito não eram só agradáveis, já que foi ali que se afogou seu jovem amante Antínoo (*abaixo*, em uma das muitas representações idealizadas que se fizeram dele).

Abaixo, centro: Medalhão com uma cena de caça de javali (reutilizado no século IV no arco de Constantino, mostra Adriano em uma pose típica de ócio imperial). É interessante compará-lo com a imagem sassânida da página 168.

Direita: O novo panteão ou "santuário de todos os deuses" de Roma, que aparece na pintura de Panini, de cerca de 1750, é uma obra-prima da época de Adriano, apesar de conservar a inscrição original da dedicatória a Agripa. O diâmetro e a enorme cúpula – que com seus mais de 45m é a maior das construídas com métodos pré-industriais – correspondem exatamente à sua altura a começar do piso; assim, ela constitui de fato a metade superior de uma esfera perfeita. É uma imagem da abóbada celeste, e a abertura de sua cúspide simboliza o Sol.

Acima: O medalhão comemorativo emitido no último mês do reinado de Cômodo mostra o imperador com o toucado de pele de leão de Hércules. O reverso do medalhão (não reproduzido) apresenta Hércules com os traços de Cômodo e a inscrição "HERCULI ROMANO": "ao Hércules romano".

Acima, direita: Este detalhe da coluna de Marco Aurélio representa um cativo bárbaro no momento de sua execução por um soldado romano. Seu rosto espelha a sua agonia, e sua mão direita estendida expressa uma súplica desesperada; o movimento do cabelo indica o impacto da lança em suas costas.

aconteceram na capital, especialmente pelas conspirações dirigidas contra ele, que foram violentamente sufocadas. Ele também se destacou por sua excessiva prodigalidade na organização dos jogos, de que era muito aficionado, pelos conflitos provocados pela escassez, que o levaram a sacrificar seu favorito, o liberto Cleandro, e por sua ambição religiosa, que o levou à adoção de Hércules como sua deidade pessoal, com a qual acabou identificando-se. Cômodo é representado em moedas e bustos vestido com uma pele de leão e empunhando uma maça, ao modo de Hércules.

Cômodo morreu vítima de uma conspiração às vésperas do ano de 192. Seu sucessor, P. Hélvio Pertinax, era um oficial cujos serviços nas guerras de Marco Aurélio o tinham levado rapidamente da categoria de cavaleiro ao consulado em 175. Pertinax não satisfez os que o tinham apoiado, e pelo rigor de sua política ganhou numerosos inimigos; a menos de três meses de sua subida ao poder, foi assassinado pela guarda pretoriana; sucedeu a ele Dídio Juliano, até esse momento respeitável senador e neto de um grande jurista da época de Adriano; ele teve a habilidade de reunir a soma de 25.000 sestércios por homem para assegurar o apoio dos pretorianos. No entanto, imediatamente os exércitos da Panônia proclamaram imperador seu comandante, Septímio Severo. Este se dirigiu rapidamente para a Itália e derrubou Juliano; em uma guerra civil que parecia marcada pelo mesmo padrão da de 69-70, derrotou depois os seus rivais: Pescênio Níger, comandante dos exércitos da Síria, em 194, e Cláudio Albino, proclamado imperador na Britânia e derrotado perto de Lugduno (Lyon) em 196. Após a rendição de Níger, iniciou Severo quase imediatamente uma campanha contra os partos; com isso pretendia, em parte, distrair a opinião pública das disputas internas e dirigir sua atenção para uma vitória exterior. Regressou ao Oriente, após vencer Albino, para consolidar suas conquistas. O resultado mais importante da guerra de Severo contra os partos foi a anexação do Norte da Mesopotâmia e o avanço da fronteira romana até o Tigre, embora ele tenha fracassado na conquista da cidade de Hatra, situada mais ao sul.

Septímio Severo concedeu a seus filhos, Caracala e Geta, a denominação oficial que se vinculava à dinastia antonina, e até ele mesmo, nas primeiras cunhagens de moeda com sua efígie, aparecia com o qualificativo de "filho do divinizado Marco Pio". Seu reinado foi notável por seus generosos programas de construção e de gastos públicos, particularmente em sua cidade natal, Léptis Magna, na Tripolitânia. Ele dirigiu campanhas militares na Britânia, onde morreu após uma penosa doença em 211. Seu sucessor, Caracala (M. Aurélio Antonino), combateu nas fronteiras do Reno e do Danúbio e visitou Alexandria antes de embarcar, em 216, para uma campanha contra os partos. No ano seguinte, Caracala foi assassinado perto de Carras, na Síria, por instigação de seu prefeito pretoriano, Macrino.

Quanto à sua política interna, Septímio Severo e seus filhos não foram bem considerados pelas fontes antigas; tanto ele como Caracala foram culpados (e não com excessivo exagero) de haver matado grande número de senadores e membros da categoria dos cavaleiros. Diz-se que em seu leito de morte Septímio aconselhou Caracala a preservar a concórdia com seu irmão Geta, enriquecesse os exércitos e se esquecesse dos demais.

Caracala desobedeceu-lhe a primeira parte do conselho, matando o jovem Geta em 212. No que diz respeito ao segundo ponto, o exército foi ampliado e mais bem retribuído sob os imperadores Severos; além disso, recebeu certos privilégios, como o direito dos soldados a contrair matrimônio legal estando ainda em serviço. Apesar dos benefícios que recebeu o exército, não está claro se os Severos mereciam a reputação que tiveram de haver "militarizado" o Império Romano. Mais determinante foi talvez, nesse processo, a crescente pressão nas fronteiras do Norte, que por sua mesma natureza conferiu mais importância ao exército e exigiu comandantes melhores e especializados em um grau não imaginado no século I e início do II.

Após o breve parêntese de Macrino (217-218), uma conspiração no Oriente permitiu o acesso ao poder de um dos parentes sírios da esposa de Septímio Severo, Júlia Domna. Foi ele Vário Avito Bassiano, mais conhecido como Heliogábalo, jovem sacerdote do templo de Elagabal, o deus nativo de Émesa (Homs). Em seu reinado breve mas excêntrico, o acontecimento mais importante foi a importação para Roma da pedra cônica negra que representava o deus de Émesa, fato que ficou plasmado em algumas moedas cunhadas por Heliogábalo. Diz-se que o imperador precedia a pé a carroça que carregava a pedra, caminhando de costas em atitude reverente. As histórias mais fantásticas relatadas pelas fontes antigas sobre o reinado de Heliogábalo não devem ser cridas incondicionalmente, como tampouco os relatos idealizados referentes a Alexandre Severo, sucessor de Heliogábalo após o assassinato deste em 222. Alexandre, outro oriental da mesma família, foi um imperador fraco e dominado pela mãe, Júlia Maméia. Após um começo feliz, seu reinado logo degenerou em desordens políticas, com o assassinato, pouco mais de um ano depois, do prefeito pretoriano, o jurista Ulpiano. Em 231, ele dirigiu uma nova campanha contra os partos, mas se viu obrigado a regressar para fazer frente a uma ameaça mais imediata na fronteira do Reno. Em Mogoncíaco (Magúncia), Alexandre e sua mãe morreram, em 235, pelas mãos dos soldados, que proclamaram novo imperador C. Júlio Maximino. A conspiração foi provocada pela total incapacidade de Alexandre de fazer frente à crise militar em que se debatia o Império. A ascensão ao poder do oficial Maximino inaugura uma nova fase da história romana.

Expansão militar e econômica

Tácito, no princípio do século II, atribuiu aos admiradores de Augusto a idéia de que o Império Romano tinha conseguido (em 14 d.C.), no momento de sua morte, uma total consolidação estratégica. "O Império era emoldurado pelo oceano ou por distantes rios, com legiões, províncias e esquadras, que o atavam e mantinham unido" (*Anais*, 1.9). Discute-se a validade desse julgamento, e alguns críticos pensam que essa situação corresponde mais ao momento em que escreveu Tácito do que à época de Augusto. Além da conquista e da anexação da Mauritânia e da Britânia por Cláudio – que poderia servir mais para ratificar do que para contradizer o julgamento de Tácito –, durante os períodos dos Flávios e de Trajano se realizaram consideráveis melhorias na defesa estratégica do Império. Ao acordo que tinha obtido Nero com os partos (66 d.C.) e ao esmagamento da revolta judaica por Tito, seguiu-se, sob os Flávios, a intensificação da presença militar na Síria, e o estabelecimento de uma guarnição na Capadócia para a defesa das passagens do alto Eufrates e a sistemática construção de rotas para a comunicação militar na região entre Palmira, as cidades do Norte da Síria e o Eufrates. Na Germânia se levou a cabo, igualmente, uma política cuidadosamente planejada e executada que culminou na anexação e fortificação da zona situada entre o alto Reno e o Danúbio, conhecida como os *Agri Documates*. Essa política, iniciada por Vespasiano, continuada por Domiciano e levada à sua culminação na primeira metade do século II, permitiu desdobramentos mais econômicos e flexíveis no Norte, o que tornou possível enviar tropas da fronteira do Reno para o Danúbio, onde a ameaça militar dos povos bárbaros era mais perigosa e tinha aparência de agravar-se. Já durante o reinado de Nero, um governador da Mésia enfrentou "reis desconhecidos e hostis" aos romanos, suprimiu um "movimento oriental" dos sármatas e estabeleceu relações diplomáticas com os bastarnas, os roxolanos e os dácios, assentando 100.000 transdanubianos na margem romana do rio, com suas mulheres, crianças e príncipes. As guerras dácias de Domiciano prepararam o caminho para as de Trajano, cujo êxito mais importante foi a anexação do reino de Decébalo como nova província, limitada a leste pelo Rio Aluta (Olt), a oeste pelo Marísia (Mures) e Tísia (Theiss) e ao norte e nordeste pela barreira dos Montes Cárpatos. Tal anexação, assim como a fracassada tentativa atribuída a Marco Aurélio de criar as novas províncias da Marcomânia e da Sarmácia, pode ser considerada uma manobra defensiva. A província da Dácia garantiu a margem romana do Danúbio, formando uma poderosa saliência que se projetava em território bárbaro definido por acidentes geográficos naturais.

No Oriente, Septímio Severo, como vimos, estabeleceu a nova província da Mesopotâmia, que abarcava do Sul da Armênia ao rio Tigre pelo leste e Síngaros, no Diebel Sinjar, pelo sul. Essa aquisição era potencialmente provocativa, já que privou os partos do que eles julgavam, e continuavam a julgar, seus domínios ancestrais; mas eles ofereceram proteção às cidades romanas da Síria, que agora ficava muito longe da linha fronteiriça. Ao mesmo tempo, cidades da Mesopotâmia como Nísibis (atual Nisaibin), Resaina e Síngaros foram colonizadas. Particularmente interessante é a expansão severa pelo Sul da Numídia, que alcançou seu ponto mais ocidental, chegando até, durante um curto período, ao Castellum Dimmidi (o oásis de Messad), no limite do deserto do Saara.

Fotografias aéreas e reconhecimentos de campo nos margens sul e oeste dos Montes Aurés, especialmente na região do Cantara e nos arredores de Chatt el-Hodna, revelaram campos de cultivo, trabalhos de irrigação e povoações pertencentes ao período romano, muitas delas em uma escala e de uma complexidade não alcançadas em nenhuma outra época da história. Mais ao norte, nas planícies entre os Aurés e a cidade de Sitífis (a moderna Setif), pode identificar-se uma povoação (organizada por procuradores imperiais) entre populações importantes, descrita nas inscrições do final do período severo como Castela. No princípio do século III, chega o momento máximo da expansão do Império Romano, que proporciona a prova mais evidente de uma exploração sistemática dos recursos agrícolas de suas regiões extremas.

No curso das duas primeiras centúrias, as províncias do Império ganharam progressivamente em prosperidade. Um indício claro que o confirma são as importações de vinho e azeite, particularmente da Hispânia, patentes na grande colina de vasilhas quebradas (50m de altura) conhecida como Monte Testaccio ou "colina dos escombros", antigo armazém de Roma. Nos séculos II e III, as importações de azeite de oliva da Numídia e da África proconsular alcançaram um papel destacado no mercado popular desses produtos. A grande cidade de Thysdrus (El Djem), na África proconsular, com seu imenso anfiteatro (o terceiro maior do Império) do princípio do século III e seus ricos mosaicos, devia sua prosperidade à expansão da exportação comercial de azeite. Na Numídia, desenvolveu-se o mesmo processo, criando-se uma florescente economia nas terras interiores, da qual se beneficiaram importantes comunidades de povos e cidades. Ao mercado metropolitano de Roma chegavam os fornecimentos de trigo africano em um comércio organizado por agentes imperiais, tanto nas províncias como na capital; ele era produzido e embarcado com métodos especiais, superando largamente o que provinha de outras regiões ou o que crescia na própria Itália, embora a África no ganhasse proporcionalmente na transação. Outras regiões do Império, como a Britânia e o Norte das Gálias, a Germânia e as províncias danubianas, alcançaram um alto grau de cultura material, tendo embora começado como regiões subdesenvolvidas, como diríamos agora.

Conseqüentemente, a riqueza do Império Romano se baseava quase por completo na terra. A atividade comercial, embora fosse fundamental para a riqueza das grandes cidades mercantis como Alexandria, Palmira e Dura-Europus e tivesse seu peso na prosperidade de cidades costeiras como Léptis Magna na Tripolitânia, não podia equiparar-se à agricultura como produtora

Abaixo: O deus sol de Émesa, representado em uma moeda de Heliogábalo como fogo transportado em um carro puxado por quatro cavalos. Heliogábalo foi sacerdote de seu culto e, ao tornar-se imperador, levou o deus para Roma.

Províncias e fronteiras do Império até 106 d.C. Ao terminarem as guerras dácias de Trajano, o Império Romano tinha alcançado sua completa extensão. Com a anexação pelos Flávios dos *Agri Decumates*, a terra ao norte da fronteira se reduziu mais que nunca, descontados os ulteriores avanços sobre a Europa central tentados, e posteriormente abandonados, por Augusto. A Dácia, no entanto, foi a única das grandes províncias abandonada no século III (ver mapas das páginas 171 e 173). As únicas aquisições destacadas a partir de 106 foram a anexação da Mesopotâmia e alguns avanços de curta duração na Mauritânia. A distinção formal entre províncias "senatoriais" e "imperiais", embora cada vez mais difundida na prática, continuou válida; mas nos séculos II e III houve um aumento considerável de seu número ao serem divididas as províncias para facilitar sua administração. Comparem-se as províncias da época dos Severos com as da tetrarquia (ver mapa da página 173).

de riqueza no conjunto do Império. Em todo o caso, a maior parte da indústria e do comércio teve no Império um âmbito local (os altos custos do transporte terrestre bastavam por si mesmos para assegurá-lo), e as funções comerciais das cidades eram freqüentemente desempenhadas pelos mesmos produtores ou seus agentes. Tampouco a atividade industrial, mais significativa do que se crê e que obviamente contribuiu para o estilo de vida material das cidades do Império, se desenvolveu de modo que pudesse alcançar-se uma produção em grande escala.

A evidente prosperidade urbana do Império Romano se apoiou, pois, na produção de riqueza por parte da população agrícola, cujas características são relativamente pouco conhecidas pela escassez de dados. O *status* dos agricultores variava muito; alguns eram proprietários de fazendas privadas, nas quais às vezes residiam; em outros casos, as terras eram do imperador, que as possuía em todo o Império; chegavam a suas mãos por doação, por confisco ou por falta de testamento. Em caso de ausência de proprietário, a administração dos latifúndios era desempenhada por agentes, e, quanto às propriedades imperiais, por procuradores. A conduta opressiva dos procuradores imperiais em algumas zonas do Norte de África é conhecida por inscrições que recordam as tentativas dos arrendatários do imperador ou *coloni* de assegurar proteção para si.

O grau de riqueza que produziam as explorações agrícolas era muito variado, desde os proprietários de imensos recursos, como Herodes Ático em Atenas, até os numerosos proprietários de pequenas cidades que mal alcançavam a cota necessária para ser membros do conselho local ou *curia*: a quantia relativamente modesta de 100.000 sestércios. Abaixo desse *status* curial e no escalão econômico imediato, estavam os pequenos camponeses livres, presentes na maior parte do Império, com suas granjas e pequenas fazendas, que trabalhavam suas terras e vendiam o produto obtido nos mercados locais.

Um indício do avanço econômico das províncias ocidentais do Império durante os dois primeiros séculos pode ser visto nas origens dos escritores latinos mais significativos desse período. Além dos dois Sênecas e de Lucano de Córdova, também eram da Hispânia o poeta Marcial e o escritor e orador Quintiliano (respectivamente das populações de Bílbilis e Calagúrris). Embora se haja pensado na origem africana do satírico Juvenal, é mais provável sua procedência de Aquino, na Itália central, enquanto Plínio, o Jovem, foi

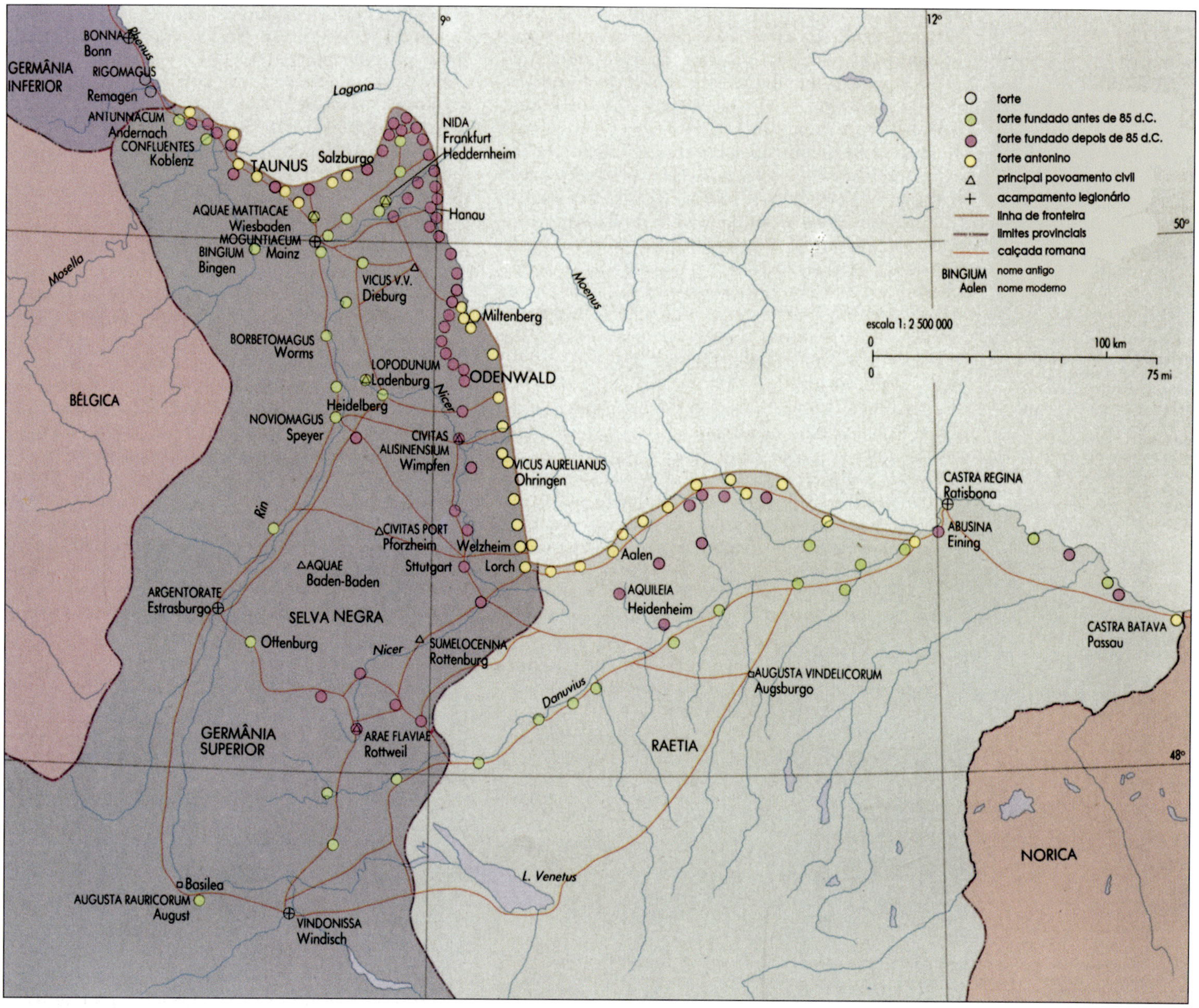

Limes germano-rético de Vespasiano aos Antoninos. O mapa denota a coerência do avanço do *limes* à medida que a linha de fortes fronteiriços era empurrada para além do Reno e do Danúbio até as posições avançadas do período antonino. A maior mobilidade leste-oeste, facilitada pela nova fronteira e pelas possibilidades de um maior desdobramento militar, também é patente. O avanço da fronteira, no entanto, não se apoiou em nenhuma barreira física notável e se manteve em boa medida pelo prestígio moral. No final do Império, a região anexada foi abandonada, e a defesa fronteiriça se situou de novo no Reno e no Danúbio, fortemente reforçada por fortificações em ambas as margens dos rios (ver página 192).

um ítalo de Comum. Tácito era do Sul da Gália e era casado com a filha de uma família opulenta de Forum Iulii (Fréjus). A contribuição africana foi especialmente rica: o biógrafo Suetônio, oriundo de Hippo Regius, na África proconsular, Frontão, de Cirta, Apuleio, da colônia flávia de Madauro, e o polemista cristão Tertuliano de Cartago. Nenhum escritor conhecido saiu da Panônia até Vitorino, bispo de Poetovio (Ptuj, antiga Pettau), no princípio do século IV, e os intelectuais britânicos estão ausentes do panorama durante quase cem anos. No entanto, as aparências podem enganar. As Gálias central e ocidental, superados os três primeiros séculos de obscuridade, de repente produziram no século IV toda uma floração de escritores distintos; isso seria inexplicável se as províncias não tivessem participado com anterioridade da cultura literária. Da Britânia, conhecemos a única moeda em que se alude a Virgílio, bem como mosaicos com cenas da *Eneida*, e diz-se que o latim falado ali deve ter sido de notável qualidade.

A constante extensão da cidadania romana durante os dos primeiros séculos do Império, por concessões a indivíduos e comunidades, trouxe como conseqüência que no período severo sua posse deixasse de ser uma vantagem ou distinção. Por uma Constituição de Caracala, a *constitutio Antoniniana* de 212, todos os habitantes livres do Império se transformaram em cidadãos romanos. A julgar pelo número de indivíduos que aparecem nos documentos da época com o nome de M. Aurélio (título oficial de Caracala), muitos não eram mais que escravos manumitidos. A medida não teve, apesar disso, uma importância fundamental para os contemporâneos (e para os críticos modernos) senão no aspecto fiscal; Caracala aumentou assim o número de contribuintes. Os privilégios anteriormente inerentes à cidadania (como o reivindicado por São Paulo contra a flagelação arbitrária por ordem de oficiais romanos; *Atos*, 22, 24 ss) foram mantidos como parte de uma distinção social, agora mais precisa, entre o *status* "mais honorável" e o "mais humilde" (*honestiores* e *humiliores*), podendo identificar-se em geral os primeiros como membros da classe curial das cidades do Império. Os *honestiores* estavam isentos de certas penas, como o envio para as minas do Estado, os castigos corporais e as torturas (exceto em certos casos precisos, como o de traição), ser queimados vivos ou morrer devorados por animais selvagens. A distinção entre as duas classes aparece pela primeira vez em textos legais do tempo de Adriano; mas é evidente que foi aplicada anteriormente e que reflete as arraigadas idéias dos romanos quanto aos diferentes valores que se aplicavam aos homens de diferentes classes sociais.

Amplitude e variedade de origens das classes governantes

As origens dos imperadores das dinastias flávia, antonina e severa refletem, em termos sociais, a constante expansão dos direitos políticos e o desenvolvimento econômico do mundo romano. Os Flávios eram oriundos do município de Reate (Rieti), no antigo território sabino; Tácito considerava que Vespasiano tinha promovido uma atmosfera de "parcimônia doméstica" típica dos novos homens da Itália e das províncias, depois dos excessos do período júlio-cláudio. Trajano e Adriano eram da Hispânia, da cidade de Itálica, na Bética. Antonino Pio era de Nermausus (Nîmes), um antigo centro tribal e colônia romana do Sul da Gália; sua dinastia após a prematura morte de Élio César e através de Marco Aurélio (cujo avô procedia da Hispânia) é um exemplo de conexão entre as famílias provinciais e italianas mais poderosas, tal como ocorreu com freqüência nos dos primeiros séculos entre as aristocracias do Ocidente. Septímio Severo e sua família ampliaram a gama ainda mais. O próprio Severo era de Léptis Magna, antiga cidade púnica que, graças à munificência de suas famílias mais importantes, alcançou uma grande prosperidade e presença cívica sob o Império Romano. Sugeriu-se que Septímio Severo descendia de uma família de italianos emigrados para a África no final da República. Tal foi, realmente, a situação que viveram vários dos senadores provinciais em Roma, como Sêneca e o poeta Lucano, e talvez também o imperador Trajano; mas no caso de Severo parece certo que era membro de uma destacada família púnica de Léptis, cujo avô tinha chegado a Roma como senador no final do século I. Por seu casamento com Júlia Domna, que ele conheceu enquanto servia na Síria, Severo se uniu a uma proeminente família oriental; nisso vimos a causa da ascensão ao trono imperial dos candidatos de raízes sírias, Heliogábalo e Alexandre Severo. A posterior ascensão do danubiano C. Júlio Maximino, popularmente conhecido como Maximino, o Trácio, representa um novo elemento na progressiva ampliação da base social da vida política romana, que será debatido mais adiante.

As dinastias imperiais são o exemplo mais importante da ampla composição provinciana das classes governantes, senatorial e dos cavaleiros, do Império Romano. Não se pode tentar uma estatística precisa, já que os testemunhos conservados não são suficientes, apesar de sua extensão; mas está claro que os senadores que no período júlio-cláudio chegavam do Norte e do Centro da Itália, do Sul da Gália e da Hispânia foram substituídos, já sob os Flávios, por aspirantes da África, onde a cidade de Cirta (Constantine), com seus enormes e produtivos territórios, desempenhava um papel particularmente proeminente. As cidades gregas da Ásia Menor, como Éfeso e Pérgamo, logo fizeram seu aparecimento na esfera política; citemos como exemplo uma família que foi estudada detalhadamente: a dos Plancii, da grande cidade menos conhecida de Perge, na Panfília. No princípio do século II, Trajano só impôs como condição (sem que se saiba seu alcance) que todos os senadores possuíssem um terço de suas propriedades na Itália. Ao adotar essa medida, Trajano estava evidentemente incomodado com o número crescente de senadores provinciais sem conexões com a Itália, que provavelmente não eram qualificados para enfrentar as obrigações de um senador romano.

Algumas partes do Império estão visivelmente ausentes da lista de províncias que deram senadores nesse período. Nenhum deles chegou do Norte ou do Oeste da Gália, da Germânia, da Britânia ou das províncias do Danúbio, embora não haja razão para crer que essas regiões não tivessem os recursos econômicos necessários para produzir senadores. Realmente, segundo os que criticavam a política de Cláudio, muitos dos notáveis da Gália poderiam, se tivessem sido admitidos na ordem senatorial romana, eclipsar em opulência seus pares italianos (Tácito, *Anais*, 11.23). Algumas vezes, como no caso da Britânia, a distância geográfica do centro do Império foi, obviamente, um fator determinante; enquanto outros lugares, especialmente a Gália, orientaram suas linhas sociais para formas locais de expressão baseadas em distritos rurais e em uma economia de vilas desenvolvidas, mais que no estilo de vida mais urbano do Mediterrâneo. No caso da Dalmácia, faltava às cidades costeiras a rica agricultura do *hinterland* que devia gerar a prosperidade necessária para poder alcançar o *status* senatorial. A economia do interior da área balcânica continuou a depender completamente da presença do exército romano. O único senador da Panônia conhecido nos dois primeiros séculos de nossa era foi Valério Maximiano de Poetovio, que ascendeu à categoria senatorial e depois ao consulado (184 o 185) por seus ininterruptos serviços militares, especialmente nas guerras de Marco Aurélio. O caso de Maximiano proporciona um bom precedente da transformação das classes romanas governantes nos séculos III e IV. É improvável que ele fosse sempre a Roma para assistir às reuniões do Senado ou ocupar-se de seu consulado, que tinha obtido estando ausente. Maximiano antecipa o crescimento de uma classe senatorial provincial no final do Império; ele obteve tais cargos por seus serviços imperiais, mas jamais participou da vida social e política do Senado em Roma.

A ampliação da base social da classe governante do princípio do Império foi, assim, expressão de dois fatos: o crescimento da riqueza provincial, desenvolvida no período conhecido como *pax romana* dos dois primeiros séculos do Império, e uma tradição de serviço aos imperadores e ao Império que levou muitos homens para a carreira pública e lhes concedeu o *status* aristocrático sem impor-lhes as tradicionais obrigações dos senadores romanos. A importância do Senado nesse processo evoluiu de sua função política inicial para o papel de representar uma ordem na sociedade romana.

Junto à carreira senatorial regular, tanto em seu aspecto militar como em seu aspecto civil, mas sem nenhuma distinção clara ou formal entre ambos, desenvolveu-se uma série de oportunidades para os homens pertencentes à ordem dos cavaleiros. Essas oportunidades provinham

Esquerda: Os generais romanos do princípio da época imperial, assim como os da República, eram senadores em uma sociedade em que os êxitos bélicos estavam reservados para os profissionais, mas eram considerados parte de um estilo de vida integrado que incorporava tanto a distinção civil como a militar. No denominado sarcófago "Clemência", do final do século II (Roma), aqui reproduzido, a ideologia se mostra invertida: o defunto é apresentado no papel de geral vitorioso entre sua guarda pessoal e seus troféus, generoso com os inimigos derrotados e recebendo a coroa de uma figura da Vitória.

Divisões lingüísticas do Império e relação das condições geográficas com a distribuição das cidades. A distribuição das povoações urbanas se baseia mais no desenvolvimento físico das cidades que em seu *status* jurídico, podendo este último encobrir funções econômicas muito variáveis. Nas províncias mais setentrionais, a importância da cultura das vilas deve ser novamente destacada (página 82). No Sul e no Leste, na borda do deserto, a relação entre a urbanização e os 250mm de pluviosidade anual é surpreendente: cada uma das cidades localizadas fora desses limites depende de um oásis ou do fornecimento artificial de águas das distantes montanhas por um sistema de canais. A correspondência da área do cultivo da oliveira com a urbanização é também evidente.

da possibilidade de assumir cargos como as procuradorias, das quais já dissemos algo; eram cargos administrativos relacionados com as posses provinciais do imperador, mas comportavam uma ampla série de funções em que o procurador desempenhava um importante papel junto ao governador oficial da província. Do ponto de vista do jurista Ulpiano, quando um assunto afetasse tanto os interesses do procônsul quanto os do procurador imperial, o primeiro "deveria abster-se" (*Digesto*, 1.16.9). De tal ponto de vista, o procurador podia chegar a ser governador das províncias menores, correspondentes ao *status* dos cavaleiros. A culminação do sistema de promoção eram as altas prefeituras (ver página 74).

É importante não exagerar os aspectos formais inerentes a tais carreiras. O elemento principal para a promoção de um indivíduo, tanto neste como em outro tipo de carreiras, era seu acesso aos patronatos efetivos ou o eventual reconhecimento de seus méritos pelo imperador em um momento de sorte, enquanto outros passavam despercebidos. Mas uma carta de nomeação de Marco Aurélio a um procurador promovido insistia na necessidade de fazer-se merecedor do favor do imperador pelo vigor e pela integridade de sua conduta. Evidentemente, isso supõe linhas de conduta inerentes ao cargo enquanto tal. O fato de que o cargo da procuradoria se definisse pelo salário que lhe correspondia ("centenariado" e "ducenariado", conforme recebessem um salário anual de 100.000 ou de 200.000 sestércios) sugere que estamos diante de sintomas incipientes de um sistema "burocrático". Isso é muito importante para o estudo das origens do Estado romano tardio.

As qualificações financeiras dos candidatos aos cargos públicos garantiam que os membros dessa "aristocracia imperial de serviços" seguissem procedendo das classes altas de proprietários. Não eram burocratas especializados por sua origem ou educação, mas homens educados na cultura literária tradicional do Império Romano. Julgava-se que uma educação literária proporcionava as qualidades morais necessárias para ser um bom governador, e até final do Império não houve outras qualificações especializadas que se considerassem relevantes.

Governo e retórica

Os processos efetivos de governo do Império Romano continuaram quase os mesmos desde os Flávios até os Severos. Os imperadores comumente não tinham por si mesmos grandes iniciativas, salvo em questões de política militar, nem estavam preparados para fazê-lo. Não possuíam meios (e nem sequer sentiam necessidade de fazê-lo) para consultar a opinião pública; por outro lado, tampouco podiam idealizar os instrumentos de atuação política que nos governos modernos são naturais. Os governadores provinciais administravam as províncias a seu bel-prazer, com a única limitação de uma linha geral marcada pelos imperadores. A administração financeira das cidades era uma das poucas áreas em que os imperadores intervinham, e o foram fazendo com maior intensidade à medida que o tempo passava, em parte pela nomeação de funcionários instruídos para supervisionar a organização financeira das cidades, em parte exigindo o consentimento do imperador ou do governador provincial nos acordos municipais sobre matérias financeiras. Em geral, os imperadores governavam respondendo às consultas que lhes eram feitas. Se uma comunidade desejava dirigir-se diretamente ao imperador, fazia-o mediante um acordo tomado de forma conveniente pelo conselho e pela assembléia, que era enviado ao imperador, algumas vezes em forma de carta através do governador da província, e outras mediante uma embaixada que apresentava o caso apoiando o acordo. As inscrições mostram que a participação nas embaixadas e em seu financiamento era uma das formas de munificência cívica que praticaram com mais freqüência os dirigentes das comunidades locais.

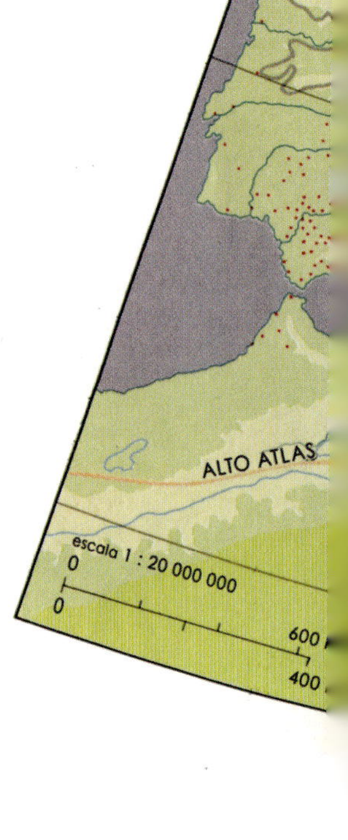

Acima: A cunhagem romana – como esta emissão de Trajano – exemplifica algumas vezes o que um observador moderno denominaria política social. Aqui é ilustrado o "programa alimentar" em virtude do qual os benefícios financeiros obtidos dos impostos sobre as fazendas locais eram entregues às crianças das cidades italianas. A moeda recolhe belamente um espírito de caridade paternalista com as crianças estendendo as mãos para receber os benefícios do imperador.

O procedimento normal de uma embaixada, como ilustram numerosas histórias e os conselhos dos livros de prática retórica, era muito simples: ela se apresentava diante do imperador, mostrava-lhe o acordo e expunha a defesa do caso o mais persuasivamente possível. Esses procedimentos, naturalmente, dependiam do uso da retórica (que era precisamente a arte da persuasão), e é com esse fundo de utilidade prática que podemos entender, ao menos em parte, o imenso prestígio que alcançou a retórica no Império da era antonina. O movimento literário conhecido como "segunda sofística" se caracteriza por um amálgama de cultura filosófica e literária que teve como resultado a que foi denominada "oratória de concerto", na qual freqüentemente se total liberdade ao brilho pessoal. O marco de referência dessa oratória (que sobrevive sobretudo em grego, com alguns exemplos em latim) se assentava na literatura do passado, especialmente em Homero, e nos escritores e oradores gregos dos séculos V e IV a.C. Por exemplo, quando um sofista árabe se dirige ao imperador Caracala na Germânia, ele se compara a Demóstenes quando se apresentou valentemente diante de Filipe da Macedônia; embora a comparação possa parecer exagerada e remota, todos os ali presentes a consideraram apropriada para a ocasião, e ela criou o fundo de simpatia e compreensão próprias para a adoção de soluções práticas. Sugeriu-se que, fazendo menção constante ao passado remoto, os gregos do Império Romano viam compensada sua carência de poder político significativo. Isso é verdade em parte; por outro lado, essa malha cultural proporcionava um modo de comunicação entre os indivíduos e entre as comunidades e seu imperador.

A munificência cívica: o caráter da era antonina

No período dos Flávios aos Severos, alcançou-se o mais alto grau de prosperidade no Império. As ruínas abundantes que se conservam desse período nas cidades provinciais são por si mesmas, segundo Gibbon, a prova de que as províncias eram "a base de um Império comedido e poderoso". As inscrições dos prédios e dos monumentos, bem como as comemorativas em honra dos benfeitores públicos, mostram que essa grandeza cívica se deveu aos dirigentes das cidades, que atestavam, assim, seu compromisso público e o desejo de aumentar seu prestígio pessoal. Os notáveis, que podem ser identificados com os mais opulentos da

classe dos conselheiros provinciais, assumiram esse labor com um espírito de complacente generosidade para atender não só às diversões de suas cidades, mas também a muitas de suas necessidades materiais, como a distribuição de trigo e vinho, a calefação nos banhos públicos, a organização de jogos, a limpeza e iluminação das ruas e a manutenção da ordem no campo, bem como a supervisão de muitos aspectos de sua administração financeira e legal. Eram homens dessa classe os que viajavam para fora do país como embaixadores e ofereciam seus serviços como expressão de seu orgulho e munificência cívicos. No final do século II e princípio do III, começam os indícios de que esse espírito de munificência que sustentava a vida pública das cidades no começo do Império estava sendo substituído por uma tendência a recusar os cargos públicos e suas obrigações. Não se conhece plenamente o alcance nem as causas dessa tendência a evitar os cargos públicos que, se se generalizasse, teria ameaçado seriamente a prosperidade cívica do Império. Um fator parece haver sido a crescente influência, na classe dos decuriões, de uma minoria de membros particularmente opulentos dessa ordem, conhecidos como *principales virin*, cujas rivalidades internas e com os vizinhos de outras cidades tendiam a elevar o custo da munificência a um nível que só eles podiam suportar; ao mesmo tempo, sua influência política lhes permitia, com mais êxito que seus colegas, evitar as cargas cívicas menos atraentes.

Outro possível fator pode achar-se na crescente intromissão imperial nos assuntos municipais. A partir do final do século I, os imperadores tinham começado a intervir de modo mais direto na organização financeira das cidades, enviando, por exemplo, funcionários ou *curatores* para supervisionar as diversas cidades e impor, desse modo, linhas de referência mais estritas aos governadores provinciais. A correspondência de Plínio, o Jovem, nomeado no tempo de Trajano governador da província da Bitínia e do Ponto, nos permite conhecer as atividades de um governador senatorial enviado com instruções para controlar de perto as finanças das cidades de sua província, pois "em muitos aspectos", escreveu Trajano, "se mostra necessitado de correção". Essa preocupação do governo com as finanças municipais parece ter-se devido mais aos gastos descontrolados que a apuros financeiros reais: as cartas dirigidas a Trajano por Plínio refletem problemas como a má administração dos fundos municipais, a realização de projetos de construção demasiado ambiciosos e depois abandonados, e o desfalque de fundos públicos por particulares, mais que a escassez monetária. Se isso era verdade no Ponto e na Bitínia, com mais razão poderia aplicar-se à província adjacente, e com riquezas mais espetaculares, da Ásia Menor. Tanto a Bitínia e o Ponto como a Ásia Menor mostram outro traço que inevitavelmente atraía a atenção do imperador: a inquietação municipal gerada nas comunidades pela concorrência entre membros das classes superiores para conseguir influências e pelas rivalidades interurbanas de Éfeso e Esmirna, na Ásia, ou de Nicéia e Nicomédia, na Bitínia. Isso levou à criação de facções combatentes e a revoltas que os imperadores – como é obvio – não podiam ignorar.

Episódio da época de Nero que ilustra – em uma pintura mural de Pompéia – as revoltas acontecidas entre pompeianos e visitantes da vizinha Nucéria durante as lutas de gladiadores. Os tumultos – em que levaram vantagem os pompeianos por serem mais numerosos, e em que "muitos nucerianos tiveram de chorar a morte de crianças ou parentes" e muitos outros voltaram para casa feridos (Tácito) – tinham começado com a troca de insultos entre os dois lados durante os jogos, embora a violência com que estes se davam expressasse a profunda rivalidade existente entre as duas cidades. Essa rivalidade é confirmada por alguns grafitos de Pompéia, como "Nucerinis infelicial" ("azar para os de Nucéria"). O episódio culminou com o fechamento do anfiteatro por dez anos. Isso ilustra as circunstâncias em que uma competição em uma cidade ou entre cidadãos desembocava em violência destrutiva e na conseguinte restrição da autonomia local.

A prosperidade cívica sob os Antoninos procedia de uma feliz combinação entre dois fatos potencialmente contraditórios: consciência pública e individualismo. A combinação se baseava no reconhecimento clássico da virtude como essencialmente pública ou cívica. Ao mesmo tempo, o século II se caracterizou pelo desenvolvimento de uma concepção mais pessoal do indivíduo (ver páginas 176-177). Isso comportou o incremento da popularidade, por exemplo, das religiões de salvação pessoal, como o culto de Ísis (recordado no livro décimo da *Metamorfose*, de Apuleio) e, naturalmente, o cristianismo. Outra fonte, o *Livro do sonho*, de Élio Aristides, é um documento no qual se relatam as relações de um indivíduo com seu deus tutor, o senador Esculápio, que na narrativa de Aristides expressa a seu devoto sua própria personalidade através de sonhos e visões. Aristides era um neurótico hipocondríaco, mas a hipocondria não é outra coisa senão uma preocupação pessoal; e foi considerada como uma das características mais inquietantes da era antonina, encarnada talvez pelo tremendo prestígio do médico Galeno. A fama individual dos sofistas e dos mestres da segunda sofística, baseada em seus talentos pessoais, é exposta pelo biógrafo deles, Filóstrato, que também escreveu um relato da vida e das viagens de um famoso sábio que fazia prodígios, chamado Apolônio de Tiana. Ele (a quem se dedicou um culto) fazia milagres pelos quais depois foi comparado a Jesus Cristo; Apolônio pode ser considerado um dos filósofos e homens sábios de inspiração religiosa, tal como Peregrino e Alexandre Abounoteichos, apresentados com intenção satírica nos escritos de Luciano.

Assim, podemos encontrar o caráter essencial da era antonina no equilíbrio entre o individualismo privado e a munificência cívica, que se complementam mutuamente.

TERCEIRA PARTE

AS PROVÍNCIAS DO IMPÉRIO

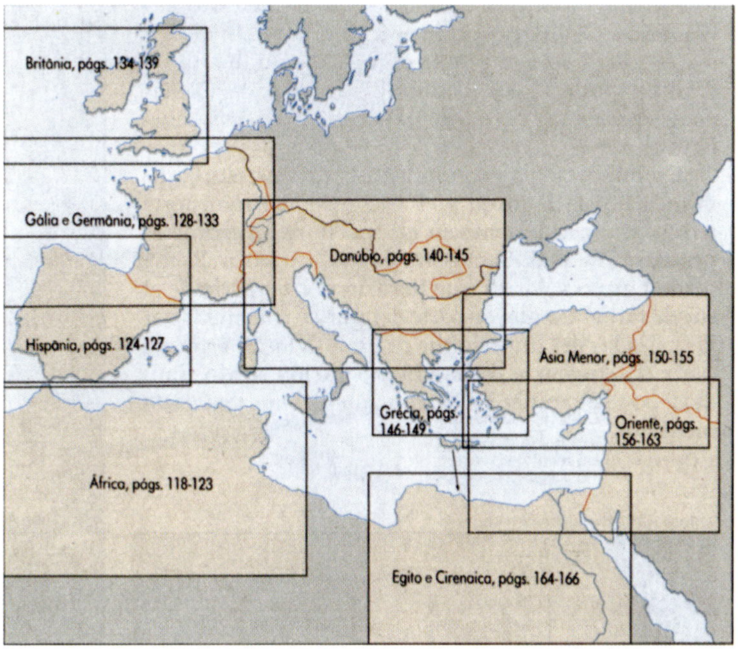

As comunicações no mundo romano

As calçadas retas, meticulosamente traçadas e construídas, do Império Romano se contam entre seus monumentos mais duradouros: seus característicos traçados se estendem por todas as partes, desde a Escócia até o deserto da Síria. De início, foram construídas com propósitos militares, o que tinha implícito o *cursus publicus* ou serviço de correio imperial para uso dos funcionários autorizados. Os viajantes em geral contavam com postas ou *mansiones* nos lugares em que a distância entre duas povoações implicava mais de um dia de caminho.

As calçadas logo tiveram usos econômicos e um volume considerável de tráfego comercial. Exigiu-se o pagamento de impostos nas fronteiras entre províncias, e no final do Império foram designados funcionários públicos para inspecionar os veículos e evitar sobrecargas. O custo de sua manutenção recaiu em parte sobre as comunidades, através das quais passava a via e que participavam de seus benefícios.

A importância econômica das vias era limitada pela lentidão e pelo alto custo do transporte terrestre, especialmente no caso das mercadorias pesadas: era mais barato transportar trigo para Roma partindo do Egito e da África do que levá-lo por terra do Sul da Itália. A maior parte do tráfego comercial pelas calçadas do Império foi de âmbito local. Por outro lado, a eficiência da administração se viu limitada pela rapidez física com que deviam viajar as mensagens.

Esquerda: Rua principal pavimentada ou *decumanus* da colônia romana de Timgad (ver página 123). Ela levava ao acampamento de legionários de Lambaesis e às planícies do Sul da Numídia; foi construída por iniciativa imperial.

Acima: Pedra miliária próxima do arco de Severo em Lepus Magna que assinala o comprimento da rota (70km) para as terras interiores.

Página anterior, abaixo, esquerda: Carruagem puxada por cavalos de um relevo gaulês-romano, com passageiros sentados no teto e no interior, ao modo das diligências. Sua solidez mostra a natureza laboriosa das viagens por terra mesmo nas calçadas do Império Romano.

Página anterior, acima, esquerda: A ponte de Trajano sobre o Danúbio em Drobeta (segundo representação simplificada da coluna de Trajano) foi projetada pelo famoso arquiteto Apolodoro de Damasco. O historiador Cássio Díon a considerava uma das maiores realizações de Trajano: "Tem 20 pilares de pedra esquadrada, 45 metros de altura – sem contar os alicerces – e 18 de largura. Tinha uma distância de 36m de uma estrutura a outra, que se uniam através de arcos". Sua construção foi um milagre da engenharia, em águas "tão profundas, tão cheias de redemoinhos e sobre um leito tão lodoso". Quando, após a morte de Trajano, a superestrutura foi demolida para reduzir as possibilidades de acesso pelo lado dácio, os pilares permaneceram em seu lugar "como se tivesse sido erguidos somente para demonstrar que nada há que o engenho humano não possa levar a efeito".

Página anterior, centro: As rotas do Império Romano, as "calçadas do diabo" da época medieval, estão com freqüência enterradas sob os modernos sistemas viários das antigas províncias. Na fotografia aérea, pode-se ver a Fosse Way, estrada de Exeter a Lincoln que atravessa Somerset e cujo traçado reto contrasta com os meandros das rotas locais.

O mapa Peutinger

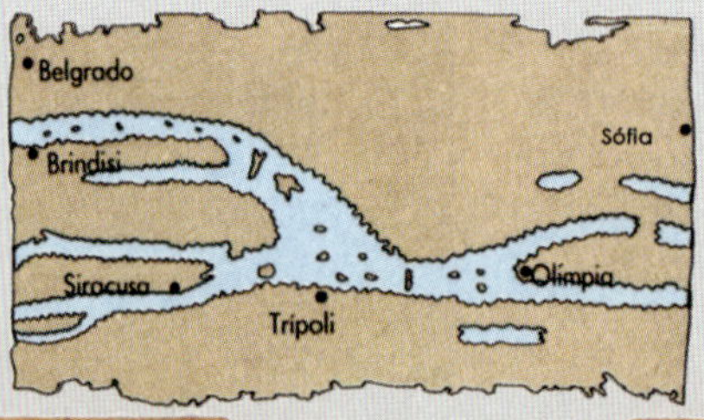

O mapa Peutinger, cópia do século XIII de um original romano tardio, deve seu nome a um secretário municipal de Augsburgo, que o herdou em 1508 do erudito humanista Konrade Celtes. Em forma de carta de navegação alongada (6,80 x 0,34m), o mapa mostra o

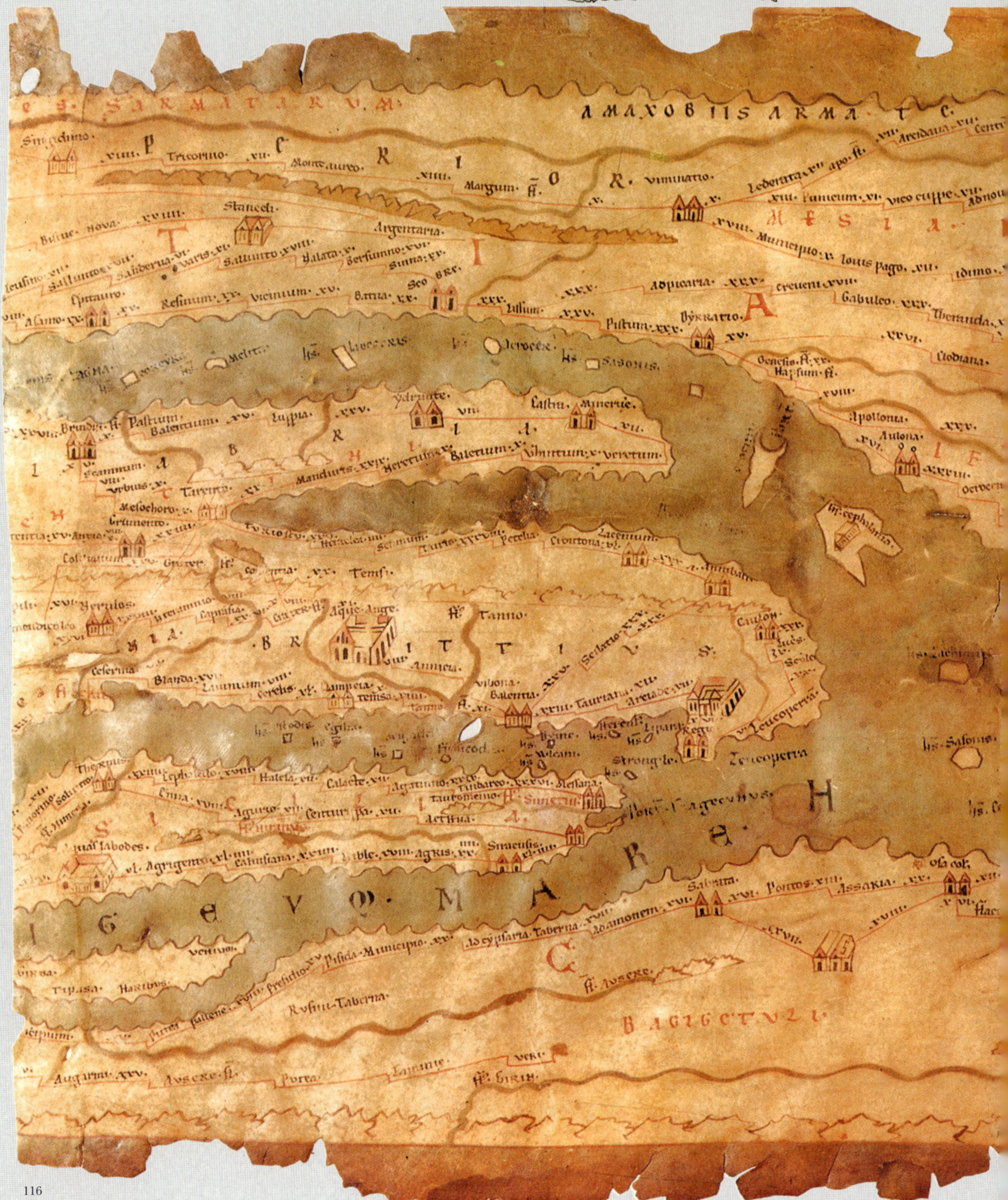

mundo conhecido da Britânia à Índia, embora as áreas mais ocidentais tenham desaparecido. A projeção distorcida é patente na seção VI, que reproduzimos. As massas de terras aparecem em faixas horizontais, separadas pelos mares Adriático e Mediterrâneo. São indicados os rios e as montanhas, e as populações são representadas por grupos de pequenos prédios, tal como nas ilustrações da *Notitia Dignitatum* (ver páginas 118 e 124, e para as imagens mais elaboradas de Roma e Óstia, página 92). No entanto, o mapa não deve ser considerado uma tentativa de alcançar precisão geográfica, embora algumas vezes o consiga pela perfeição dos detalhes. É antes um diagrama esquemático para o viajante, já que indica as povoações, a distância entre elas e sua localização no sistema de calçadas. O mapa descreve a geografia do Império Romano, em grande parte, da mesma forma como um plano do sistema de ferrovias metropolitanas pode explicar a configuração efetiva dos distritos pelos quais passa.

A ÁFRICA

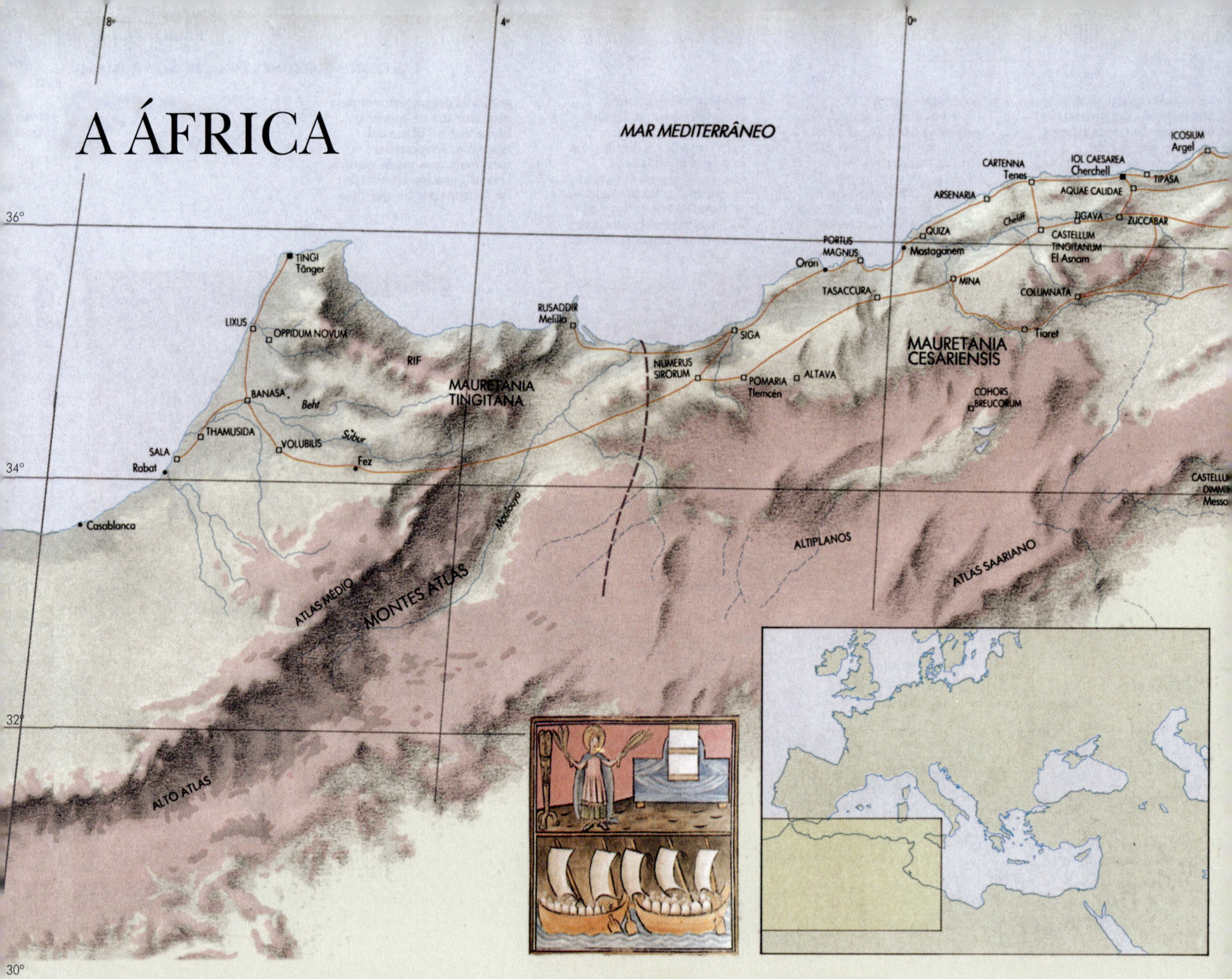

A urbanização da África foi rápida e relativamente uniforme, mesmo se se leva em conta sua diversidade: no Leste sobre povoações púnicas, e mais a oeste romanizando centros nativos. A penetração da província seguiu a direção das montanhas que avançam de oeste para leste, dificultando as comunicações do interior com o mar. Os Montes Aurés, rodeados e dominados ao longo do século II, eram custodiados pela única fortaleza de legionários de Lambaesis, reforçada pela colônia em Timgad. Os nativos do interior mantiveram sua identidade: segundo o historiador Amiano (29.5.28), uma confederação reuniu durante quatro séculos de rebelião pessoas "diversas em sua cultura e na variedade de suas línguas", presumivelmente dialetos do "líbio".

A África romanizada foi uma das províncias mais bem articuladas do Império. Famosa como pátria de advogados, dela surgiram também numerosos senadores e *equites* e figuras literárias distintas. Devido a seus laços com o Oriente, logo recebeu o cristianismo, e no século IV, sob o impulso da rivalidade entre católicos e donatistas, desenvolveu uma estrutura episcopal avançada.

A economia da África era estreitamente vinculada ao mundo exterior, nem sempre em benefício da província. Por um lado, estava seu famoso azeite de oliva, proveitosamente exportado. Por outro, a África abastecia Roma de trigo em condições pouco favoráveis. A evidente riqueza da província poderia ter sido maior se não fosse a ganância de ultramar.

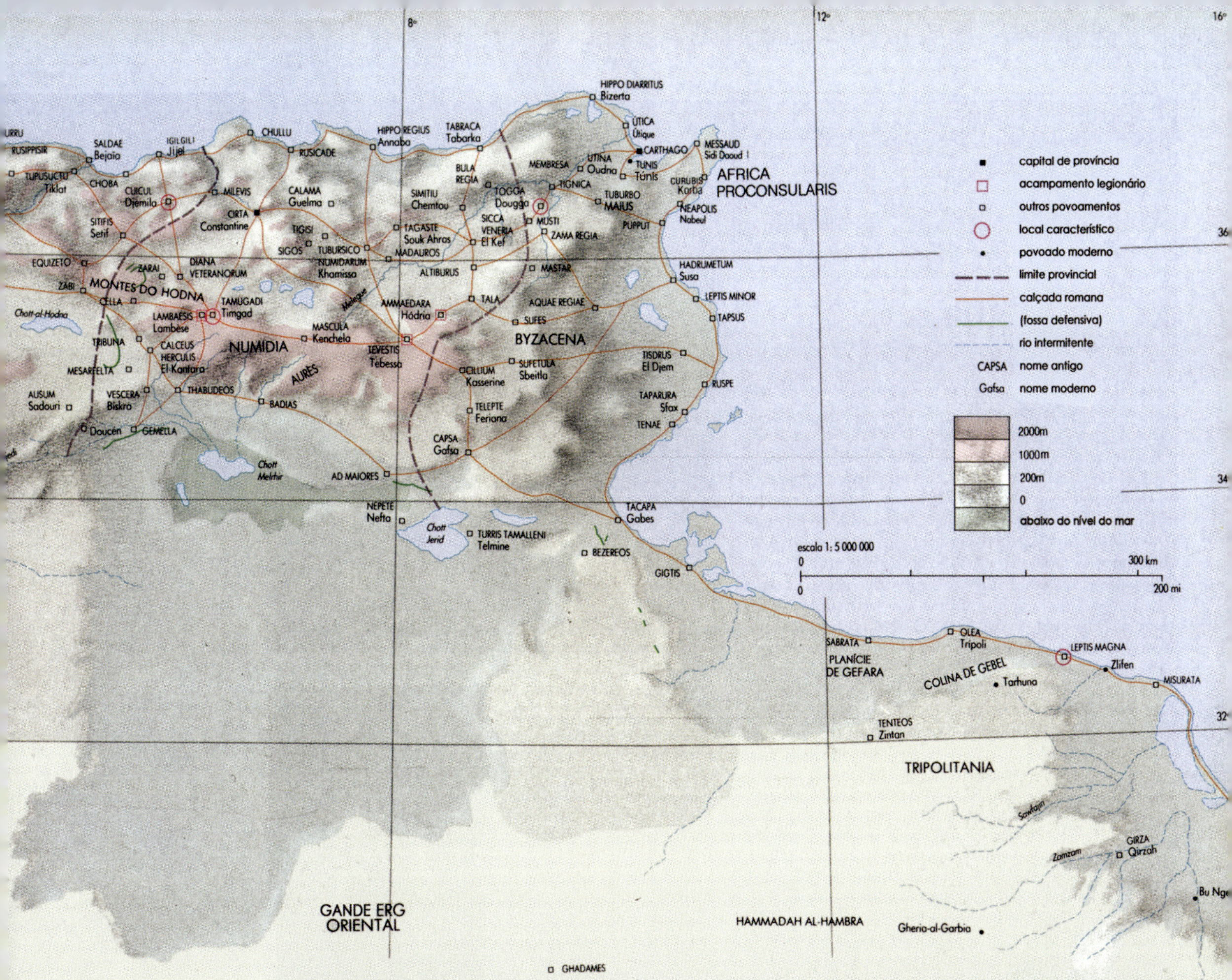

Acima: O mapa mostra claramente o alinhamento de terras de oeste para leste. O "extremo Oeste" da Mauritânia, isolado pelo deserto e pela terrível distância, era, no final do Império, governado como parte da diocese da Hispânia.

Página anterior, esquerda: A imagem da *Notitia Dignitatum* simboliza claramente o papel da África no Império no século IV. Rodeada pelas insígnias do procônsul (ver página 202), a mulher da parte superior agita espigas de trigo; abaixo estão as embarcações carregadas de sacos de trigo que zarpam para Roma.

Página anterior, abaixo: O camponês vertendo vinho representado em um mosaico do Museu Bardo de Túnis ilustra os traços imutáveis da vida rural. Ele está sentado diante de uma choça coberta de palha, construída no estilo tradicional nativo e chamada em púnico *mapalia*.

Direita: Cartago se abastecia de água de um manancial próximo a Zaghouan, a mais de 50km de distância. A água chegava à cidade através de um magnífico aqueduto que cruza um vale próximo a Uthina, onde era represada em amplas cisternas cobertas.

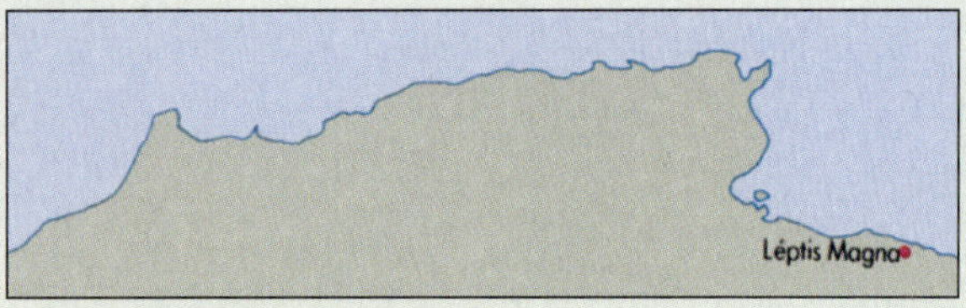

Léptis Magna

Léptis Magna foi uma das três cidades que deram nome ao distrito da Tripolitânia (e à moderna Trípoli). Fundação púnica, talvez do século V a.C., pouco se sabe de sua história inicial, embora a riqueza da Léptis púnica se evidencie em seu pagamento de um talento diário a Cartago e na multa de três milhões de libras de azeite que depois lhe impôs Júlio César por haver tomado parte na resistência africana a ele. O desenvolvimento de Léptis foi contínuo durante os primeiros séculos do Império, com duas fases especialmente notáveis: a primeira sob Augusto, momento em que a cidade construiu novos monumentos financiados por membros da aristocracia púnica ainda dominante. A segunda no tempo em que o imperador Septímio Severo, o filho mais famoso da cidade, visitou Léptis e mandou construir nela um foro e uma basílica novos, modernizou o porto e erigiu a imponente colunata que desembocava em uma praça monumental, junto aos banhos de Adriano.

No final do Império, Léptis conservou sua prosperidade, embora com certas limitações. Foi lugar de residência do governador da Tripolitânia, sendo um período com numerosas inscrições, mas com escassos restos de construções novas. No século IV, Léptis e as cidades vizinhas se viram ameaçadas por incursões tribais procedentes do deserto. Sob os vândalos, a fortuna da cidade declinou bruscamente, e após a reconquista bizantina ela permaneceu longo tempo deserta. A opulência de Léptis provinha em parte da indústria e do comércio. Mas sua principal fonte de riqueza foi o desenvolvimento agrícola do *hinterland* urbano, baseado na oliveira e no trigo.

Acima: O grande foro de Severo e a basílica vistos do oeste, para além do mercado e do Chalcidicum da época augustal (em primeiro plano). Estes prédios, como o teatro que aparece na página seguinte, foram construídos por membros da aristocracia púnica da cidade. Ao longe se vislumbra o fértil território costeiro de que dependia a riqueza de Léptis.

Direita: Detalhe de uma das duas pilastras da basílica de Severo, que depois foram reutilizadas para ladear uma abside da igreja construída sobre suas ruínas por Justiniano. Mostra cenas relativas a Dioniso (Liber Pater), um dos deuses patronos de Léptis. O outro par correspondente de pilastras mostra cenas da vida de Hércules. O estilo da escultura apresenta estreitas afinidades com a arte imperial da Ásia Menor.

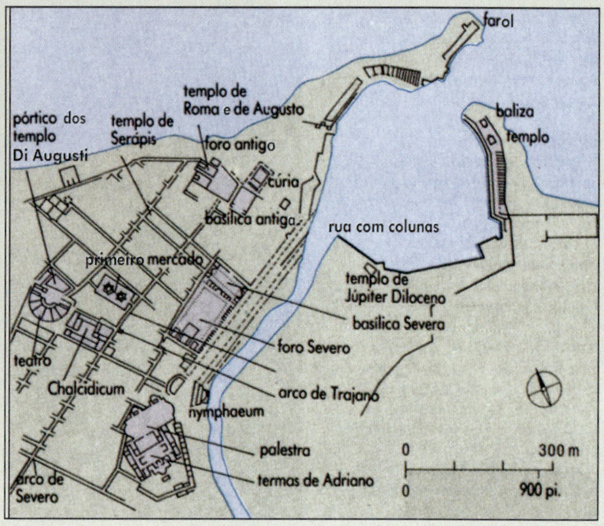

Esquerda: A povoação púnica ficava no promontório ocidental do porto; no plano do lugar, podem-se ver claramente as rotas que se dirigiam para oeste ao longo da costa e os campos ao sul de Léptis, e sua influência no posterior desenvolvimento da cidade. A ampliação da primeira povoação é sugerida pela distância que há entre o porto e o foro antigo e o teatro, construído sobre um antigo cemitério púnico. A superfície da cidade romana em seu apogeu só se pode apreciar por referência à área ainda por escavar. O circo ficava a uma distância de 1.000m do cais oriental do porto, mas a área entre os dois pontos ainda está por explorar.

Acima: O teatro foi construído nos séculos I-II d.C. pelo nobre púnico Annobal Rufo, filho de Himilcão Tapápio, cuja inscrição-dedicatória – belamente gravada em latim e em púnico – pode ser vista na fotografia da esquerda. Atrás da plataforma da fachada, acrescentada no tempo dos Antoninos, há um átrio e um pórtico construídos no tempo de Cláudio que encerram um pequeno templo em honra dos Di Augusti ou imperadores deificados. O título *ornator patriae* da inscrição recolhe uma expressão púnica que comemora a munificência cívica. O título *sufes*, magistrado cívico equivalente ao duúnviro romano, desapareceu em 110 d.C., quando Léptis se transformou em colônia romana. O último a usá-lo foi Septímio Severo.

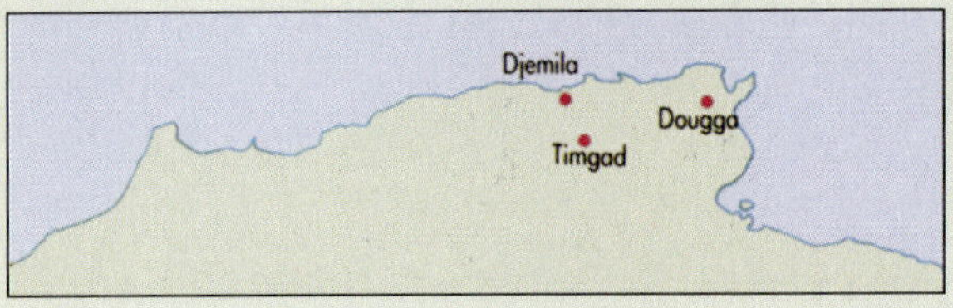

Dougga

Dougga (antiga Thugga) se localiza em uma sólida posição defensiva, aproximadamente 90km a sudoeste de Cartago. Muito antes da chegada dos romanos, já era uma cidade próspera. Sua população original era uma mescla de púnicos e líbios nativos: entre seus monumentos, há um Mausoléu do final do século III ou princípio do II a.C. erigido em memória de um príncipe númida com uma inscrição em púnico e líbio. Após sua anexação à nova província da África, os habitantes de Dougga conservaram suas próprias instituições, coexistindo pacificamente com uma comunidade de cidadãos romanos dependente de Cartago. Dougga não se transformou em município romano senão no princípio do século III. O traçado irregular de suas ruas (*abaixo, à direita*) e construções, que sobem em terraço na encosta, revelam suas origens. No entanto, Dougga adquiriu as características próprias de uma cidade provincial romana: templo dos deuses capitolinos, foro e senado etc. A riqueza da cidade, procedente da exploração das planícies baixa\s, se manifesta na magnificência de algumas de suas construções públicas, sobretudo seu teatro, construído em 168-9 d.C., e o templo de Caelestis.

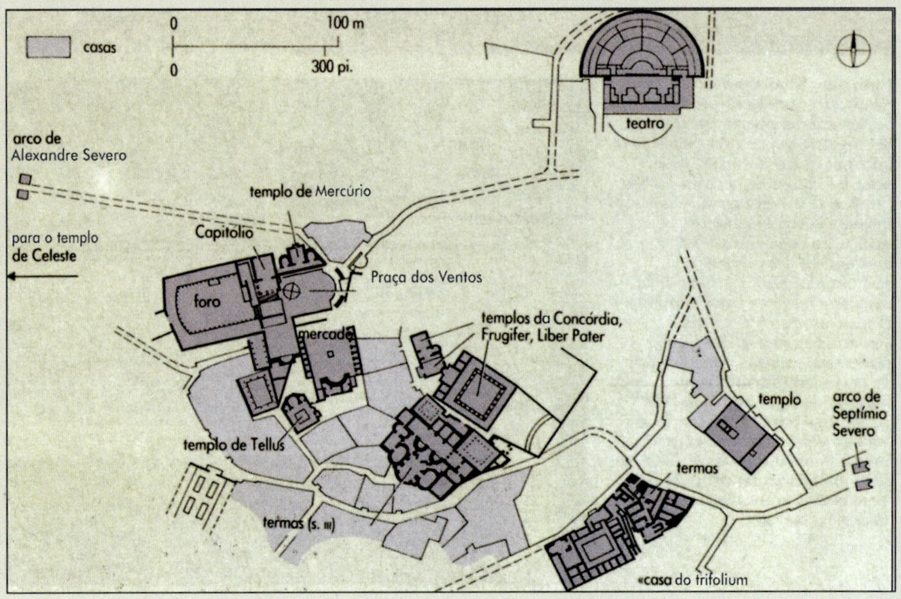

Abaixo: O plano das ruas de Djemila ilustra claramente o curso do desenvolvimento da cidade; a disposição regular da fundação original contrasta com o traçado mais fortuito das ruas na zona que se desenvolveu no século II. A função arquitetônica do foro Severo e da basílica como elementos de união da cidade, agora mais alongada, é visto claramente. A denominação usual do setor sudeste do sítio arqueológico como "bairro cristão" é completamente falsa. Os monumentos cristãos foram construídos na área residencial desenvolvida no século II, mas isso não é razão para supor que tenha havido qualquer período em que esse bairro de Djemila fosse cristão quando o restante continuava a ser pagão.

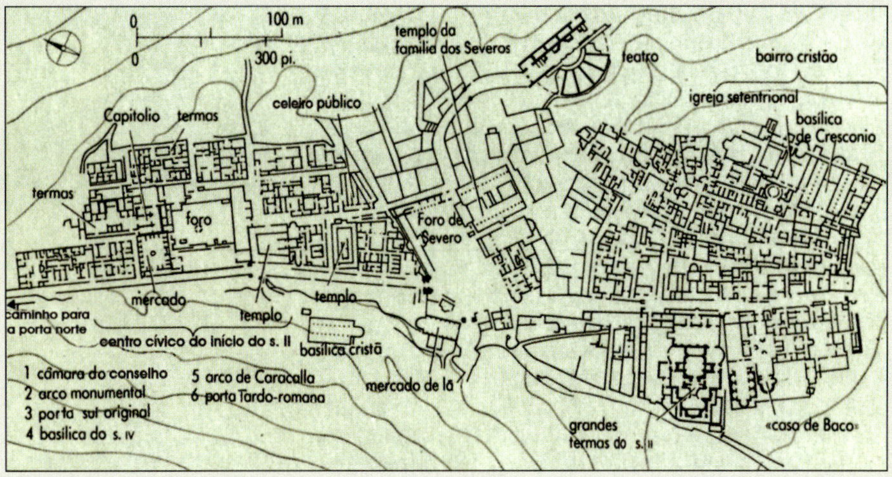

Abaixo: O arco de Severo em Timgad assinala a entrada para a fundação colonial original pela rota de Lambaesis. Ele ocupa o lugar da porta oeste, que junto, com a muralha ocidental, foi ultrapassada pelo crescimento de Timgad no século II.

Djemila

A cidade de Djemila (antiga Cuicul) foi fundada no tempo de Nerva ou Trajano como mais uma colônia de veteranos na rota que levava de Sicca Veneria (El Kef) a Cirta (Constantine); Cuicul recebeu logo colonizadores de outras partes da África e cresceu rapidamente, transbordando sua localização original. Estendeu-se para o sul e sobre a colina, atrás da povoação colonial; a construção no século II do complexo do teatro e dos banhos nesse distrito deslocou o núcleo da cidade para fora de seu centro original; o equilíbrio foi restabelecido com a criação de um novo foro, de uma basílica e de outras construções monumentais no período dos Severos. Cuicul manteve sua importância no final do Império Romano e no período bizantino. No século IV, foram construídas igrejas, e as casas, tanto desse distrito como da zona do foro antigo, nos proporcionaram mosaicos tardios de qualidade excepcional. A prosperidade de Cuicul se baseou na exploração de seus recursos agrícolas.

Página anterior, esquerda, acima: O templo capitolino de Dougga foi consagrado em 166-167 graças à generosidade da mesma família que financiou o teatro. Por estarem localizados na encosta de uma colina da cidade, o foro principal e os prédios públicos anexos cobriam seus flancos melhor que as grades frontais e o frontão. O muro que circunda a base do templo data do tempo da reconquista bizantina da África.

Página anterior, esquerda, abaixo: O mosaico que representa um homem pescando de uma rocha com uma linha e redenho procede de um cômodo da "Casa de Dioniso e Ulisses". É de forma convencional destinada a reforçar o caráter marítimo das cenas representadas em outros mosaicos do cômodo: Ulisses passando pela rocha das sereias e o encontro de Dioniso com os piratas tirrenos.

Timgad

O traçado perfeitamente regular de Timgad (antiga Thamugadi), que aparece tão claramente na fotografia aérea (*esquerda*) como em qualquer plano urbano, mostra as circunstâncias de sua fundação em 100 d.C. como colônia de veteranos da terceira legião, estacionados em Lambaesis. Em meados do século II, a colônia já tinha superado os limites de seu recinto original. Como se percebe, os novos subúrbios se desenvolveram com certa desordem com relação aos projetos dos planificadores militares. A fundação foi próspera e possuiu todas as distrações da civilização (incluindo pelo menos quatorze construções de banhos hoje identificadas). Dispôs de uma biblioteca e, no século IV, entre suas numerosas igrejas, de uma grande basílica donatista.

HISPÂNIA

A colonização romana da Península Ibérica foi dirigida, em primeiro lugar, para o litoral oriental e para o vale do Rio Bétis (Guadalquivir). Nas cidades dessas regiões, houve desde muito cedo famílias senatoriais: um orador de Corduba fundou uma das principais dinastias literárias do começo do Império, enquanto um legado imperial de Itálica era pai do primeiro imperador provinciano.

As montanhas do Norte e do Noroeste não foram subjugadas senão nas guerras cântabras de Augusto. Embora também fossem urbanizadas, tais áreas conservaram em grande parte seu caráter nativo (o basco é uma língua pré-romana), e se manteve uma legião (em Leão) para assegurar sua estabilidade.

De certo modo e em conseqüência de sua pequena guarnição, a contribuição da Hispânia para os principais acontecimentos políticos do Império Romano não teve proporção com sua importância social e econômica. A rebelião que se produziu na península no "ano dos quatro imperadores" desempenhou um papel transcendente na desagregação política do Império no princípio do século V.

A Península produzia metais preciosos e cobre, especialmente nas minas de Riotinto, vale situado a noroeste de Huelva, e em Vipasca, perto de Beja (Pax Julia), em Portugal. Entre outros produtos, as exportações de vinho para Roma alcançaram grandes proporções nos dois primeiros séculos.

A cristianização chegou logo. Os documentos do Concílio de Elvira (Illiberis), em 306, dão notícias das demarcações (ver página 179), da organização e das preocupações morais da Igreja pré-Constantino. O imperador segoviano Teodósio fomentou na Hispânia a intolerância católica, apoiado em disposições legais, para a cristianização do Império; a Hispânia fez do mestre asceta Prisciliano o primeiro mártir "herege".

A Península Ibérica sofreu consideráveis invasões no século V; mas aos séculos de ocupação romana se seguiram as ocupações visigoda e árabe, conferindo logo a seu panorama cultural uma complexidade quase única.

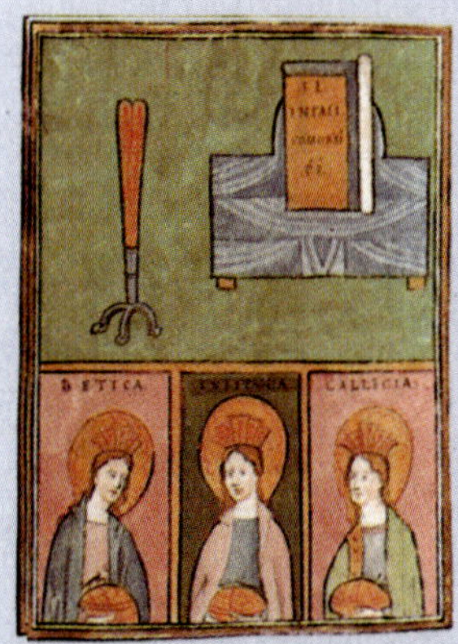

Acima: A Hispânia na *Notitia Dignitatum*. As províncias da diocese são simbolizadas por mulheres portadoras de coroas murais e com cestas que representam os impostos em espécie das províncias. Ao *vicarius*, como ao procônsul da África (página 118), corresponde o tinteiro, que simboliza sua alçada judicial (ver página 203).

Abaixo: O esplêndido conjunto de cavalos procede de um mosaico de circo de uma vila próxima a Barcelona. Aparecem os nomes de dois cavalos: Pa(n)tinico ("ganhador") e Calimorfo ("formosura"): a substituição da *ph* por *f* é comum no latim tardio. A Hispânia era, no século IV, um importante produtor e exportador de cavalos de corrida.

GOLFO DE BISCAIA
MAR MEDITERRÂNEO
PIRINEUS
CORDILHEIRA CANTÁBRICA
SERRA DA A DEMANDA
SERRA DE GUADARRAMA
SERRANIA DE CUENCA
SERRA DE GREDOS
MONTES DE TOLEDO
SIERRA MORENA
SERRA NEVADA
TARRACONENSIS
ILHAS BALEARES
PORTUS VICTORIAE
FLAVIOBRIGA
IULIOBRIGA Retortillo
UXAMA BARCA Osma
ARACELI Araquil
POMPAELO Pamplona
IACA Jaca
IUNCARIA Figueras
EMPORIAE Ampurias
LANCIA
SEGISAMO Sasamón
VIROVESCA
LIBIA Leiva
VAREIA
CALAGURRIS Calahorra
GRACCURIS Alfaro
CASCANTUM Cascante
OSCA Huesca
AESO Avella
AUSA Vich
GERUNDA Gerona
IESSO Guisona
PALLANTIA Palência
TURIASCO Tarazona
AUGUSTOBRIGA
NUMANTIA Numância
RAUDA Roa
CLUNIA
SEPTIMANCA Simancas
UXAMA ARGELA Burgo de Osma
CAESARAUGUSTA Saragoça
ILERDA Lérida
BAETULO Badalona
BARCINO Barcelona
CELSA
TERMES
BILBILIS
TARRACO Tarragona
CAUCA Coca
ARCOBRIGA Arixa
SEGONTIA Sigüenza
SEGÓVIA
DERTOSA Tortosa
AVELA Ávila
COMPLUTUM
CARACA
ERCAVICA
TITULCIA
CAESAROBRIGA Talavera de la Reina
SEGOBRIGA Cabeça de Griego
TOLETUM Toledo
AUGUSTOBRIGA Talavera la Vieja
VALERIA Valera Vieja
LEIRIA (EDETA) Leira
SAGUNTUM Sagunto
VALENTIA Valência
CONSABURA Consuegra
LAMINIUM
LIBISOSA Lezuza
SALTIGIS
SAEBATIS Játiva
DIANIUM Denia
AD ARAS
ORETUM
SISAPO Almadén
ILICI Elche
LUCENTUM Alicante
MELLARIA Fuente Ovejuna
CASTULO Cazlona
BEGASTRUM Cehegín
EPORA Montoro
CORDUBA Córdoba
OBULCO Porcuna
UCUBIS
TUCCI Martos
ASTIGI Écija
CARTHAGO NOVA Cartagena
BASTI Baza
ACCI Guadix
ILLIBERIS
URSO Osuna
ANTICARIA Antequera
ABDERA Adra
MURGI
URCI Huercal
ARUNDA Ronda
MALACA Málaga
CALPE Gibraltar
Pisuerga
Duero
Ebro
Nogueira
Tagus
Turia
Cabriel
Jucar
Guadiana
Segura
Genil
POLLENTIA Pollensa
Palma de Mallorca
MAIOR Mallorca
MINOR Menorca
MAGO Mahón
capital de província
acampamento legionário
outros povoamentos
local principal
povoado moderno
limite provincial
BASTI estrada romana
(EDETA) nome primitivo
Baza nome posterior
2000 m
1000 m
200 m
0 m
escala 1: 3 400 000
0
200 km
0
150 mi
3°
0°

Itálica

Itálica, cidade natal de Trajano e Adriano, embora fosse a comunidade mais antiga de cidadãos romanos na Hispânia, demorou a obter o *status* de município. Eclipsada durante muito tempo pela cidade romanizada de Híspalis (Sevilha), Itálica sofreu uma transformação na época de Adriano, sendo remodelada ao gosto helenístico em voga. Teve um imenso anfiteatro com capacidade para 25.000 espectadores, dificilmente justificável pela população da cidade, e magníficas casas com elegantes mosaicos. O desenvolvimento de Itálica foi sempre até certo ponto artificial; a partir do século III, ela cedeu a primazia a Sevilha.

Abaixo, esquerda: Finos mosaicos no piso de uma casa escavada no setor norte de Itálica. Datam do tempo em que Adriano embelezou a cidade. As esculturas conservadas são de inspiração grega, e é possível que nelas trabalhassem artesãos gregos.

Direita: O famoso aqueduto de Segóvia. Seus 128 arcos atravessam o centro da cidade ao longo de 800 metros.

Página seguinte, abaixo, direita: A ponte de Alcântara sobre o rio Tejo. Com cerca de 200 metros de comprimento, por ela passava a calçada romana entre Norba (Cáceres) e Conímbriga (Coimbra), na Lusitânia.

Segóvia

Segóvia, cidade romana de relativamente pouca importância e antiga fortaleza celta, é famosa principalmente por seu magnífico aqueduto, que levava água desde a nascente de um rio, a uma distância de aproximadamente 16km, até um ponto de distribuição no *castellum*, onde se abastecia o município. Assim como a ponte de Alcântara, o aqueduto de Segóvia é um belo exemplo da transformação dos serviços cívicos conseguida pela combinação da técnica e engenharia romanas com as iniciativas locais.

Alcântara

A ponte de Alcântara é um exemplo particularmente notável de iniciativa e cooperação pública sob o Império Romano; sua construção foi iniciada por comunidades lusitanas cujos nomes ficaram registrados em inscrições da ponte. A altura da calçada sobre a água do rio pode elevar-se quase ao nível dos arcos. A experiência e o orgulho do arquiteto, C. Júlio Lácer, são eminentemente justificados: em uma inscrição, ele declara que sua realização "perdurará para sempre através dos tempos".

A GÁLIA E A GERMÂNIA

Abaixo, esquerda: A comandância do Dux Tratus Armoricani na *Notitia Dignitatum*. Armórica (aproximadamente Bretanha e Normandia) não era uma província, mas uma comandância costeira. Entre as guarnições representadas, está o *litus Saxonicum* ou "costa saxã" (ver página 171).

A história social das províncias gaulesas foi dominada pelo contraste geográfico entre o Sul urbanizado desde o tempo das colônias gregas – como Massília (Marselha) e Antípolis (Antibes) – e as regiões do Norte e do Oeste do maciço central, conhecidas fundamentalmente como a Gália Comata, "a Gália de cabelo longo". Nessa área, de terras ricas que permitiam a exploração agrícola em grande escala, a região iniciou seu próprio desenvolvimento. As cidades ficavam geralmente muito separadas entre si, e as grandes vilas – como a de Estrées-Sul-Noye (*vide* página 130) – e os santuários rurais – como Sanxay – eram muito freqüentes. Uma terceira área, a zona militar confinante com o Reno, favoreceu o assentamento de uma população de soldados com seus familiares.

Apesar do conservadorismo social da Gália não mediterrânea, emergiu uma importante classe comercial e mercantil, como demonstram os numerosos relevos que ilustram essas atividades. Nesta terra se produziram certas inovações técnicas tanto no uso da força hidráulica quanto na agricultura (ver páginas 182-85).

No final do Império, o equilíbrio cedeu em favor do Norte, quando uma corte imperial instalada em Triéris aumentou os recursos financeiros e materiais e se transformou em centro de uma vasta e crescente burocracia.

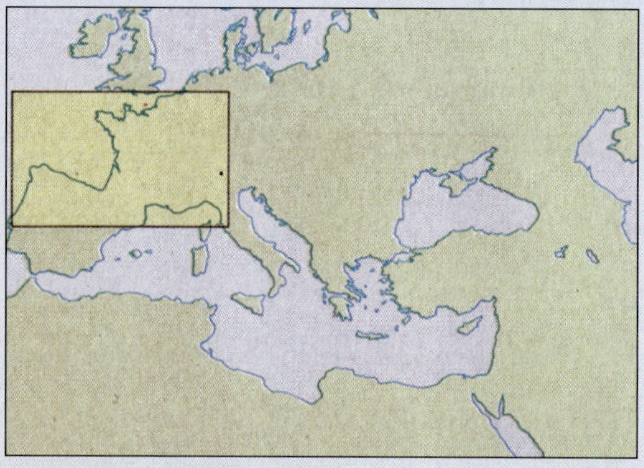

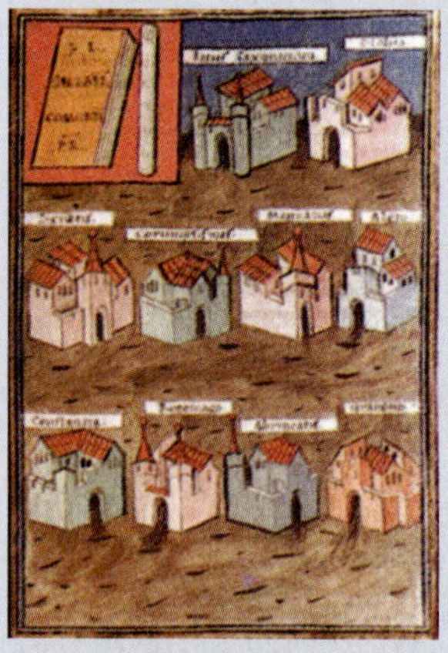

Abaixo destas linhas: A estatueta de bronze de Triéris, que originalmente fazia parte de um conjunto maior, representa um camponês que está trabalhando ao ar livre; provavelmente está governando um arado, como sugerem seu movimento para a frente e suas mãos.

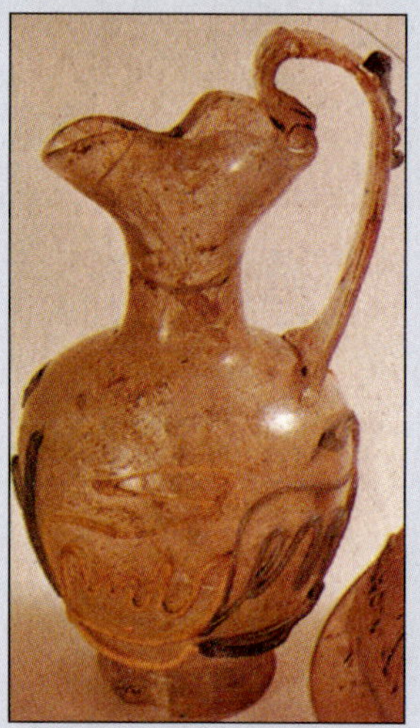

Acima, esquerda: A cidade de Autum (Augustoduno), que logo se destacou durante o Império como centro de estudos liberais. Ela tem um teatro inicial, um anfiteatro e um grande recinto amuralhado com portas monumentais bem proporcionais. Uma destas, a "Porte d'Arroux", se dirige para o norte através do rio.

Acima, centro: A cerâmica vidrada da Renânia era freqüentemente de grande beleza e muito delicada. O jarro da fotografia, com decoração serpenteante, provém de Urdingen.

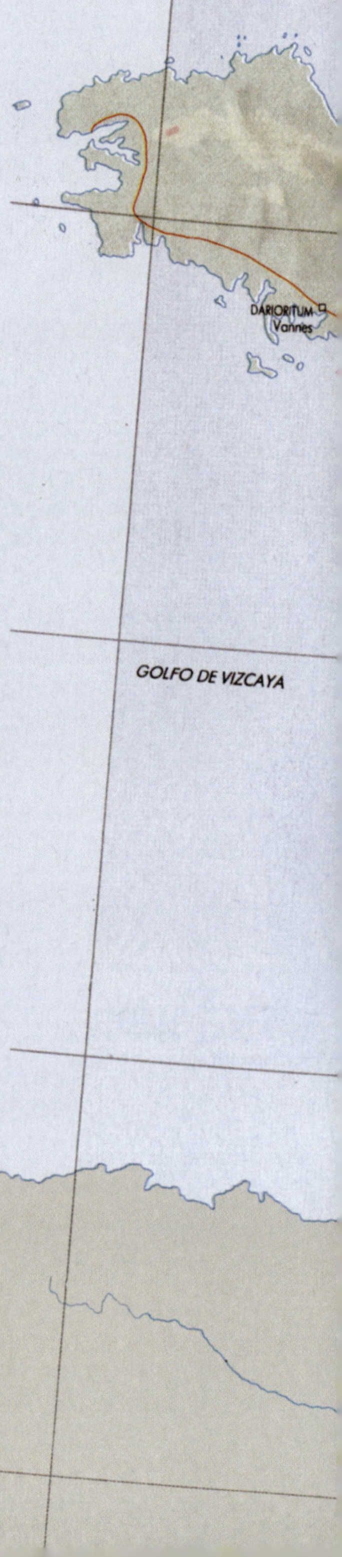

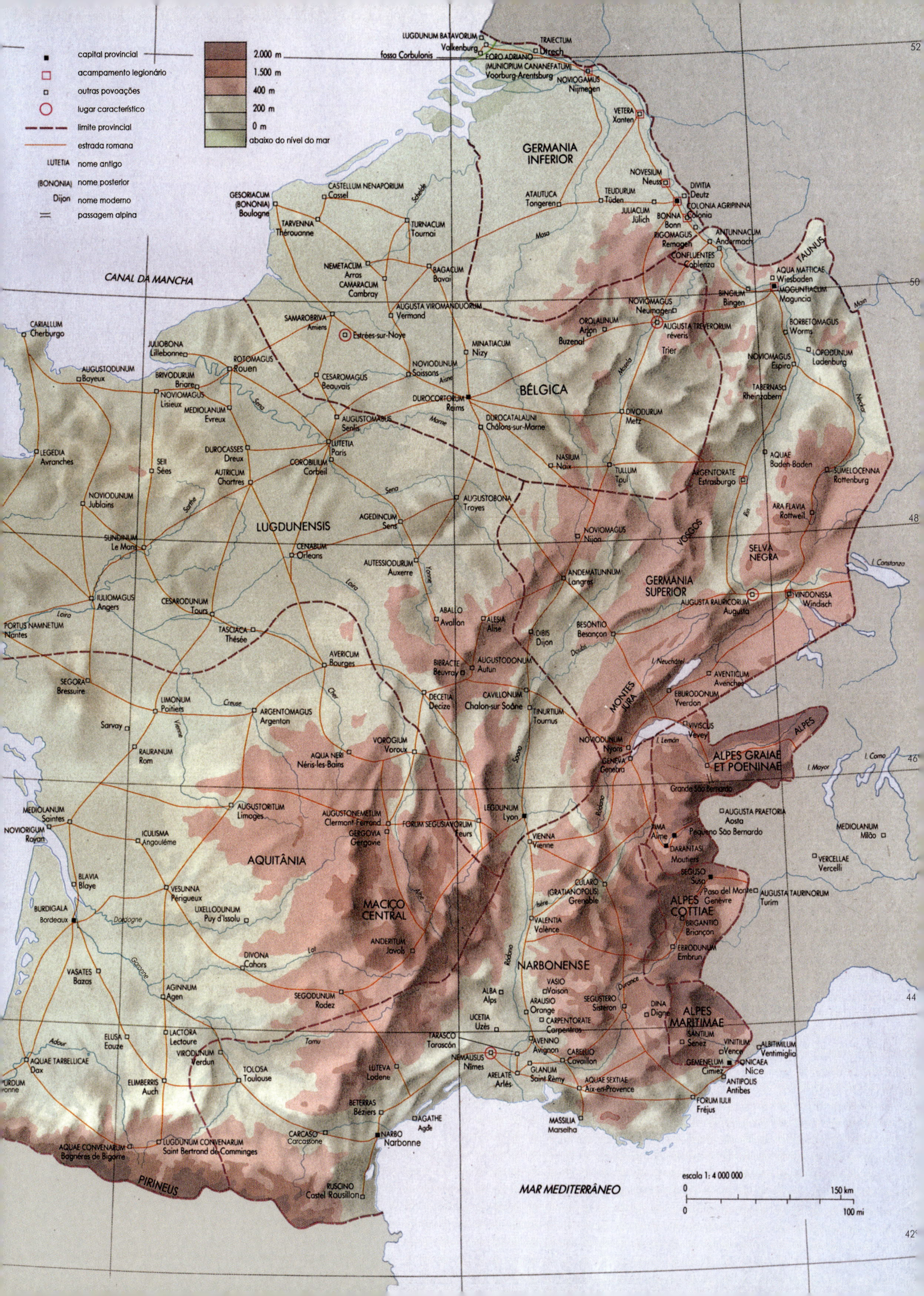
capital provincial
acampamento legionário
outras povoações
lugar característico
limite provincial
estrada romana
LUTETIA nome antigo
(BONONIA) nome posterior
Dijon nome moderno
passagem alpina
2.000 m
1.500 m
400 m
200 m
0 m
abaixo do nível do mar
52
50
48
46
44
42
LUGDUNUM BATAVORUM
Valkenburg
fossa Corbulonis
TRAIECTUM
Utrech
FORO ADRIANI
(MUNICIPIUM CANANEFATUM)
Voorburg-Arentsburg
NOVIOMAGUS
Nijmegen
VETERA
Xanten
GERMANIA INFERIOR
NOVESIUM
Neuss
DIVITIA
Deutz
COLONIA AGRIPPINA
Colonia
ATAUTUCA
Tongeren
TEUDURUM
Tüden
JULIACUM
Jülich
BONNA
Bonn
RIGOMAGUS
Remagen
ANTUNNACUM
Andernach
CONFLUENTES
Coblenza
TAUNUS
AQUA MATTICAE
Wiesbaden
MOGUNTIACUM
Maguncia
BINGIUM
Bingen
NOVIOMAGUS
Neumagen
AUGUSTA TREVERORUM
réveris
Trier
OROLAUNUM
Arlon
Buzenal
BORBETOMAGUS
Worms
LOPODUNUM
Ladenburg
NOVIOMAGUS
Espiro
TABERNAE
Rheinzabern
Main
Neckar
Mosela
Mosa
Schelde
GESORIACUM
(BONONIA)
Boulogne
CASTELLUM NENAPORIUM
Cassel
TARVENNA
Thérouanne
TURNACUM
Tournai
NEMETACUM
Arras
CAMARACUM
Cambray
BAGACUM
Bavai
CANAL DA MANCHA
AUGUSTA VIROMANDUORUM
Vermand
SAMAROBRIVA
Amiens
Estrées-sur-Noye
MINATIACUM
Nizy
CARIALLUM
Cherburgo
JULIOBONA
Lillebonne
ROTOMAGUS
Rouen
AUGUSTODUNUM
Bayeux
BRIVODURUM
Briare
NOVIOMAGUS
Lisieux
MEDIOLANUM
Evreux
CESAROMAGUS
Beauvais
NOVIODUNUM
Soissons
Aisne
DUROCORTORUM
Reims
BÉLGICA
Sena
AUGUSTOMAGUS
Senlis
Marne
DUROCATALAUNI
Châlons-sur-Marne
DIVODURUM
Metz
LUTETIA
Paris
DUROCASSES
Dreux
LEGEDIA
Avranches
SEII
Sées
AUTRICUM
Chartres
COROBILIUM
Corbeil
NASIUM
Naix
TULLUM
Toul
ARGENTORATE
Estrasburgo
AQUAE
Baden-Baden
SUMELOCENNA
Rottenburg
NOVIODUNUM
Jublains
Sarthe
AUGUSTOBONA
Troyes
ARA FLAVIA
Rottweil
AGEDINCUM
Sens
LUGDUNENSIS
SUINDINUM
Le Mans
CENABUM
Orleans
NOVIOMAGUS
Nijon
VOSGOS
Rin
SELVA NEGRA
l. Constanza
AUTESSIODURUM
Auxerre
Yonne
ANDEMATUNNUM
Langres
GERMANIA SUPERIOR
Loira
JULIOMAGUS
Angers
CESARODUNUM
Tours
VINDONISSA
Windisch
AUGUSTA RAURICORUM
Augusta
Loira
PORTUS NAMNETUM
Nantes
TASCIACA
Thésée
ABALLO
Avallon
ALESIA
Alise
DIBIO
Dijon
BESONTIO
Besançon
Doubs
AVERICUM
Bourges
BIBRACTE
Beuvray
AUGUSTODUNUM
Autun
l. Neuchâtel
SEGORA
Bressuire
Cher
DECETIA
Decize
CAVILLONUM
Chalon-sur-Saône
MONTES JURA
AVENTICUM
Avenches
EBURODUNUM
Yverdon
LIMONUM
Poitiers
Creuse
ARGENTOMAGUS
Argenton
TINURTIUM
Tournus
VIVISCUS
Vevey
ALPES
Sarvay
Vienne
RAURANUM
Rom
AQUA NERI
Néris-les-Bains
VOROGIUM
Voroux
NOVIODUNUM
Nyons
l. Leman
ALPES GRAIAE ET POENINAE
l. Como
l. Mayor
GENEVA
Genebra
Grande São Bernardo
MEDIOLANUM
Saintes
AUGUSTORITUM
Limoges
AUGUSTONEMETUM
Clermont-Ferrand
FORUM SEGUSIAVORUM
Feurs
LUGDUNUM
Lyon
AUGUSTA PRAETORIA
Aosta
MEDIOLANUM
Milão
NOVIORIGUM
Royan
ICULISMA
Angoulême
GERGOVIA
Gergovie
VIENNA
Vienne
Ródano
AXIMA
Aime
Pequeno São Bernardo
DARANTASIA
Moutiers
VERCELLAE
Vercelli
AQUITÂNIA
BLAVIA
Blaye
VESUNNA
Périgueux
CULARO
(GRATIANOPOLIS)
Grenoble
SEGUSIO
Susa
Paso del Monte
Genèvre
AUGUSTA TAURINORUM
Turim
Isère
ALPES COTTIAE
UXELLODUNUM
Puy d'Issolu
MACIÇO CENTRAL
BURDIGALA
Bordeaux
Dordogne
VALENTIA
Valence
BRIGANTIO
Briançon
ANDERITUM
Javols
Garonne
DIVONA
Cahors
Lot
EBRODUNUM
Embrun
VASATES
Bazas
NARBONENSE
AGINNUM
Agen
VASIO
Vaison
Durance
ALBA
Alps
ARAUSIO
Orange
SEGUSTERO
Sisteron
DINIA
Digne
ALPES MARITIMAE
SEGODUNUM
Rodez
CARPENTORATE
Carpentras
UCETIA
Uzès
ELUSA
Eauze
LACTORA
Lectoure
Adour
Tarn
TARASCO
Tarascón
AVENNIO
Avignon
SANTIUM
Senez
AQUAE TARBELLICAE
Dax
VIRODUNUM
Verdun
NEMAUSUS
Nîmes
CABELLIO
Cavaillon
VINTIUM
Vence
ALBINTIMILIUM
Ventimiglia
CEMENELUM
Cimiez
NICAEA
Nice
ARELATE
Arlés
GLANUM
Saint Rémy
TOLOSA
Toulouse
LUTEVA
Lodève
AQUAE SEXTIAE
Aix-en-Provence
ANTIPOLIS
Antibes
ELIMBERRIS
Auch
FORUM IULII
Fréjus
BETERRAS
Béziers
AGATHE
Agde
MASSILIA
Marselha
CARCASO
Carcasone
NARBO
Narbonne
AQUAE CONVENARUM
Bagnères de Bigorre
LUGDUNUM CONVENARUM
Saint Bertrand de Comminges
PIRINEUS
RUSCINO
Castel Rousillon
MAR MEDITERRÂNEO
escala 1: 4 000 000
0
150 km
0
100 mi

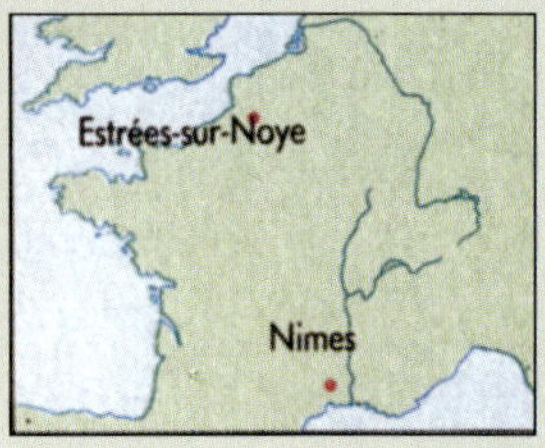

Estrées-sul-Noye

A pesar de ser um lugar relativamente desconhecido, do qual não resta nada em pé, a grande vila rural de Estrées-Sul-Noye (Somme) não é menos típica do desenvolvimento econômico da vida provincial no Oeste que as grandes cidades, como Nimes e Triéris. A vila é uma das muitas do Norte da França encontradas nos últimos anos pelo sistema de fotografia aérea. Abaixo aparece uma reconstituição ideal da vila feita a partir de seu estado atual; consta de uma residência principal na parte mais distante da fotografia, e de um pátio rodeado de barracas e armazéns. Perto do pórtico frontal, acha-se uma construção isolada, presumivelmente um altar. O complexo, em seu conjunto, é uma fazenda auto-suficiente, estabelecimento típico das províncias do Norte do Império. A principal dificuldade para a interpretação socioeconômica desses lugares, que só pode ser superada pelas escavações, é saber quantos estavam ocupadas simultaneamente e quantas foram abandonados ao ser substituídos por outros, próximos.

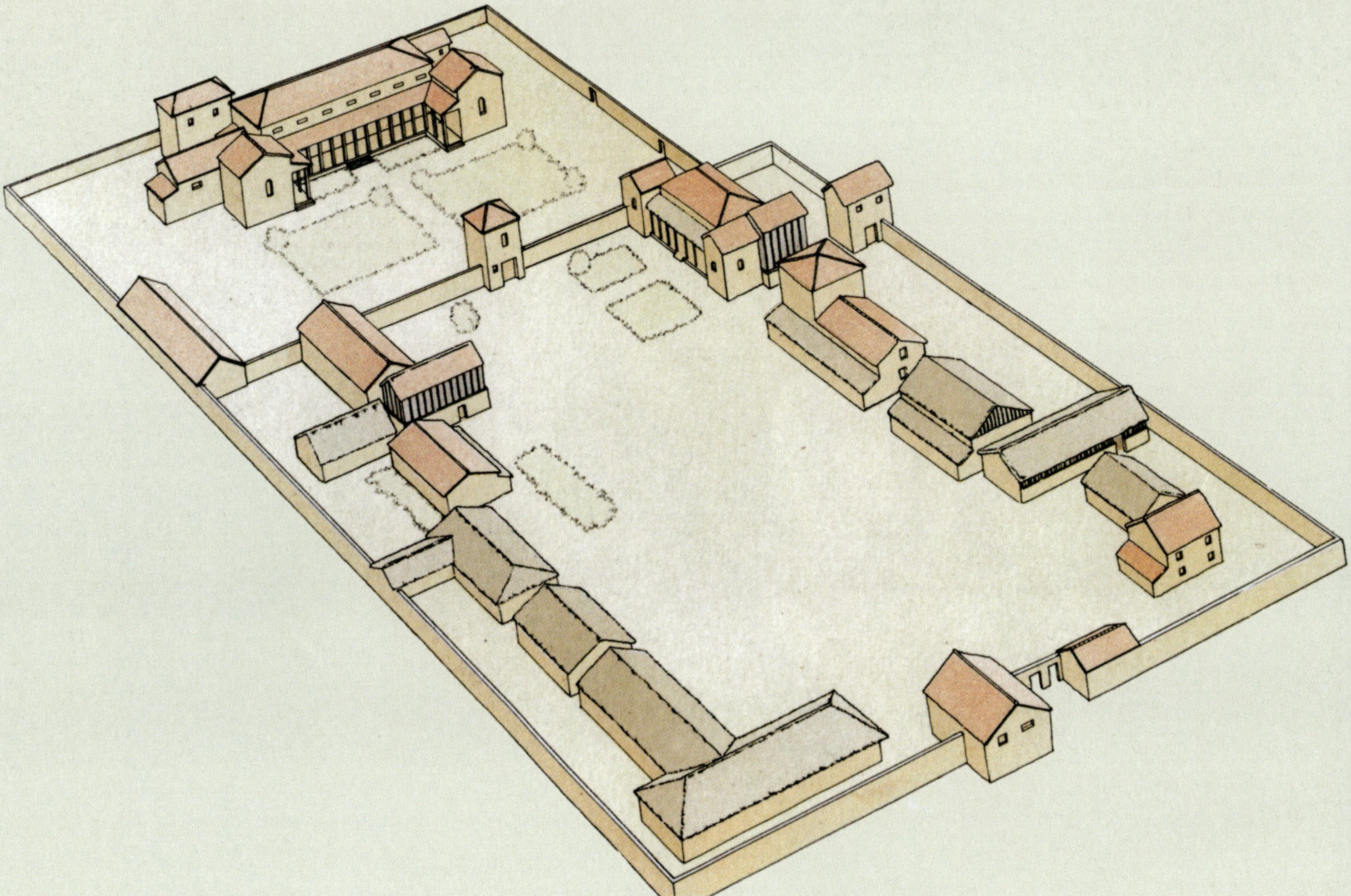

Abaixo: O famoso aqueduto construído no tempo de Augusto sobre o rio Gard (ou Gardon) era parte de uma instalação que transportava água para Nîmes de um manancial perto de Uzés (ver também página 185). A precisão da planimetria e da engenharia aplicadas é impressionante; a água só descia 17m em uma distância de 50km de condução. Ainda podem ser vistas as canteiras locais das quais se extraiu a pedra para a construção do aqueduto.

Esquerda, no centro: Após a captura de Alexandria por Otávio, em 80 a.C., houve gregos do Egito que se estabeleceram em Nîmes; assim o provam as moedas cunhadas com as cabeças de Augusto e Agripa e, no reverso, com um crocodilo com a legenda COL[onia] NEM[ausus].

Esquerda, abaixo: O templo excelentemente conservado no foro da antiga Nîmes, conhecido como "Maison Carrée", foi dedicado aos príncipes Caio e Lúcio César. É um perfeito exemplo do estilo clássico que corresponde exatamente às proporções dadas por Vitrúvio.

Esquerda, acima: O famoso anfiteatro de Nîmes, ainda utilizado para touradas, data do final do século I ou princípio do II.

Nîmes

Nîmes, antiga Nemausus, ficou sob controle romano no final do século I a.C. e se transformou em colônia de cidadãos romanos na época de Augusto. Encravada na principal via de comunicação que ia da Itália à Hispânia e com acesso ao Mediterrâneo, foi uma das cidades mais povoadas e importantes do Sul da Gália. No entanto, sua riqueza não procedia principalmente do comércio, no qual era superada por Narbona, mas da exploração do potencial agrícola de suas terras. Os primeiros senadores que surgiram nela podem ser reconhecidos por seus nomes como gauleses romanizados e proprietários ancestrais das terras, mais que como imigrantes italianos. No século II, foi a cidade natal do imperador Antonino Pio. Além dos monumentos que ilustram esta página, Nîmes possuiu um complexo de banhos e de lagos artificiais alimentados pelo sagrado manancial do deus Nemausus. Essa fonte, totalmente remodelada no século XVIII, ainda pode ser vista; mas outros monumentos, como o circo que outrora a cidade possuiu, desapareceram.

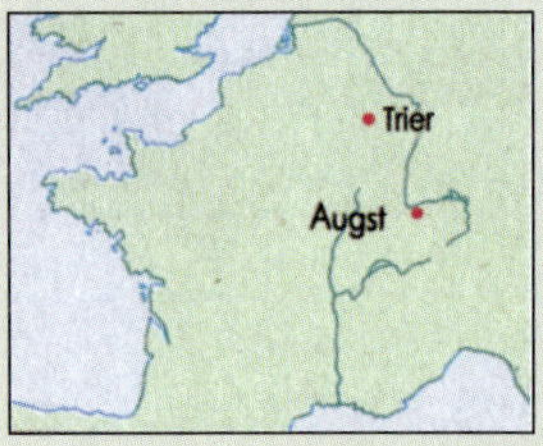

Abaixo: O teatro de Augst foi submetido a várias adaptações, visíveis em fotografias aéreas e de modo mais completo no plano do lugar. Houve primeiro um pequeno teatro de desenho ortodoxo, com alguns assentos de madeira; depois, um anfiteatro (ou combinação de teatro e anfiteatro), e em sua transformação final – por volta de 150 d.C. – um teatro clássico ligeiramente maior, com capacidade para 8.000 espectadores. Coincidindo com essa fase, edificou-se um segundo anfiteatro no Sul. Tudo isso é sinal da expansão da comunidade. As muralhas constam de dois pedaços, mas nunca foram terminadas.

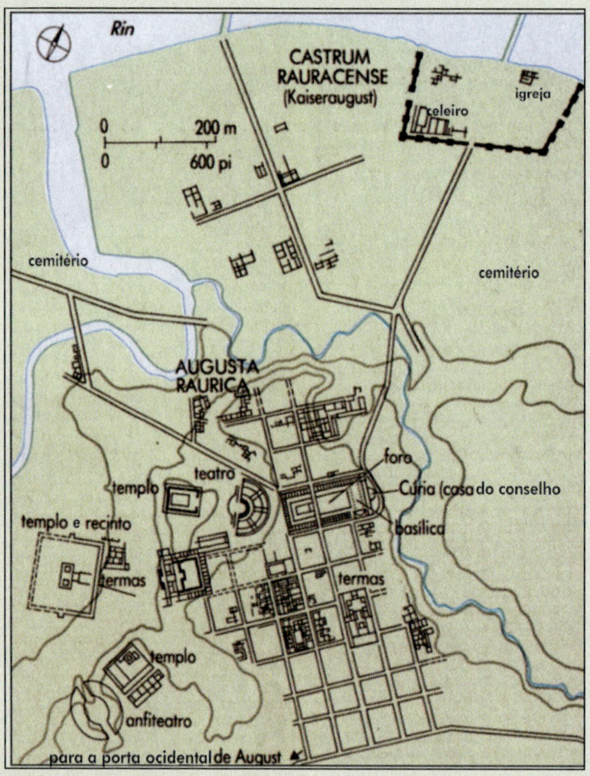

Augst

Augst (Augusta Rauricorum, no período tardio simplesmente Ráuraco) foi fundada como colônia militar em 44 a.C. por um lugar-tenente de Júlio César, em parte para assegurar as recentes conquistas de César na Gália. Foi também importante nas guerras germânicas protagonizadas por Augusto e pelos Flávios. As vantagens defensivas do lugar eram de tipo geográfico; é um planalto com grandes declives em três de seus lados, que se suavizam nas ribeiras do Reno. As escavações revelaram uma cidade variada e bem equipada com ruas com pórticos, teatro e senado, fontes, templos, duas instalações de banhos e estabelecimentos comerciais, incluindo um mercado de embutidos. Assim como outros lugares das províncias do Norte, Augst não teve importantes construções de pedra senão no final do século I d.C. Após as invasões de meados do século III, a população, em aparente declínio, se concentrou na reduzida povoação fortificada de Kaiseraugst. Amiano Marcelino descreveu Ráuraco no século IV como uma cidade situada "na própria margem do Reno". No entanto, Kaiseraugst não deve ser considerada uma povoação totalmente separada da original; é, antes, uma contração da primeira, que comportou um deslocamento de sua área monumental.

Triéris

Triéris foi uma antiga capital dos povos celtas e possivelmente germânicos do Tréveri; perto da cidade há um importante santuário religioso com um recinto nativo, em Altbachtal, e um templo de Lenus Mars, um deus nativo romanizado. O nome de Augusta Treverorum procede da estada de Augusto durante sua visita às Gálias nos anos 15-13 a.C. No princípio do Império, a cidade floresceu com uma prosperidade devida à sua situação geográfica e a uma via fluvial com fácil acesso aos estabelecimentos militares do Reno. A esse período pertencem os banhos conhecidos como Termas dos Bárbaros, o anfiteatro e os restos de grande número de esplêndidas casas particulares. Durante os dois primeiros séculos, Triéris foi um importante centro administrativo como sede do procurador de Belegica e das duas Germânias, e vários de seus naturais aparecem nas histórias escritas. A partir do final do século III, a cidade adquiriu um papel muito importante como a primeira cidade imperial no Ocidente. Os imperadores Constâncio e, sobretudo, Constantino, o Grande, influíram particularmente nesse desenvolvimento; os monumentos mais notáveis da época de Constantino são a grande basílica imperial (Aula Palatina), os banhos imperiais, que faziam parte de um novo "recinto palaciano", e várias igrejas. As palavras de um orador de Triéris no ano de 310 evocam assim o ambiente: "Vejo um grande circo que rivaliza com o de Roma, vejo basílicas, um foro, um palácio de justiça, erguidos a alturas tais que os tornam dignos vizinhos das estrelas, e tudo isso é fruto de vossa presença". Como capital imperial, Triéris atraiu literatos na qualidade de professores e de funcionários. Recebeu embaixadas das províncias e homens da Igreja como Martin de Tours e Ambrósio de Milão, que foram ali por diversas razões. Até sua transferência para Arles no final do século IV ou princípio do V, a prefeitura pretoriana da Gália, da Bretanha e da Hispânia, com seus departamentos anexos, como a casa da moeda e outras oficinas do Estado, teve sua sede em Triéris. A posição da cidade, que lhe tinha dado grandes vantagens nos primeiros tempos, a expôs no século V às incursões dos bárbaros.

Acima: Este afresco de Triéris representa trabalhadores rurais no exterior de uma casa de campo. Há um encapuzado, tal como nos relevos gravados da região ou da Britânia. Provavelmente era uma vestimenta tão apropriada para o clima do Norte daquela época quanto para a atual.

Direita: A grande porta setentrional de Triéris, conhecida como Porta Nigra ou "Porta Negra", e as muralhas da cidade de que fazia parte datam provavelmente do final do século II ou princípio do III; no entanto, a porta é de certo modo um símbolo apropriado do posterior papel da cidade como capital imperial. Na Idade Média, transformou-se em igreja, e à torre oriental foi acrescentada uma abside. O afresco representa talvez a esposa de Constantino; procede do palácio Constantiniano, situado no lugar que posteriormente foi ocupado pela catedral.

A BRITÂNIA

A conquista da Britânia foi provocada em parte por suas relações com a Gália Belga, e sua história social sob o Império Romano é um prolongamento da de sua vizinha continental. As cidades da Britânia, ainda que grandes em extensão, indubitavelmente deviam parecer muito mais difusas e menos monumentais que as mediterrâneas. Como na Gália Comata, as vilas desempenharam um papel proporcionalmente mais importante que as cidades como veículos de vida comercial e agentes da romanização.

A insegurança permanente ao norte da muralha de Adriano fez com que a Britânia sempre necessitasse de uma importante presença militar. O desenvolvimento da província pode dividir-se em duas metades. Ao sul da Fosse Way, a calçada de Exeter a Lincoln, houve um povoação civil; ao norte e leste dessa linha, a ocupação esteve geralmente sob forte influência militar.

Como no caso da Gália Comata, mas sem as vantagens de uma tardia presença imperial, os nativos da Britânia tiveram pouca participação direta na vida política do Império Romano, exceto no século IV com as reiteradas usurpações. Embora a Britânia tenha exportado materiais como estanho, chumbo e algo de ouro e algumas vezes tenha abastecido de trigo as tropas do Reno, ela dificilmente podia cobrir os custos de sua ocupação. No entanto, não devemos subestimar a qualidade intrínseca da romanização ali conseguida. As cidades romanas, segundo a tradição, tinham sido construídas por gigantes ou pelo diabo, e excitaram a imaginação dos escritores tardios. Assim evocava um poeta anglo-saxão (traduzido por R. Hamer) as ruínas dos banhos romanos: "onde desde havia muito tempo / uma multidão de heróis gloriosos adornados de ouro /... brilhava em suas armaduras e contemplava com seus olhos gemas e tesouros / nesta brilhante cidade de vastos domínios..."

Abaixo destas linhas: Nos símbolos que a *Notitia Dignitatum* aplica aos governadores civis e militares da Britânia, a província é representada idealmente como uma ilha. É mostrada também a insígnia do *Vicarias Britanniarum.*

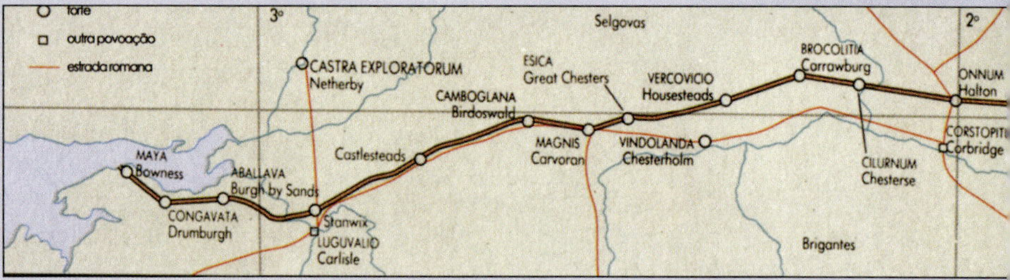

Esquerda, acima: O tesouro Thetford, encontrado em 1979 ao lado da Via Icknield, em Norfolk, é um dos maiores tesouros romanos de ouro e prata encontrados na Britânia. A qualidade das peças sugere sua elaboração no continente no final do século IV. Esta fivela de ouro tem um passador em forma de duas cabeças de cavalo e uma placa retangular com um relevo de sátiro dançante.

Esquerda, abaixo: A inscrição do forte de High Rochester, ao norte da muralha adriana, lembra o trabalho realizado por um destacamento da Vigésima Legião de Chester. As figuras toscamente esculpidas que ladeiam a inscrição são Marte e Hércules, os pertinentes patronos militares. Provavelmente data do princípio do século III, tempo em que houve muitas reconstruções, após a campanha britânica de Septímio Severo.

Acima destas linhas: Este mosaico do século IV, nas termas de uma vila de Somerset, é parte de uma série que ilustra a história de Dido e Enéias. Além de seu moderado erotismo, o mosaico prova que se conhecia a *Eneida* de Virgílio, ou pelo menos seu livro mais romântico. Também Santo Agostinho, quando era estudante no século IV, "chorou a morte de Dido" (*Confissões* 1.13).

Acima: O conceito estratégico da muralha de Adriano (no mapa), uma linha fronteiriça patrulhada e reforçada por uma zona militar de ocupação, tem analogias com outras fronteiras do século II, como a paliçada da Récia (página 108). A muralha, com suas obras anexas, parece servir tanto para o que sucedia atrás como na frente dela. Possivelmente foi projetada para separar e controlar os povos levantinos do Sul e do Norte.

Página dupla seguinte: A muralha de Adriano vista em direção oeste-leste, perto de Housesteads, em um dia de grande contraste paisagístico. Em tais condições, sente-se certa simpatia pelos palmirenos e outros habitantes do Oriente Próximo ali estacionados.

MONTES GRAMPIANOS
Inchtuthil
Tay
Carpow
Muralha Antonina
Inveresk
TRIMONTIUM
Newstead
TERRAS ALTAS DO SUL
BREMENIUM
High Rochester
CILURNUM
Chesters
SEGEDUNUM
Walsend
CASTRA
EXPLORATORUM
Muralha de Adriano
MAYA
Bowness
LUGUVALIO
Carlisle
CORSTOPITUM
Corbridge
PONS AELIUS
Newcastle
CONCAGIO
Chester le Street
MONTES CHEVIOT
ALAUNA
Maryport
VOREDA
Old Penrith
DERVENTIO
Papcastle
VETERAS
Brough
LAVATRAS
Bowes
MONTES CAMBRIANOS
CATARACTONIUM
Catterick
COLINAS DE
YORKSHIRE
MONTES PENINOS
Tees
ISURIUM
Aldborough
Ouse
EBURACUM
York
MAR DO NORTE
MAR DA IRLANDA
BREMETENNACUM
Ribchester
CALCARIA
Tadcaster
PETUARIA
Brough
LAGENTIUM
Castleford
MAMUCIUM
Manchester
NAVIO
Brough
AQUA ARNEMETIAE
Buxton
LINDUM
Lincoln
SEGONTIUM
Caernarvon
VARAE?
Saint Asaph
DEVA
Chester
DERVENTIO
Littlechester
Trent
CAUSENA
Ancaster
BRANODUNUM
Brancaster
VERNEMETUM
Willoughby
PÂNTANOS
VIROCONIUM
Wroxeter
LETOCETUM
Wall
RATAE
Leicester
DUROBRIVAS
Water Newton
VENTA
Caister
MONTES CAMBRIANOS
Caersws
Severn
VENONAE
High Cross
SALINAE
Droitwich
DUROVIGUTUM
Godmanchester
Nene
DUROLIPONS
Cambridge
Alcester
Great Ouse
Wye
MAGNIS
Kenchester
LACTODORUM
Towcester
Great Chesterford
Llandovery
COLINAS DE
COTSWOLD
Avon
MORIDUNUM
Carmarthen
BILESTIUM
Monmouth
GOBANNIUM
Abergavenny
GLEVUM
Gloucester
Alchester
CAMULODUNUM
Colchester
COLINAS DE CHILTERN
CESAROMAGUS
Chelmsford
VENTA
Caerwent
NIDUM
Neath
ISCA
Caerleon
CORINIUM
Cirencester
Dorchester
VERULAMIUM
Saint Albans
LONDINIUM
Londres
Tâmisa
AQUAE SULIS
Bath
CUNETIO
Mildenhall
CALLEVA
Silchester
DUROBRIVAE
Rochester
RUTUPIAS
Richborough
DUROVERNUM
Canterbury
DUBRIS
Dover
PLANÍCIE DE SALISBURY
EXMOOR
SORVIODUNUM
Old Sarum
VENTA
Winchester
LEMANIS
Lympne
LINDINIS
Ilchester
CLAUSENTIUM
Bitterne
PORTUS ADURNI
Portchester
COLINAS DO SUL
ANDERITA
Pevensey
NOVIOMAGUS
Chichester
Fishbourne
DARTMOOR
ISCA
Exeter
Maiden Castle
DURNOVARIA
Dorchester
CANAL DA MANCHA
Escala 1: 2 700 000
0
150 km
0
100 mi
6°
4°
2°
0°
56°
54°
52°
55°
escala 1: 800 000
30 km
20 mi.
SEGEDUNUM
Wallsend
PONS AELIUS
Newcastle
South Shields
capital de província
acampamento legionário
colônia
capital
outro povoamento civil importante
outro povoamento
local característico
calçada romana
calçada romana de curso incerto
canal romano
aqueduto romano
muralha romana
VENTA
nome antigo
Caerwent
nome moderno
500 m
200 m
0
restingas

Silchester

Silchester (Caleva dos atrébates) foi a capital de um dos Estados nativos o *civitates* entregues como reino vassalo ao rei Cogidubno no tempo da conquista de Cláudio. O lugar é formado agora por campos abertos cercados pelos restos dos muros da cidade, unidos a aterros já existentes no final do século II ou princípio do III. De construções modernas, só há uma igreja e uma fazenda perto da porta leste da cidade romana. Os restos do grande anfiteatro são visíveis em seu traçado circular. Sua capacidade foi calculada em 27.000 espectadores, que representavam aproximadamente toda a população adulta. Uma estimativa recente da população de Silchester que dá o número de 1.000 habitantes parece demasiado baixa e não leva em conta as variações estacionais que devem ter sido consideráveis em um centro rural com tão vasto território dedicado à agricultura.

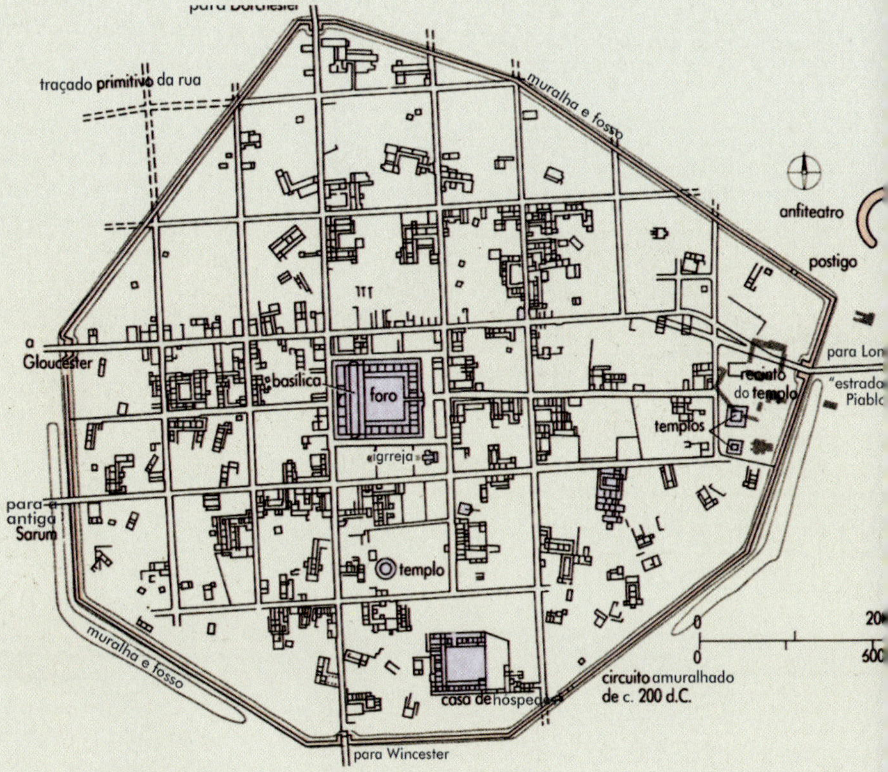

Acima: O plano da cidade tem alguns traços interessantes. O primeiro foro e as termas estão mais ou menos alinhados entre si, mas não com a malha viária; isso sugere que já estavam construídos quando essa malha foi traçada. A rede de ruas situada para além das muralhas sugere que provavelmente a área exterior ainda não estava desenvolvida quando foram construídas as muralhas. A densidade de ocupação é, em todo o caso, muito maior nos aterros; evidentemente, Silchester tinha uma aparência semi-rural fora da área de prédios públicos e administrativos.

Direita: A águia de bronze de Silchester, encontrada na basílica romana, não é, como se supôs de início, um estandarte legionário, mas parte de uma estátua maior situada no conjunto de prédios da basílica.

Abaixo: A fotografia aérea mostra o traçado das defesas romanas nos séculos II e III, o aterro interior – supérfluo pela expansão precoce do povoado – e o esquema regular das ruas. O anfiteatro está situado no bosque da extremidade esquerda do lugar. O caminho que cruza o lugar transversalmente é moderno.

Abaixo: Grande Terma de Bath, alimentada ainda por canalizações romanas; suas medidas são de 24 por 12 m e 1,8 m de profundidade.

Abaixo, direita: O templo da deusa celta Sulis, romanizada como Minerva, foi descoberto em Bath durante a construção da sala de bombeamento, ao final do século XVIII. A cabeça de Medusa, masculina e barbada, com serpentes entrelaçadas como cabelos, é a surpreendente característica central do frontão esculpido do templo. A habilidade decorativa da arte celta é aplicada com esplêndido efeito a um tema clássico levemente adaptado. O vigor estilizado da obra contrasta com a atitude serena da cabeça clássica de Minerva, também de Bath (abaixo), peça de bronze dourado, talvez de uma estátua de culto da deusa, encontrada na Grande Terma no século XVIII.

Bath

A cidade romana de Bath (Aquae Sulis), fundada sob os Flávios, foi uma das muitas povoações do Império Romano que deveu sua longa prosperidade a suas fontes termais. Podem-se encontrar paralelos com facilidade no Império continental, tais como Vichy e Néres-les-Bains, na França, e Baden-Baden e Wiesbaden, na Alemanha. Tal como estes centros, Bath manteve sua popularidade como centro de saúde e de repouso até a época moderna. Em suas águas se encontraram recentemente amostras de contaminação, razão por que elas ficaram imprestáveis para o serviço público. Por causa do contínuo desenvolvimento da cidade, pouco se conhece de Aquae Sulis, além de seus bem conservados complexos de banhos e dos muros da cidade dos séculos II e III, que remanesceram até começo do XVIII.

Esquerda: Os vestígios do palácio de Fishbourne ainda sugerem a excelência do lugar. O mosaico com monstros marinhos e um Cupido com tridente e as asas abertas levado por um golfinho está num aposento da ala norte, reconstruída no século II. É provável que no mosaico trabalhassem vários artesãos; assim foi sugerido pelos diversos modos de execução da obra, evidentes sobretudo nos cavalos-marinhos dos painéis norte e sul, sendo este último de melhor qualidade.

Fishbourne

O palácio romano de Fishbourne, em Sussex, situado na via principal que de Chichester (Noviômago) leva ao oeste, nos foi revelado de forma espetacular em escavações recentes. Ele se erguia na ponta de uma enseada que naquele tempo se adentrava mais que agora, e foi também lugar de depósitos de madeira e de um estabelecimento de navegação que os achados arqueológicos associam à conquista de Cláudio. O palácio inteiramente desenvolvido, do período dos Flávios, foi uma ampliação de uma primitiva residência relacionada com o rei Cogidubno, anteriormente citado, cidadão romano e amigo do imperador Cláudio. A identificação não pode ser provada definitivamente, mas a magnificência do palácio, não superada naquela época nas províncias ocidentais, reforça a candidatura de Cogidubno.

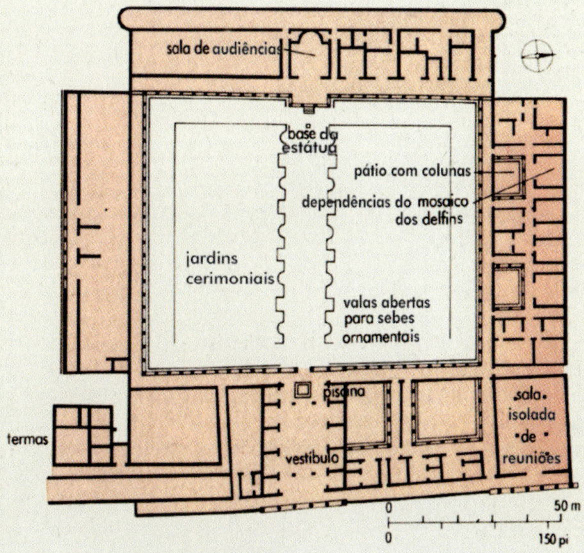

O DANÚBIO

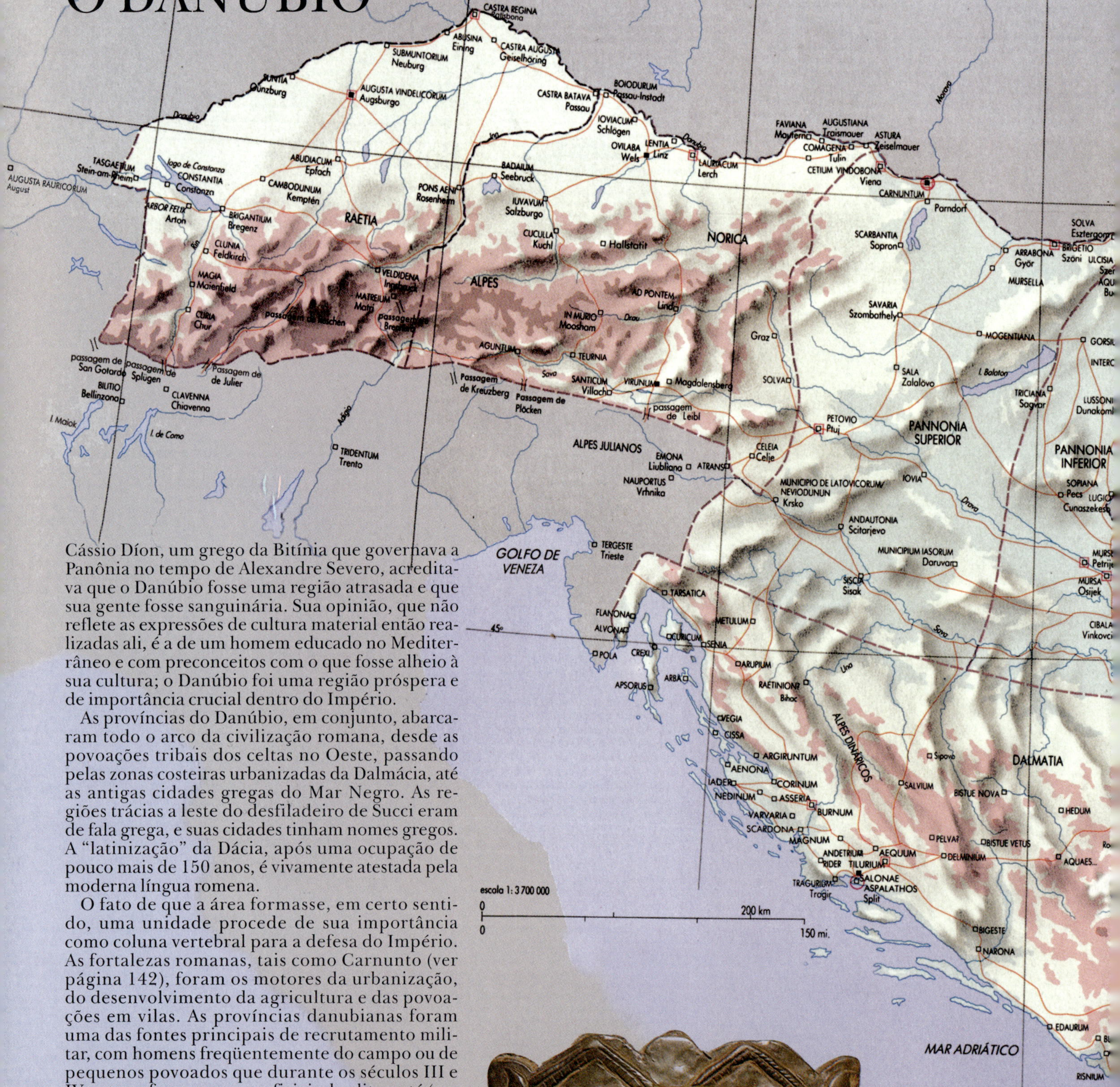

Cássio Díon, um grego da Bitínia que governava a Panônia no tempo de Alexandre Severo, acreditava que o Danúbio fosse uma região atrasada e que sua gente fosse sanguinária. Sua opinião, que não reflete as expressões de cultura material então realizadas ali, é a de um homem educado no Mediterrâneo e com preconceitos com o que fosse alheio à sua cultura; o Danúbio foi uma região próspera e de importância crucial dentro do Império.

As províncias do Danúbio, em conjunto, abarcaram todo o arco da civilização romana, desde as povoações tribais dos celtas no Oeste, passando pelas zonas costeiras urbanizadas da Dalmácia, até as antigas cidades gregas do Mar Negro. As regiões trácias a leste do desfiladeiro de Succi eram de fala grega, e suas cidades tinham nomes gregos. A "latinização" da Dácia, após uma ocupação de pouco mais de 150 anos, é vivamente atestada pela moderna língua romena.

O fato de que a área formasse, em certo sentido, uma unidade procede de sua importância como coluna vertebral para a defesa do Império. As fortalezas romanas, tais como Carnunto (ver página 142), foram os motores da urbanização, do desenvolvimento da agricultura e das povoações em vilas. As províncias danubianas foram uma das fontes principais de recrutamento militar, com homens freqüentemente do campo ou de pequenos povoados que durante os séculos III e IV se transformaram em oficiais de elite e até (ver página 109) ocuparam o cargo imperial. No século IV, particularmente, essas regiões alcançaram o cume de sua prosperidade, graças à presença dos imperadores: "A Panônia", como indica um escrito do século IV, "é uma terra rica em todo tipo de recursos, em frutos, animais, comércio e também em escravos. É a residência permanente dos imperadores e possui grandes cidades, como Sírmio...".

Como dobradiça do Oriente e do Ocidente e por ter de enfrentar a invasão bárbara, as províncias do Danúbio eram um indicador constante do bem-estar do Império. A sobrevivência do Império Romano dependia – como reconheceu Cássio Díon – de sua estabilidade.

Esquerda: A placa de bronze da Panônia, provavelmente de um santuário particular, testemunha a permanente influência das crenças religiosas celtas no começo do império. A figura da direita, associada ao inferno devido ao Cérbero, leva o maço de um deus celta equivalente ao romano Dis Pater, deus do mundo inferior e da noite. A deusa com a serpente é sua consorte, uma versão celta de Perséfone, rainha do Averno.

- capital provincial
- acampamento legionário
- outro povoamento
- lugar característico
- fronteira provincial
- calçada romana
- HERACLEA nome antigo
- (TRAIANOPOLIS) nome posterior
- Istambul nome moderno
- 2000 m
- 1000 m
- 200 m
- 0 m

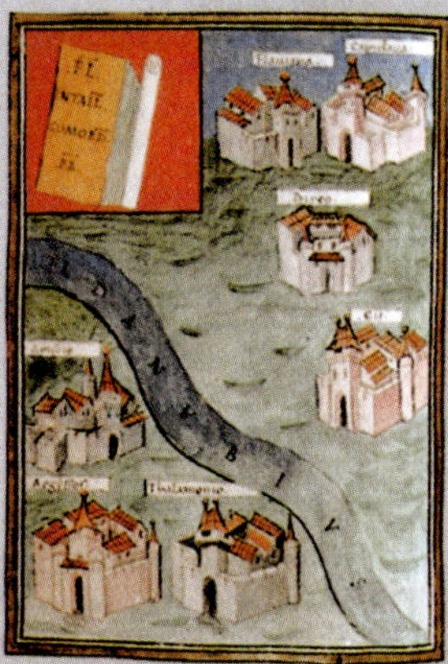

Esquerda: A Cítia aparece na *Notitia Dignitatum* como um grupo de cidades por entre as quais, simbólica e incorretamente, corre o rio Danúbio.

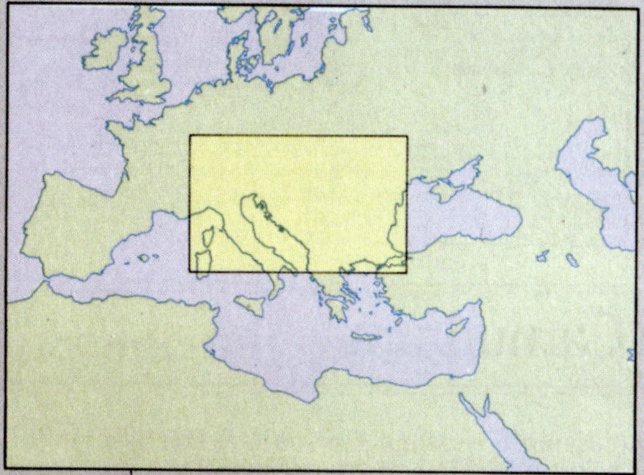

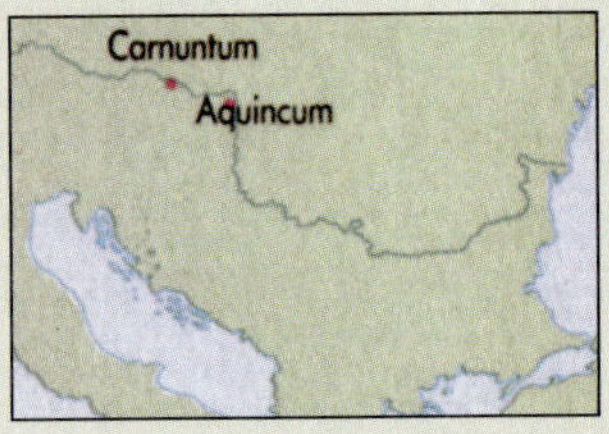

Direita, abaixo: Vista aérea das *canabae* da fortaleza legionária de Carnunto, com edifícios e ruas claramente marcados pelas diferenças de crescimento dos cultivos permanentes. A rua principal bifurca-se ao chegar às *canabae* da porta sul da fortaleza que fica a pouca distância da parte inferior da fotografia, depois de uma área aberta adjacente ao aterro.

Carnunto

Carnunto e Aqüinco são um claro exemplo do desenvolvimento urbano característico das províncias militares do Norte do Império. Fundada no tempo do imperador Tibério como colônia de legionários às margens do Danúbio, Carnunto logo atraiu comerciantes, artesãos, concubinas de soldados e outras pessoas que baseavam seus projetos de fortuna na vizinhança de uma povoação de 5.000 homens ou mais com salários regulares do governo romano. Esses emigrantes, congregados em povoações informais (conhecidas como *canabae*) ou comunidades sem nenhum *status* legal de independência, estavam sob a jurisdição dos legados legionários. A municipalidade civil, criada depois, fica a oeste do acampamento e dos *canabae* (e sua zona central coincide com a moderna aldeia de Petronell). Possuía seu próprio anfiteatro, construído no século II por um emigrante sírio de Antioquia chamado C. Domício Zmaragdo, um decurião ou conselheiro municipal; no século II, Carnunto já constituía uma comunidade urbana de grande relevância.

E assim se manteve até o final do Império, embora nunca tenha perdido suas funções militares. Ali escreveu Marco Aurélio o livro II de suas *Meditações*, enquanto se ocupava da guerra contra os quados; e em Carnunto foi proclamado imperador Septímio Severo, em 193 d.C. No século IV, Amiano Marcelino a descrevia como uma cidade "deserta e suja", mas militarmente interessante. O imperador Valentiniano permaneceu ali três meses, antes de transferir-se para Aqüinco. Carnunto foi, ao que parece, abandonada após a ocupação das planícies do Norte pelos hunos e após a evacuação romana da margem direita do Danúbio. Realmente, a presença daquelas cidades tão prósperas nos confins do Império Romano freqüentemente representava uma tentação para as tribos bárbaras vizinhas.

Abaixo: O plano aéreo de Carnunto mostra as posições do acampamento legionário, as *canabae* e o *municipium* civil, e sugere a extensão total da conurbação

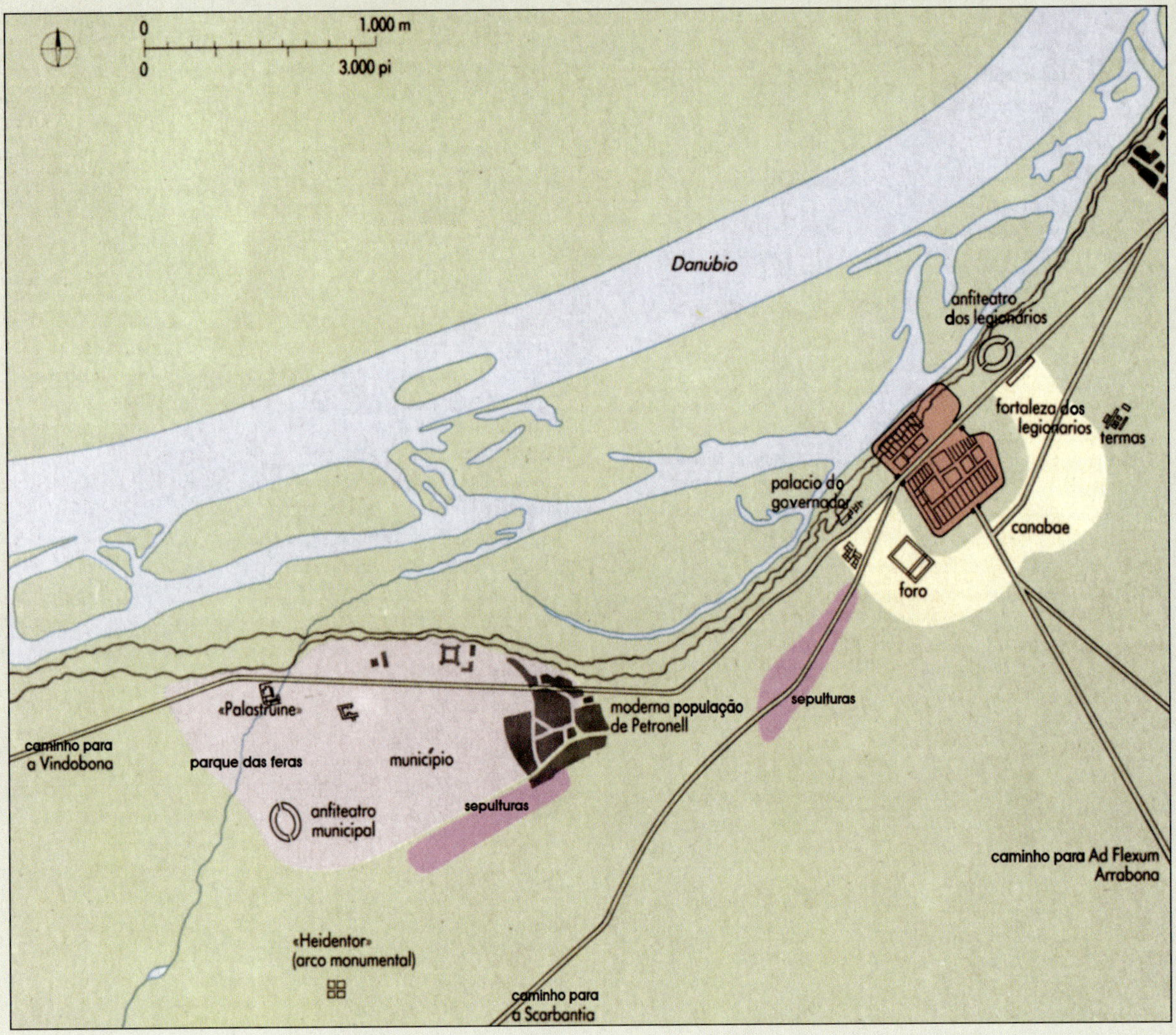

Direita, abaixo: O anfiteatro civil Carnuntum estava na via principal que conduzia à Viena (Vindobona). Na fotografia aérea é possível observar os vestígios das amplas construções circundantes.

Sob estas linhas: Este órgão portátil foi encontrado nas fundações do Collegium Centonarium ou edifício dos bombeiros e lança uma luz insólita sobre a natureza de suas assembléias. Coincidindo com isso, em Aquincum também foi encontrado o epitáfio emotivo de um organista legionário que tocava em louvor da esposa, uma mulher com conhecimentos musicais nos quais "somente era superada por seu marido".

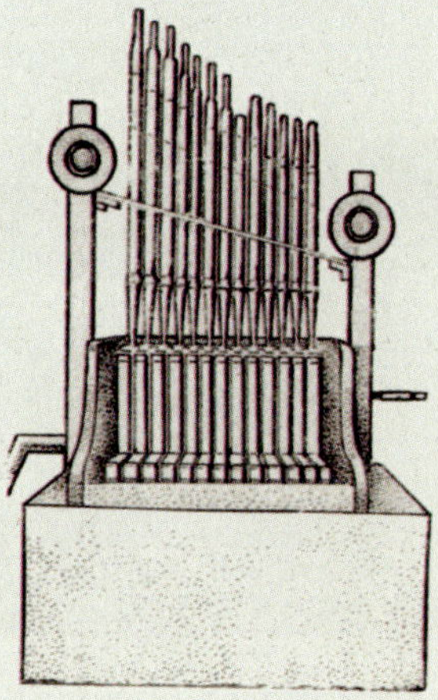

Aqüinco

Aqüinco experimentou "um processo de desenvolvimento similar ao de Carnunto, desde ser um acampamento e um conjunto de *canabae* até o posterior *municipium*. Aqui, como em Carnunto, houve dois anfiteatros, para militares e civis, o último deles construído após a fundação do *municipium* no século II. Apesar de estar enterrada sob a moderna Budapeste, Aqüinco proporcionou numerosos restos arqueológicos e abundantes pinturas murais que atestam o nível de vida dos membros mais opulentos daquela sociedade. As inscrições revelam também a contribuição para a vida civil da parte dos veteranos da legião ali estacionada.

Split

Split, ou Spalato, foi em suas origens um subúrbio da cidade de Salona, antiga capital tribal que se transformou com o Império Romano numa grande cidade da Dalmácia. Do século IV ao VI, Salona foi um notável centro do cristianismo do final do Império, com basílicas monumentais e sarcófagos esculpidos; no século V, foi por um tempo a capital de um principado dálmata independente. Nos tempos medievais, a posição das duas comunidades variou, porque, com o desenvolvimento de Split como um núcleo urbano, Salona foi decaindo até transformar-se numa canteira de materiais de construção. Hoje Split é uma florescente cidade, enquanto Salona é um lugar deserto.

A cidade medieval de Split (que antigamente se chamava Aspalathos, nome que davam os gregos às plantas de espinhos que cresciam ali, o que é um exemplo da influência grega nesta parte da Dalmácia) cresceu ao redor do palácio próximo do mar que Diocleciano construiu para seu retiro após abdicar do trono imperial em 305. Seu mausoléu octogonal, anexo a um peristilo (*abaixo*), se transformou depois numa igreja cristã (fato irônico para o imperador, que dedicou os últimos anos de sua vida a perseguir os cristãos). O palácio foi erguido à maneira romana, como um acampamento militar com as ruas principais cruzando-se em ângulo reto. É evidente que, apesar de serem notórios seus gostos simples, como a jardinagem, Diocleciano não se privou em seu retiro da grandeza cerimonial que lhe correspondia como imperador.

Acima: Diocleciano, construtor de Split, num busto esculpido em Nicomédia.

Direita: O arquiteto Robert Adam foi um dos muitos artistas europeus que sentiram atração pelas ruínas do palácio de Diocleciano, e em 1757 dedicou cinco semanas ao estudo da topografia e das medidas do sítio arqueológico. Esta é sua reconstrução da fachada sul do palácio, voltada para o mar. O artista se permitiu algumas licenças na execução das partes autênticas da estrutura antiga, mas seus desenhos dão uma impressão correta dos edifícios numa época em que eles estavam mais bem conservados que agora.

Abaixo: O centro arquitetônico do palácio era constituído por uma galeria com colunas que tinha a função de um pátio de cerimônias e, mais tarde, de acesso ao mausoléu de Diocleciano.

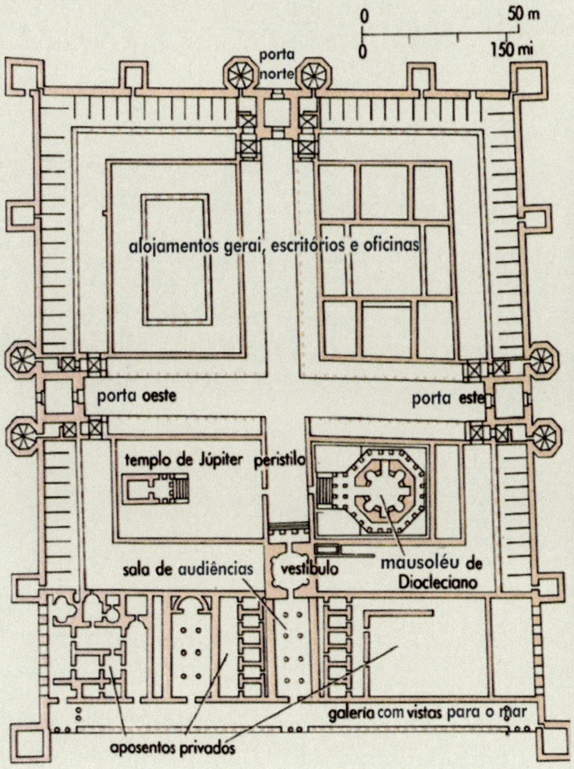

Abaixo: Sarcófago do "pastor bonus" (o Bom Pastor) encontrado em Salona e conservado no Museu Arqueológico de Split. A qualidade dos relevos (do princípio do século IV) é excelente e foi dito que o artista que os fez também trabalhou depois no arco de Constantino (Roma).

Adamclisi

A existência da cidade romana de Tropaeum Tratani, próxima de Adamclisi no Dobrudja, é conhecida desde o século II até o final da Antiguidade. Destruída no século II pelos ataques dos godos, a cidade foi reconstruída por Constantino e Licínio, contando no último período romano com um importante número de belas igrejas. Tomou seu nome do "Troféu de Trajano", do qual é mostrada uma reconstituição moderna (*abaixo*). Erigido por Trajano como lembrança local de suas vitórias nas guerras dácias, foi dedicado também às derrotas sofridas por Domiciano. Perto foi construído um mausoléu e um altar rememorativo que continha os restos de aproximadamente 4.000 soldados mortos.

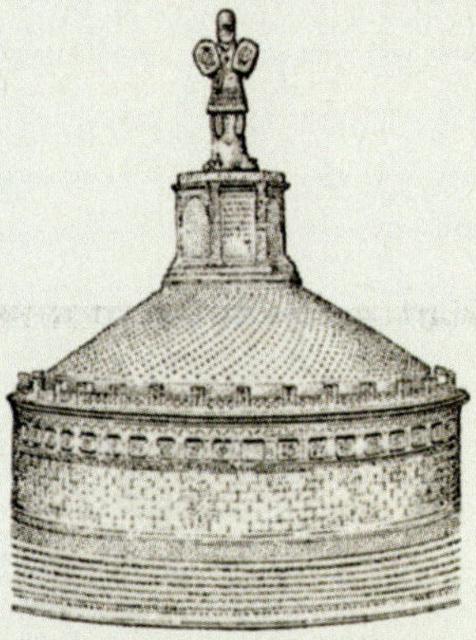

Esquerda: As métopas do troféu de Adamclisi reproduzem cenas de guerra com um estilo que contrasta muito com a coluna de Trajano em Roma. Elas representam um cavaleiro auxiliar vestido com uma cota de malha e às ovelhas, espólio da guerra. Foi dito que as métopas são da época de Constantino e que estariam relacionadas com a posterior reconstrução da cidade de Tropaeum Traiani; em todo o caso compõem um exemplo destacado do estilo provinciano.

MACEDÔNIA
CHALCIDICE
EPIRUS
MONTES PINDO
ACHAEA
PELOPONNESUS
MAR JÔNICO
MAR EGEU
I. Skadarsko
L. Ohridsko
L. Prespansko
LISSUS
KIOS
EPIDAMNUS (DYRRHACHIUM) Durrës
LYCHNIDUS Ohrid
HERACLEA LYNCESTIS Bitola
Prilep
STOBI
EDESSA
PELLA
THESSALONICA
Lefkadia
BEROEA
PYNDA
DIUM
Monte Olimpo 2.917 m
GONNI
ATRAX
LARISA
TRICCA
GOMPHI
METROPOLIS
PHARSALUS
THEBAE
DEMETRIAS
APOLLONIA
BYLLIS (AULON)
ORICUM
ONCHESMUS
BUTHROTUM
CORCYRA
Córcira
DODONA
PHOTICE Paramithia
AMBRACIA
NICOPOLIS
Actium
Ilhas Jônicas
Leucas
STRATUS
OENIADAE
NAUPACTUS
Cephalenia
SAME
Zacinto
HYPATA
Thermopylae
NARYCA
AMPHISSA
DELPHI
CIRRHA
LEBADEA Levadhia
CHAERONEA
OPUS
HALAE
HISTIAEA
AEDEPSUS
Eubéia
ANTHEDON
CHALCIS
ACRAEPHIA
THEBAE
THESPIAE
TISBE Thisvi
PLATAEA
TANAGRA
MARATHON
CEPHISIA
ELEUSIS
MEGARA
ATHENAE
PIRAEUS
Mt. Laurium
Sunium
CARYSTUS
GERAESTUS
AEGIUM
PATRAE
SICYON
LECHAEUM
CORINTHUS
Isthmia
CENCHREAE
PHILIUS
TENEA
MYCENAE
Égina
ELIS
OLYMPIA
HERAEA
MANTINEA (Antigonéia)
ARGOS
TIRYNS
ASINE
EPIDAURUS
TROEZEN
HERMIONE
TEGEA
PHIGALIA
MEGALOPOLIS
Mt. Ithomi
MESSENE
SPARTA
METHONE
GYTHIUM
LAS
TEUTHRONE
ASOPUS
Citera
AMPHIPOLIS
PHILIPPI
NEAPOLIS Kavalla
ABDERA
THASSOS
Thassos
ACANTHUS
POTIDAEA (CASSANDREA)
Samotrácia
Lemnos
HEPHAESTIA
Espórades Setentrionais
Skyros
Andros
Tinos
TINOS
DELOS
Ciclades
Naxos
Pharos
Sifnos
SIPHNOS
Melos
Thera
THERA
Drin
Vardar
Struma
Strimon
Axios
Crna
Devoll
Seman
Vijose
Aliakmon
Pinios
Akheloos
Alfios
20°
22°
24°
42°
40°
38°
36°
capital de província
outro povoamento
local característico
ruínas importantes do período romano
divisa entre províncias
calçada romana
ELIS nome antigo
(AULON) nome posterior
Kavalla nome moderno
2.000 m
1.000 m
200 m
0 m
pico de mantanha (altitude em metros)
passagem ou porto
escala 1: 2 500 000
0
120 km
0
80 mi

A GRÉCIA

A conquista romana da Grécia, simbolizada pelo saque de Corinto por Múmio em 146 a.C. e pela conquista de Atenas por Sila 60 anos depois, foi a culminação de um paulatino e complexo processo de intrusão (iniciado no século III) militar, diplomático e comercial nos assuntos das cidades gregas e suas ligas. As províncias resultantes de Acaia, que inicialmente incluía o Epiro, e da Macedônia, ainda que ambas fossem governadas por procônsules, diferiam em seu caráter. Acaia tinha em todo o Império Romano um prestígio especial, baseado na tradição histórica da Grécia clássica. A Macedônia, ao contrário, era – à exceção de suas costas ocidentais – uma terra remota e rural e sua população era pouco urbanizada; as cidades que se encontravam no interior eram, geralmente, continuação de antigas fortalezas nativas.

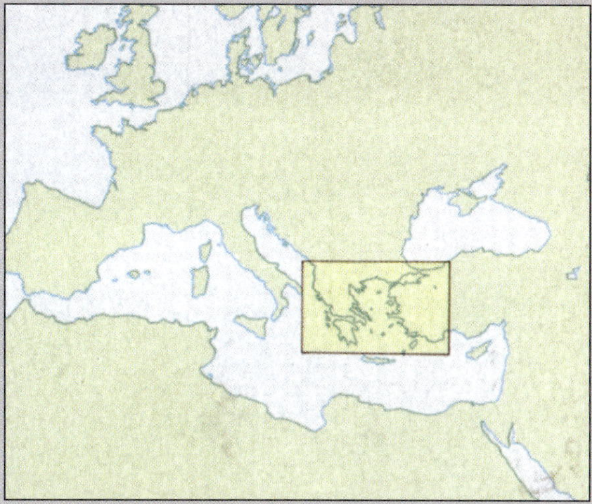

Em alguns aspectos, a presença de Roma tornou possível um maior desenvolvimento material, ou talvez somente um grau extremo de opulência. Certas famílias, como a dinastia Euriclida de Esparta ou a de Herodes Ático em Atenas (ver página 148) adquiriram um poder superior a tudo quanto se havia alcançado nos tempos clássicos: a esse respeito, Acaia deu prosseguimento à linha ainda mais espetacular das cidades da Ásia Menor. O escritor Plutarco de Queronéia, na Beócia, é o exemplo típico dessas figuras literárias da Ásia Menor que floresceram sob o Império: suas obras, especialmente as *Vidas paralelas*, comparações biográficas entre gregos notáveis e romanos, refletem a atitude do helênico simpatizante do governo romano.

Algumas cidades, como Corinto, Patras e Tessalônica, adquiriram uma prosperidade crescente; em contrapartida, outras decaíram até quase desaparecer; em geral, o potencial econômico da Grécia não foi igual ao da Ásia Menor ou ao de algumas das novas províncias "criadas" pela exploração romana.

No século III, e de novo no final do IV, a península sofreu as invasões bárbaras; a de Alarico (395-97) foi a mais destrutiva. Em meados do século V, a Macedônia, ao passar resolutamente para a esfera de influência oriental e tendo em Tessalônica a nova capital da Ilíria, se tinha transformado na fronteira contra os bárbaros do Norte.

Acima: Os símbolos do procônsul da Aquéia, como vistos na *Notitia Dignitatum*. Aquéia foi a única das três províncias ainda governadas ao final do império por procônsules titulares (as outras foram a África e a Ásia), reflexo de seu prestígio como antiga província senatorial.

Acima: Neste fascinante mármore de Atenas do século IV, é possível observar o antigo e o novo da cultura greco-romana tardia. Cristo aparece representado como Apolo com a lira, numa amostra pouco comum de sincretismo explícito; é uma obra particularmente relacionada com a tradição do centro cultural da Grécia.

Direita: Calçamento romano, a famosa Via Egnatia, vista em sua passagem pela Macedônia entre Felipos e Neápolis. Esta estrada teve grande importância estratégica nas guerras civis do final da república (ver página 70), mas, sob o império – com a consolidação da fronteira do Danúbio –, outra rota situada mais ao norte a suplantou em importância militar.

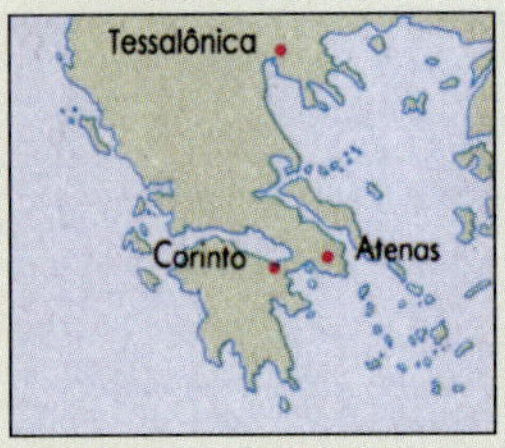

Atenas

Para Tertuliano, a cristandade e a cultura clássica eram incompatíveis, e assim se perguntava: "Que tem a ver Atenas com Jerusalém?", resumindo a distinção moral e intelectual de Atenas, que sobreviveu após a destruição do poder político da cidade e seguiu conservando seu prestígio dentro do Império Romano. Muitas das figuras intelectuais mais importantes nas diversas fases do Império estudaram, ensinaram ou, como no caso de São Paulo (*Atos*, 17.16 e ss), buscaram ali uma audiência. Os mistérios de Elêusis se mantiveram atraentes; os imperadores Adriano e Juliano, o Apóstata, e o tardio senador pagão Pretextato (página 193) se contaram entre seus iniciados mais famosos.

Apesar das concessões de alguns reis helenísticos, como Átalo de Pérgamo, a Atenas romana foi antes um modelo de patronato imperial; cabe destacar como exemplos mais importantes os mercados de César e Augusto, o Odeão de Agripa e as construções do filo-helenista Adriano, como a academia de ginástica, o Pan-helênico ou santuário de todos os gregos, uma magnífica biblioteca e, depois de um período de mais de seis séculos, o templo de Zeus Olímpico. Poucos anos depois, Herodes Ático, natural de Atenas, mandou realizar o Odeão que leva seu nome e um novo estádio.

A tradição filosófica de Atenas evoluiu no final do Império para um neoplatonismo de influências místicas (ver página 177). Apesar das graves conseqüências da ocupação da cidade por Alarico, Atenas conservou a ordem suficiente para acolher no século V a escola neoplatônica de Siriano e Proclo; mas esse último florescimento cultural e intelectual e seu papel histórico como santuário do ensino clássico terminaram em 529.

Direita: O antigo e o novo na Atenas romana. Abaixo da Acrópole, na qual foram construídos poucos edifícios novos entre as obras-primas da época de Péricles – com a exceção de um templo em louvor de Roma e de Augusto –, é possível apreciar o odeão de Herodes Ático, que o doou a seus compatriotas por volta de 160 d.C.

Abaixo, esquerda: A "Torre dos Ventos" ou Horologion de Andrônico de Cirro, construída no século I a.C. Estava localizada num espaço aberto próximo ao futuro mercado de César e Augusto. Decorada com relevos dos oito ventos, originalmente terminava em um cata-vento. Dentro havia um relógio de 24 horas movido por energia hidráulica.

Sob estas linhas: A couraça deste torso de Adriano – com a Acrópole ao fundo – depõe a favor dos gostos mais romanos que gregos de Adriano. Apresenta imagens da Vitória e da loba com os gêmeos Rômulo e Remo.

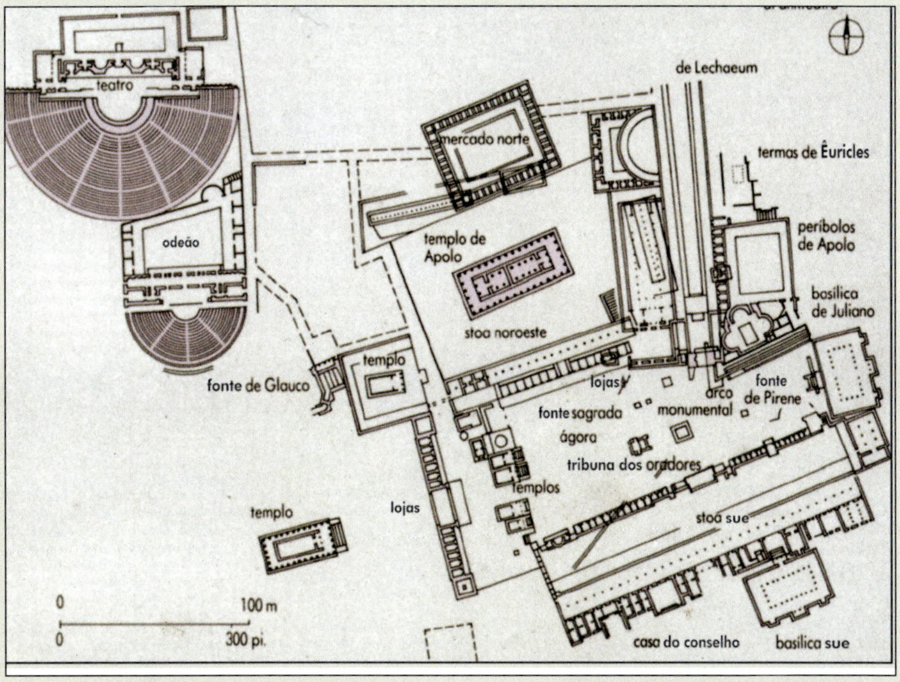

Corinto

Corinto (ver o plano da *esquerda*) foi reconstruída em 44 a.C. após sua destruição pelo exército de Númio (146) e se transformou na capital da província de Acaia, seguindo seu *status* tradicional de cidade líder da Liga Aquéia. Foi ali que São Paulo se apresentou diante do procônsul Gálio (*Atos*, 18.12 e ss). Sua história sob o Império Romano é a de uma grande cidade comercial com amplas relações. Nero a visitou durante sua viagem à Grécia em 66 d.C. e deu início a uma das muitas tentativas fracassadas de abrir um canal através do istmo. Corinto foi destruída por um terremoto em 521 d.C.

Tessalônica

Tessalônica, no ponto terminal oriental da via Egnácia, substituiu Pela como capital e porto principal da Macedônia. Embora tenha desfrutado de um rápido desenvolvimento civil no século II e tenha sido promovida a colônia romana em meados do século III, sua expansão máxima chegou com os posteriores recursos do Império Romano para as regiões do Bósforo. Como capital da tetrarquia, Tessalônica teve um complexo palatino que incluía um hipódromo e o denominado octógono, possivelmente uma sala do trono. Esta fase de sua história ilustra a paixão de construir que Lactâncio atribuía a Diocleciano e que é mais habitual associar à Nicomédia, na Ásia Menor.

A cidade continuou importante como residência ocasional do imperador. As revoltas provocadas pela prisão de um auriga muito popular terminaram com uma matança no hipódromo, pela qual Teodósio foi obrigado por Santo Ambrósio a fazer penitência (ver página 198). A terceira fase importante do engrandecimento urbanístico de Tessalônica teve lugar em meados do século V, ao ser adotada em lugar de Sírmio como sede da prefeitura ilírica. A esse período pertencem a igreja de São Demetrio, um novo palácio para uso do prefeito e o monumental recinto amuralhado.

Sobre estas linhas: O elegante arco de Adriano, erguido em seu louvor pelos atenienses (cerca de 130 d.C.), traz duas inscrições: uma apontando para a cidade velha: "Esta é Atenas, a antiga cidade de Teseu. "E a outra: "Esta é a cidade de Adriano e não de Teseu." Ergue-se num calçamento que passa junto ao recinto do templo de Zeus Olímpico. Adriano foi considerado o novo fundador da cidade.

Direita: Monumentos das últimas fases de desenvolvimento da Tessalônica romana. O arco triunfal de Galério celebra a vitória sobre os persas (ver página 171), com cenas típicas da vida religiosa e militar.

Direita, abaixo: Durante muito tempo acreditou-se que as muralhas bizantinas da Tessalônica eram do século IV, ainda que recentemente fossem relacionadas à elevação da cidade à sede da prefeitura da Ilíria após o abandono de Sirmium.

MAR NEGRO
MAR DE MÁRMARA
MAR EGEU
MAR MEDITERRÂNEO
BITHYNIA E PONTUS
ÁSIA
GALATIA
LYCIA E PAMPHYLIA
CILÍCIA
MONTES TAURO
MONTES PONTINOS
Cyprus
Lesbos
Chios
Samos
Naxos
Amorgos
Astypalaea
Cos
Rhodes
BYZANTIUM
CHALCEDON Kadiköy
NICOMEDIA Izmit
NICAEA Iznik
PRUSA Bursa
CYZICUS
LAMPSAKUS Lapseki
ABIDUS
ILIUM Troya
ALEXANDRIA TROAS
ASSUS
ADRAMYTTIUM
PERGAMUN
MYTILENE
STRATONICEA (HADRIANOPOLIS)
THYATIRA Akhisar
APOLLONIA
AEGAE
CYME
MAGNESIA AD SYPILUM
SMYRNA Izmir
ERYTHRAE
CLAZOMENAE
TEUS Sigacik
SARDIS
PHILADELPHIA Alasehir
COLOPHON
LEBEDUS
EPHESUS
MAGNESIA AD MEANDRUM Manisa
TRALLES Aydin
NYSA Sultanhisar
PRIENE
MILETUS
HERACLEA
ALABANDA
ALINDA Karpuzlu
IASUS
MYLASA Milas
STRATONICEA
HALICARNASSUS Bodrum
RHODUS
LINDUS
LAODICEA
HIERAPOLIS Pamukkale
COLOSSAE
APHRODISIAS
DORYLAEUM Eskisehir
NACOLEA
AEZANI
EUMENIA
CELAENAE (APAMEA) Dinar
SYNNADA
ANTIOCHIA
AMORIUM
PESSINUS
ANCYRA Ancara
TAVIUM
GANGRA GERMANICOPOLIS
CLAUDIOPOLIS
PRUSIAS AD HYPIUM
HERACLEA PONTICA (Eregli)
TIUS
AMASTRIS
ABONUTEICHUS Inebolu
POMPEIOPOLIS
NYSSA
GARSAURA (ARCHELAIS)
NAZIANZUS
TYANA
FAUSTINOPOLIS
PODANDUS
Portas da Cilícia
TARSUS
SOLI (POMPEIOPOLIS)
OLBA
CLAUDIOPOLIS
CORYCUS
ELAEUSA (Sebaste)
SELEUCIA Silifke
ANEMURIUM Anamur
SELINUS (TRAIANOPOLIS) Gazipasa
SYEDRA
ICONIUM Konya
LYSTRA
DERBE
LARANDA Karaman
ISAURA
SELEUCIA Sidera
SAGALASSUS
CREMNA
SELGE
COMAMA
OLBASA
CIBYRA
BUBON
BALBURA
TERMESSUS
PERGE
ASPENDUS
ATTALEIA Antalya
SIDE Selimiye
OENOANDA
CADYANDA
CHOMA
TELMESSUS
TLOS
PODALIA
PHASELIS
SIDYMA
ARYCANDA
RHODIAPOLIS
XANTHUS
CIANEAE
PATARA
MYRA
LIMYRA
Sakarya
Gediz
Büyük Menderes
Kizil-Irmak
Tuz Gölü
Egridir Golu
Beysehir Golu
DORISCUS
CARPASIA
LAPETHUS Lapithos
CHYTRI
SALAMIS
LIMENIA
SOLI
ARSINOE
TAMASSUS
CITIUM Larnaca
PAPHUS
CURIUM
AMATHUS
NEAPOLIS
27°
30°
33°
34°
42°
40°
38°
36°
capital da província
acampamento legionário
outra povoação
lugar característico
limite provincial
estrada romana
TAVIUM nome antigo
(SEBASTEA) nome posterior
Urfa nome moderno
2.000 m
1.000 m
200 m
0 m.
escala 1: 3 800 000
0
200 km
0
150 mi

A ÁSIA MENOR

A expansão da influência romana na Ásia Menor, iniciada com a aceitação do legado de Átalo de Pérgamo (página 57), prosseguiu regularmente com a anexação e incorporação de reinos dependentes e foi delimitada no Leste pela presença da Pártia arsácida. Graças à riqueza produzida pela exploração agrícola, as cidades romanas da Ásia Menor se manifestaram com exuberância. Seus cidadãos mais importantes adquiriram um imenso prestígio, às vezes cheio de altivez. Foram os porta-vozes de suas cidades diante das autoridades imperiais e levaram suas respectivas comunidades a grandes níveis de gasto que às vezes, como no caso de Bitínia, esgotaram seus recursos e tornaram necessária a intervenção de Roma.

Mais para o leste, o quadro muda. O planalto da Anatólia era um país de povoações rurais e camponeses que com freqüência proporcionavam recrutas aos exércitos romanos. As montanhas da Lícia, da Panfília, da Cilícia e especialmente de Isáuria protegiam os povos pastores, que nos momentos mais duros voltaram ao banditismo, a revoltas locais e, em casos extremos, à insurreição. Houve ali colônias romanas que eram os postos avançados da cultura latina e que gradualmente foram absorvidas pelo entorno grego. No Leste, Comagene e a Armênia Menor, junto com a Capadócia, eram principados orientais mais alinhados com os sírios e iranianos do Leste do que com a Ásia Menor grega.

Esquerda: A Isáuria da *Notitia Dignitatum* evoca esplendidamente a ameaça das montanhas para a segurança das planícies e da costa do sul da Ásia Menor.

Abaixo, esquerda: O teatro perfeitamente conservado de Aspendo, na Panfília, ilustra o enorme patamar de gastos e a escala de construção alcançados na Ásia Menor do século II.

Abaixo, direita: Expressão igualmente eloqüente da opulência privada são os mosaicos do século II da "Casa de Eustolion", que domina os campos e o mar, em Curium (Chipre).

Éfeso

A primeira igreja do Apocalipse foi também sede do grande templo de Artemisa, uma das sete maravilhas do mundo e obra-prima da arquitetura helenística numa cidade predominantemente romana, bem como dos legendários Sete Dormentes, que permaneceram adormecidos durante séculos até despertar com a surpresa de ver que a Grécia vivia sob um governo cristão. A vida de Éfeso na época romana é conhecida não apenas pelos abundantes restos arqueológicos, mas também por inscrições que mostram a munificência das famílias dirigentes e suas rivalidades com Esmirna pelo título de "primeira cidade da Ásia". A revolta provocada por São Paulo, em que os ourives levantaram ao povo em favor de seus deuses, é um episódio que revela em grande medida a vida dessa importante cidade oriental (*Atos*, 19.22 ss.). O grande teatro (ver página 153) em que teve lugar o tumulto podia abrigar 24.000 espectadores sentados. Entre os muitos monumentos da metrópole, destaca-se a famosa biblioteca de Celso, erguida no princípio do século II em honra de Tibério Júlio Polemeano por seu irmão, também senador de Roma.

A cidade foi atacada pelos godos no século III, mas se recuperou rapidamente e manteve seu *status* no período cristão. Em sua igreja da Virgem Maria, construída no século IV, reuniu-se o Concílio de Éfeso do ano 431 (ver página 216). A rua principal, conhecida como Arcadiana, que ia do grande teatro ao porto, data do princípio do século V, e a igreja de São João, em cima da suposta sepultura do evangelista, foi reconstruída por Justiniano.

Éfeso sofreu vários terremotos e finalmente sucumbiu sob o processo de um lento colapso combinado com a acumulação de depósitos aluviais. Em virtude desses processos, o mar retrocedeu, e o porto foi obstruído por sedimentos e outros muitos restos.

Abaixo: Calçamento que levava à porta Magnésia, na muralha helenística que rodeia a cidade (ver plano). A procissão das festas de Artemisa passava por esta porta do Artemision até o grande teatro.

Abaixo, esquerda: O esplendor das residências mais opulentas de Éfeso fica perfeitamente ilustrado por estas pinturas murais de uma vila situada na área central, perto da ágora.

Abaixo, direita: Fachada do templo de Adriano, construída no início de século II e restaurada com adições ao final do século IV. Os quatro pedestais que estão diante do templo sustentavam as estátuas dos tetrarcas.

Esquerda: Vista a partir do grande teatro até o porto ao longo da Arcádia; o porto aparece ao longe como um pântano verde.

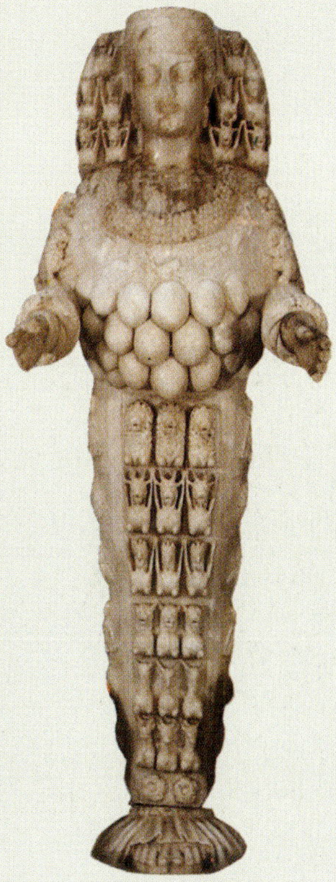

Acima: "Artemisa dos efésios", cópia romana da estátua de culto à deusa, que combina um classicismo antiquado com um reflexo do mais fundo passado. Os múltiplos peitos dessa figura divina têm pouco que ver com "a Rainha e Caçadora, casta e imaculada" da concepção clássica ortodoxa.

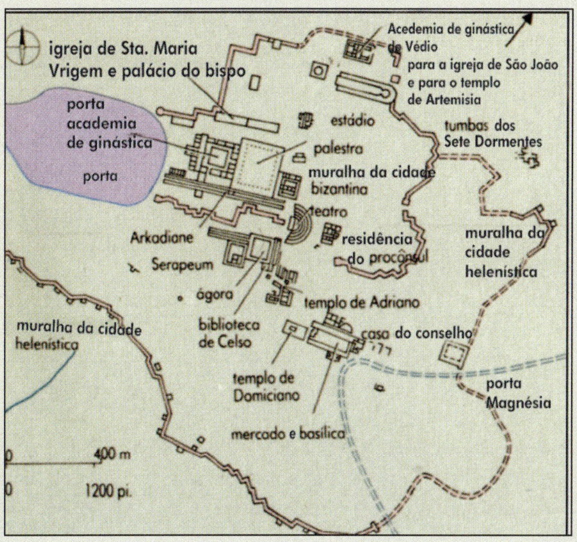

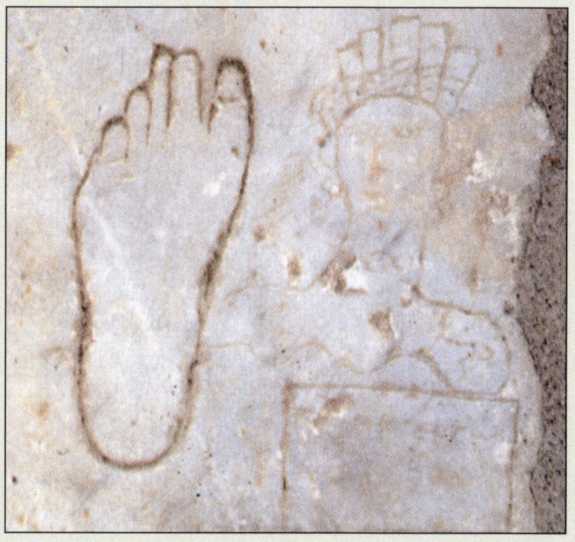

Esquerda: Detalhe de um aspecto mais leigo dos habitantes de Éfeso: símbolo que assinala um bordel numa calçada.

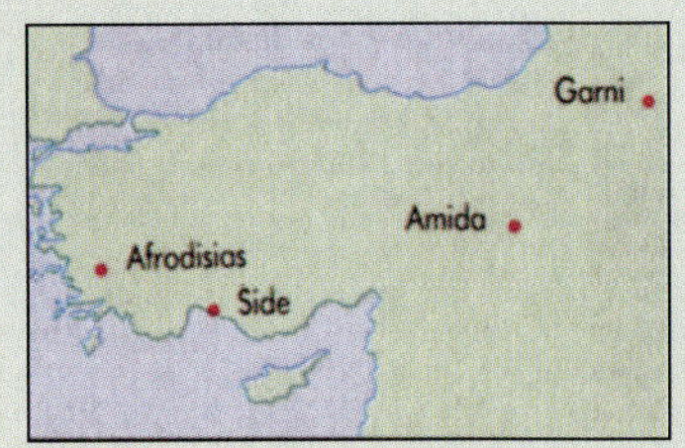

O teatro de Afrodísio foi construído dentro da antiga Acrópole, que se tornou mais tarde uma fortaleza bizantina. Esta foi adaptada no século II d.C. para abrigar as feras e os espetáculos de gladiadores.

Página seguinte, acima, esquerda: Afrodísio foi um importante fornecedor de mármore e um centro artístico do Império Romano; é admirável sua influência estilística em Leptis Magna (ver página 120). Cabeça de um jovem da casa imperial, possivelmente britânico, proveniente do templo recém-descoberto dos Augustos.

Afrodísio

A metrópole cária de Afrodísio (no nome da atual vila de Geyre se conserva o da antiga Cária) foi particularmente favorecida não apenas por imperadores romanos como Augusto ou Adriano, mas também por Sila e Julio César no século I a.C. Ambos os pró-homens da república, julgando-se protegidos por Vênus, foram a favor da cidade, cujo nome tem origem na "helenização" de uma antiga deidade local. A esse respeito, Afrodísio pode ser comparada a cidades situadas mais a leste, como Heliópolis (ver página 161). O templo de Afrodite, construído no século I a.C., foi embelezado com um novo recinto que Adriano construiu e que no século VI se transformou em igreja cristã. O muro do teatro, também do século I a.C., proporcionou várias cópias de *senatus consulta* e cartas imperiais confirmando os privilégios especiais da cidade, bem como, num plano mais mundano, parte do Edito de Diocleciano sobre os preços máximos (ver página 172).

A muralha defensiva que encerrava o magnífico estádio, deixando de fora outras partes da cidade, foi construída em 260 d.C. para fazer frente à invasão goda; a cidade continuou a ser um centro florescente até o final do Império e só declinou no período bizantino. O plano de Afrodísio (*abaixo*), que compreendia amplos espaços abertos, reflete o estado atual das escavações arqueológicas levadas a cabo nesse lugar, tão rico em achados. Todo o sistema de ruas refletido no plano permite concluir que se tratava de uma cidade normal do final do período helenístico ou princípio do Império.

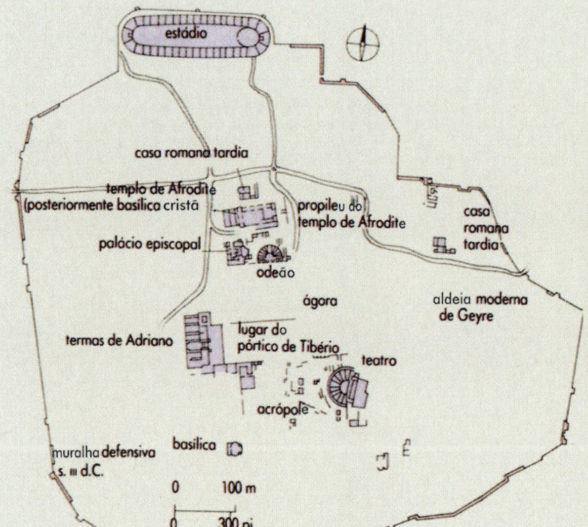

Side

Side, na Panfília, estava situada numa estreita península e possuía um porto em grande parte artificial, que foi utilizado, até sua supressão na época de Pompeu, pelos piratas cilícios. Estava sob a ameaça dos sedimentos e requeria constantes dragagens para sua manutenção. O dito antigo "um porto de Side" significava um trabalho que se devia repetir continuamente. Além do mais, tinha a entrada bastante estreita, razão por que é improvável que sua principal fonte de prosperidade se devesse ao comércio marítimo. Como suas vizinhas Aspendo (ver página 151) e Perge, Side foi essencialmente uma cidade do Império Romano; seu teatro, como o de Afrodísio, foi renovado com a construção de um muro no fosso da orquestra para o acossamento das feras e outras diversões igualmente perigosas. No final do Império, foi construída na parte mais estreita da península uma muralha, que passava justamente por trás da ágora; mas a cidade continuou a florescer para além desses limites e só decaiu com as invasões árabes.

Direita: Vista geral das ruínas de Side à beira-mar; sua confusão evidencia o enorme volume de trabalho arqueológico a ser realizado na Ásia Menor romana.

Amida

A cidade de Amida, situada junto ao Tigre (*abaixo, direita*) e que antes não havia tido importância, se desenvolveu no final do reinado de Constantino como ponto defensivo básico do Norte da Mesopotâmia e das satrapias controladas pelos romanos até Corduene (Curdistão). Sitiada e capturada pelos persas no ano de 359, voltou para as mãos romanas e, após a capitulação de Nísibis por obra de Joviano no ano de 363, recebeu alguns de seus povoadores. É de basalto escuro, donde o dito que reza: "Negras são as muralhas e negros os corações dos homens de Amida."

Gárni

Castellum Gorneae (Gárni, na atual Armênia) é o lugar a que pertence a construção clássica que reproduzimos (*abaixo, esquerda*), que talvez seja uma sepultura do século II de um rei submetido e romanizado. O lugar é citado por Tácito como fortificação ocupada pelos romanos. É o ponto mais oriental alcançado pelos romanos, se prescindimos da inscrição do centurião Flávio de Melitene, que – em desconhecidas mas realmente curiosas circunstâncias – gravou seu nome numa rocha diante de Bacu.

O ORIENTE

O controle romano do Oriente, que se ergueu sobre as ruínas do reino selêucida, incorporado por Pompeu como província da Síria, estendeu-se com a progressiva absorção de reinos vassalos amigos de Roma, como Comagene e a Judéia, e se completou definitivamente com as anexações da Arábia e da Mesopotâmia. Essas províncias, em conjunto, compreendiam o arco oriental do "crescente fértil", uma região de civilização antiga que chegava às costas do Mediterrâneo oriental e que através da Síria e da Mesopotâmia setentrional descia até a Babilônia. Ao longo dessa faixa de território, chovia com suficiente intensidade para permitir colheitas sistemáticas e o crescimento das cidades. O grande deserto, a leste e ao sul das províncias romanas, era habitado por beduínos transumantes e nômades, e só o atravessavam, ocasionalmente, as caravanas das cidades comerciais, como Palmira (ver páginas 158-159) e Hatra, assentadas em oásis. A ocupação romana não introduziu muitas mudanças na vida cultural da região. O grego continuava a ser falado entre as classes dominantes, enquanto o sírio era a língua do povo simples das cidades e, sobretudo, do campo. O latim teve poucos avanços, embora tenha sido usado em Berytus (Beirute), que se transformou com o Baixo Império em capital administrativa de Antíoco. Por outro lado, orientais como Paulo de Tarso, Luciano de Samósata e o jurista Ulpiano desenvolveram suas atividades através de todo o Império; enquanto isso, e referindo-se a um nível de desenvolvimento social menos elevado, o escritor italiano Juvenal, de tendência conservadora, se lamentava de que "o Orontes transbordou no Tibre" (*Sátiras*, 3.62). Pelo mesmo caminho, chegaram as idéias filosóficas mais importantes do final do mundo greco-romano.

Acima: Insígnia do Dux da Arábia na Notitia *Dignitatum*. As cidades de guarnição são representadas do modo usual; destacam-se serpentes e avestruzes.

Ao pé dessa página: Friso de mosaico de uma vila de Dafne (século V), perto de Antioquia. Representa um itinerário de Antioquia até este lugar na moda. É possível ver "as oficinas do sepulcro do mártir" (ou de São Babilos em Dafne); diante dele um homem reclinado, Marcelo, é servido por um criado chamado Calkomas. Depois aparecem o "estádio olímpico", "as termas privadas de Ardabourios", e "Castalia" e "Pallas", as famosas fontes de Dafne. Abaixo de Castalia há um tanque semicircular com um pórtico, possivelmente o nymphaeum construído por Adriano.

Sob estas linhas: "Natureza-morta com ovos passados pela água", detalhe de outro mosaico de Dafne.

Direita: Grupo familiar de classe alta numa tumba cavada em Edessa (Osrhoene), fiel reflexo da diversidade cultural do mundo romano. Seus membros, cujos nomes estão escritos em sírio, vestem roupas de cores vivas, chinelas, bombachas e toucados mais de estilo irânico que provinciano romano.

Página seguinte: Vista da cidade alta, posto de comando de Edessa. Até o século III esta cidade foi governada por uma dinastia real antiga: uma estátua da rainha Shalmath, possivelmente esposa de Abgar IX, o Grande, (179-216), coroava uma das duas colunas isoladas da cidadela.

34°
36°
38°
40°
42°
Tigris
Eufrates
SAMOSASTA Samsat
TUR ABDIN
ANTINONOPOLIS Constantina
EDESSA Urfa
APAMEA Biercik
ZEUGMA
BATNAE
CARRHAE Harran
RESAINA (THEODOSIOPOLIS)
NISIBIS Nusaybin
SINGARA
MESOPOTÂMIA
CYRRHUS
EUROPUS
ALEXANDRIA Ad Issum
ANTIOCHIA Antaquia
SELEUCIA PIERIA
HIERAPOLIS Membij
BEROEA Aleppo
BARBALISCUS Mesken
NICEPHORIUM (CALLINICUM) Raqqa
SOURA Souriya
CHALCIS
SYRIA
RESAPHA (SERGIOPOLIS) Risafe
ZENOBIA
Khabir
LAODICEA
Orontes
APAMEA
MAR MEDITERRÂNEO
EPIPHANIA Hama
SERIANE
CIRCESIUM Buseire
ARETHUSA
ANTARADUS
RAPHANEA
EMESA Homs
DURA-EUROPUS
PALMYRA
TRIPOLIS
DESERTO SÍRIO
DANABA
BYBLUS
BERYTUS Beirute
HELIOPOLIS Baalbek
SIDON Saida
DAMASCUS
TYRUS Tyr
CAESAREA PANEAS
PHAENAE
PTOLEMAIS Akko
L. Tiberia (mar da Galileia)
TRACHONITIS
DIOCAESAREA
TIBERIAS
HIPPOS
NAZARETH
LEJJUN
GADARA Um Qeis
ADRAA Dera
CANATA El Qanawat
CAESAREA MARITIMA
SCYTHOPOLIS
PELLA
BOSTRA Busra
SAMARIA
GERASA Jarash
NEAPOLIS
Jordan
APOLLONIA
JOPPA Tel Aviv
JUDAEA
DIOSPOLIS
JERICHO
PHILADELPHIA Aman
AMMIA
NICOPOLIS
AELIA
ESBUS
ASCALON
BETHLEHEM
CAPITOLINA Jerusalem
HERODION
MADABA
GAZA
ELEUTHEROPOLIS
Mar Morto
HEBRON
ENGEDI
RAPHIA Rafah
CHERMELA
MASADA
RABBATHMOBA Rabba
CHARACMOBA Karak
BEROSABA Beersheba
MAMPSIS
ELUSA
ARÁBIA
NESSANA
OBODA
PHAINON
DESERTO DE NEGUEV
PETRA
escala 1: 3 500 000
0
120 km
0
100 mi
capital da província
acampamento legionário
outra povoação
lugar característico
limite provincial
estrada romana
EMESA nome antigo
(CALLINICUM) nome posterior
Homs
2000 m
1000 m
200 m
0 m
abaixo do nível do mar
rio estacional

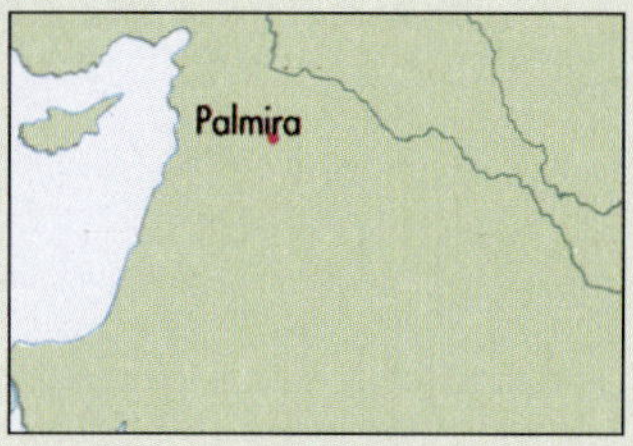

Palmira

Palmira ou Tadmor, "a cidade das palmeiras", experimentou durante a dominação romana uma espetacular explosão de prosperidade urbana. Os interesses romanos em Palmira apareceram no tempo de Marco Antonio, que, embora a tenha atacado, fracassou na conquista de suas legendárias riquezas, que foram transportadas para o outro lado do rio Eufrates por seus preocupados proprietários. Nos primeiros anos do Império, foi um Estado independente entre o Império Romano e o Parto, mas Germânico a visitou como enviado de Tibério durante sua viagem pelo Oriente no ano 18 d.C., e pouco depois ela foi incorporada à província da Síria. As famílias dirigentes organizaram um comércio de caravanas de produtos de luxo através do deserto até o Eufrates e Messene, no Golfo Pérsico, e dali, por via marítima, até a Índia. Uma inscrição, escrita em palmireno e grego, diz que um mercador "em muitas ocasiões assistiu nobre e generosamente os comerciantes, as caravanas e os cidadãos estabelecidos em Vologésia", e que defendeu de grandes perigos as caravanas chegadas recentemente de Vologésia. O "perigo" provavelmente provinha das tribos de beduínos que havia ao longo da rota.

Nas décadas de 260 e 270, três regentes de Palmira, Odenato, Vaballath e Zenóbia, transformaram a sua cidade em capital de um pequeno império independente, que levou a cabo importantes serviços militares contra os sassânidas. De qualquer modo, Palmira foi destruída por Aureliano.

Direita: Vista geral a partir do noroeste que mostra a localização geográfica e o esplendor monumental da cidade. O grande templo de Bel – construído em 19 d.C. – ergue-se ao longe no *tell* (montículo de ruínas), que mostra a antiguidade do assentamento; uma avenida com colunas transcorre dali através da cidade. Perto do templo há um conjunto de edifícios, e entre eles o teatro e, rodeada por colunas, a ágora (ou caravançarai). Além do templo a vegetação do oásis e do deserto, que as caravanas percorriam até o Eufrates e o golfo Pérsico.

Esquerda: Pedra sepulcral do século II, que representa um homem jovem. As tumbas em forma de torre de Palmira, a oeste da cidade, são um de seus traços mais característicos e atestam a riqueza das famílias mais ilustres.

Abaixo: Fragmento arquitetônico de Palmira. Os cachos de uvas e as gavinhas refletem a influência oriental na estudada simetria decorativa

Direita: A característica mais destacada do plano de Palmira é sua irregularidade. O templo de Bel, as casas de trás e o teatro estão fora de qualquer alinhamento, e a disposição do teatro e da ágora anexa é assimétrica. A grande colunata muda três vezes de direção e a colunata transversal não é perpendicular à mesma. A explicação da irregularidade radica no padrão de ocupação pré-romano do assentamento, que dependia por sua vez da localização do oásis e da localização das nascentes de água. Ao que parece, seus habitantes conservaram em parte o estilo de vida nômade, acampando em diferentes partes do assentamento, que se desenvolveram como bairros diferentes da cidade romana.

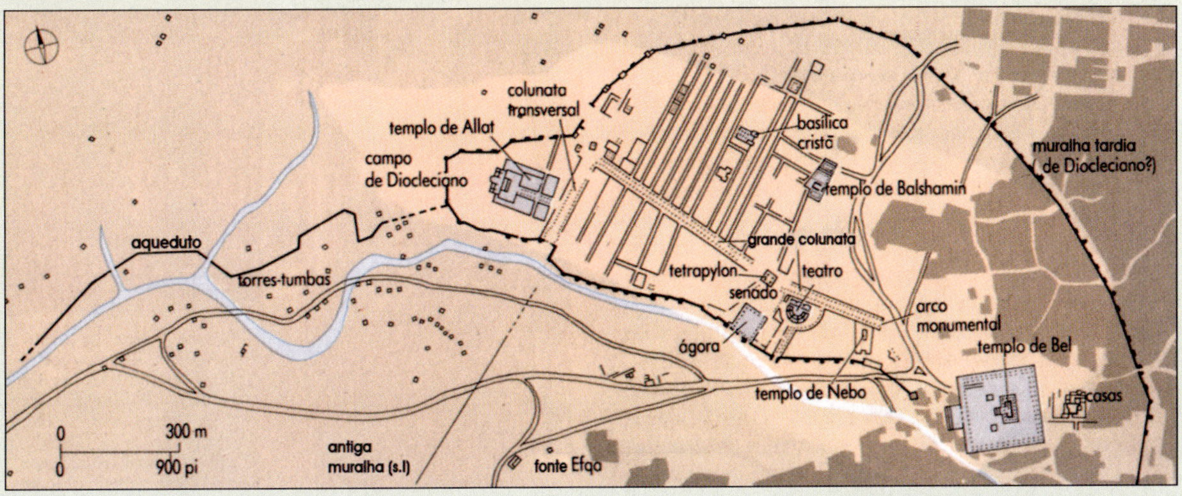

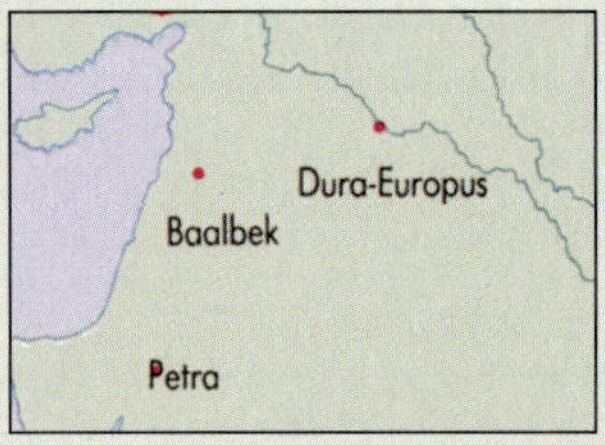

Dura-Europus

Dura, no Eufrates, chamada Europus por seus colonizadores helenísticos, foi uma cidade com uma história, em certo nível, claramente articulada. Construída como uma fortaleza pelos selêucidas no ano de 300 a.C., caiu sob o domínio parto no século II a.C., e a partir 165 d.C. sob o domínio romano. Em 256, foi destruída pelos exércitos persas de Shapur I e não foi reconstruída.

O repentino abandono de Dura pôs fim à fase de sua existência como cidade romana, que conserva múltiplos testemunhos de organização militar romana. Mais significativa, no entanto, é a persistência do caráter nativo semita em todos os períodos de controle estrangeiro. A ágora retangular foi logo complementada pelas estruturas informais de um bazar levantino. As inscrições são, em sua maior parte, em grego, mas também se utilizaram o árabe, o aramaico e o pálavi. A mesma mescla se deu na vida religiosa de Dura. Além dos cultos estatais romanos, houve uma sinagoga judaica, um *mithraeum* e uma igreja cristã.

Acima: A vista aérea de Dura, apoiada pelo plano, mostra sua posição estratégica numa encosta que dominava o Eufrates. Tanto a fotografia como o plano mostram claramente o desenho característico de uma cidade helenística: a influência oriental é mais visível nos detalhes da arquitetura doméstica. A igreja e a sinagoga são contíguas ao lado interno da muralha, à direita da fotografia.

Sobre estas linhas: Os afrescos da sinagoga de Dura mostram a descoberta de Moisés menino dentro do cesto que flutuava no rio Nilo e a arca da aliança sob o ataque dos filisteus; os soldados filisteus estão vestidos como os sassânidas da época. A comunidade judaica estava relacionada aos judeus de língua aramaica da baixa Mesopotâmia; a presença de pinturas murais na sinagoga sugere em todo o caso uma atitude menos rigorosa diante dos preceitos da Lei.

Direita: Vista sudeste da plataforma do templo de Júpiter-Baal. No primeiro plano há outro templo, chamado de Baco, que era consagrado a Vênus-Atargatis, uma das três divindades semitas que eram cultuadas em Heliópolis.
Abaixo: Traçado do recinto sagrado de Júpiter-Baal. Mostra a combinação de pátios abertos e cellae que – melhor que qualquer outra peculiaridade arquitetônica – ilustra a natureza "oriental" do assentamento. A basílica cristã foi construída ao final do século IV: Heliópolis foi uma cidade que conservou com tenacidade o paganismo até tempos avançados (ver página 194).

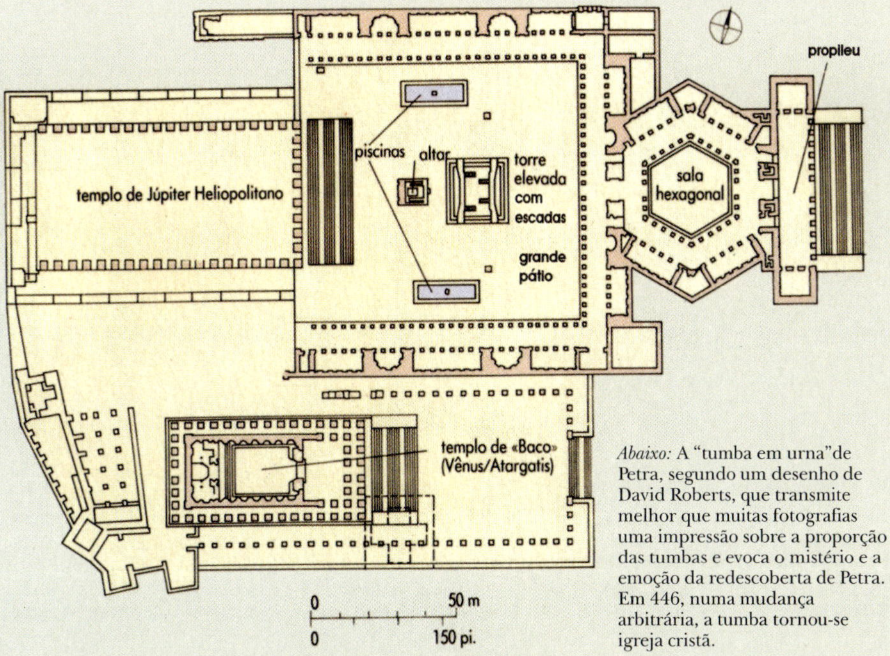

Baalbek

Como Dura-Europus e Petra, Heliópolis (antiga Baalbek) alcançou seu esplendor máximo no final dos períodos helenístico e romano; a fase principal de desenvolvimento teve lugar – como em outros lugares – nos séculos II e princípio do III. Assentada num vale situado entre as enormes montanhas do Líbano e do Antilíbano, Heliópolis possuía as típicas instalações de uma cidade imperial, uma grande sala de conselhos greco-romana, um teatro e um hipódromo, além de casas particulares, especialmente do último período de vida romana, das quais se extraíram magníficos mosaicos tanto de estilo clássico como de estilo orientalizante.

Mas a maior atração de Heliópolis é o maravilhoso recinto de seus templos, especialmente o de Júpiter Baal, construído – assim como o de Palmira (página 158) – no século I d.C. sobre um *tell* ou colina de ruínas acumuladas que demonstram a antiguidade do lugar. Júpiter Baal era uma das divindades que compunham a tríade de deuses adorados nesse lugar: os outros dois eram Vênus-Afrodite (equivalente clássico da semita Atargátis) e Mercúrio-Hermes, cujo equivalente semita não se conhece.

Abaixo: A "tumba em urna" de Petra, segundo um desenho de David Roberts, que transmite melhor que muitas fotografias uma impressão sobre a proporção das tumbas e evoca o mistério e a emoção da redescoberta de Petra. Em 446, numa mudança arbitrária, a tumba tornou-se igreja cristã.

Petra

Petra, capital do reino nabateu, visitada por Germânico César no ano 18 d.C., deveu seu desenvolvimento aos reinos locais do final do período helenístico, cujas realizações nas povoações urbanas da Jordânia e do Neguev cada vez são mais conhecidas. A grande prosperidade de Petra procedia de seu papel como cidade na rota que unia a Índia a Rinocolura (El Arish) e Gaza no Mediterrâneo; mas parece que, a partir do século I d.C., tal atividade comercial se deslocou mais para norte, pela rota de Palmira, ou pelo Mar Vermelho para Alexandria, o que implicou o final da prosperidade de Petra. Contudo, os restos romanos são impressionantes: um teatro e uma rua com colunas que passava sob uma grande porta com arcada tripla até chegar a um recinto sagrado. Mas Petra é mais famosa por suas sepulturas cavadas na rocha e por suas fachadas, cujos monumentais relevos evocam o estilo dos palácios helenísticos.

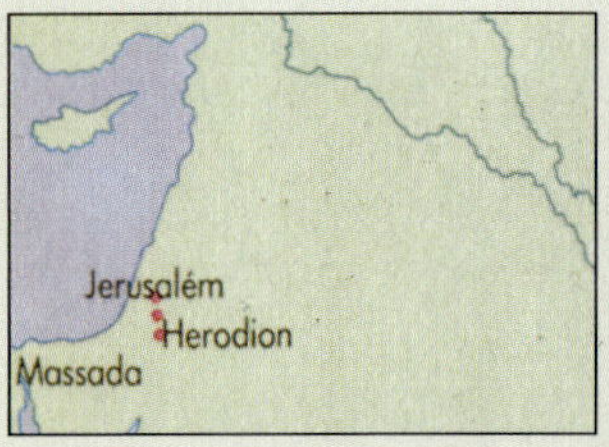

Jerusalém

Jerusalém, antiga capital do reino de Davi, foi descrita por Plínio, o Velho, no século I do Império Romano, como "a cidade de longe mais famosa não apenas da Judéia, mas do Oriente" (*História natural*, 5.70). Essa grandeza era devida em parte a Herodes, o Grande, que deu a Jerusalém uma magnificência espetacular, extensas áreas fortificadas, um teatro e um anfiteatro (presumivelmente fora das muralhas), palácios e construções monumentais, incluindo o templo, que dominava a cidade. Como sugerem esses trabalhos, Herodes realizou uma síntese entre a cultura judaica e a greco-romana, o que quase não tinham tentado seus predecessores asmoneus. Morto Herodes (ano 4 a.C.), a Judéia perdeu a independência e se transformou em província romana com capital em Cesaréia, outra das cidades reconstruídas por Herodes.

Jerusalém e seu templo foram tomados e destruídos por Tito durante a revolta judaica de 66-70 d.C. (páginas 80-81); a cidade foi ocupada pela Décima Legião. Sob Adriano, tornou-se de novo colônia romana, com o nome de Aelia Capitolina. A progressiva cristianização do Império Romano lhe permitiu alcançar um novo período de fama e prosperidade, já que ela era associada aos últimos ensinamentos, morte e ressurreição de Cristo. No final do século IV, Jerusalém era objeto de freqüentes peregrinações e lugar preferencial de fundações monásticas, fase de sua história que continuou com o Império Bizantino. Ela obteve notáveis benefícios tanto da exilada imperatriz Eudóxia (página 217) como de Justiniano. Jerusalém caiu nas mãos dos árabes em 638 e foi igualmente famosa como uma cidade santa do islã.

Ao pé dessa página: Jerusalém tal como aparece num mosaico do século VI proveniente de Madaba, na Jordânia. São visíveis entre os monumentos a rua principal da cidade com colunas da época de Adriano e a igreja do Santo Sepulcro no meio da referida rua, claramente reconhecível pela rotunda (vista ao contrário tal como foi feita a pintura). O Muro das Lamentações é na verdade a plataforma do templo ampliado por Herodes, o Grande.

Heródio

A cidadela de Heródio, construída por Herodes, o Grande, a 12km de Jerusalém e claramente visível dali, foi o núcleo de uma grande povoação que, segundo o historiador Josefo, "não era inferior a uma cidade". Era equipada com "diversões" ou casas de prazer, e tinha de trazer a água de um lugar distante por meio de um aqueduto. A cidadela propriamente dita continha um palácio magnífico com banhos, sinagoga e jardins, e tudo isso constituía uma expressão de fantasia arquitetônica. Foi construído e mascarado por um montículo artificial no cume da colina natural. O palácio só era visível para o visitante que subia os duzentos degraus de pedra polida e entrava através de uma profunda passagem na torre principal. Foi uma das residências em que Herodes hospedou M. Agripa em 14 a.C.

Após sua morte, Herodes foi enterrado em Heródio, mais precisamente, segundo alguns eruditos, na ainda inexplorada torre norte. Foi uma das últimas fortalezas que se renderam durante a revolta judaica de 66-70, d.C., e foi ocupada durante a rebelião de Bar-Kochba.

Massada

Massada, um contraforte das áridas montanhas situadas a oeste do Mar Morto, foi utilizada como fortaleza pelos asmoneus, embora seu desenvolvimento completo como palácio-fortaleza não tenha chegado até o reinado de Herodes, para proteger-se das vicissitudes tanto internas como exteriores de seu reinado. Entre as ruínas, podem-se observar amplos armazéns, termas, uma sinagoga e dois palácios principais, o do lado ocidental com uma série de terraços descendentes que chegam até a beira do precipício.

Após a morte de Herodes, o palácio foi abandonado. Massada foi totalmente reduzida pelo legado de Vespasiano, Flávio Silva, depois de um longo sítio que terminou, em 73, com o suicídio dos defensores judeus. Um fragmento de cerâmica em que está escrito o nome de seu chefe, Ben Yair, é possivelmente uma das peças utilizadas pelos defensores para tirar a sorte e determinar os dez deles que tinham de matar os demais (390 no total, homens, mulheres e crianças), enquanto o último sobrevivente dos dez acabaria com a própria vida.

Esquerda: A fotografia aérea de Herodion mostra com clareza as quatro torres e a montanha artificial levantada em seu nível. A torre norte, na qual talvez Herodes esteja enterrado, fica à direita da fotografia, com o acesso e entrada do palácio visíveis ao lado (o acesso inclinado é moderno).

No centro da página: A fotografia aérea de Massada mostra algumas das fortalezas sitiadas pelos romanos, parte da muralha de circunvalação e a íngreme subida pela qual levantavam as máquinas de sítio que finalmente eliminaram a resistência dos zelotes. Josefo diz que a explanada do topo de Massada era fértil e dedicada ao cultivo, o que permitia que o lugar tivesse certa auto-suficiência.

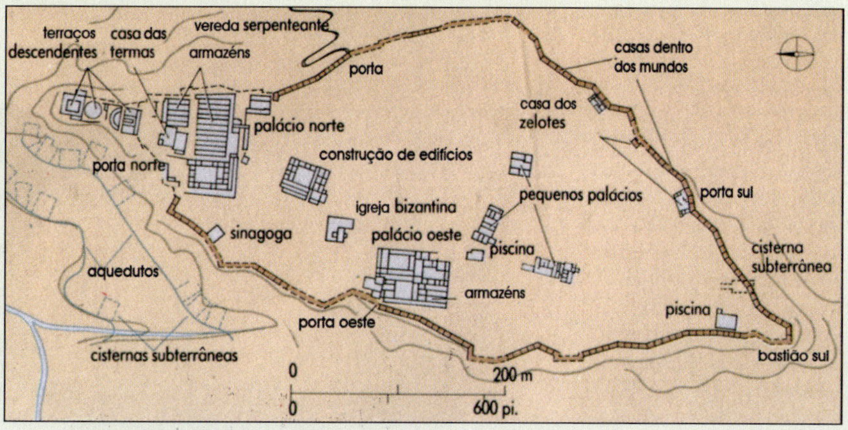

Esquerda: A veracidade dessa afirmação é corroborada pelo traçado. O topo unia-se ao mar Morto pelo "Caminho da Serpente", cuja natureza terrível descreve Josefo com certo exagero, mas que talvez fosse real (Guerra judaica, 7, 283). O acesso oeste seria mais fácil, mas foi bloqueado por Herodes com uma torre defensiva.

O EGITO E A CIRENAICA

A proximidade geográfica do Egito e da Cirenaica não nos deve induzir em erro, já que as duas províncias foram muito diferentes em sua estrutura econômica e em sua forma de governo. O Egito, conquistado por Augusto após a captura de Alexandria em 30 a.C., foi tratado por ele e por seus sucessores como um domínio imperial com uma posição especial, herdada de uma longa tradição de governo monárquico, primeiro sob os faraós e depois sob os Ptolomeus. São bem conhecidas suas formas de governo e todos os aspectos da vida romana no Egito, graças ao grande número de papiros encontrados em Oxirrinco e em outros lugares. Até que ponto esses testemunhos podem aplicar-se com propriedade a outras províncias do Império, isso é algo duvidoso. A peculiar natureza geográfica do Egito foi única no Império Romano, parecida tão-somente com a da Babilônia mesopotâmica. Unidas ao Nilo, suas cidades estavam mais facilmente sujeitas ao controle central que outras partes do Império; em contrapartida, apenas sob o controle central podiam desenvolver seu completo potencial agrícola. A inundação anual do Nilo estabelecia o ritmo essencial da vida do Egito: ele era medido oficialmente na ilha Elefantina por um indicador conhecido como nilômetro.

Em Alexandria, teve o Egito uma grande cidade helenística. Por outro lado, tanto no delta como nas comunidades do vale do Nilo, a vida era fundada em povoações, que, embora freqüentemente sejam descritas nas fontes como "cidades", na verdade pareciam grandes aldeias. A cultura grega penetrou no Egito através de Alexandria até as cidades do Nilo; mas aqui cabe fazer uma distinção essencial entre os povoadores helenizados das cidades do Egito e a gente do campo, que conservava a língua egípcia e no final do Império criou a vernácula Igreja Copta.

A Cirenaica, o grupo de cinco cidades conhecidas como Pentápolis, foi governada sob o Império – junto com Creta – por um procônsul senatorial. A vida econômica dessas cidades foi possível graças à abundância de água da cornija costeira, conhecida como Gebel ou Acar. Embora a Cirenaica pareça, em termos locais, bastante remota, não o foi tanto no contexto mais amplo do Mediterrâneo oriental. Suas cidades floresceram durante o Império Romano, como o tinham feito os Ptolomeus, e, em particular, o porto de Apolônia alcançou grande importância como enlace nas comunicações das cidades da África proconsular, Tripolitânia e Alexandria.

Abaixo, direita: Insígnia do "Conde da fronteira Egípcia" da *Notitia Dignitatum*. Mostra as características simbólicas da terra, do rio Nilo e das Pirâmides. Das cidades surgem as divisas das partições administrativas do Egito.

Abaixo, esquerda: Retrato funerário pintado sobre madeira; é um dos muitos do final do Império Romano que combinam o helenístico com as influências locais.

Ao pé dessa página: As cenas inspiradas pela paisagem do Nilo, como a *chinoiserie* dos tempos modernos, eram uma decoração muito popular, como demonstra este mosaico de Pompéia.

26°
28°
30°
32°
34°
24°
26°
35°
CISAMUN
Kastelli
CYDONIA
Khania
POLYRRHENIA
TARRHA
PHOENIX
SYBRITA
CNOSSUS
CHERSONESUS
CRETA
LYTTUS
GORTYN
ITANUS
MOCHLUS
HIERAPYTNA
Ierapetra
escala 1:4 000 000
80 km
40 mi.
MAR MEDITERRÂNEO
PARAETONIUM
CANOVES
NICOPOLIS
ALEXANDRIA
TAPOSIRIS MAGNA
COMARUM
BUTO
SAIS
NAUCRATIS
SEBENNYTUS
BUSIRIS
TANIS
THMUIS
PELUSIUM
CASIUM
RAPHIA
RHINOCOLURA
Al-Arish
NICIU
ATHRIBIS
TERENUTHIS
HELIOPOLIS
BABYLON
CLYSMA
MEMPHIS
AILA
Elat
DESIERTO DEL SINAI
DEPRESSÃO
DE QATTARA
FAYUM
CARNIS
DIONYSIAS
THEADELPHIA
ARSINOE
TEBTUNIS
HERACLEOPOLIS
AEGYPTUS
GOLFO
DE SUEZ
Nilo
DESIERTO ARÁBICO
OXYRHYNCHUS
escala 1: 4 000 000
200 km
150 mi
ANTINOOPOLIS
HERMOPOLIS
El Ashmunein
MAR VERMEL
LYCOPOLIS
ANTAEOPOLIS
PANOPOLIS
TOLEMAIS HERMIOU
El-Manshah
TENTYRA
Dendara
COPTOS
HERMONTHIS
Armant
THEBAE
Lúxor
LATOPOLIS
Isna
EILEITHYPOLIS
APOLLINOPOLIS MAGNA
O GRANDE
OÁSIS
OMBOS
Kom Ombo
ELEFANTINA
SYENE
Assuã
PHILAE
Nilo

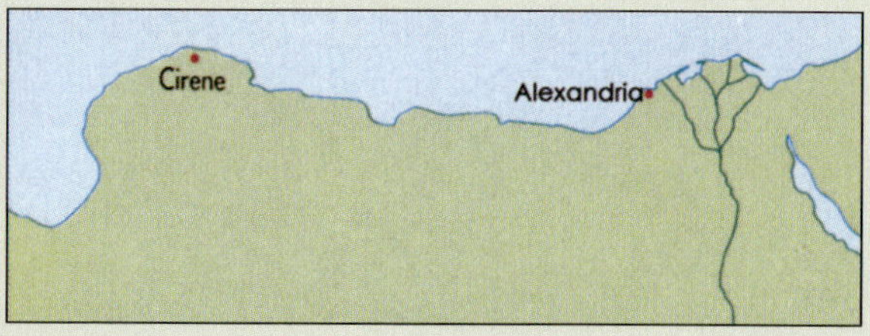

Abaixo: Como na maioria das cidades gregas do Mediterrâneo oriental, os vestígios visíveis de Cirene são da época romana; apesar disso, a disposição da cidade é helenística. Na fotografia, a "rua de Battus", que passa entre o magnífico Cesareum, o templo do culto imperial, e o teatro romano. Junto ao Cesareum, em direção ao Norte, existe uma basílica romana da época imperial e a Oeste um pequeno odeão ou sala de concertos. Obviamente, era um centro cívico imponente.

Alexandria

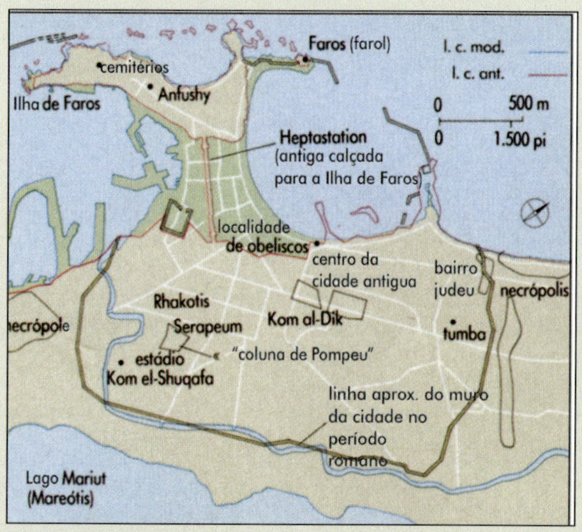

Alexandria, cujo nome vem de seu fundador, Alexandre, o Grande, conheceu um vigoroso desenvolvimento durante o período dos Ptolomeus e manteve sua importância através dos tempos, de sorte que restam poucos vestígios arqueológicos do povoamento antigo. A planta da cidade, descrita por Dinócrates de Rodes, constitui-se, sem dúvida, em um magnífico exemplo de desenho helenístico. Alexandria foi, durante o Império Romano, uma imensa e exuberante metrópole, superada em tamanho unicamente por Roma, mas possuía uma envergadura intelectual muito superior. A cidade devia sua fortuna ao comércio; foi um lugar de intercâmbios comerciais para os produtos do Oriente e durante o Império Romano despachava navios com trigo para Roma, e desde 330 para Constantinopla. Entre sua população cosmopolita se destacavam os judeus, que possuíam uma organização política própria e que em 39 d.C. enviaram o filósofo Fílon como embaixador diante de Calígula, para protestar contra o tratamento que vinham recebendo dos gregos de Alexandria.

Cirene

A prosperidade de Cirene se manteve por mais de um milênio após sua fundação por Battus, oriundo de Thera, e era uma das primeiras colônias gregas mais famosas e mais bem documentadas. A partir do final do século IV, a cidade passou a depender de uma dinastia local dos Ptolomeus, cujo último representante doou a cidade a Roma (96 a.C.). Seu desenvolvimento sob o domínio romano pouco diferiu do de outras cidades helenísticas. Na revolta judaica de 115 d.C., foi ocupada e parcialmente destruída por um chefe militar rebelde. A recuperação da cidade contou com a generosidade de Adriano. Afetada por terremotos em meados do século III e IV, Cirene – como a vizinha Tripolitânia – também foi castigada por invasões procedentes do deserto (final do século IV e início do V). Ainda assim, a cidade permaneceu ativa até o período bizantino. Cirene possuía duas igrejas cristãs em sua região central e uma esplêndida catedral com batistério, que ficava fora das muralhas bizantinas e servia de posto avançado fortificado.

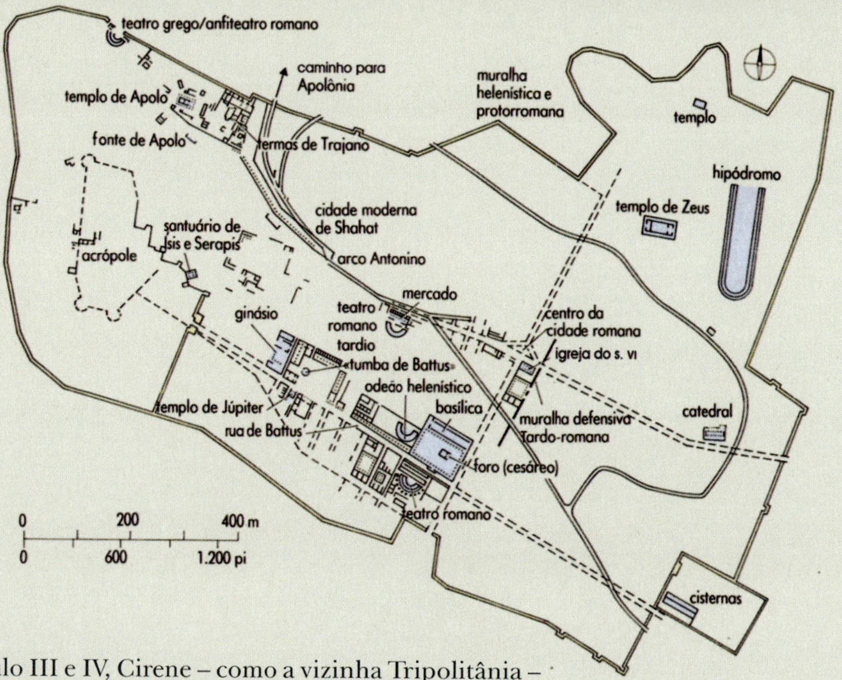

QUARTA PARTE

DECADÊNCIA DO IMPÉRIO

DESORDEM E RECUPERAÇÃO

Shapur I (240-272 d.C.), "rei dos reis" e inspirador do levante contra Roma de seu inimigo ancestral no Oriente, abate um cervo galopante sobre este belo prato de prata dourada, talvez o mais antigo dos muitos que mostram os reis sassânidas em sua diversão favorita. Os animais de caça eram mantidos em grandes parques cercados, que freqüentemente atraem a atenção das fontes clássicas. O historiador Amiano Marcelino, que visitou a Pérsia com a expedição de Juliano em 363, comentou o fato destacando que os persas "não ilustram em suas pinturas e esculturas outra coisa a não ser guerras e outras formas de morticínio".

De Maximino a Carino, 235-284

Desde meados do século III, com a ascensão de Maximino (235), até a morte de Carino em 284, transcorreu um período de distúrbios políticos difícil de estudar para os historiadores modernos devido à condição fragmentária das fontes. Cássio Díon, particularmente interessado nas personalidades e acontecimentos de sua própria época, morreu no final da década de 220; o sírio Herodes, historiador muito menos qualificado, termina seu relato com a morte de Maximino (238). As obras históricas gregas do ateniense Dexipo eram de grande interesse, mas só sobreviveram os dramáticos fragmentos copiados pelos compendiadores bizantinos. Na tradição latina, as biografias imperiais conhecidas como *História augustal* são sumamente informativas para o século II, mas, no concernente ao século III, são pura ficção e fantasia, que não deixa de ter interesse, mas não de ordem histórica. Outros escritores do final do século IV, um grupo de compendiadores – Aurélio Vítor, Eutrópio e um sucessor anônimo de Víctor –, oferecem breves relatos do século III, que procedem de uma perdida história latina da época de Constantino (morto no ano de 337). O estudo das inter-relações dessas fontes é uma questão técnica e com freqüência controvertida.

Qualquer estudo sobre o século III deve ser, necessariamente, temático, dada a falta de precisão narrativa e cronológica. Mas não é esse o principal problema; mais grave é que os historiadores sejam mais ou menos forçados a considerar a época nos termos de um conceito histórico mal empregado: o de "idade de transição", cujo significado deve em grande parte ser inferido da época anterior e da posterior. Mas os contemporâneos não podiam esperar o século IV para que lhes dissessem o que tinham sido suas vidas; quanto ao historiador, tem de tentar analisar o período em si mesmo e decifrar o seu caráter.

De um ponto de vista mais limitado, o do desenvolvimento do cargo imperial, o século III foi considerado uma época de anarquia. Entre 235 e 285, houve dezoito ou mais imperadores "legítimos" que, em média, ocuparam o cargo por um período inferior a três anos; mas esse conjunto é apenas uma parte da história, porque não inclui os filhos dos imperadores nomeados para o cargo junto com seus pais e outros colegas e ignora aos usurpadores e pretendentes ao trono, cujo número total jamais se poderá calcular. Quase todos tiveram morte violenta em guerras civis ou exteriores ou nas mãos de conspiradores.

As circunstâncias e os motivos que cercaram esses acontecimentos monotonamente repetitivos são às vezes extremamente obscuros. Apenas a ambição pessoal, e, ainda assim, dificilmente, pode explicar o estendidíssimo apetite de cargos que ofereciam tão poucas perspectivas de sobrevivência. As usurpações geralmente tiveram lugar em áreas de ocupação militar ou invadidas pelos bárbaros, especialmente nos exércitos do Reno e do Danúbio. O fenômeno da usurpação não deveria ser considerado como uma série de atos de ambição pessoal, mas como uma faceta própria nesse período da estrutura do Império.

A interpretação mais óbvia, e certamente a mais correta, das usurpações é que foram uma resposta às pressões militares que cada vez mais acossavam o Império. As incursões dos godos na Ásia Menor, de francos na Gália e na Hispânia, dos hérulos na Ática (onde foram repelidos pela resistência local, dirigida pelo historiador Dexipo) conduziram à necessidade de estabelecer um poder efetivo – que um imperador afastado não podia representar – para obter financiamento local e a autoridade imperial necessária para que as negociações com os invasores fossem concluídas satisfatoriamente. O Império gaulês independente das décadas 260 e 270, estabelecido pelo usurpador Póstumo, proporcionou uma resposta mais bem organizada às invasões germânicas que a que teria podido oferecer o próprio imperador legítimo Galieno, mais preocupado com a situação no Oriente e na fronteira do Danúbio. Isso é tanto um elogio do senso prático de Galieno quanto um comentário às limitações de seu poder, que permitia a seu rival gaulês dar prosseguimento à sua política sem interferências.

No Oriente, deu-se uma mudança significativa no equilíbrio de poder com a ascensão da vigorosa e ambiciosa dinastia do rei sassânida Shapur I, que triunfou na tarefa unificadora e revigorante do antigo Império persa, apresentando um desafio efetivo após o longo período de predomínio do prestígio romano. Em 260, o imperador Valeriano foi capturado pelos persas de Shapur I numa batalha perto de Edessa; a figura do humilhado imperador romano, junto à suposta submissão a Shapur de seu predecessor Filipe (244), foi refletida nas monumentais esculturas sobre rocha de Bishapur e Nagsh-I-Rustam. A partir de meados da década 260, Galieno, imperador único após a captura de seu pai, encomendou a defesa da fronteira oriental ao reizinho palmireno Odenato, que com seus sucessores Zenóbia e Vaballath governou um Império quase independente que, em seus momentos culminantes, se estendia desde o Egito até o Sudeste da Ásia Menor. O reinado de Galieno mostra as dificuldades do Império no século III e sugere as reformas estruturais que teriam podido salvá-lo. Esse reinado foi considerado por fontes posteriores como a época em que a freqüência das revoltas alcançou seu ponto mais alto, e em que grandes regiões do território romano, na Hispânia, na Gália, na Britânia e no Oriente, foram governadas como "impérios" separados. Essa atomização do Império sob Galieno, que mantinha a Ilíria como dobradiça entre o Oriente e o Ocidente, lembra a estrutura colegiada da tetrarquia e o sistema de prefeituras regionais do século IV. As freqüentes usurpações foram a primeira etapa dolorosa do desenvolvimento do cargo imperial colegiado, faltando só a adaptação do ideal de unidade imperial que tornaria aceitável a colegialidade. Um dos mais estranhos aspectos do século III foi a decisão e a dissipação de potencial humano, com que – apesar de ter outras preocupações – os imperadores legítimos reprimiram as tentativas usurpadoras de seus rivais, que de fato estavam realizando uma função local efetiva.

O segundo fato pelo qual Galieno foi depois criticado é a definitiva exclusão das classes governantes romanas tradicionais (o Senado) da estrutura do poder militar. Uma antiga fonte atribui isso a um "decreto" de Galieno proibindo os senadores de ocupar comandos militares com a escusa de manter os "melhores homens" longe dos exércitos. Mas é uma análise demasiado superficial; a eliminação dos senadores dos principais cargos militares em favor de homens da ordem dos cavaleiros – de profundas raízes castrenses – foi parte de um processo geral de mudança que teve origem no século II, nas guerras de Marco Aurélio.

Aspectos econômicos da crise do século III

A situação do Império Romano no final do século III é inevitavelmente qualificada de crítica em qualquer relação de história política geral. Dentro da tendência das regiões provinciais a dividir o Império em blocos independentes, podem ser percebidos também certos níveis de hostilidade. Na Gália central, os rebeldes locais, conhecidos como *bacardae*, representaram uma espécie de insurreição contra a autoridade imperial. Em outras partes do Império, há provas do abandono do campo pelos camponeses em busca de ocupações mais promissoras, como o banditismo; há provas igualmente do aumento das terras de cultivo abandonadas. É impossível quantificar a extensão desse processo, como o é também mensurar a influência dos efeitos das pragas e das guerras e desordens do final do século II e do século III na diminuição da população e, por conseguinte, no potencial humano disponível para o governo e para a produtividade agrícola do Império. Faltam estatísticas, e em todo o caso, essas tendências não parecem ter afetado igualmente as diferentes regiões do Império.

As expressões mais facilmente mensuráveis da crise do século III se encontram no desenvolvimento econômico. No final do século III, ocorreu um enfraquecimento conjuntural do sistema monetário. Suas causas eram complexas; uma delas era a falta de conhecimentos das próprias autoridades de Roma de qualquer teoria da circulação monetária, e, portanto, das conseqüências econômicas de seus próprios atos. O funcionamento da cunhagem antiga era baseado na suposição de que o valor da moeda era o do metal que ela continha: nesse sentido, poder-se-ia ver nas legendas oficiais estampadas nas moedas – como no caso das cunhagens da Líbia e das primeiras moedas gregas – uma garantia do seu estado de pureza e peso. Mas essa suposição – se é que alguma vez se formulou de maneira explícita – não foi observada rigorosamente, pois se considerava legítimo, nos tempos de escassez de metais preciosos, baixar a qualidade da moeda com a adição de um metal inferior, sem pensar em reduzir seu valor nominal. Assim se havia feito, sem conseqüências desastrosas, no tempo de Nero, que emitiu denários de prata com uma pureza de 90%, e cada vez mais sob os seus sucessores. Marco Aurélio emitiu moeda de prata com cerca de 75% de metal nobre, e Septímio Severo, com cerca de 50%. Mas tais fatos foram denunciados então; Cássio Díon acusou Caracala de pagar com moedas de ouro aos bárbaros e de consentir a circulação de prata rebaixada no Império.

No final do século III, uma redução alarmante do abastecimento de metais preciosos, combinada com gastos governamentais extremadamente elevados, forçou os imperadores a emitir moedas de prata notavelmente rebaixadas para satisfazer suas necessidades financeiras. É obvio que, com o reconhecimento pelo público de que as moedas estavam altamente supervalorizadas com respeito a seu conteúdo de metal, seu valor como moeda corrente tinha de cair, enquanto os preços subiam. O resultado foi uma espiral inflacionária com moedas grandemente desvalorizadas que provocaram preços ainda mais altos. Além do mais, as moedas de mais alto valor intrínseco foram entesouradas e nunca retornaram como moeda padrão, forçando uma maior desvalorização à medida que o acesso do governo às fontes de metais preciosos se ia tornando mais difícil.

Já no tempo de Galieno, a porcentagem de pureza dos denários de prata havia caído para 5%. Não se passaram muitos anos quando o governo se viu forçado a emitir moedas de cobre prateado. O índice de inflação entre o século II e o Edito de Preços de Diocleciano no ano 301 (ver páginas 172-173) pode ser estudado a partir do dado simples e facilmente comprovável dos preços conhecidos do trigo: uma medida (*modius*) de trigo, normalmente valorada no século II em cerca de meio denário, figura no Edito de Preços – que dava uma cotização à baixa – a cem denários. O denário valia, pois, no máximo 0,5% de seu valor anterior.

É difícil compreender como se mantinha o governo apesar de sua "política" monetária autodestrutiva combinada com a inflação, com os grandes gastos governamentais e com a escassez de metais preciosos. A vítima principal da inflação foi o próprio governo, já que a cobrança de

Uma visão persa da história romana. Neste monumento esculpido na rocha de Naqsh-i-Rustam, próxima da tumba de Dario, o Grande, Shapur divulga seus triunfos recentes. Recebe a sujeição do imperador Filipe (244) e agarra Valeriano pelo punho direito, derrotado e capturado perto de Edessa no ano 260.

impostos decresceu em seu valor real, enquanto cresciam as necessidades de dinheiro para pagar a funcionários e soldados. A solução do governo foi fazer frente a necessidades por meio da requisição direta de alimentos, materiais, meios de transporte etc. Com o passar do tempo, essas ações se tornaram mais regulares e se transformaram no procedimento normal do sistema impositivo do final do Império.

Uma área pública diretamente afetada pelo colapso monetário foi a munificência cívica, que era o sinal característico do Império desde a era antonina. As obras públicas, o abastecimento de espetáculos e jogos e outros atos de generosidade pública dependiam – do ponto de vista econômico – da disposição de grandes quantidades de dinheiro sobrante da produção agrícola. A sociedade antiga, como vimos, carecia da variedade de recursos e instrumentos que tem o mundo industrial moderno para absorver os excedentes; pouco se podia fazer com a moeda sobrante, a não ser gastá-la, e freqüentemente com ostentação. Não é, por conseguinte, estranho que o colapso do sistema monetário coincidisse com um repentino e apreciável declínio da munificência cívica no final do século III. Isso não implica uma mera estabilização do nível existente de abastecimento: o período se caracteriza pela diminuição das diversões e entretenimentos públicos; houve teatros e anfiteatros que deixaram de ser usados e se encheram de lixo, enquanto suas arcadas eram habitadas por cidadãos sem teto. Em alguns casos, como em Tours e em Périgueux, os anfiteatros chegaram a fazer parte das muralhas da cidade, construídas no final do século III em resposta às invasões.

A transformação física das cidades romanas do final do Império, sobretudo no Ocidente, reflete uma contração da vida urbana e está implícita na queda da munificência cívica (especialmente quando o processo é acompanhado da contínua prosperidade e, em alguns casos, do crescimento das vilas rurais auto-suficientes). Disso se deduz que os dignitários cívicos que tinham apoiado o vigor urbano da era antonina descuidavam, agora, de suas cidades e se dedicavam a uma vida mais limitada e familiar em suas fazendas. Tais deduções devem ser consideradas com extrema precaução. É certo que, ao menos na Gália, as cidades sofreram uma transformação; em lugar das cidades expansivas de princípio do Império, com grandes circuitos amuralhados e ostentosos e com portas imponentes, pensadas mais para embelezamento que para defesa, agora elas aparecem encerradas em recintos amuralhados que rodeiam a área monumental da cidade, isto é, uma pequena proporção da área urbanizada. Nas construções se utilizavam blocos de pedra e fustes de colunas procedentes de antigas construções públicas fora de uso ou de monumentos funerários, lápides com inscrições etc.

As economias provinciais do Norte da Gália, da Germânia e da Britânia dependeram sempre da cultura das vilas; tanto os achados arqueológicos como as fotografias aéreas revelam a existência, especialmente na Gália setentrional, de muitas casas de campo auto-suficientes. Elas eram equipadas com armazéns e habitações para os trabalhadores. Mas essa situação se deu ao longo do Império Romano, e não só em seu último período. E a imagem das cidades fortificadas dentro das áreas urbanas das cidades romanas tardias tampouco implica que o funcionamento econômico da cidade como tal tenha piorado continuamente. Está claro, pelos muitos exemplos que temos da Gália, que as áreas urbanas de extramuros continuaram a ser habitadas. Apesar da aparente transformação das cidades ocidentais do Império Romano e de outras partes (por exemplo, Atenas, onde a muralha construída após a invasão dos hérulos obstruiu a antiga Via Panatenéias), e apesar do desaparecimento – ocasionado pelas razões econômicas já descritas – das distrações públicas, não há por que supor que a crise do século III tenha provocado uma decadência definitiva da vida urbana que conduziu à intensificação do que se chamou, algumas vezes, de aspectos pré-feudais ou "senhoriais" do *status* dos latifundiários.

Sob diversas formas, defendeu o grande historiador econômico e social Michael Rostovtzeff que no século III se forçou uma aliança entre o campesinato e o exército romano (em grande medida recrutado entre camponeses) contra as cidades e suas classes proprietárias como fontes de opressão social e econômica. Essa interpretação – como o próprio historiador russo reconhecia – é influenciada pelo padrão do Exército Vermelho da Rússia revolucionária, que Rostovtzeff abandonou em 1918. Certamente, tal padrão não se pode aplicar ao Império Romano do século III, onde era evidente que os camponeses eram hostis a um exército que era invariavelmente um opressor mais direto e contundente que as cidades. Os soldados, embora fossem de origem camponesa, se comportavam como um exército que tomava pela força tudo do que necessitava, sem refletir demasiadamente sobre suas próprias origens sociais.

Uma mudança econômica extremamente significativa, conseqüência da crise militar do Império, foi a transferência de recursos da área mediterrânea para as regiões fronteiriças em que se travavam as guerras e às quais os imperadores tinham de dedicar a maior parte de seu tempo. Cidades como Triéris, no Mosela, e Sírmio, Naísso e Sárdica, nas regiões do Danúbio, adquiriram durante o século III um papel de capitais regulares do Império, papel que elas mantiveram no século IV. Também houve mudanças no Oriente. Disse-se que, antes de decidir-se por Bizâncio, Constantino, o Grande, havia preferido Sárdica como localização da nova capital. A própria Constantinopla sucedeu à Nicomédia de Diocleciano; ambos os lugares se encontravam numa posição estratégica entre o Oriente e o Ocidente, estreitamente ligada ao Mediterrâneo e às rotas terrestres militares da Ilíria, e, a leste, à fronteira persa.

Com essa transferência de recursos e do interesse imperial, a antiga capital romana ficou cada vez mais isolada, e, em conseqüência, sob o domínio de sua classe senatorial, gozou de uma independência crescente que a transformou, na ausência dos imperadores, numa das cidades mais florescentes e vivas do final do Império. Mas não há dúvida de que o século III trouxe um deslocamento substancial de recursos do Mediterrâneo para as terras limítrofes da fronteira do Norte, que já desde muito tempo atrás vinha sendo a autêntica coluna vertebral do Império, embora apenas no século IV se tenha revelado claramente como tal. Essa divisão tão significativa se

Acima: O grupo dos "tetrarcas" em alabastro, proveniente do saque veneziano de Constantinopla, conserva-se na parede da catedral de São Marcos (Veneza). Embora a identificação do grupo com Diocleciano e seus companheiros implique algumas dificuldades, capta perfeitamente o espírito de unidade e de "coexistência" dos imperadores do final do império.

***Direita*: Invasões e fronteiras do Império Romano no século III d.C.** As áreas realmente abandonadas como conseqüência da crise de meados do século III, das quais o mapa dá uma impressão necessariamente simplificada, foram – surpreendentemente – limitadas: os Agri Decumates na Germânia, na Dácia e em parte da Mesopotâmia (recuperada por Galério). Os efeitos principais ocorreram na estrutura interna do império. A imensa extensão das terras fronteiriças, sob a ameaça simultânea dos bárbaros, tornou necessária a devolução do poder aos "colegas" do imperador, e o governo foi exercido nas zonas fronteiriças a partir das capitais provinciais. No século III a usurpação assegurou – de fato – a transferência de poder que os imperadores "legítimos" a princípio foram relutantes em conceder. Os impérios gaulês e palmirense (das décadas de 260 e 270) foram, junto com as terras balcânicas que delimitavam, blocos que financiaram e governaram a si mesmos e que estiveram representados principalmente pelas prefeituras do século IV (ver mapa da página 173). Outras rebeliões, como as dos quinquegentianos na África ou dos bacaudos na Gália central, deveram-se à incerteza geral e forçaram a realização de grandes gastos e esforços para serem debeladas sem que isso afetasse à estrutura do império.

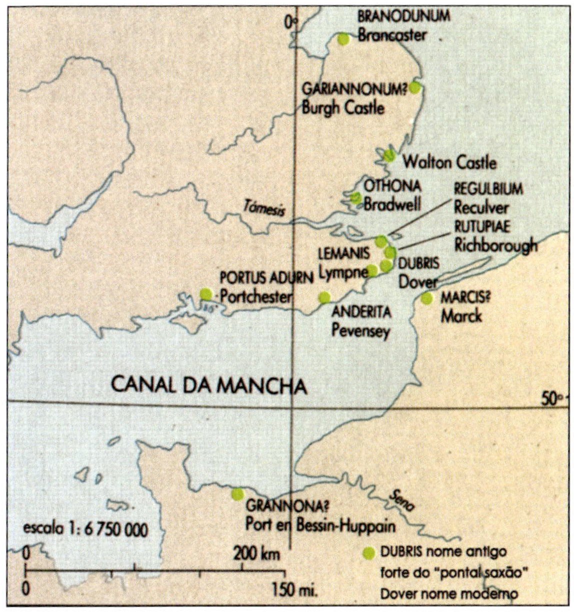

Direita: **O sistema defensivo de Diocleciano: a "escora" saxônica.** O sistema defensivo da "escora saxônica" (*litus saxonicum*), antecipado em alguns aspectos pelos usurpadores britânicos do final do século III, embora desenvolvido e sistematizado pelos tetrarcas, foi um meio de defesa costeira e de vigilância utilizado para impedir os ataques pelos estreitos de Dover contra as costas do sul da Britânia e o norte da Gália. O mapa foi elaborado a partir das jurisdições dos "condes" da escora saxônica tal como figuram na *Notitia Dignitatum*, mas o número de fortalezas citadas, especialmente no norte da Gália, está sem dúvida incompleto. A velha idéia de que o *litus saxonicum* designava os distritos ocupados e guarnecidos pelos saxões em nome dos romanos é certamente equivocada.

deu tanto entre o Mediterrâneo e o Norte como entre o Leste e o Oeste, e acabou proporcionando a base fundamental de sua repartição.

Diocleciano e a tetrarquia

As circunstâncias da ascensão do Diocleciano foram melodramáticas até para o século III; disse-se que havia denunciado e golpeado com suas próprias mãos o prefeito pretoriano de Numeriano, Áper, diante da assembléia do exército. Isso sucedeu em 284. Diocleciano foi proclamado imperador em Nicomédia no final do verão do mesmo ano. Na primavera seguinte, derrotou o imperador sobrevivente, Carino, na Panômia, e por um tempo exerceu o poder sem oposição. Nenhum desses fatos permite adivinhar qual seria o caráter do reinado de Diocleciano, tal como iria acontecer após vinte anos de governo vigoroso e de reformas nas quais se assentou a estrutura política do final do Império Romano. Os êxitos de Diocleciano se fundamentaram no reconhecimento, por sua parte, da necessidade de desenvolver o poder colegiado; em 286, promoveu como César outro oficial ilírio, Maximiano, a quem um ano depois transformou em Augusto. Maximiano se dedicou, como co-imperador, à parte ocidental do Império, onde obteve vitórias sobre os alemães, enquanto Diocleciano enfrentava os persas na fronteira oriental.

Em 1º de março de 293, levou-se à prática o que os historiadores conhecem como uma "tetrarquia" ou "governo de quatro", quando outros dois oficiais da Ilíria, Galério e Constâncio, foram nomeados césares. Seu poder estava sob o de Diocleciano e Maximiano, pelos quais foram respectivamente adotados. Constâncio abandonou a esposa (ou concubina) Helena, que levou o filho Constantino para educá-lo no Oriente; este se casou com a enteada do retirado imperador Maximiliano, que apoiava seu filho Majêncio.

A divisão do poder produziu resultados muito satisfatórios. Galério repeliu, no baixo Danúbio, os godos, e em 297-98 obteve uma espetacular vitória contra os persas. Sua afortunada captura do harém do rei Narses possibilitou a negociação de uma nova fronteira romana no Tigre superior até o Curdistão e Síngaros. Enquanto isso, Diocleciano sufocou uma revolta no Egito, e no oeste Constâncio recuperou a Britânia das mãos do usurpador Alecto, além de obter várias vitórias na fronteira do Reno; enquanto isso, Maximiano esmagava uma insurreição nativa na Mauritânia.

Acima: O denário de prata, grosseiramente moldado, mas de alta qualidade, do usurpador britânico Caráusio, é notável pelas ressonâncias virgilianas – único caso na cunhagem romana – com que a província dá as boas-vindas a Caráusio como seu libertador. "EXPECTATE VENI" é uma alusão à aparição do fantasma de Heitor a Enéias num sonho anterior ao saque de Tróia.

Em contraste, o medalhão de Constâncio mostra ao imperador recebido em LON [dinium] como "restaurador da luz eterna" – a "luz" do governo legítimo diante da "tirania" de Caráusio e Alecto. A passagem do canal pelo imperador é simbolizada por um barco de guerra.

A formação da tetrarquia foi uma realização progressiva na qual intervieram as tendências "centrífugas" da estrutura do poder imperial (tão evidentes no século III), que foram assim recolhidas e legitimadas. Em um ato de "autonegação", talvez o mais assombroso de quantos tenha levado a efeito, Diocleciano e Maximiano abdicaram como Augustos no ano 305. Galério e Constâncio tomaram seu lugar e nomearam novos césares numa tentativa de renovar a tetrarquia. O rápido colapso dessas disposições (descrito mais adiante) torna ainda mais notável a mútua lealdade existente entre Diocleciano e seus colegas. Parece evidente que não era expressão de nenhuma mudança repentina nas atitudes ou estruturas da sociedade romana, mas produto da lealdade pessoal e profissional dos oficiais ilírios, que se conheciam entre si e estavam dispostos a aceitar a preeminência de Diocleciano.

A sobrevivência do governo de Diocleciano durante vinte anos foi a condição prévia para a extraordinária série de reformas que mudaram totalmente o *tempo* da história romana e foram a base do governo e da organização social do final do Império. Muitas das reformas tinham claros precedentes. Com sua reorganização do exército, por exemplo, Diocleciano e seus colegas buscavam a criação de uma força de campanha móvel para complementar a função das guarnições estáticas das fronteiras. A promoção de um exército de campanha já se havia dado nos tempos de Galieno e Marco Aurélio, e estava implícita no uso que fizeram os primeiros imperadores dos destacamentos de legionários (*vexillationes*) em campanhas ativas, enquanto a legião principal permanecia em seu acampamento.

A distinção entre um exército de campanha completamente móvel e a defesa estática da fronteira é fundamental na estratégia romana do final do Império. Pensava-se que as guarnições fronteiriças (às vezes conhecidas como *limitanei*) formavam uma espécie de milícia local que ocupava terras em recompensa pelos serviços militares prestados quando lhes era requerido. Hoje em dia, é geralmente aceito que o nome *limitanei* significa simplesmente "tropas de fronteira", sem implicações de maior alcance. Em outras regiões, como a Tripolitânia e a Mauritânia, em que o sistema de defesa era dirigido por homens das tribos locais federadas, a referência às guarnições de fronteiras como "milícias locais" parece mais apropriada.

Sob a tetrarquia, a força numérica dos exércitos aumentou em grande medida. Uma testemunha contemporânea e hostil, Lactâncio, alegava que o exército se havia quadruplicado; mesmo em se tratando de um evidente exagero, os historiadores modernos asseguram que houve um aumento de mais do dobro. É evidente o que implicou esse aumento no concernente a problemas financeiros e de abastecimento, suscitando a questão da reforma monetária e impositiva da tetrarquia.

No princípio, os tetrarcas não conseguiram deter a inflação; mas com a combinação de uma série de medidas conseguiram contê-la e deixaram um sistema monetário parcialmente estável para seus sucessores. Isso foi alcançado com uma série de reformas monetárias, a mais importante das quais foi a criação de uma nova moeda de ouro, cunhada com alto nível de pureza. Com a desvalorização de 1/5 de seu valor, Constâncio fez desse sistema monetário a base da estabilidade das moedas de ouro correntes em Bizâncio. Também se fizeram com critério cunhagens de prata, que manteve seu valor relativamente com relação ao ouro, e de cobre, que não o manteve. O resultado foi uma inflação contínua, expressa na moeda de cobre que foi a de curso corrente entre as populações do Império. As queixas do exército levaram Diocleciano a lançar seu Edito de Preços Máximos (301). A inflação é atribuída ingenuamente pelo preâmbulo do Edito a uma "furiosa avareza... que sem pensar na humanidade se afana por seu lucro e ganho pessoal não ao longo de anos, meses ou dias, mas a cada hora e até a cada minuto". O edito constitui uma tentativa de impor preços máximos legais a uma grande varie-

Abaixo: O capítulo reproduzido do Edito de Preços de Diocleciano dá a lista de preços máximos para uma variedade de produtos (plantas e minerais), entre os quais se contam as esponjas (usadas para loções oculares), a cal e a cola de peixe, seguidos das tarifas do transporte marítimo de Alexandria a Roma, Nicomédia e Bizâncio.

Abaixo: **O império na época de Diocleciano**. A hierarquia diocleciana de prefeituras, dioceses e províncias aparece aqui comparada com as províncias do período Severo. A principal mudança ocorreu na Itália, convertida em uma diocese com províncias, e no abandono à ocupação bárbara dos *Agri Decumates* e da Dácia, cujo nome (e parte da população) foi transferido para a margem romana do Danúbio. As campanhas de Galério permitiram a anexação de territórios no alto rio Tigre.

dade de produtos e serviços. Lactâncio dizia que o edito teria um imediato e total fracasso, já que tais produtos não chegariam ao mercado; e sua opinião foi geralmente aceita. Mas a seriedade com que o governo tentou controlar a inflação é demonstrada por numerosos escritos ou fragmentos de inscrições. Sua principal contribuição talvez fosse mais psicológica do que econômica, mostrando a vontade de um governo romano, depois do trauma do século III, de exercer sua autoridade em grande escala e com grande meticulosidade.

O cumprimento de tão complexo sistema legislativo implica claramente a posse pelo governo de um considerável potencial administrativo. Isso é igualmente verdadeiro no que diz respeito às reformas impositivas de Diocleciano e seus colegas. Introduzidas progressivamente, e com tolerância para as modalidades regionais e os costumes locais, tais reformas implicavam, em essência, a introdução de uma unidade de imposto sobre o trabalho (incluindo mulheres e escravos), sobre os animais de tiro utilizados na agricultura e sobre a extensão do terreno explorado. A parte referente às povoações era variável segundo o uso que se desse às terras: colheitas de cereais, vinhedos, olivais, invernadas etc. As cifras se combinavam para alcançar uma uni-

dade de taxa que gravava os diferentes modos de cultivos e graus de fertilidade, e o imposto acabou por ser implantado uniformemente (a tanto por unidade). No princípio do século IV, a cidade de Autum obteve de Constantino a redução de seus impostos de 32.000 para 25.000 unidades; o principal argumento utilizado foi a quantidade de terras incultas de seu território que tinham sido incluídas na taxação.

A princípio, esse método eqüitativo de taxação era baseado na produtividade variável dos diferentes tipos de terras e nos diferentes modos de cultivo; isso permitiu, pela primeira vez na história romana, um orçamento racional. Se o governo podia calcular com antecedência suas obrigações financeiras, simplesmente dividindo a cifra pelo número total de unidades impositivas no Império (ou por uma parte dele), podia também calcular cada ano a porcentagem de taxação requerida para cobrir seus gastos. Até que ponto se alcançou esse ideal, isso é outra questão. Está claro que freqüentemente se deu certa queda dos impostos recebidos, que os imperadores remediaram criando "impostos suplementares".

Outras formas de exação coexistiram com as novas taxas unificadas. Taxas adicionais, não onerosas de per si, foram arrecadadas sobre as propriedades senatoriais, e os imperadores continuaram a receber moedas e lingotes em seus diversos aniversários; eram o equivalente da taxação adicional e contribuíram substancialmente para o financiamento imperial. Como no séc. III, o governo se viu obrigado a requisitar serviços, como meios de transporte ou alojamento de tropas, cobrindo a maior parte das necessidades materiais dos exércitos e da burocracia por meio da exação direta dos produtos agrícolas. As guarnições de fronteira se abasteciam regularmente em espécie com as fazendas dos latifundiários locais. Os serviços municipais correspondiam aos conselhos locais, que também eram responsáveis (com a garantia das fortunas pessoais de seus membros) pela arrecadação e pagamento de taxas às autoridades imperiais. As limitações do sistema se deixam de ver não apenas na necessidade dos mencionados "impostos especiais", mas também na freqüência com que os imperadores "anulavam" taxas não cobradas para voltar a emiti-las.

Lactâncio declarava que, como resultado das reformas impositivas de Diocleciano, o Império tinha mais arrecadadores que contribuintes. Apesar do exagero óbvio de Lactâncio, a ampliação da burocracia imperial foi uma das características mais freqüentes do final do Império Romano (ver páginas 199-200) e reflete a crescente "incidência" do governo sobre a sociedade romana, iniciada com a tetrarquia. O mesmo processo teve lugar na administração provincial. A divisão das províncias (iniciada pelos imperadores Severos) em unidades menores e manejáveis continuou até um total de mais de 100 províncias (quase o dobro das que havia no século III). A Itália, pela primeira vez na história de Roma, foi dividida em províncias e submetida a impostos regulares. As províncias foram subdivididas em grupos regionais conhecidos como "dioceses", cada uma das quais estava sob a autoridade de um oficial conhecido como *vicarius*, ou "deputado" (do prefeito pretoriano). A função dos *vicarii* estava, ao que parece, relacionada com os impostos, já que cada diocese – como uma espécie de governo general – abrigava uma casa da moeda imperial, na qual se recebia o produto do imposto monetário para a cunhagem de novas moedas. Uma das principais funções da prefeitura pretoriana do século IV foi precisamente a imposição e administração da taxa regional.

Muitas das características do desenvolvimento burocrático do século IV se tornaram evidentes de forma paulatina sob Constantino e seus sucessores. Mas não há dúvida de que seu decisivo crescimento pode ser atribuído a Diocleciano, e reflete a intensa atividade governamental e legislativa de seu reinado.

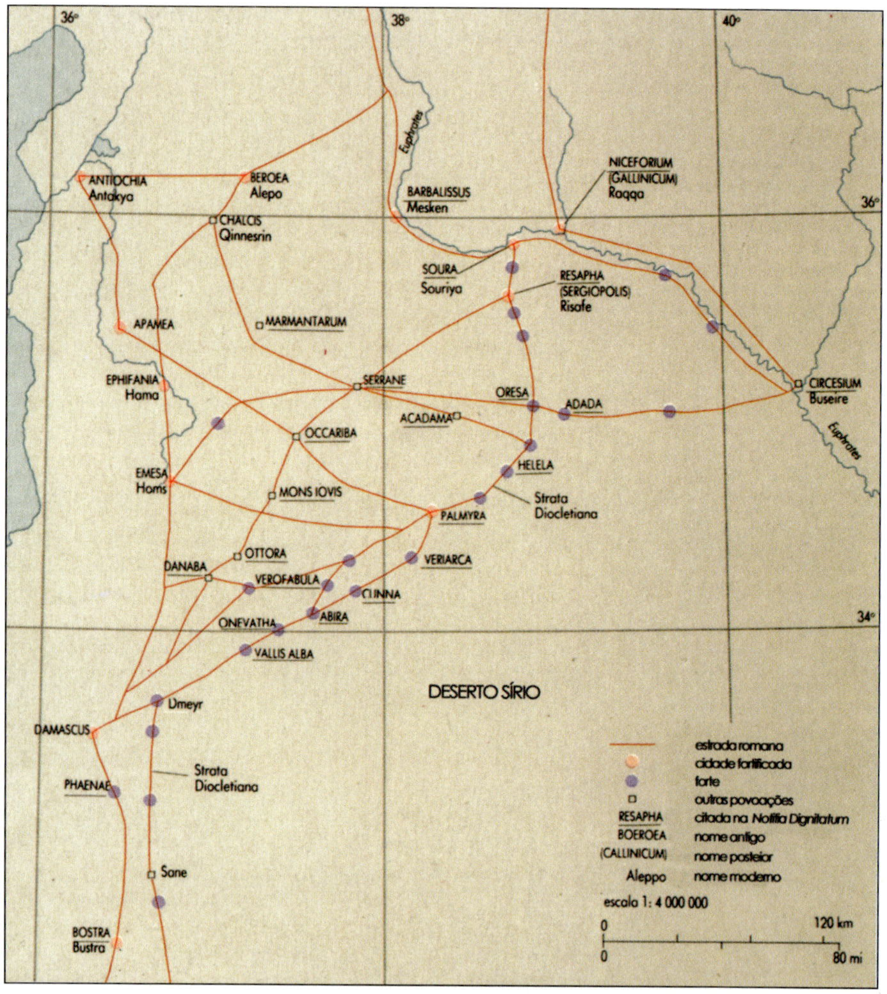

***Acima:* A fronteira leste de Diocleciano (*strata Diocletiana*).** O mapa mostra os pontos essenciais da fronteira oriental nos tempos de Diocleciano, reconstruída a partir da *Notitia Dignitatum*, dos trabalhos arqueológicos e das fotografias aéreas. Não há nada original numa fronteira guarnecida baseada numa rota militar (a *strata Diocletiana*), de primeira linha e que interligava as cidades que protegia. Esta linha é na verdade do período de Trajano e tem analogias com o sistema que Diocleciano empregou na África romana, onde as inscrições mostram seu desenvolvimento já no século III. No entanto, a fronteira leste demandava muitas construções novas, como na Palmira e em Circesium; esta última em particular foi considerada um ponto defensivo crucial contra os ataques persas. Não sabemos a que ponto o sistema destinava-se a prevenir os ataques dos beduínos autóctones, mas é evidente que foi um elemento da operação, em especial quando os beduínos ("sarracenos", em nossas fontes literárias) puderam aliar-se aos persas. A fronteira foi dotada de tropas fronteiriças regulares, conhecidas como *limitanei*. Embora estas, como suas equivalentes africanas, realizassem atividades agrícolas nas imediações das fortalezas, não podem ser consideradas como uma "milícia camponesa" engajada em funções militares em troca da concessão de terras.

Cerimônias e arte do final do Império Romano

Fontes do século IV atribuem a Diocleciano a introdução de uma cerimônia conhecida como "adoração da púrpura". Em uma audiência privada e comandada pelo imperador, era oferecida a barra da túnica imperial, que era beijada em ato de homenagem. A cerimônia é considerada, pelas fontes, o símbolo da mudança de posição do imperador romano, que passa de magistrado civil (pretensão mantida desde a época de Augusto, mas obviamente com força cada vez menor, especialmente durante a crise militar do século III) a déspota oriental. A *adoratio purpurae* era um aspecto do processo em virtude do qual os últimos imperadores romanos se cercaram de um protocolo cerimonial muito mais elaborado que o de seus antecessores. Ainda que muitos dos elementos particulares deste processo possam ser encontrados nas práticas romanas de épocas anteriores, sua combinação marcou uma mudança na natureza do cargo imperial. A figura do imperador ficou cercada por uma aura religiosa; peticionários e panegiristas dirigiam suas palavras aos "ouvidos sagrados" do imperador, e as respostas que saíam de sua "boca sagrada" eram transmitidas em linguagem retórica a seu "secretariado sagrado". O conselho oficial do Estado era conhecido como o *consistorium*, porque seus membros permaneciam de pé na presença do imperador. Diocleciano, que adotou o nome de "Jovius", apresentava a si mesmo como vice-regente de Júpiter na Terra; Maximiano, seu colega, era "Hércules" e representava o deus que com seus trabalhos incansáveis livrava a humanidade do terror e da aflição. Estes títulos foram herdados pelos respectivos membros jovens da tetrarquia. A linguagem da administração ficou cheia de abstrações como "Nossa Serenidade", "Nossa Majestade", "Nossa Eternidade", com as quais os imperadores se apresentavam não como personalidades individuais, mas como veículos das virtudes abstratas que protegiam o império. As vitórias dos imperadores nas guerras fixavam-se neles como um atributo permanente; eram os "sempre vitoriosos" (*semper victores*), os "extremamente invencíveis" (*invictissimi*). A colegialidade do cargo imperial afirmou-se vigorosamente. As leis determinadas em uma parte do império, ainda que pudessem não ter interesse em outros pontos, levavam os nomes de todos os imperadores legítimos do momento.

Como parte do grau de complexidade do ofício imperial, os palácios ficaram cheios de funcionários e criados de todos os tipos que controlavam e dificultavam o acesso das pessoas ao imperador. Isto contrastava com o período anterior, quando pelo menos se manteve a pretensão de que um imperador tinha de ser acessível a seus súditos e que devia encontrar tempo para escutar seus problemas individuais. A ampliação da burocracia administrativa no final do império teve como contrapartida o crescimento do serviço palaciano, liderado pelos camareiros (*cubicularii*), que eram quase sempre eunucos (outro sinal da "orientalização" do cargo imperial); estes indivíduos ganharam com o tempo uma imensa e, de acordo com uma opinião conservadora, escandalosa influência.

A elaboração cerimonial do cargo imperial no final da história de Roma não foi um fato isolado. Neste período, a vida pública caracterizou-se por um crescente sentido dos efeitos teatrais; os imperadores, com suas audiências cerimoniais e grandes comitivas, eram os exemplos mais espetaculares. Muitas expressões artísticas desta tendência, como os mosaicos da Praça Armerina na Sicília ou o mármore marchetado da sala de audiências do cônsul Junio Basso em Roma, ilustram como a vida pública do Baixo Império adotou uma cor e um estilo, uma roupa teatral mais própria do Renascimento florentino que de uma cidade clássica. Algumas fontes literárias, como a descrição que faz Amiano Marcelino das roupas

Direita: Detalhe dos mosaicos do palácio da Piazza Armerina (ver também página 186), na Sicília, que reflete perfeitamente a cor e o fausto da indumentária do baixo Império. Um grupo de serventes aguarda o embarque de um animal capturado; em suas túnicas decoradas aparecem os emblemas bordados típicos da indumentária da época; afirmou-se que a vila era propriedade do imperador aposentado Maximiano, coisa extremamente improvável.

de fantasia usadas pelos nobres romanos do final do século IV, feitas com cores brilhantes e seda leve, com franjas e figuras bordadas, confirmam esta impressão.

A cerimônia é um modo de comunicação e é possível que no final do império funcionasse de um modo mais positivo e aberto do que se costuma acreditar. Era não só reflexo de um novo despotismo, mas também um sinal de identidade para uma nova classe governante, a burocracia imperial, que estava ainda em processo de consolidação e que apresentava o cargo imperial ao público do final do império de uma maneira inteligível e tranqüilizadora. Durante o século II, os imperadores deviam aparecer freqüentemente muito afastados da população civil e normal do império e o prestígio de seu cargo dificilmente não foi afetado pelas desordens políticas deste século. Talvez isso tenha dado origem a semelhante esplendor entre eles sob a tetrarquia, persuadindo o público romano de que a permanência imperial estava novamente confirmada e firmemente estabelecida.

As mudanças na apresentação pública dos imperadores parecem ter sido inspiradas na arte e na iconografia do Baixo Império. Durante o século III e mais ainda no IV, a arte pública romana caracterizou-se por um crescente formalismo, tanto de realização quanto de desenho. O novo estilo, cujos aspectos mais óbvios eram o hieratismo, a apresentação frontal das figuras e a disposição esquemática dos grupos com um reduzido sentido da perspectiva, é percebido, por exemplo, nas esculturas do arco de Septímio Severo em Leptis Magna (princípio do século III) e mais claramente no arco de Constantino em Roma (por volta do ano 315). Aqui, a simplicidade formal das esculturas destaca-se pela justaposição com obras do período Antonino, aproveitadas para embelezar o novo monumento.

Afinidades com o novo estilo podem ser encontradas na escultura provincial do início do império; mas seu predomínio na arte do Baixo Império obedece claramente à necessidade de destacar a apresentação ostentosa dos imperadores deste período e, em geral, dos elementos teatrais. Neste contexto, podemos entender melhor as posições frontais, os gestos calculados, as fileiras de figuras articuladas com esmero e os espaços cuidadosamente traçados de tanta arte representativa do final do império. O "expressionismo" cada vez mais estilizado do retrato individual parece refletir também, pelo menos no caso dos retratos imperiais, o processo mencionado mais acima,

Abaixo: O relevo do arco de Constantino em Roma ilustra a rígida "frontalidade" característica de boa parte da arte cerimonial romana ao final do império. A intenção é clara: definir os papéis dos vários participantes separando os registros visuais eSm que cada um aparece e representar as relações entre imperador e audiência como uma espécie de cena teatral. O contraste com a espontaneidade e a informalidade das esculturas do século II inseridas no arco é muito marcante (ver página 104).

em que os imperadores eram vistos não tanto como indivíduos, mas sim como a encarnação de certas virtudes, como os símbolos de abstrações estereotipadas.

Diante desta mudança para um maior formalismo, os historiadores da arte viram freqüentemente o reinado de Galieno como um "renascimento" do estilo clássico, não só nos campos da filosofia e da literatura, mas também nas artes visuais. A característica estilística principal em questão é o renovado naturalismo, reminiscência da arte da idade Antonina, mas com uma maior intensidade emocional, "uma representação essencialmente romântica da vida em trânsito" (Gervase Mathew). Porém, além das dificuldades para datar com suficiente exatidão os trabalhos em discussão, podiam refletir simplesmente uma tradição clássica autônoma, que continuou se desenvolvendo em seus próprios termos ao lado das correntes mais "modernistas" nas artes visuais. As provas são muito incertas para apoiar a idéia de um "renascimento", se por este se entende o movimento mais ou menos consciente que buscava o apoio deliberado do imperador e de outros patronos. É melhor ver os diferentes estilos artísticos do século III como uma expressão das diversas tradições contemporâneas que seguiam seu próprio curso e nem sempre tão rigorosamente ligadas, como a crítica supõe, à situação social e política ao redor, o que definitivamente torna muito mais difícil sua explicação.

A evolução religiosa

No começo do século II, Plutarco lamentava o esquecimento dos antigos oráculos da Grécia, situação que sem dúvida refletia a perda de independência política dos estados gregos. Em Roma, o auge do estoicismo durante o século I foi considerado uma mudança do interesse que, deixando de lado os cultos estatais, buscava um código de conduta moral derivado dos conceitos de obrigação individual como parte da resposta de uma classe na época dominante (o Senado) à perda de sua influência política sob o reinado dos imperadores.

Estes exemplos nos colocam no coração das importantíssimas mudanças religiosas produzidas no Império Romano durante os séculos II e III. Foram adotadas novas formas de devoção à cultura greco-oriental do Egito, da Judéia, da Síria e da Mesopotâmia (o culto de Ísis e Osíris, o cristianismo, várias formas de gnosticismo e depois o mitraísmo e o maniqueísmo). Junto com alguns dos cultos místicos mais pessoais da Ásia Menor, como os de Dionísio e da Grande Mãe da Frígia, tais formas parecem ter se tornado altamente populares. Ofereciam ao indivíduo grande variedade de atrativos: a esperança de salvação de sua alma e – em alguns casos – exóticos rituais de iniciação para os membros de uma minoria purificada, mitos alegóricos explicativos de ordem cósmica e uma definição do lugar do indivíduo no universo. Às vezes, com sua concepção da alma humana como originada de um reino divino e presa em um mundo hostil de matéria ou no campo de batalha entre o bem e o mal, ofereciam explicações do sofrimento e da maldade. Os antigos cultos públicos gregos e romanos não estavam interessados em nenhum destes assuntos.

A prevalência dos cultos esotéricos foi vinculada freqüentemente à crise do século III. Parecia natural supor que a crescente desordem e insegurança do mundo exterior tinham provocado a correspondente retirada dos indivíduos a uma vida interior. Possivelmente, além disso, o fracasso da religião tradicional em proteger o império impulsionou os homens a voltar sua atenção às religiões esotéricas, à astrologia e, para uma proteção pessoal contra o infortúnio, às artes mágicas, que cresceram em popularidade (absoluta e relativa) no último período romano.

Tais conclusões devem ser examinadas com grande senso crítico. As provas, por serem circunstanciais e fragmentárias, não permitem nenhuma análise detalhada da incidência de tais crenças em um período em contraste com outro. O período final do Império Romano, por estar em geral mais abundante e diversamente documentado que os primeiros períodos, revela, naturalmente, muitos mais casos, por exemplo, do uso de práticas mágicas. Além disso, interpretações como as descritas estão freqüentemente ligadas a uma concepção da sociedade do Baixo Império como uma etapa avançada de decadência diante do claro racionalismo da idade clássica; o final do império seria uma idade menos "racional" e com atitudes e crenças mais supersticiosas. Tais impressões podem implicar a imposição de conceitos racionalistas inapropriados e o fracasso na apreciação da complexidade religiosa da sociedade greco-romano anterior.

As práticas de magia e astrologia eram imemoráveis na sociedade antiga. As medidas governamentais contra as artes mágicas, junto com a expulsão dos astrólogos e "filósofos" de Roma, já eram freqüentes no século I, período em que foi construído um templo para Ísis na área central da cidade. As fontes do século II estão cheias de referências a práticas mágicas, a atos realizados em resposta aos sonhos e a muitas outras atitudes que pareciam "irracionais", mas que na opinião de seus praticantes eram eficazes. Os denominados "oráculos caldeus", uma coleção de sentenças sobre a natureza do universo e de Deus, e sobre as técnicas de elevação da alma a Deus através do uso das artes mágicas, foram recopilados e circularam na época de Marco Aurélio. Além disso, se o misticismo está tão rigorosamente ligado ao aumento da miséria no século III, fica difícil explicar a atitude do próprio Marco Aurélio, que se dirige angustiadamente a seu espírito nas *Meditações*, escritas nos prósperos dias da Idade de Ouro Antonina.

A teoria de que a popularidade das religiões esotéricas esteve vinculada à crise do século III encontra o obstáculo de que em muitos aspectos essenciais essa popularidade a precedia. Seria melhor associar este processo ao aumento da mobilidade dos homens e idéias no mundo mediterrâneo, sob as condições de paz completa criadas pelos novos imperadores romanos e como parte da unificação dos mundos latino, grego e médio oriental. Se havia uma resposta religiosa para a crise econômica e social da época, facilmente teria de tomar a forma de uma reafirmação dos valores tradicionais e da busca de outros novos. Essa foi a base da perseguição aos cristãos na época de Décio e Diocleciano (ver página 178), bem como aos maniqueístas por este último. Em seu edito contra estes, denunciava a perversa arrogância desses homens, que haviam se colocado contra a sabedoria comum, opondo-se às religiões há muito estabelecidas e preferindo suas próprias crenças às que desde há

Acima: O busto-retrato do teatro de Dioniso em Atenas durante muito tempo foi considerado um retrato de Cristo realizado por um "bárbaro desconhecido" (quer dizer, o representante de uma "estirpe semita"!), obra-prima da era Antonina e do "renascimento de Galieno", em meados do século III. Um ponto de vista mais recente considera que se trata do próprio imperador Galieno como deus Serápis. A peça remonta claramente à época helenística, através da era Antonina; sua "sonhadora melancolia" introspectiva a distingue tanto do duro modernismo do busto da página seguinte quanto da simplicidade de formas do retrato de Aureliano, também na página seguinte, abaixo.

Direita: Moeda de Aureliano que mostra o imperador com vestimenta militar, portador da coroa radial característica do Sol (compare-se com o Constantino da página 188). O reverso leva a legenda "ORIENS AUG[ustus]", "imperador nascente", com uma figura muito estilizada do Sol, que de novo segura uma coroa radial e segura o orbe. A iconografia celestial é confirmada pela presença de uma estrela no campo da imagem.

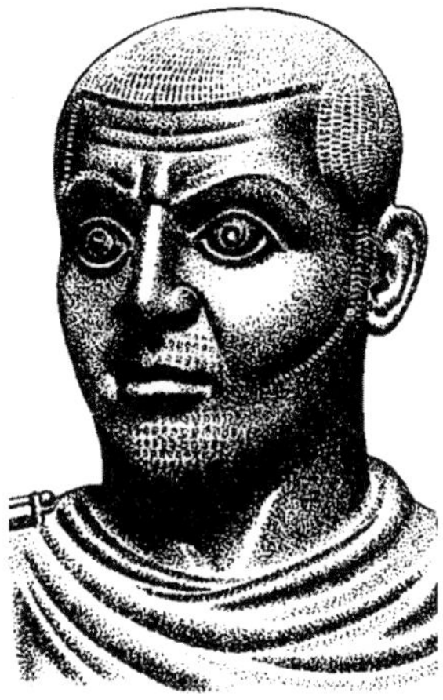

Acima: "Expressionismo" num retrato do final do império. Busto em alabastro do Cairo com um imperador não identificado do final do século III ou princípio do IV. A moldagem é notável pela simetria abstrata na qual o caráter pessoal do retratado está imerso. Embora exagerado e vívido, seus traços estão estaticamente fixados na superfície do material e sua estrutura fisiológica foi simplificada. Não há nele o sentimento de complexidade introspectiva do gesto tão perfeitamente captado no busto de Galieno da página anterior.

muito tempo haviam entregado os deuses à humanidade.

Os imperadores não foram totalmente conservadores. Já haviam refletido muito sobre as crenças religiosas da época, associando-se a determinados deuses particulares sob cuja proteção viviam. Cômodo quis identificar-se com o deus Hércules, ainda que isso implicasse certa excentricidade, como o caso de Heliogábalo, associando-se à pedra sagrada de Emesa (ver página 105). Desde meados do século III, e particularmente desde a época de Galieno, os imperadores autovinculavam-se ao "Sol invencível", que era visto como seu "companheiro" familiar (*comes Augusti*). Aurélio estabeleceu um culto público ao Sol em Roma e criou um novo colégio de sacerdotes para administrá-lo, que se manteve até o final do paganismo oficial de Estado. Diocleciano e Maximiano também se associaram ao Sol invencível, ao mesmo tempo que a Júpiter e a Hércules.

Esta tendência geral refletia a popularidade do culto solar na figura de Mitra dentro do exército romano e as crenças religiosas contemporâneas em que o Sol era visto como divindade genérica suprema ou como símbolo dela, fonte de toda a vida física e da iluminação intelectual; dele dependiam totalmente os poderes dos deuses do panteão clássico, que eram seus agentes divinos.

As teses dos filósofos contemporâneos, em um sentido restrito, demonstravam as mesmas tendências como pensamento religioso em geral, dentro de sua preocupação com um conjunto de doutrinas situado na onipresente teologia derivada de Platão. Costuma-se destacar os aspectos religiosos do pensamento platônico, especialmente no que se refere à descida do espírito do reino divino das Idéias ao mundo da matéria e seu veemente desejo de retornar a Deus. Este "regresso da alma" teria de ser realizado por meio da contemplação racional ou através das técnicas mágicas ou "teúrgicas" traçadas para o aproveitamento dos "símbolos" da divina presença no universo dos objetos físicos, nos números e nos feitiços e encantamentos mágicos. Estes pressupostos, puramente intelectuais, foram adotados por Plotino, fundador do que hoje é conhecido como neoplatonismo e que é uma sistematização do pensamento platônico em termos de uma hierarquia dos diferentes níveis do ser e da realidade, pela qual a alma tinha de abrir, através da contemplação, seu caminho de retorno ao "Uno" – o princípio Supremo do qual havia se originado. O seguidor mais importante de Plotino nesta concepção foi Porfírio, um sírio de Tiro. A alternativa, e em um sentido mais popular, o método de elevação da alma pela teúrgica, recebeu o apoio da escola de outro sírio, Jâmblico, cuja tradição teúrgica passou no século V à escola neoplatônica ateniense de Siriano e Proclo.

Para todos estes filósofos, Platão não era só a influência intelectual dominante, mas também o "divino mestre", e eles eram considerados homens inspirados pela divindade. Seus propósitos iam além da tradicional filosofia clássica, já que procuravam ensinar e alcançar não a virtude nem a bondade, mas sim a perfeição. Como homens divinamente inspirados, eram considerados portadores de poderes especiais que os permitiam lutar contra a força da gravidade, fazer milagres, evocar os deuses e receber oráculos divinos. É necessário insistir no fato de que as origens de tal evolução devem ser procuradas pelo menos já na idade Antonina, em personagens como Apuléio e os "filósofos" taumaturgos satirizados por Lucano. Isso responde melhor a um desenvolvimento orgânico em toda a linha, devendo pouco ou nada à insegurança dos acontecimentos ao redor; pelo contrário, as origens do marcado individualismo que é observado em tais movimentos podem ser encontradas de modo mais satisfatório na comodidade e segurança de uma época pacífica e próspera, como a dos Antoninos.

Crescimento e perseguição do cristianismo

Os séculos II e III foram uma época de expansão também para a Igreja cristã. Esta foi muito mais importante nas províncias orientais do império, na África e nas terras ocidentais mais abertas para o Mediterrâneo, que como sempre serviu de via para a principal corrente das influências culturais e intelectuais do Oriente. As Igrejas do Ocidente geralmente falavam grego até o final do século II. O bispo Hipólito de Roma escreveu em grego; os primeiros bispos de Lugdunum (Lyon) falavam grego. Com Tertuliano (por volta de 170-220 d.C.), a Igreja africana produziu um escritor latino importante e parece que tanto ali quanto na Itália os elementos gregos das comunidades cristãs começavam, nessa época, a ser superados em número pelos conversos locais que falavam latim.

O crescimento da Igreja pode ser medido, desde outro ponto de vista, pelos 87 bispos que participaram do Concílio de Cartago, organizado pelo bispo Cipriano em 256. Em Roma, o número de viúvas e órfãos que recebiam caridade era de cerca de 1.500, o que sugere a existência de uma importante comunidade cristã para sustentá-los. Em Antioquia, o bispo Pablo, convicto da heresia e deposto em 268 d.C., é classificado por um oponente como um tirano que em sua cidade tinha mais poder que o procurador imperial.

Algumas partes do império, principalmente as províncias européias de Panônia, no norte das Gálias, Germânia e Britânia, foram menos afetadas a curto prazo pelo cristianismo; mas está claro que por volta do ano 300 havia muitos distritos em que os membros desta religião formavam pelo menos uma minoria importante.

O historiador eclesiástico Eusébio de Cesaréia, que escreveu no início do século IV, destacava que o período iniciado com o reinado de Décio havia sido uma etapa de paz e prosperidade para a Igreja e que o diabo havia aproveitado para semear a discórdia em seus grupos. A perseguição iniciada por Décio foi propriamente o primeiro ataque geral contra o cristianismo, empreendido por um governo romano como um assunto de política racional. Antes, a perseguição havia sido realizada sobre uma base local, por governadores freqüentemente pressionados pelas populações autóctones e pelos dirigentes municipais. Só soubemos da existência de tais acontecimentos quando o governador em questão, como Plínio, na época de Trajano, consultava o imperador sobre questões de procedimento (o que fazer com os cidadãos romanos que admitiam ser cristãos, se as denúncias anônimas deviam ou não ser aceitas, ponto em que a resposta de Trajano foi terminantemente negativa). É importante não subestimar a freqüência de tais perseguições locais. Ao mesmo tempo, também é essencial reconhecer que, antes do reinado do imperador Décio (meados do século III), nenhum imperador havia organizado uma campanha centralizada contra o cristianismo e que até esse momento tal política não foi particularmente importante para nenhum imperador romano.

As causas gerais da perseguição são bastante claras, ainda que nem sempre seja fácil dizer por que acontecia em um momento concreto. Tertuliano lamentava-se de que os cristãos fossem acusados de todas as desgraças que sofria uma comunidade: "Se o Tibre transborda ou o Nilo falha, levanta-se o grito geral de 'Os cristãos aos leões!'". O ataque de uma praga, os terremotos ou as tempestades violentas eram alguns entre tantos desastres que a opinião popular atribuía à retirada da graça dos deuses. Os romanos acreditavam que o universo somente manteria seu equilíbrio através da boa vontade dos deuses com os homens; essa boa vontade tinha de ser mantida pela piedade coletiva da comunidade mediante a prática de rituais e sacrifícios pontualmente estabelecidos. Os cristãos eram um grupo de dissidentes que se recusava a participar de tais rituais, de modo que se acreditava que eram eles que enfraqueciam as relações entre a comunidade e suas divindades, já que perturbavam a "paz dos deuses" (*pax deorum*) e provocavam a perda de sua proteção.

É importante acrescentar que os hábitos sociais e religiosos dos mesmos cristãos despertavam suspeitas. Seus rituais eram secretos e envolviam o consumo de um corpo e sangue simbólicos na Eucaristia: os propagandistas anticristãos lançavam atrozes acusações de canibalismo (os "banquetes tiesteus", inspirados no mitológico Tiestes, que havia servido os corpos de seus filhos em um refogado) e de incesto, já que os cristãos eram exortados a amar seus irmãos e irmãs. Os cristãos faziam misteriosos juramentos de mútua lealdade; Plínio surpreendeu-se ao descobrir que o juramento era: "para não roubar nem furtar, não cometer adultério, não trair a palavra dada nem se negar a devolver um depósito reivindicado". Os cristãos automarginalizavam-se em muitos dos atos sociais da comunidade vinculados à prática de rituais religiosos (Tácito já havia acusado os cristãos de "inimigos da raça humana"). Alguns escritores cristãos, como Tertuliano, consideravam que para um cristão era assunto de fundamental importância não participar da vida social ou da cultura da sociedade secular ("O que Atenas tem a ver com Jerusalém?"). Mas não era só isso. Outros porta-vozes cristãos argumentavam que também os cristãos eram cidadãos leais que pagavam seus impostos e rezavam a seu Deus pela segurança do imperador. Está claro que nem todos os cristãos adotaram a visão rigorosa da cultura e educação clássicas de Tertuliano; este aspecto tão controverso antecipava uma das controvérsias mais importantes debatidas na época do império cristão (ver mais adiante, páginas 194 e seguintes).

A perseguição aos cristãos iniciada por Décio, bem como outros indícios, sugerem que o cristianismo era uma religião bastante importante para ser considerada a causa dos males do império. O reinado de Décio coincidiu com o agravamento de uma séria crise militar, especialmente após as primeiras invasões dos godos, e também pode ser que isso tenha tornado necessário reafirmar a tradicional lealdade do império romano a seus antigos deuses. Essa sensação agravou-se provavelmente com o sentimento de que a recente celebração do *millennium* de Roma, por parte do imperador Filipe, não havia conseguido garantir a fortuna que talvez se esperasse.

O processo real de perseguição envolvia primeiro a prisão e o castigo dos membros do clero; depois era exigido de todos os cidadãos que realizassem sacrifícios aos deuses e ao gênio ou espírito guia do imperador. Realizado o sacrifício, era emitido um certificado (*libellus*) nesse sentido; exemplos destes documentos estão documentados em papiros. Suspeitava-se, e assim teve de acontecer às vezes, que os *libelli* tenham sido obtidos através de suborno pelos cristãos que não desejavam se sacrificar, mas que sentiam terror diante das conseqüências penais de tal atitude. Exigia-se também do clero que entregasse as Sagradas Escrituras; porém não parece que na perseguição de Décio os edifícios eclesiásticos tenham sofrido danos. Muitas comunidades sem dúvida ainda se reuniam nas casas particulares de seus membros mais abastados.

A perseguição iniciada por Décio cobrou nova virulência durante um curto período sob o reinado de Valeriano, até que este foi capturado pelos persas (260). Entre as vítimas estava Cipriano de Cartago, que tinha abandonado sua cidade e escapado da perseguição de Décio, mas que com Valeriano foi morto por degola (258). No entanto, parece que era relativamente fácil para um cristão escapar da perseguição se desaparecesse por algum tempo; as autoridades não estavam preparadas para seguir a pista de cada um deles, especialmente se fosse amparado por outros membros de sua comunidade. Provavelmente, nesta como na "grande perseguição" muitas das vítimas foram cristãos que de fato desejavam sofrer o martírio e garantir deste modo a promoção à santidade. Isso se deduz dos exasperados comentários dos governadores romanos que impunham de má vontade as execuções e, também, da perplexidade de alguns escritores cristãos que se opunham ao martírio voluntário.

A "grande perseguição" de Diocleciano difere da de Décio – sendo muito mais conhecidas as circunstâncias em que aquela ocorreu –, já que o período de Diocleciano não era, do ponto de vista militar ou político, particularmente crítico ou incerto. Deve haver alguma verdade no que afirmam as fontes cristãs contemporâneas de que o agente causador foi o jovem colega de Diocleciano. Era Galério, que guardava um ódio especial pelo cristianismo e conseguiu impor sua atitude ao velho e debilitado Diocleciano. A própria esposa e filha deste estavam entre as que foram obrigadas a sacrificar como cristãs ou como simpatizantes destes.

A perseguição geral foi motivada pelo fracasso de um sacrifício na Nicomédia, quando um funcionário imperial ali presente foi visto se benzendo para não ser contaminado pelos rituais. É interessante descobrir a presença de cristãos nos círculos cortesãos próximos do imperador e pode ter sido isso o que incomodava e irritava Galério. O primeiro edito de perseguição, datado de 23 de fevereiro do ano 303, ordenava o fechamento das igrejas e a entrega das Escrituras; depois havia uma ordem para que o clero sacrificasse. Até esse momento, só tinham sido afetadas as autoridades eclesiásticas, mas um terceiro edito estendeu a obrigação de realizar sacrifícios pagãos a todos os membros da comunidade cristã. Os editos, publicamente expostos na Nicomédia (onde um revoltado cristão derrubou um, sendo imediatamente queimado), foram enviados aos prefeitos pretorianos, que por sua vez os passaram para os governadores provinciais e estes aos funcionários municipais para sua execução local. Um papiro de

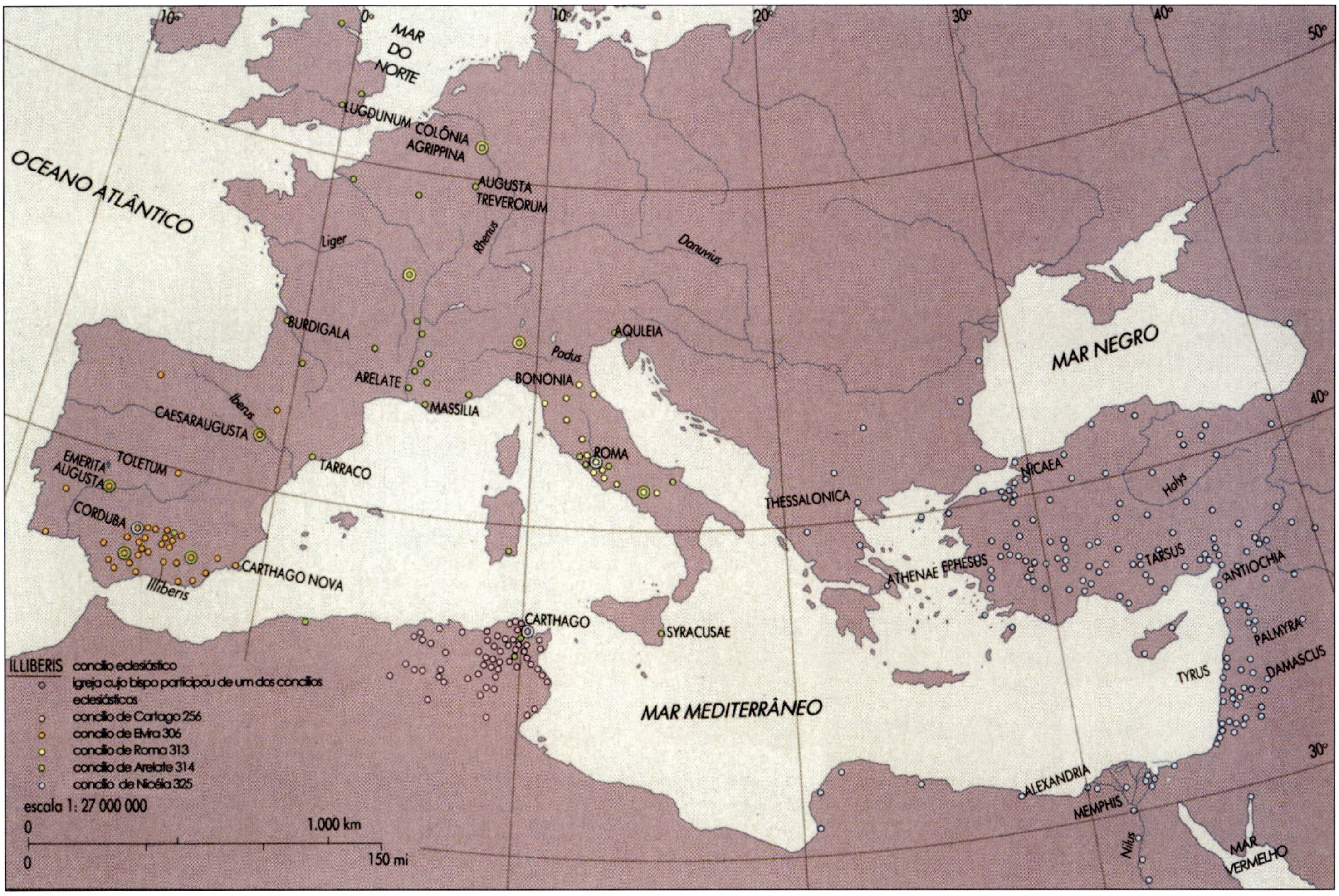

Distribuição das igrejas cristãs no século III e princípio do IV. O mapa indica somente as igrejas conhecidas por serem sedes dos concílios assinalados. Omite as igrejas citadas às vezes de modo fidedigno, mas freqüentemente, com provas tardias e pouco dignas de confiança, existentes em outros lugares, e não indica o tamanho real das comunidades cristãs. O mapa sugere o "potencial" mais que a distribuição real das igrejas cristãs, baseado nas fontes existentes sobre os concílios em várias regiões. Estas fontes são obviamente incompletas; pode-se perguntar, por exemplo, qual o resultado de um concílio celebrado no sul de Dalmácia. No entanto, o concílio de Nicéia dá uma indicação clara da distribuição das igrejas no Oriente no início do reinado de Constantino e em outras áreas nas quais a distribuição coincide bastante com a densidade de urbanização no império (ver página 111), o que sugere que a impressão geral não é errônea.

Oxirrinco lembra a experiência de um cristão que chegou à Alexandria para litigar e descobriu que todos os que se apresentavam diante do tribunal eram obrigados a sacrificar. Ele conseguiu se livrar levando seu próprio irmão, que evidentemente não era cristão, para litigar em seu lugar.

É difícil medir a incidência de perseguições e a quantidade de pessoas que sofreram os castigos de exílio, condenação às minas, mutilação ou morte. Segundo Eusébio, nas províncias do Egito e da Palestina, fortemente cristianizados, houve realmente muitas vítimas; no caso do Egito, citado como exemplo, dois comboios de respectivamente 97 e 130 cristãos, homens, mulheres e crianças, foram levados a realizar pesados trabalhos nas minas estatais. Porém não parece provável que, com o passar do tempo, mais que uma pequena parte da população cristã do império tenha sofrido graves castigos. O que está claro é que a perseguição foi resultado de uma política centralizada durante os anos de sua duração e que é a origem das preocupações ideológicas da Igreja cristã no período posterior à garantia de paz dada por Constantino e Licínio. A atitude que devia ser tomada diante do clero, que havia comprometido sua religião entregando as Escrituras, e diante dos cristãos normais que haviam sacrificado aos deuses pagãos, bem como as inflamadas disputas surgidas das alegações contra tal comportamento, provocaram o cisma donatista do norte da África e dificultaram a vida de muitas outras Igrejas durante algum tempo.

A perseguição foi mantida por Galério nos anos que seguiram a abdicação de Diocleciano, mas cedeu nas regiões controladas por Constantino (Gália e Britânia, onde, em qualquer caso, havia poucos cristãos) e pelo usurpador Magêncio (Itália e África). Em 311, Galério ficou doente de forma irreversível e, ao que parece, com medo da morte, suspendeu a perseguição em termos que revelam claramente o motivo. Havia esperado, através de coerção, levar os cristãos para o bom caminho; mas descobriu que ao ser privados da oportunidade de adorar seu Deus, não rezavam tampouco para os deuses tradicionais. Restabeleceu a liberdade de culto e convidou os cristãos para rezar a seu Deus pela salvação de sua alma e do império. Pouco tempo depois, morreria vítima da vingança divina, segundo alguns cristãos como Lactâncio.

Após a morte de Galério, seu sucessor Maximino retomou a perseguição com empenho um tanto diferente. Este recebeu delegações da cidade que pediam a continuação das perseguições aos cristãos. As atividades propagandísticas de pagãos como Teotecno de Antioquia, que fez circular memórias falsas de Pôncio Pilatos cheias de blasfêmias contra Cristo, permitem-nos compreender o sentimento local que conseguiu resistir à perseguição durante tantos anos. Maximino também tentou, adiantando-se à política de Juliano, o Apóstata (ver página 191), fundar um clero provincial encarregado da administração de um paganismo restaurado. Mas antes que se pudessem ver os resultados desta política, Maximino cedeu diante do novo imperador Licínio. Em 313, Constantino e Licínio fizeram uma declaração de liberdade de culto e restituíram os bens confiscados à Igreja cristã. Foi o começo da paz na Igreja e a conversão do Império Romano ao cristianismo, recebido com alegria por Eusébio como o cumprimento de uma profecia divina. Mas isto é antecipar o tema da conversão de Constantino, que será discutido no próximo capítulo.

Retratos romanos

A elaboração do retrato individual é geralmente considerada uma das principais realizações da arte romana. Esta opinião é talvez um pouco paradoxal, já que os artistas que produziram a maioria dos retratos conservados eram de fato gregos. No entanto, trabalharam sob o patrocínio de romanos abastados e suas obras foram uma resposta às necessidades romanas e um claro reflexo dos gostos romanos. A característica distintiva deste tipo de retratos é um realismo excepcional com uma especial acentuação das feições desagradáveis e pouco atrativas do sujeito. As origens deste estilo "verista" são difíceis de determinar; mas não resta dúvida de que chegava intensamente aos romanos, que gostavam de ser vistos como um povo forte, honrado e nada faustoso. No final da república e início do império, o retrato realista foi adotado por todas as classes da sociedade, incluindo artesãos, comerciantes e libertos, como pode ser visto em numerosos relevos funerários com retratos que estão entre as expressões mais características da arte plebéia. O retrato público sofreu uma mudança sob o reinado de Augusto e dos Júlio-Cláudios, que favoreceram um estilo classicista idealizado (ver página 76). Mas o verismo reapareceu no reinado dos Flávios e novamente no século III sob o reinado de Caracalla, que repeliu o classicismo revivido que havia prevalecido com Adriano e introduziu um novo realismo ainda mais duro. Os retratos imperiais do período da crise do século III transmitiam com franqueza a energia, a força e a vitalidade dos simples soldados que governavam o império. Já com Diocleciano e seus sucessores, os retratos imperiais adotaram uma qualidade fixa e abstrata que expressava a majestade dos imperadores separados de seus súditos por um elaborado ritual cortesão; no final do império, já não havia nos retratos uma tentativa de copiar as feições reais das pessoas vivas.

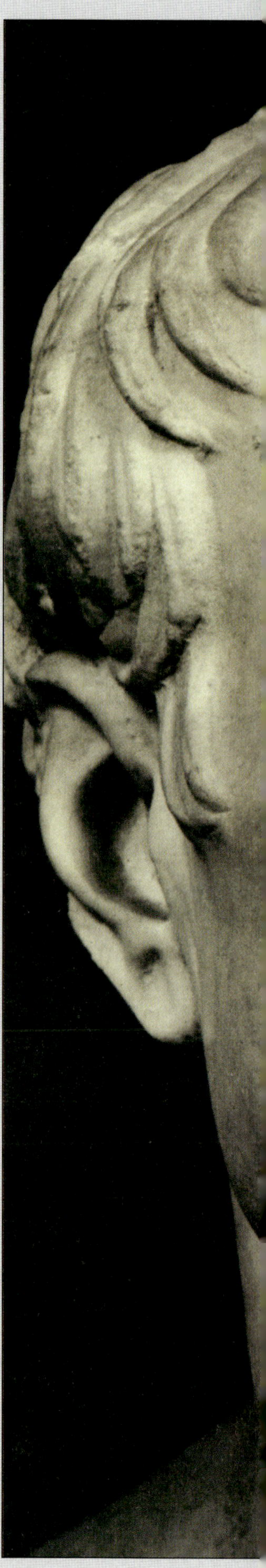

A vida diária

Os monumentos funerários, principalmente nas províncias ocidentais do império, mostram com freqüência cenas da vida no trabalho esculpidas em estilos variados e em certos momentos tratadas com muita precisão na observação dos detalhes. Esta seleção ilustra bem a produção e o comércio, no geral em pequena escala, do mundo romano, freqüente-

Verdureiro

Tendeiro

Ferreiro

Comerciante de artigos de ferro

Boticário

Esquerda, centro: No mundo antigo não havia distinções rígidas entre os meios de produção e os de distribuição. Os artigos manufaturados para a venda, como os expostos na loja do ferreiro, eram produzidos em oficinas domésticas como a ferraria acima, ambas as páginas. O relevo de abaixo, direita, parece representar o pagamento ou câmbio de moeda, talvez em forma de aluguéis pagos a um agente; distinguem-se as figuras dos que chegam de fora (os que vestem capas com capuz) dos que estão trabalhando. Na loja do açougueiro (abaixo, esquerda), a esposa do proprietário (ou uma cliente?) parece estar tomando notas com um instrumento de escrita. Conservam-se muitos exemplares de balanças, como a que aparece na parte direita do relevo.

Açougueiro

Cobrador de aluguéis

mente limitado a unidades familiares com assistentes escravos e jovens aprendizes. Era mais uma economia de artesãos que uma organização industrial. As grandes indústrias do Estado foram exceções, e também neste caso é provável que o processo de fabricação não tenha sido em grande escala, mas uma multiplicação de pequenas operações.

Plaina

Barqueiro

Na ferraria (acima), um ajudante aquece a forja com um par de foles e protege-se do calor com um anteparo. As ferramentas do ferreiro estão espalhadas junto com o que parece ser um de seus produtos, uma ponta de lança. A escova de carpinteiro de Silchester (acima, direita) dá uma idéia do pouco que mudou o desenho dessa ferramenta. Conservam-se muitos relevos que representam o transporte de barco de barris de vinho; neste (esquerda), o barco é arrastado por três homens com cordas grossas amarradas a um pivô e guiado por um timoneiro. O grande barril de vinho, também de Silchester (abaixo, direita), é feito de abeto dos Pirineus. Foi conservado por ter sido reutilizado como parte do revestimento de um poço.

Sola de uma bota

Sapateiro e cordoeiro

Barril de vinho

Moinhos e tecnologia

A sociedade romana nunca desenvolveu uma economia industrial, nem tampouco parece que tenha desenvolvido uma teoria geral do progresso econômico. Faltavam recursos financeiros necessários para o investimento industrial e a sociedade não tinha noções de produtividade e demanda de consumos. Isso não se deve ao fato de que os romanos não tenham produzido invenções tecnológicas ou que tenham fracassado em sua aplicação quando detectavam e compreendiam uma necessidade específica. Em tecnologia militar, por exemplo, a balística e a maquinaria de cerco alcançaram um alto nível de complexidade e efetividade. Os romanos podiam produzir maravilhosos efeitos teatrais e suas realizações na construção e na distribuição da água falam por si próprias. Mas a fabricação continuou em pequena escala, num nível mais artesanal que industrial.

Este fracasso no desenvolvimento de uma tecnologia industrial às vezes é explicado pela existência da escravidão, à qual é atribuída a falta de incentivo para tentar reduzir os custos trabalhistas com a mecanização. Mas houve outros fatores. Muitas sociedades precisaram de escravos e tampouco se industrializaram, e no Império Romano houve freqüentemente um excedente de mão-de-obra livre, especialmente nas grandes cidades. Quando em áreas de menor população se sentiu a necessidade, também o desejo de economizar no trabalho tornou-se comum. Por este motivo, em parte, um autor de temas agrícolas recomendava a máquina ceifadora reproduzida abaixo.

Havia grandes limitações práticas. Seus equipamentos mecânicos eram feitos de madeira e, portanto, não estavam preparados para suportar a pressão da energia mecânica. Os equipamentos dos moinhos de água de Barbegal, reproduzidos na página da direita, eram de madeira e seus eixos eram seguros por correias, o que devia requerer reparos e manutenção constantes.

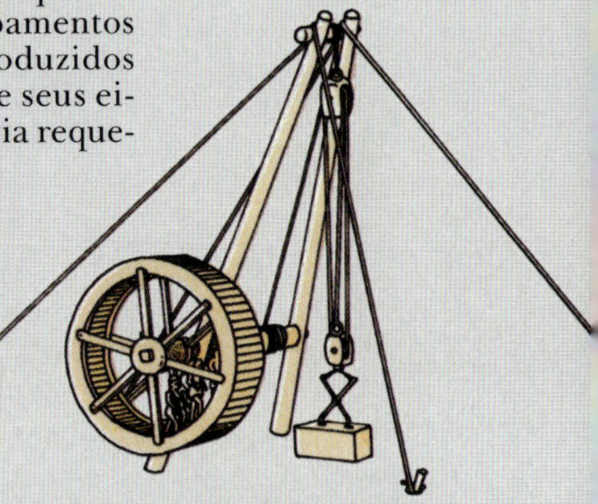

Abaixo: O barco carregado de bois com cabrestantes verticais para rodas de pás foi um dos inventos militares propostos aos imperadores por volta de 370. A idéia foi adaptada em 537 por Belizário, que colocou rodas de pás em barcos emparelhados e utilizou a energia hidráulica para mover pedras de moinho a bordo dos barcos.

Acima: O *vallus* ou máquina de ceifar foi utilizado nas planícies e abertas do noroeste da Gália, de onde provêm todas as representações conhecidas. Funcionava impulsionada por trás, e seus dentes afiados cortavam ou arrancavam as espigas de trigo, que caíam num recipiente. O resto da planta era abandonado como restolho alto.

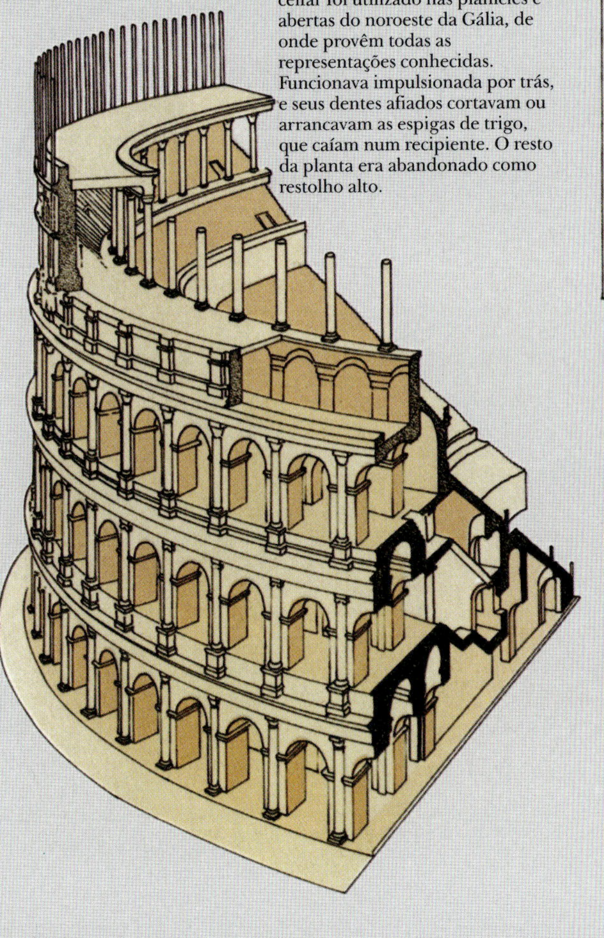

Acima: O equipamento para elevar pesos é descrito pelo arquiteto Vitrúvio. A trave ou braço está seguro por cordas nas quatro direções; o peso sustentado pelas cordas repousa sobre uma polia tripla. No caso de cargas mais pesadas, utilizava-se um elevador de cargas adequado, operado em casos extremos por um ou mais homens num moinho de roda, como mostra esta reconstrução extraída de um relevo funerário de Siracusa.

Esquerda: O gráfico mostra como as forças físicas opostas geradas por um alto anfiteatro combinam-se de fato para reforçar seu vigor. Os empuxos verticais exercidos pelo peso da superestrutura eram transferidos horizontalmente pelos arcos; e esses empuxos horizontais, que reforçariam um arco isolado, sustentam-se mutuamente numa série inacabável de arcos. As pressões externas resultantes eram insignificantes, dado o comprimento do circuito contínuo utilizado.

Direita: Roma estava servida por oito aquedutos principais que levavam a água das montanhas do leste e do sul da cidade. Foram construídos ao longo de um período de várias centenas de anos, acompanhando o aumento da população de Roma. A reconstrução mostra a interseção de vários aquedutos perto da cidade.

Abaixo: As técnicas de mineração romanas avançaram notavelmente na capacidade de elevar a água de níveis inferiores, como nas minas de carvão de Riotinto, na Hispânia. O bombeamento era feito por meio de uma série de rodas hidráulicas que conduziam a água através de sucessivos reservatórios até a superfície. As próprias rodas eram impulsionadas provavelmente por rodas de tração humana.

Esquerda: Os moinhos de água de Barbegal coincidem em seu aspecto final com a ascensão da vizinha Arlés à capital imperial no princípio do século IV. As rodas hidráulicas, de mais de dois metros de diâmetro, adaptavam-se a pedras de moinho horizontal e eram movidas pela água canalizada por um aqueduto num ângulo descendente de 30º. Foi estimado que os moinhos pudessem produzir farinha suficiente para abastecer uma população de 80.000 habitantes; mostra da crescente importância de Arlés, com seus soldados e burocratas residentes para a arrecadação dos *annona*. A construção dos moinhos pode ser atribuída a um engenheiro, cujo sarcófago em Arlés o declara mestre artesão (*magister*) a quem "ninguém superou em fabricar engenhos e regular o curso das águas".

Os espetáculos públicos

O desprezo que o satírico Juvenal sentia pelo gosto do povo romano pelo "pão e circo" (Sátiras, 10.81) é citado freqüentemente pelos críticos que não podem imaginar as privações da miséria urbana nem o aborrecimento causado pelo desemprego. De fato, os espetáculos públicos foram não só um consolo para os poucos privilegiados, mas também um aspecto extremamente importante da vida e das relações sociais de uma cidade romana. Eram promovidos pelos dignitários locais, que deste modo faziam valer sua riqueza e prestígio social em rivalidade com seus vizinhos e estabeleciam seu patronato acima da gente comum, que expressava sua gratidão com manifestações no teatro, no anfiteatro ou no circo. No século I em Roma, os imperadores podiam "limitar" a posição da aristocracia senatorial com sua grande generosidade na organização de espetáculos; posição que se inverteu no final do império, quando os imperadores raramente visitavam a cidade.

É difícil dizer se os jogos suavizaram ou intensificaram as tensões sociais. Podiam gerar violência interna, como nos conflitos entre Pompéia e Nucéria na época de Nero (ver página 112) ou nas desordens civis, no geral agravadas pelas rivalidades entre os aristocratas locais. Isto foi um motivo para a intervenção dos imperadores na vida das cidades provinciais.

Os jogos envolviam riscos e emoção, tanto nas corridas de carros quanto nos combates de gladiadores ou nas lutas com bestas selvagens, sempre sangrentas. A exposição às feras na arena foi um castigo reservado aos escravos, aos de condição humilde e aos estrangeiros, como aconteceu com os desgraçados homens do deserto que representa a ilustração abaixo. Em outros casos, os combates entre animais e homens eram festas acrobáticas; suspeita-se que, como na moderna luta profissional, os combates genuínos com freqüência eram apresentados com certa teatralidade. É pouco provável que os senadores que às vezes atuaram como gladiadores na época de Nero tenham arriscado suas vidas, ainda que em geral pareça evidente que a carreira de gladiador só fosse exercida pelos desesperados.

As cenas de combates de gladiadores, corridas de circo e exibições de caça são comuns na arte decorativa romana. Proporcionavam ao artista a oportunidade de representar o homem e os animais em ação e em movimento. Na mansão romana do senador Júnio Basso foi encontrada um esplêndido mosaico de mármore (acima, centro). Basso, na qualidade de cônsul (em 331 d.C.), abre o desfile; é seguido pelos aurigas ornamentados com as cores de suas equipes ou facções, cujos desempenhos eram acompanhados com voracidade por seus torcedores. A cena de combate (acima, esquerda) provém de um mosaico de Bad Kreuznach, Germânia, que representa vários tipos de combates de gladiadores. Vê-se em ação dois gladiadores armados ao estilo "samnita", com espada, escudo oblongo e elmo com penacho. Os grandes mosaicos do palácio da época do Baixo Império de Piazza Armerina, na Sicília, reproduzem cenas de caça: não apenas de avestruzes, como podemos ver aqui (esquerda, centro), como também de tigres, antílopes e rinocerontes representados no momento em que são carregados para serem exportados da África. O mosaico de Zliten, na Tripolitânia (abaixo, esquerda) é notável pelo grande realismo: os nômades do deserto são lançados às feras, indefesos ou com meios de combate.

Acima: O olhar atento dos espectadores de um circo num mosaico do período bizantino de Gafsa (Capsa), na Tunísia. O achado não testemunha a existência de corridas de cavalos nesta cidade provinciana do século VI, mas sim deriva de um desenho anterior ou tema convencional relacionado com a Cartago romana.

Acima: Num papiro de Oxirrinco do século VI figura um programa de atrações de um circo. As atrações incluem seis corridas de carros alternadas com um desfile de cantores e duas apresentações de bailarinos, equilibristas, gazelas e cães, pantomimas de dança e um grupo de atletas.

Esquerda: O anfiteatro de El-Djem, antiga *Thysdrus.* Construído no início do século III, sobreposto a uma estrutura mais antiga que a cidade já possuía.

Acima: O díptico de marfim de Lampadii é um dos típicos presentes que as famílias senatoriais distribuíam entre os amigos convidados para os jogos, que geralmente eram organizados para celebrar o cargo público de algum de seus membros.

CONSTANTINO, O GRANDE, E O SÉCULO IV

Ascensão e conversão de Constantino

A abdicação em 305 dos augustos Diocleciano e Maximiano implicou que ocupassem seu lugar os então césares Galério, no Oriente, e Constâncio, no Ocidente. Ao mesmo tempo, Maximino e Severo, pouco conhecidos até então, tornaram-se césares. Esta escolha pôs em perigo a fidelidade e coerência da política laboriosamente traçada por Diocleciano, pois excluía da possibilidade de alcançar o poder imperial tanto Majêncio, filho do retirado augusto Maximiano, como Constantino, filho de Constâncio. O fracasso das disposições de Diocleciano pode ser atribuído, em parte, às ambições pessoais dos candidatos rejeitados; mas a ambição deve ter tido a sua oportunidade, e é talvez significativo que se conseguissem acordos contra a expectativa geral, sobretudo no seio do exército, que aspirava a restaurar a sucessão hereditária.

Em 305, Constantino, que ainda residia no Oriente, obteve de Galério permissão para unir-se a seu pai na Britânia. No ano seguinte, Constâncio morreu em York e Constantino foi proclamado augusto pelo exército, embora ele inicialmente só tenha exigido de Galério o título de césar. Constantino entrou imediatamente nas violentas guerras civis que em 324 o tornaram o único governante do Império Romano. Indo para as Gálias, conseguiu o apoio do velho e inquieto augusto Maximiano e casou com sua filha Fausta. Maximiano até o momento havia apoiado sempre seu próprio filho Majêncio, a quem havia proclamado em Roma; depois se inimistou com ele e se uniu a Constantino. Esta união não foi duradoura, já que ele logo também teve desavenças com Constantino, vendo-se forçado ao suicídio (310). Depois disso, Constantino marchou contra Majêncio e o derrotou na batalha da ponte Mílvio (28 de outubro do ano 312). Como Majêncio havia eliminado antes Severo, Constantino era dono de todo o Ocidente.

No Oriente, enquanto isso, Galério havia morrido e seu sucessor Licínio compartilhava o Império oriental com Maximino. Constantino e Licínio se encontraram em Milão para conhecer-se mutuamente e acordar, entre outras coisas, a restauração da liberdade de cultos religiosos e permitir aos cristãos recuperar suas propriedades confiscadas na grande perseguição de Diocleciano. Os dois imperadores viveram em paz até 316 (Licínio, enquanto isso, derrotou Maximino), ano em que Constantino se apoderou nos Bálcãs de um território pertencente a Licínio, e de 317 a 324. Em 324, Constantino marchou contra Licínio, vencendo-o em Adrianápolis e em Crisópolis, e desde então até sua morte, em 337, foi o único dono do Império, nomeando césares seus filhos Constantino, Constâncio e Constante.

A ascensão de Constantino não pode ser entendida sem referência à sua conversão ao cristianismo. Os sinais exteriores dela podem ser acompanhados com toda a precisão. Nas primeiras etapas de sua conquista do poder, Constantino contou com uma série de laços e conexões com a tetrarquia. Após o suicídio de Maximiano em 310, um panegirista gaulês anunciou que Constantino havia tido uma visão de Apolo num santuário de alguma parte da Gália. Pelo fato de esta notícia ter aparecido no mesmo discurso em que aparecia uma inventada conexão familiar com o imperador Cláudio II (Gótico), a visão poderia ser considerada, naturalmente, como parte de uma dupla pretensão: a de apoio divino e a da posterior legitimação de sua conquista do poder num tempo em que, com a morte de Maximiano, Constantino mais necessitava dele. Nosso conhecimento da segunda fase depende, definitivamente, do próprio Constantino, através do relato que ao final de sua vida fez a seu panegirista cristão, Eusébio de Cesaréia. Constantino recordava que havia tido a visão de uma cruz em cima do sol, acompanhada das palavras "Com esta vencerás", e que na noite seguinte havia tido um sonho no qual Cristo lhe explicava o significado da visão. A terceira fase se explica com outro sonho que teve Constantino na tarde anterior à batalha da ponte Mílvio. Nele, foi-lhe ordenado que pintasse nos escudos de suas tropas o monograma cristão(⳩) e entrasse na batalha "armado com este símbolo". Assim o fez, e venceu Majêncio. Até então, as relações religiosas de Constantino combinavam duas tendências: venerava o sol como símbolo do Deus todo-poderoso e onipresente do pensamento religioso contemporâneo, e dentro dessa concepção se havia centrado em Cristo como a representação particular desse poder, que se havia revelado a ele e lhe havia oferecido seu apoio.

A quarta fase da conversão, a mais pública, comporta diversas declarações de Constantino em suas cartas, recolhidas pelos panegiristas e em inscrições monumentais, para demonstrar que havia obtido suas vitórias por sua piedade para com o único Deus verdadeiro, ao qual o imperador se havia consagrado então. Duas afirmações, entre muitas outras, merecem particular atenção: o arco de Constantino em Roma mostra uma inscrição que diz que o imperador havia vencido o tirano Majêncio "por inspiração da divindade e por sua grandeza de espírito" (quer dizer, de Constantino); e o próprio Constantino escreveu em 314 aos bispos da África que media por sua própria experiência o alcance da misericórdia de Deus. Referindo-se à sua conversão, o imperador relatava que havia tido muitos defeitos e havia dado mostras de "falta de justiça" que teriam de ter recebido, como justo pagamento, o destino reservado à maldade; mas Deus o havia tirado das trevas da ignorância e lhe havia dado a salvação, da qual era o menos merecedor. Tais afirmações nas cartas do próprio imperador, na legislação e nos comentários dos observadores não oferecem nenhuma dúvida de que a "conversão" de Constantino (qualquer que seja sua explicação em termos de psicologia pessoal) foi um acontecimento tornado público pelo imperador e reconhecido por seus contemporâneos como uma experiência religiosa genuína, com conseqüências definitivas.

Em suas declarações, Constantino insiste freqüentemente no caráter pessoal de sua relação com o Deus cristão, como com Apolo, que ele havia contemplado numa visão num santuário gau-

Acima: Constantino e Triéris, sua primeira capital, num medalhão de ouro de 310-15. O imperador, com cetro, está sobre a porta da cidade amuralhada, sob a qual flui o rio Mosela. No verso, figuram os bárbaros derrotados. O medalhão de 313 (*em cima*) mostra Constantino, o Invicto, com seu companheiro, o Sol, num reconhecimento explícito da importância do astro-rei nas primeiras fases religiosas de Constantino. Sobre o escudo é representada a carruagem do sol puxada por quatro cavalos.

Página seguinte, acima: Nas moedas cunhadas ao final do reinado de Constantino, como esta de cerca de 327, aparece usando um diadema e olhando para cima, o que simbolizava sua intimidade com o céu. O medalhão que aparece debaixo, de 315, é o melhor dos poucos exemplares que se conservam e costuma ser escolhido para mostrar o monograma no capacete de Constantino; mas é mais verossímil que a aparente divisa seja simplesmente um dos desenhos de florão que formam a crista. Sobre o escudo de Constantino aparecem Rômulo e Remo com a loba.

lês; um orador do ano de 310, dirigindo-se a Constantino, se referiu à visão de "tu Apolo" (*Apollinem tuum*). Além disso, os sonhos e visões eram parte da "tecnologia" regular das antigas experiências religiosas, um dos meios típicos com que os deuses costumavam comunicar-se com os homens. Existem numerosos exemplos de uma imensa gama de ações empreendidas em resposta a visões e sonhos. A conversão de São Paulo no caminho de Damasco é um claro paralelo da experiência de Constantino; mas nem todas as mensagens divinas foram tão sensacionais como estas, e, embora elas tenham de ser explicadas em termos de psicologia individual ou coletiva, é evidente que as experiências de Constantino, nas quais recebeu revelações e instruções de seu Deus, fizeram parte de uma voga corrente entre os homens da Antiguidade, que acreditavam nesse tipo de coisas.

As atitudes religiosas de Constantino se relacionaram, além disso, com um dos acontecimentos sociais e políticos mais significativos da Antiguidade: a fundação de Constantinopla. O imperador havia visitado Roma em 315, para as celebrações do décimo aniversário de seu mandato. Repetindo a visita em 326, depois de sua vitória contra Licínio, Constantino ofendeu o Senado e a população de Roma ao negar-se a assistir a uma procissão e sacrifício no Capitólio. Sua ruptura com a velha capital foi seguida pela deliberada promoção de Constantinopla, cuja fundação, no lugar da antiga Bizâncio, ele já havia decidido antes de sua visita ao Ocidente. A "nova Roma" foi construída sobre sete colinas e dividida em 14 distritos urbanos, e teve seu próprio Senado, que obteve maior dignidade com o sucessor de Constantino, Constâncio. A cidade foi consagrada em 330. Apesar do rumor de que tinham tido lugar nas cerimônias de consagração ritos pagãos secretos (em 324), Constantinopla foi desde o princípio uma cidade sem cultos pagãos ativos, excetuando talvez os dedicados à "Tyche" ou Fortuna da cidade. Embora possuísse estátuas clássicas, trazidas das cidades do Leste (incluindo o que restava da trípode de Apolo de Delfos), foram "secularizadas", sendo desvinculadas de suas primitivas associações religiosas; e os templos pagãos que existiam na antiga Bizâncio caíram em desuso. A nova capital foi uma cidade de culto cristão e de grandes igrejas, entre as quais se destacam, como as fundações constantinianas mais notáveis, as da Santa Paz (Hagia Eirene) e a dos Santos Apóstolos. A mais famosa de todas é a igreja da Sagrada Sabedoria (Hagia Sophia, Santa Sofia), provavelmente iniciada por Constâncio.

A visita transcendente de Constantino a Roma se relacionou também, de algum modo, com uma misteriosa crise política que afetou sua família mais próxima. Em 326, seu filho Crispo foi executado em Pola, Dalmácia. Pouco depois, sua mulher, Fausta (madrasta de Crispo), também morria, segundo se disse, escaldada no banho. Após esses fatos, a mãe de Constantino, Helena, embarcou para uma visita ou peregrinação à Terra Santa. Naturalmente, suspeitou-se que isso obedecia em parte a seu desejo de expiar a culpa que havia recaído sobre sua família; realmente, a tradição grega pagã, hostil a Constantino, podia afirmar, sem precisão, mas com viso de autenticidade, que Constantino se tinha convertido ao cristianismo para obter o "perdão imediato" pelo assassinato de seus familiares. A visita de Helena se associou a um completo programa de construções de igrejas em Jerusalém e em outros lugares da Terra Santa, nos quais Constantino teve grande interesse pessoal. Ela escreveu ao bispo de Jerusalém sobre questões de decoração, prometendo-lhe ajuda financeira e administrativa, meios de transporte e assistência nos trabalhos. Um peregrino de Bordéus que viajou a Jerusalém em 333 assinalou em várias ocasiões a beleza das novas igrejas construídas por ordem de Constantino. A mais celebrada foi a igreja do Santo Sepulcro, que se pretendeu estivesse edificada no verdadeiro lugar do enterro de Cristo; a igreja aparece no mapa Madava, do século VI, como o monumento dominante de Jerusalém. Poucos anos depois da morte de Constantino, foram exibidos em Jerusalém fragmentos da "Vera Cruz"; numa ocasião, um peregrino, inclinando-se sobre a relíquia para beijá-la, foi-se com um pedaço entre os dentes. A relação de Santa Helena com a Invenção da Cruz aparece, no entanto, pela primeira vez no final do século IV e não pertence à tradição coetânea.

Constantino foi o fundador de outras igrejas famosas: as basílicas de Latrão e de São Pedro em Roma, a igreja de Cirta (Constantina), na Numí-

Direita: O arco de Constantino em Roma foi erguido para celebrar a vitória sobre o "usurpador" Magêncio em 312. Alguns dos relevos do arco são peças reutilizadas do século II, mas foram acrescentadas novas esculturas que oferecem uma narração sumária da campanha contra Magêncio.

Abaixo, direita: O sítio de Verona no arco de Constantino.

Abaixo, esquerda: Detalhe de uma cena romana em que Constantino dá provas de sua generosidade. Os funcionários retiram moedas de uma caixa para distribuí-las, enquanto um deles anota as entregas. O cenho franzido presumivelmente significa mais a concentração que a preocupação.

dia, e a de Triéris, onde passou alguns anos no princípio de seu reinado. Foi em Triéris que Constantino pediu ao velho mestre de retórica Lactâncio, autor de obras de exegese cristã e de um feroz panfleto contra os perseguidores dos cristãos, que fosse tutor de seu filho Crispo. Lactâncio, um africano, ministrou lições de retórica em Nicomédia, a capital de Diocleciano, antes de sua chegada a Triéris em 317.

Na época de Constantino e durante todo o século IV, a corte imperial deu um impulso decisivo ao processo de cristianização do Império. Muitos dos seguidores de Constantino, nos mais altos níveis, como seu prefeito pretoriano Ablábio e o hispânico Acílio Severo, conhecido de Lactâncio e primeiro prefeito cristão que houve em Roma (326), foram homens cujo exemplo e influência tiveram sem dúvida grande efeito sobre a corte imperial e também na sociedade em geral. Além disso, a burocracia procedia precisamente daquela parte da sociedade, a classe média urbana, em que o cristianismo antes se havia arraigado. Nesse sentido, a conversão de Constantino, embora em si fosse um fato pessoal e imprevisível, não exerceu influência no vazio, mas sim dentro de um ambiente em que o cristianismo se transformaria numa das maiores instituições sociais do baixo Império (ver também página 201).

Os sucessores de Constantino

Os programas políticos de Constantino não se limitavam a questões de religião, embora os críticos da época tenham atribuído as numerosas mudanças que introduziu na organização administrativa, financeira e militar do Império à mesma inquietude de espírito que o levou às suas inovações religiosas. Constantino introduziu novos impostos, sobretudo o *chrysargyron*, um imposto monetário, muito criticado, sobre as diversas formas de comércio, e estabeleceu a unidade básica da moeda corrente em ouro, o *solidus*, na nova liga de 72% que se conservou durante séculos. Na política militar, Constantino melhorou o papel do exército de campanha móvel, ainda que alguém possa pensar que à custa de uma defesa eficaz das fronteiras. Ele dirigiu com êxito guerras externas contra as tribos germanas, e depois contra godos e sármatas na fronteira do Danúbio; sua morte em 337 aconteceu durante os preparativos para uma grande campanha na Pérsia. Constantino foi batizado no leito de morte, e seu corpo levado para Constantinopla e enterrado em sua igreja dos Santos Apóstolos. Os monumentos dos doze apóstolos foram dispostos seis de cada lado do imperador, de maneira que ele se apresentava a si mesmo como o décimo terceiro apóstolo. Pelas segundas núpcias de seu pai com uma enteada de Maximiano, Constantino tinha numerosos irmãos de criação e sobrinhos que ele algumas vezes utilizou para levar a cabo seus projetos políticos e diplomáticos. Imediatamente depois da morte do imperador, esses parentes e muitos de seus filhos foram assassinados, obviamente, segundo um plano concertado que deixava os próprios filhos de Constantino, Constantino II, Constâncio e Constante, como imperadores respectivamente da Gália – com a Hispânia e a Britânia –, do Oriente e do Ilírico com a Itália. O mais beneficiado diretamente pelos assassinatos foi Constâncio, mas ele então ainda não tinha vinte anos, razão por que é mais provável que as pessoas responsáveis pelos crimes tenham sido políticos poderosos e generais desejosos de defender uma sucessão dinástica ordenada, livre de disputas entre os diferentes ramos da família.

Constantino II sobreviveu somente três anos, sendo eliminado por Constante, que então já governava o Ocidente havia mais de dez anos. Em 350, Constante foi derrubado por um usurpador militar, Magnêncio, a quem Constâncio venceu em Mursa (351) e em Mons Seleucus (353), transformando-se no único soberano do Império. Logo, no entanto, se viu diante das novas hostilidades dos germanos, e do fato de as províncias do Ocidente requererem o governo separado de um imperador com autoridade local. Em 355, Constâncio superou sua aversão pessoal a este assunto e nomeou seu sobrinho Juliano, filho de um dos parentes assassinados em 337, césar da Gália, fazendo-o abandonar seus estudos em Atenas.

Constâncio pretendia que Juliano exercesse um controle nominal das guerras germanas, deixando seu mandato ativo para os generais e outros oficiais que ele designou em nome de seu césar. Juliano a princípio aceitou, e com este acordo conseguiu uma grande vitória sobre os alamanos perto de Estrasburgo em 357; mas, à medida que foi familiarizando-se com as guerras e interessan-

Acima, esquerda: A cidade de Jerusalém num mosaico proveniente do arco do triunfo da igreja do século V de Santa Maria la Maggiore, em Roma; esta e a de Belém eram as igrejas dos circuncisos e dos gentios. Na cidade aparecem os monumentos cristãos mais característicos.

Acima, direita: As fundações de Constantino no relevo de um sarcófago; São Pedro é advertido por Cristo de que ele o negará três vezes antes que o galo cante. Os três edifícios da esquerda foram identificados como a igreja do Santo Sepulcro e seu batistério, com uma rotunda de cúpula (conhecida como a Anastasis), sobre a suposta localização da sepultura de Cristo. A proeminência do batistério sublinha o tema do arrependimento, implícito na negação de Cristo por Pedro.

Direita: Mesopotâmia e as campanhas de Juliano no ano 363. A estratégia de Juliano na campanha persa de 363 era desviar o exército principal de Shapur com uma invasão falsa do norte da Assíria, e então atacar Ctesifonte antes que o rei pudesse voltar a posicionar suas forças. O plano fracassou devido a resistência de cidades fortificadas como Pirisabora e da guarnição próxima de Besouchis. Juliano chegou a Ctesifonte, mas, diante da aproximação iminente do exército do rei, abandonou qualquer tentativa de tomar definitivamente a cidade, queimou a frota que o havia abastecido pelo Eufrates e que agora era um empecilho e se posicionou ao norte sob o ataque constante dos persas até morrer numa escaramuça. O mapa permite conhecer a natureza do terreno, com antigas cidades em ruínas que ficaram sem água quando foram alterados o curso dos rios e os complexos sistemas de canalização. Também mostra um fato fugazmente mencionado pelas fontes clássicas sobre a campanha de Juliano – a presença de uma ampla população judaica com suas famosas academias rabínicas.

do-se por elas, fez valer sua personalidade com maior energia. Constâncio, depois de visitar Roma em 357, voltou ao Oriente para deter um exército que havia invadido a Mesopotâmia. Em sua necessidade de reforçar os exércitos orientais, em 360 pediu auxílio a Juliano; este respondeu proclamando-se augusto, segundo se disse, de forma espontânea da parte das pessoas e de má vontade da sua. Em 361, Juliano marchou para o Oriente contra Constâncio, e a guerra civil, potencialmente calamitosa e que Juliano provavelmente teria perdido, foi evitada pelo fim de Constâncio, que morreu sem ter feito 44 anos.

O curto reinado de Juliano foi um dos mais frenéticos e, de certo modo, dos mais desequilibrados. Sentindo antipatia pelas complicadas cerimônias do ofício imperial, Juliano reduziu drasticamente o pessoal de palácio e da burocracia (os mais afetados foram, segundo as fontes, os barbeiros, cozinheiros e eunucos, vítimas particulares daquela economia) e foi enérgico tanto nas causas que julgava pessoalmente quanto em outras questões que chamaram sua atenção. Sua ambição principal como imperador foi a restauração do culto aos deuses antigos, vinculada a um programa de renovação cívica, moral e cultural. Sua tentativa de restaurar o templo de Jerusalém fracassou, embora ele tenha feito sucessivas restaurações em outras cidades. Juliano deu o primeiro passo para a criação de um clero pagão reformado que se encarregaria de administrar os templos; fundaram-se instituições sociais e de caridade parecidas com as da Igreja cristã, em apoio a viúvas e doentes. Com a convicção pessoal de que o amor à literatura clássica era incompatível com as crenças cristãs, promulgou um edito, que foi amplamente criticado, proibindo os cristãos de trabalhar como mestres de literatura e retórica. Um dos mais prestigiados eruditos clássicos da época, Mário Vitorino, foi obrigado a renunciar a sua cátedra de retórica em Roma, mas se tornou igualmente famoso por seus trabalhos de doutrina cristã; outro, Proheresio de Atenas, também foi proibido de ensinar, mas se diz que este mestre consultou o hierofante de Elêusis e soube que o imperador não reinaria por muito tempo.

Abaixo: Juliano, o Apóstata, cônsul, aparece na cunhagem como um imperador filósofo e barbado, imagem que também adotou o outro líder do "renascimento" pagão, Eugênio, que figura na moeda abaixo. Proclamado em 392 pelo general Arbogasto e apoiado por membros da aristocracia romana, Eugênio foi derrotado por Teodósio na batalha do rio Frigidus (394).

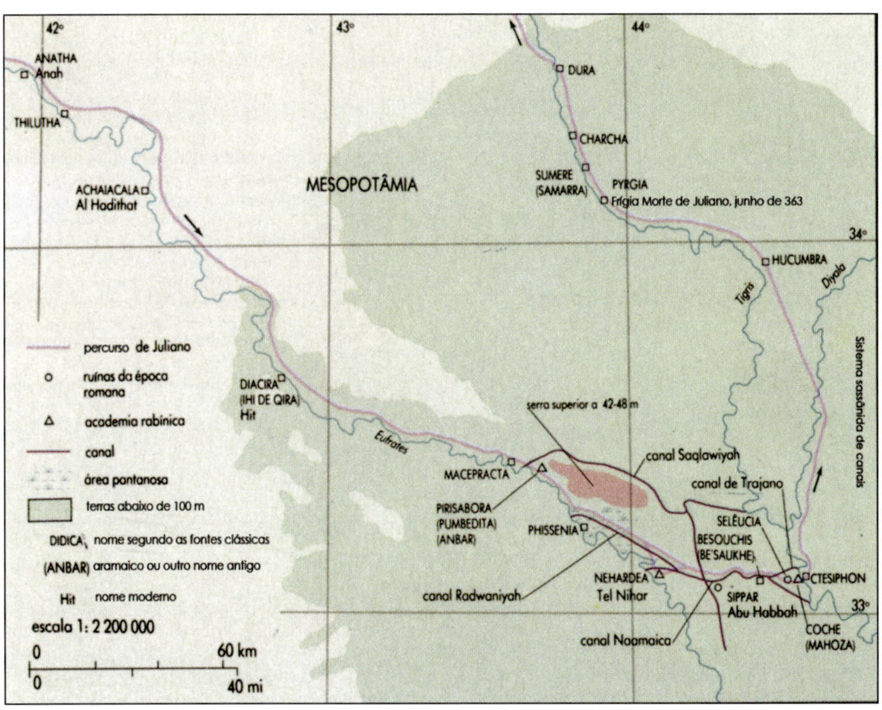

As simpatias religiosas de Juliano iam para o neoplatonismo teúrgico proposto por Jâmblico (ver página 77). Ele era devoto de Mitra e da Magna Mater e escreveu confusos tratados alegóricos em sua defesa, além de duros trabalhos de polêmica contra os cristãos; o mais famoso dos quais, *Contra os galileus*, só é conhecido pela refutação que dele fez um escritor do século V, Cirilo de Alexandria. Sacrificou aos deuses pagãos com desenfreado entusiasmo e foi criticado por isso por seus melhores seguidores. Não sabemos que grau de simpatia obteve dos pagãos com crenças religiosas diferentes das suas e mais tolerantes do que ele foi com seus adversários. Sua política, como é lógico, provocou a aguda hostilidade dos escritores cristãos, mas, antes de haver podido instrumentá-la ou comprovar sua viabilidade, Juliano foi morto em sua ambiciosa campanha persa lançada de Antioquia em 363.

O sucessor de Juliano, Joviano, foi proclamado pelo exército na Mesopotâmia durante a crise que se seguiu à morte de Juliano em combate. Para assegurar a saída do exército dos territórios da Pérsia, Joviano se viu obrigado a ceder territórios ao norte da Mesopotâmia, incluindo cinco satrapias ao longo do Tigre superior e toda a região a leste de Nísibis e Síngaros; por essas concessões, totalmente necessárias, Joviano recebeu as críticas que merecia o seu predecessor. Em contraste com Juliano, Jovino foi um cristão de temperamento aparentemente moderado; mas, antes que pudesse dar mostras de suas aptidões políticas ou religiosas, morreu também por causa dos vapores de um cômodo recentemente gessado numa casa da Galácia.

A Joviano sucedeu outro oficial, Valentiniano, que foi nomeado por uma camarilha política de altos militares e funcionários civis e aceito sem oposição alguma pelo exército. Valentiniano soube valorizar a necessidade de dividir o poder imperial e escolheu para colega seu irmão Valente, uma escolha ao que parece pouco promissora, mas com a vantagem de ter sido a mais acertada para assegurar a lealdade entre as regiões do Leste e do Oeste do Império, o que, após as recentes experiências, era algo essencial. Em conversas mantidas em Sírmio, no inverno de 364-65, os imperadores dividiram entre si as províncias, o exército e a administração. Valentiniano marchou então para a fronteira do Reno para fazer frente à renovada ameaça bárbara que se seguiu à partida de Juliano da Gália em 361. Atento à necessidade de defender e garantir aquela fronteira, Valentiniano deixou para seu irmão a tarefa de combater e esmagar com seus próprios recursos a usurpação de Procópio em 365.

O reinado de Valentiniano foi centrado na defesa militar da fronteira do Reno, e, em anos posteriores, na fronteira danubiana do Império; seu general, Teodósio, também liquidou uma grande incursão bárbara na Britânia. A política de Valentiniano é bem atestada pela arqueologia; ela envolveu um programa sistemático de construções defensivas, tanto ao longo dos rios como nas rotas de penetração nas províncias romanas, apoiado por incursões de castigo e represálias em território bárbaro. Sua administração, em linhas gerais, se caracterizou pelo rigor e pela meticulosidade, sem mencionar a brutalidade típica do governo romano do final do Império. Apesar disso, as tentativas das cidades tripolitanas de fazer frente às incursões tribais provenientes do deserto foram frustradas pela má administração e pela corrupção tanto da província como do governo central; a Ilíria sofreu as conseqüências da opressão administrativa de seu prefeito pretoriano, e a África mauritana foi ameaçada por uma séria rebelião tribal, sufocada por Teodósio em 373-75. Em Roma, a organização do abastecimento de trigo por Valentiniano e seus projetos de construção lhe valeram uma sólida reputação, mas ele provocou a hostilidade da nobreza romana por causa dos processos por delitos de magia e adultério de 369 em diante. Valentiniano morreu em 375 de uma apoplexia, causada por sua cólera diante da conduta de enviados dos quados, que ele havia recebido em seu acampamento de Brigécio, às margens do Danúbio.

O reinado de Valente foi afetado principalmente por guerras no exterior contra os godos, que ele atacou com êxito em 367-69, e contra a Pérsia, num conflito centrado na Armênia e de resultados pouco decisivos. Valente, tal como seu irmão, abriu processos por magia, nos quais se viram envolvidos membros das classes altas orientais. Tais processos foram, na verdade, resultado de autênticas dissensões políticas entre membros da intelectualidade oriental, mais do que, como no caso dos dirigidos por Valentiniano, simples ataques à conduta imoral da nobreza. A crise do reinado de Valente sobreveio em 376, quando o imperador foi convencido da admissão no Império dos visigodos, empurrados para as fronteiras romanas pela expansão dos hunos, que procediam das terras situadas a leste do rio Dniéper. O estímulo que o imperador encontrava nesta política era a oportunidade de conseguir grande número de recrutas, o que permitiria aos camponeses permanecer em suas terras em vez de ser alistados no exército romano, o que, por sua vez, aumentaria as rendas obtidas com impostos. Mas a passagem do Danúbio foi supervisionada inadequadamente, e os godos invadiram a Trácia como uma massa descontrolada e forçaram os exércitos romanos a enfrentá-los. Em agosto de 378, o próprio Valente teve um encontro com os godos em Adrianápolis (Edirne, na Turquia européia). Perdeu a batalha, foi morto, e dois terços do exército romano foram destroçados.

Na crise, a Teodósio, filho daquele que fora general de Valentiniano, requereu-se para que abandonasse suas ocupações privadas na Hispânia e aceitasse ser nomeado imperador, o que de fato se deu em janeiro de 379. Teodósio dedicou os primeiros anos de seu reinado ao problema dos godos, firmando no ano 382 um tratado de aliança pelo qual aqueles se estabeleceriam na baixa Moésia e lhes seria permitido servir no

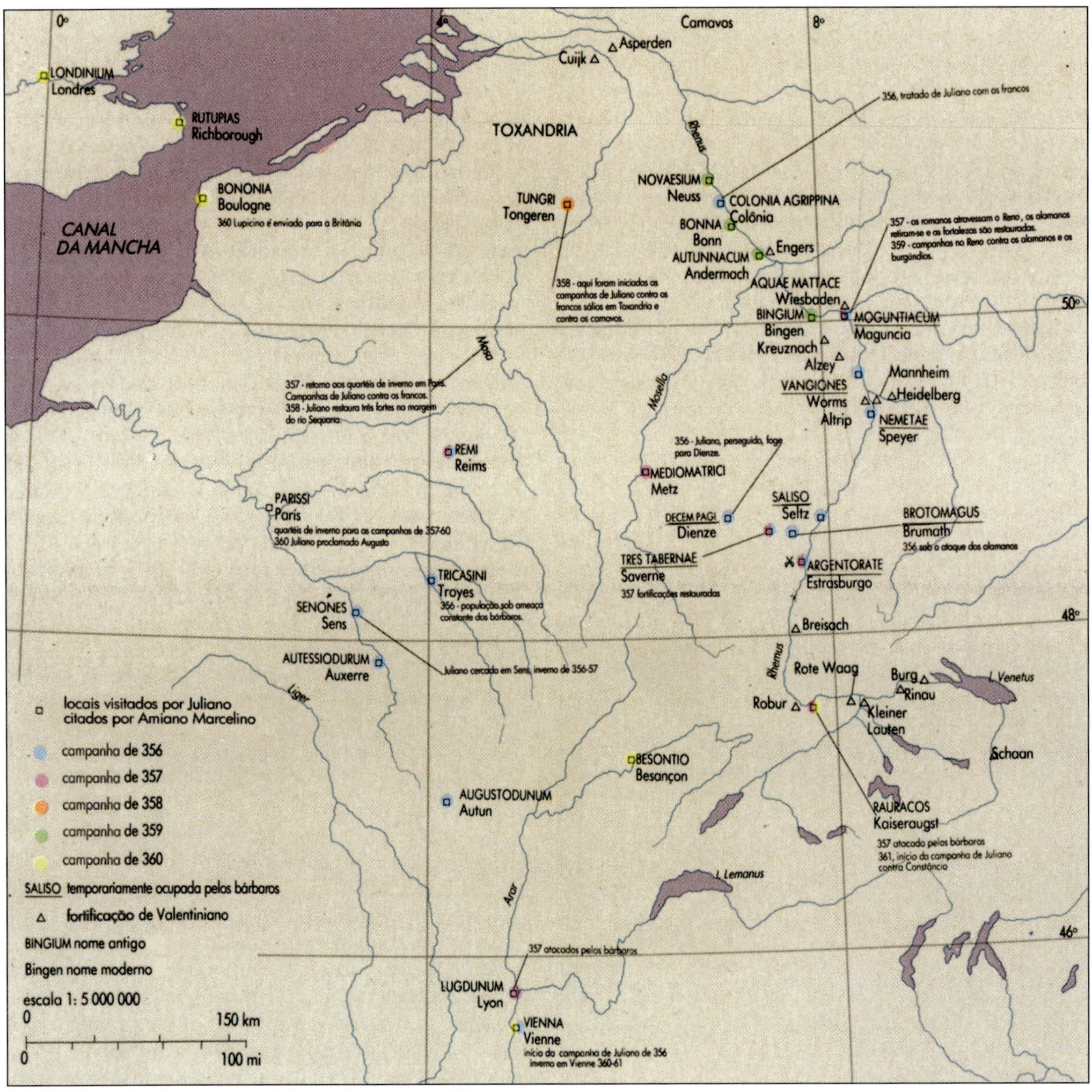

As campanhas germânicas de Juliano e Valentiniano. Quando Juliano foi nomeado césar da Gália, após vários anos de distúrbios políticos na região, a área sob ocupação ou ameaça dos bárbaros estendia-se pelo oeste até Lyon, Autun, Sens e Troyes. As campanhas de Juliano restabeleceram a fronteira do Reno, triunfo pelo qual reivindicou crédito pessoal, e que, em boa parte merecido, embora existam vários indícios de sua inexperiência e de que o papel dos conselheiros que Constâncio lhe proporcionou, foi provavelmente maior do que os admiradores de Juliano quereriam admitir. A declaração de guerra de Juliano contra Constâncio privou a Gália de muitas de suas tropas, e da campanha da Pérsia, empreendida contra a advertência expressa do magistrado pretoriano da Gália. Solapou muitas de suas realizações. A situação foi restaurada pelo bom senso e a paciência de Valentiniano. É provável, no entanto, que as fontes antigas, conquistadas pelo encanto pessoal dos triunfos de Juliano, não levassem em conta os trabalhos menos espetaculares que pôs em marcha, como as obras de engenharia e de construção de defesas fronteiriças.

Acima: A folha deste precioso díptico encabeçada por "SYMMACHORUM" com seu companheiro "NICOMACHORUM" (no Museu Cluny, de Paris) comemora algum acontecimento, talvez um casamento, que relacionava essas duas famílias ilustres do final do século IV. A iconografia é pagã e clássica. A sacerdotisa faz uma oferenda no altar, após o qual há um carvalho que simboliza Júpiter, enquanto a companheira da outra folha apresenta as imagens de Ceres e Cibeles numa composição similar. Q. Aurélio Símaco e Nicômano Flaviano foram defensores dos cultos tradicionais de Roma nesta última etapa de sua existência. Flaviano caiu no renascimento pagão de Eugênio (392-94). Símaco não participou ativamente na guerra civil e conseguiu manter a influência política durante os últimos anos de vida e utilizá-la a favor de alguns opositores de Teodósio.

exército romano como federados sob o comando de seus próprios chefes tribais. Teodósio também estabeleceu um tratado com os persas em 386. Ambas as alianças são comemoradas na base do obelisco de Teodósio em Constantinopla, erguido no ano de 390.

No Ocidente, a Valentiniano sucederam seus filhos Graciano e Valentiniano II, que então tinham 16 e 4 anos de idade respectivamente. É evidente que ambos eram controlados por seus conselheiros, e Valentiniano por sua mãe, a enérgica Justina; mas nenhum desses reinados teve muito impacto no governo do Império, e em 383 Graciano caiu diante do usurpador Máximo. Proclamado na Britânia, Máximo assassinou Graciano em Lyon, estabeleceu sua corte em Triéris e esperou o reconhecimento de Teodósio. Em 387, não obstante, invadiu a Itália e destronou Valentiniano II, que fugiu para refugiar-se com Teodósio. Em resposta, Teodósio marchou contra Máximo em 388, matou-o e devolveu o poder a Valentiniano, a quem enviou para a Gália, enquanto ele instalava sua residência em Milão. Teodósio visitou Roma no verão de 389.

De regresso a Constantinopla em 391, Teodósio deixou Valentiniano em Triéris sob a supervisão de um geral frâncico, Arbogasto. No ano seguinte, o jovem imperador apareceu enforcado, ao que parece, por suicídio, e Arbogasto elevou a imperador Eugênio, um ex-professor de retórica. De Eugênio se serviu um grupo de senadores que o apoiavam como "promotor" de uma revitalização pagã em Roma; mas em setembro de 394 suas forças, no comando de Arbogasto e do senador Nicômaco Flaviano, foram derrotadas por Teodósio na batalha do Rio Frígido (Wippah), a leste de Aquiléia. Teodósio voltou para Milão e estabeleceu sua corte ali, mas em janeiro de 395 morreu, ao que parece, de uma doença do coração, deixando o Império nas mãos de seus jovens filhos, Honório, no Ocidente, e Arcádio, que de Constantinopla governou o Oriente com uma autoridade também nominal. A partir desse momento, se já não desde 364, pode-se considerar o Império Romano dividido efetivamente em duas partes: o Oriente e o Ocidente.

A cristianização do Império Romano

No final do século IV, Santo Agostinho assinalava que a conversão do mundo romano ao cristianismo fora "extremamente rápida". Sua afirmação é totalmente verdadeira se considerarmos, sobretudo, o grau de influência que a antiga religião pagã havia exercido sobre a cultura, sobre os valores morais e sobre a organização social da Antiguidade clássica. No extraordinário capítulo quinze de seu livro *Decadência e queda do Império Romano*, Gibbon descreveu com todos os detalhes as dificuldades que enfrentavam os primeiros cristãos que desejavam manter sua fé pura sem deixar de tomar parte na vida regular da sociedade; em alguns dos acontecimentos sociais em que desejavam ou se viam obrigados a participar (casamentos, funerais, pleitos judiciais e "todos os ofícios e diversões da sociedade"), eles se encontravam imersos, contra a sua vontade, nos ritos e cerimônias religiosos, e em "armadilhas infernais" das quais não podiam escapar sem excluir-se da vida cotidiana. Desde o princípio, a religião ancestral ganhou em tenacidade, vendo-se forçada a ficar na defensiva diante de um cristianismo agressivo apoiado pelos imperadores. Demonstrou-se que era quase impossível, por ação do governo, isolar os elementos religiosos dos contextos sociais e culturais a que estavam intimamente vinculados. O próprio Constantino permitiu o estabelecimento de um templo da segunda dinastia dos Flávios em Cirta (Numídia) e em Hispelo (Itália central) com a condição, explícita no segundo caso, de que estivesse livre de toda e qualquer suspeita de "contágio" de sacrifícios. A legislação imperial, durante todo o século IV, e culminando nas leis de Teodósio da década de 380 e princípio da de 390, limitou e acabou por abolir os sacrifícios pagãos; os antigos templos foram fechados e seus bens confiscados, mas se demonstrou a necessidade de que os jogos e festas tradicionalmente associadas aos templos continuassem a ser realizados "para o desfrute comum de todos os homens". Por uma lei de 382, o grande templo de Edessa em Osrhoene foi fechado para a prática religiosa, mas mantido como obra de arte e museu de antiguidades. Foi uma situação que os imperadores cristãos do século IV tiveram de enfrentar cada vez com maior freqüência.

O elemento mais notável de continuidade do passado pagão, na própria atitude dos imperadores, foi a conservação do título de *pontifex maximus*. Este título não foi abandonado senão por Graciano, provavelmente em 382, sob a influência do bispo Ambrósio, quando chegou a Milão uma embaixada de Roma para oferecer-lhe as vestiduras pontificais. Graciano acompanhou a recusa delas e do título de *pontifex maximus* de medidas muito práticas. Retirou dos colégios sacerdotais e das virgens vestais o subsídio financeiro e outros privilégios que eles recebiam havia séculos e retirou do Senado o altar da Vitória, onde desde os dias de Augusto se inauguravam as sessões senatoriais com um sacrifício. A ação de Graciano motivou, da parte do prefeito de Roma, o orador pagão Símaco, um apelo de protesto dirigido em nome do Senado a seu sucessor, Valentiniano II. Símaco reivindicava a religião ancestral por razões de costume e utilidade. Ele afirmava que os velhos deuses tinham defendido Roma ao longo dos tempos e que seu apoio não devia ser rejeitado de maneira despreocupada. Os argumentos de Símaco foram infrutíferos diante do raciocínio de Santo Ambrósio, que clamava pela extensão da religião sob o patrocínio de um imperador cujo dever cristão era apoiá-la. O ressurgimento pagão de Eugênio e Nicômaco Flaviano em 393-94 não foi mais que o último gesto da causa pagã, que sucumbiu com seus chefes na batalha de Frígido.

Enquanto se travava o combate público em defesa dos antigos cultos do Estado romano, as atitudes dos últimos pagãos estavam embebidas, com não menos força, dos denominados cultos "orientais", que eles tinham adotado, às vezes em grande profusão. O senador Pretextato (morto em 384), como sabemos por seu epitáfio, combinou sacerdócios e iniciações de não menos que seis religiões de mistérios gregas e orientais e quatro sacerdócios públicos dos antigos cultos estatais. Tais cultos de mistérios, os mais destacados dos quais eram o da Magna Mater (Cibeles), o de Mitra e o de Serápis, ofereciam a seus iniciados a purificação da alma e uma esperança de vida eterna, exigindo deles uma genuína devoção religiosa e, num plano superior, conhecimentos filosóficos. Para Pretextato, como para Juliano, o Apóstata, os deuses do panteão pagão formavam uma unidade, segundo a interpretação neoplatônica, como as diversas funções do Sol todo-poderoso. A iniciação ao culto da Magna Mater se realizava mediante o rito conhecido como *taurobolium*, em que o iniciado se colocava de pé num fosso sob uma grade, sobre a qual se sacrificava um touro, salpicando-o assim com seu sangue. Esse rito deu lugar, sobretudo, a uma exaltada polêmica cristã, em parte por causa de sua natureza intrínseca desagradável; mas também porque, como outros ritos parecidos, funcionava como uma espécie de "batismo" pagão e mostrava que o paganismo, tal como se expressava em tais cultos, tinha capacidade de apelar tanto para a imaginação religiosa dos indivíduos como para o senso de dever público dos senadores e sacerdotes romanos.

Embora as opiniões difiram, é provável que na época do apelo de Símaco a Valentiniano o Senado romano já fosse – como São Ambrósio afirmava – composto em sua maioria de cristãos. Do que não há dúvida é o *sentido* da mudança, do paganismo para o cristianismo, como resultado da pressão política e social, das conversões verdadeiras (embora sejam raros os casos conhecidos) e – talvez com maior eficácia – dos casamentos mistos entre cristãos e pagãos, em que a educação cristã dos filhos assegurava a fé da geração seguinte.

Qualquer que fosse o ponto alcançado pela nobreza da cidade na mudança, o certo é que o povo simples de Roma já estava cristianizado na segunda metade do século IV e participava vivamente da vida de sua Igreja (em uma ocasião, os distúrbios com relação à eleição de um bispo de Roma deixaram 137 cadáveres num templo). Esse mesmo interesse se manifestou entre as populações de outras grandes cidades do Império. O caso de Antioquia é relativamente bem documentado pelos escritos de um retórico pagão, Libânio, e de um sacerdote cristão, São João Crisóstomo. Antioquia mantinha um núcleo de seguidores dos deuses antigos; o mais destacado era Libânio. No entanto – como pôde observar com espanto Juliano, o Apóstata, ao chegar ali, em 362 –, a população geral da cidade, com grande parte de sua aristocracia e sem dúvida a maioria dos funcionários imperiais, já estava então firmemente cristianizada.

Como outras cidades sírias, Carras foi pagã e continuou a ser por muito tempo, enquanto cidades como Heliópolis (Baalbek), Émesa e Aretusa conservaram solidamente (se não sempre unanimemente) as tradições baseadas em antigos cultos, como, mais ao sul, se fez na Fenícia. Edessa, por outro lado, com suas tradições de São Tomé, suas comemorações de mártires e a posse das supostas cartas escritas por Cristo ao rei Abgar, estava em grande medida cristianizada já no tempo de Juliano, que se negou a visitá-la quando foi convidado a fazê-lo por uma embaixada no ano de 363.

Em outras partes do Império, como, por exemplo, Atenas, mantiveram-se as tradições intelectuais pagãs até os séculos V e VI; mais ainda, a escassez de símbolos cristãos nas numerosas lâmpadas de argila do século IV achadas em escavações da ágora, bem como a ausência de qualquer construção eclesiástica claramente identificada ou de algum bispo conhecido no mesmo período, sugere que a população em geral resistia à cristianização. Alexandria, centro de estudo da filosofia neoplatônica e das ciências, foi na mesma época uma sementeira cristã encabeçada pelo enérgico bispo Atanásio, cuja influência dominante na cidade fez com que os imperadores o exilassem em várias ocasiões. Além de sua tradição intelectual, Alexandria se destacou por suas desordens civis, que as divisões religiosas sem dúvida contribuíram para aumentar. No ano de 391, uma multidão, conduzida por monges e incitada pelo bispo, derrubou a grande estátua e o templo de Serápis, uma das grandes maravilhas do mundo antigo.

Os testemunhos não são tão abundantes nas províncias ocidentais quanto nas do Oriente. No final do século IV, nas províncias predominantemente rurais da Gália, os bispos dirigiram sua atenção para a evangelização de suas comunidades, e fontes como a *Vida de São Martin de Tours*, escrita por Sulpício Severo, evidenciam que os esforços se dirigiam para as áreas rurais tradicionalmente conservadoras, com a destruição dos santuários locais e o início da organização de igrejas paroquiais, fundadas em cidades e aldeias. As cidades, como era de supor, progrediram. Para citar um exemplo, enquanto Juliano, o Apóstata, que se havia comprometido em segredo com o paganismo, esperava em Vienne, em 360, para partir para a sua campanha contra Constâncio, fez profissão aberta de fé cristã e assistiu aos serviços da Epifania. E o fez assim para não perder o apoio de Vienne ao seu empreendimento, já que a cidade era predominantemente cristã.

Na África, onde desde o princípio o cristianismo havia conquistado muitos adeptos (ver página 177), as disputas entre católicos e donatistas cismáticos parecem pressupor a existência de comunidades fortemente cristianizadas, freqüentemente com bispos rivais que pertenciam a diversas seitas. Mas no final do século IV ainda havia porta-vozes do paganismo, como um correspondente de Santo Agostinho, Máximo de Madauro, e ainda em 408 houve distúrbios anticristãos em Calama (Numídia), quando o bispo tentou suprimir uma procissão pagã. Em geral, é evidente que, embora na maior parte do Império predominasse o cristianismo no final do século IV, persistiam, no entanto, pequenos focos locais de paganismo, freqüentemente baseados em associações tradicionais com certos deuses, e que em seus níveis mais complexos – ainda que com um interesse minoritário – ainda se fundamentavam numa seriedade intelectual merecedora de uma crítica racional.

Juliano, assim como outros intelectuais gregos, usou o término *heleno* ("grego", ou seja, grego educado) para designar o crente nos deuses antigos. A opinião de Juliano foi compartilhada, do ponto de vista oposto, por São Jerônimo, que afirmou que a aceitação do cristianismo implicava a rejeição da cultura clássica e de todos os seus vínculos com o passado pagão. Uma terceira opinião, representada pelo bispo cristão Gregório Nanzianzeno, afirmava que a cultura clássica era patrimônio comum de todos os homens. Os cristãos, segundo ele, eram capazes de apreciar a literatura clássica e beneficiar-se dela sem sucumbir a seus perigos. Também eles eram "gregos" (Gregório pôs em dúvida o uso restritivo da palavra por parte de Juliano) e era intolerável que fossem privados de sua herança de seres humanos educados. Outros escritores, como Santo Agostinho, escreveram tratados defendendo o uso apropriado que podiam fazer os cristãos da cultura clássica, comparando-a em certa ocasião ao "ouro dos egípcios" tomado pelos filhos de Is-

Página seguinte: Os sarcófagos e mosaicos do baixo Império, com sua iconografia tomada do Antigo Testamento e interpretada como um presságio dos *tempora christiana*, proporcionam uma expressão viva da cultura cristã naquela sociedade. Os três jovens do livro de Daniel no "forno ardente" (acima, esquerda) e Daniel na cova dos leões (acima, direita), num sarcófago do século IV, e num mosaico africano do séc. VI (centro, direita), são imagens do triunfo sobre a perseguição que figuram com freqüência nos monumentos. No sarcófago do senador romano Petrônio Probo, que morreu depois de ser batizado (por volta do ano 390) e foi enterrado num mausoléu familiar da igreja de São Pedro (centro, esquerda), Cristo entrega aos apóstolos a "Nova Lei" cristã, em alusão às Tábuas da Lei quebradas e às novas Tábuas recebidas por Moisés segundo o Êxodo. O detalhe de Pilatos lavando as mãos num sarcófago das catacumbas de Domitila (abaixo, esquerda), fala por si só; enquanto Jonas e a baleia, num mosaico do século IV da basílica de Aqui Léia (abaixo, direita), simbolizam a morte e a ressurreição, ou – mais especificamente – a salvação da alma depois do batismo, imagem obviamente apropriada para uma igreja.

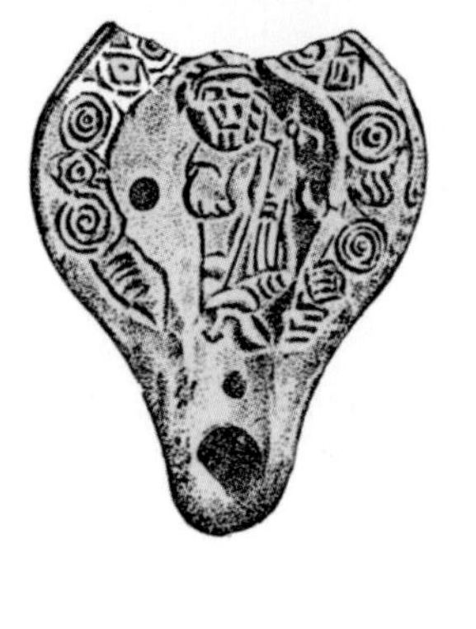

Esquerda: A *Lang* de Corbridge, uma bandeja de oferendas retangular, é notável pela erudição de suas cenas mitológicas. Seu tema é o nascimento de Apolo e Artemisa, iluminados por Leto na ilha de Delos; o *omphalos*, ou "umbigo" da terra, figura como uma coluna atrás da figura de Leto sentada. Argumentou-se persuasivamente que a versão da lenda representada, incluindo à ninfa local de Delos, Astéria (entre Leto e Atena), envolve um conhecimento recôndito que implica uma ativa crença pagã mais que um mero gosto pelo classicismo formal. O gesto com o qual Atena se dirige a Artemisa é muito característico do baixo Império.

rael (*Êxodo*, 12.35); mas é evidente que, de fato, a postura de Gregório foi adotada pela maioria. A importância de uma educação clássica para ter acesso ao governo romano e da retórica para a sua direção não é menos notável no século IV e nos séculos do baixo Império do que nos séculos II e III. Os exemplos de homens como Temístio, o filósofo (um pagão), e o poeta Ausônio (um cristão), que exerceram seus cargos sob os imperadores cristãos do século IV, poderiam ser multiplicados sem dificuldade alguma.

Ao mesmo tempo, o século IV conheceu a floração de uma cultura especificamente cristã, baseada na Bíblia, exposta pelos bispos e desenvolvida em obras de exegese por escritores cristãos. A nova versão latina da Bíblia de Jerônimo, a Vulgata, foi uma tentativa consciente de proporcionar a um público cristão novo uma tradução erudita e cuidada; apoiava-se num vasto programa de comentários bíblicos dedicados aos amigos que Jerônimo tinha na aristocracia cristã de Roma, mas claramente dirigidos a uma audiência ampla.

A cristianização do Império implicou a aquisição de uma nova cultura, baseada na Bíblia, por um público que em geral não esperava perder suas antigas tradições. Esta situação comporta certas dificuldades para a interpretação de muitas criações artísticas e da cultura intelectual do período romano tardio. Nos casos em que não sabemos a religião de um poeta, do destinatário de uma dedicatória literária ou do proprietário de uma vila com mosaicos de temas clássicos, é tentador deduzi-la da natureza da obra artística da qual é autor ou à qual é associado. Sobre essa base, não obstante, o poeta Ausônio, cujas obras são cheias de temas clássicos, poderia passar por pagão, embora as provas de seu cristianismo sejam evidentes. A coexistência de uma autêntica devoção cristã com a sobrevivência do amor à cultura clássica não somente foi possível, mas também freqüente.

A Igreja e os imperadores

A partir do momento da conversão de Constantino, a posição da Igreja cristã na sociedade romana mudou. Por meio do denominado Edito de Milão (313), a Igreja recuperou suas propriedades, confiscadas durante a grande perseguição e, começando pela África durante os primeiros anos do reinado de Constantino, recebeu fundos adicionais e outros benefícios do imperador. A Igreja conseguiu para seus clérigos a dispensa das obrigações civis (embora se supusesse que na ordenação de um clérigo o cumprimento dessas obrigações seria assumido por um substituto); os bispos conquistaram direitos de jurisdição civil com ou sem o consentimento das partes. Como conseqüência disso, os litigantes obtiveram uma série de benefícios práticos, já que foram liberados do que Constantino denominava as "infindáveis malhas dos litígios" por uma jurisdição mais rápida e honesta. Mas o sistema trouxe consigo evidentes abusos, como quando Libânio se queixava das atividades do bispo de Antioquia, que no exercício de sua jurisdição episcopal decidiu a favor dos monges as disputas territoriais que ele mesmo havia submetido. Com a obtenção de tal poder, os bispos logo se tornaram figuras proeminentes de suas comunidades; suas igrejas adquiriram grande importância e, com a obtenção de doações e legados, transformaram-se freqüentemente em instituições muito florescentes.

Numa ocasião, São Jerônimo fez utyma promessa tentadora e não cumprida de escrever uma história na qual mostraria como a Igreja durante o século IV "havia crescido rica em opulência e posses, porém pobre em virtude". São Jerônimo teria apreciado a descrição que faz o historiador Amiano Marcelino do desfile dos prelados em volta da

Direita: Ambrósio, bispo de Milão ao final do século IV, representado pouco depois de sua morte num mosaico da capela de São Víctor, em Milão. Embora não seja possível provar que se trata de um retrato realista, a vívida e serena expressão de seus traços parece refletir pelo menos certos aspectos do caráter deste homem, admiravelmente dotado e de grande decisão.

cidade de Roma, magnificamente ornamentados, rodeados por uma multidão de admiradores e comendo como reis. Nesse escrito Amiano os compara com os humildes e louváveis homens do clero provinciano. Apesar disso, o próprio protetor de São Jerônimo, São Dâmaso (367-83), era bem conhecido entre os bispos de Roma por ter em alta conta a distinção de seu cargo.

Jerônimo também levou em conta as divisões religiosas que dilaceraram a Igreja no século IV. Constantino ficou consternado no princípio de seu reinado pela divisão na Igreja africana entre católicos e donatistas, quando estes últimos opuseram-se à ordenação como bispo de Cartago de um candidato que se acreditava que havia entregado as Escrituras durante a Grande Perseguição. Este cisma, que dominou no século IV a vida da Igreja africana, somente desapareceu com os esforços de Santo Agustinho e seus colegas no início de século IV, no meio de grandes rancores e com a ajuda de concílios prudentemente dirigidos e apoiados pela legislação imperial.

Ao chegar ao Oriente, em 324, Constantino enfrentou imediatamente o problema do arianismo. Ário, sacerdote de Alexandria, havia desenvolvido teorias relativas à natureza de Deus que deviam grande parte de sua forma conceitual à filosofia neoplatônica. Concebia a Trindade como uma hierarquia de seres divinos encabeçados por Deus-Pai; e argumentou que o Filho, o Logos, embora houvesse existido antes do tempo, foi criado pelo Pai e é subordinado a ele. Neste e em outros sistemas teológicos aparentados, o Filho é visto como o Demiurgo ou agente criador e como intermediário entre o Pai e o mundo criado. A opinião ortodoxa recusou-se a aceitar esta distinção entre as pessoas da Trindade. No concílio de Nicéia, convocado em 325 para resolver o problema, o próprio Constantino proporcionou a solução, afirmando que Pai e Filho são "consubstanciais" (em grego, *homoousios*); obteve a aceitação de todos, exceto a de dois ou três clérigos recalcitrantes, que foram exilados. De fato, nem o concílio de Nicéia nem o "Credo" que dele surgiu, incorporando a fórmula de Constantino, puderam reconciliar as diferenças entre as posições ariana e ortodoxa. O movimento arianista seguiu predominando no império oriental até que Teodósio impôs uma definição da ortodoxia estritamente ajustada a Nicéia e eliminou o sério problema do arianismo no Oriente.

Os imperadores viram-se obrigados a participar de perto destas controvérsias teológicas e parece que algumas vezes lucraram com isso. Constantemente eram informados por embaixadas eclesiásticas, convocavam concílios eclesiásticos, influíam em seus procedimentos e empregavam a autoridade secular para impor suas decisões e depor e exilar os bispos recalcitrantes, como Libério de Roma e Atanásio de Alexandria. Amiano Marcelino escreveu, embora com exagero proposital, que na época de Constantino o serviço de transporte imperial, o *cursus publicus*, esteve a ponto de entrar em colapso por causa do número de bispos que viajavam de um sínodo a outro com permissão imperial.

Apesar de sua intervenção na direção dos concílios eclesiásticos, de seu recurso ao braço secular para fazer cumprir suas decisões, e apesar da enorme e ameaçadora autoridade que algumas vezes exerceram sobre a Igreja, os imperadores do século IV não se encontraram nunca em condição de definir por si mesmos a doutrina oficial e não foram tomados em nenhum sentido como cabeças da Igreja. De fato, a posição desejada por Juliano, que escreveu cartas aos sacerdotes de seu paganismo reformado indicando-lhes como deveriam se vestir e comportar em público, o que deveriam ler e quais doutrinas deveriam aceitar, era muito mais teocrática e "cesaropapista" que a de qualquer imperador cristão.

No Ocidente, o bispo Ambrósio de Milão desempenhou uma grande influência sobre os imperadores que às vezes residiram na cidade. Em 389, desafiou Teodósio em público na abarrotada catedral de Milão e obrigou o imperador a rescindir a ordem que havia dado ao bispo e à igreja de Callinicum, no Eufrates, para que restaurasse uma sinagoga que haviam destruído; no ano seguinte, utilizando métodos similares, fez que Teodósio cumprisse uma penitência pelo massacre que seus soldados haviam cometido na Tessalônica. Ambrósio teve uma concepção muito clara das obrigações de um imperador cristão, embora nenhuma fonte da época interpretasse essas suas intervenções como uma solução de princípio entre Igreja e Estado. Apesar das vantagens obtidas pela Igreja e da imensa influência exercida por certos bispos, ela não adquiriu uma posição formal reconhecida dentro da estrutura constitucional do baixo império romano. Suas relações com o governo imperial foram e continuaram sendo as de um grupo de pressão privilegiado e bem organizado.

O movimento ascético

O fim da perseguição trouxe para a comunidade cristã um dilema sobre a natureza da virtude espiritual. Um "mártir" dos primeiros tempos era precisamente o que a palavra grega significa, uma "testemunha", alguém que publicamente "confessava" sua fé sob a ameaça extrema da pena de morte. Acabada a perseguição, necessitavam de uma nova forma de expressão aqueles cristãos que ainda sentiam a necessidade de confessar sua fé com o vigor que parecia exigir o Novo Testamento. O movimento donatista do século IV na África manteve as atitudes autênticas do primitivo cristianismo numa sociedade em que havia mudado a posição do cristianismo, posição que concordava melhor com a atitude mais mesurada e pragmática de seu adversário Santo Agustinho. "Como rãs – escreveu –, sentam-se em suas poças, coaxando: Nós somos os únicos cristãos!"

A necessidade que sentiram alguns cristãos de pertencer a uma minoria santa foi parcialmente satisfeita com o desenvolvimento do movimento ascético. Uma idéia do auto-aperfeiçoamento por meio da disciplina física e intelectual, como vimos anteriormente (página 177), foi também um dos aspectos centrais da prática filosófica do final do classicismo; o imperador Juliano, segundo Amiano Marcelino, viveu uma vida de excelsa austeridade "como se quisesse voltar logo sob o manto do filósofo" (25.4.4). No entanto, o ponto de vista da filosofia clássica tardia, que entendia o corpo físico como um estorvo que deveria ser dominado pela disciplina com o propósito de liberar a mente para uma contemplação mais elevada de Deus, adquire no movimento ascético cristão um aspecto hostil ao espírito que não apenas deveria ser educado pela disciplina, como também castigado com as formas extremas de uma conduta ascética. O dualismo resultante, matéria-espírito, desembocou em suspeita de heresia. Ele foi associado aos gnósticos e maniqueístas, para os quais o indivíduo humano era o campo de batalha das forças opostas do bem e do mal, com o corpo como veículo das forças maléficas e com a criação como obra do demônio. O problema da origem do mal foi decisivo no desenvolvimento intelectual de Santo Agustinho; as dificuldades inerentes à necessidade de alcançar um verdadeiro equilíbrio na conduta ascética foram tema de muitos tratados sobre a virgindade e de cartas formativas dirigidas a leigos cristãos proeminentes por conselheiros espirituais, como São Jerônimo.

As principais tradições do desenvolvimento do movimento ascético estão representadas por dois homens, ambos egípcios: São Pacômio e Santo Antônio. Ao final do século III São Pacômio havia estabelecido um modo de vida para comunidade de monges, que se organizaram tendo em comum algumas posses elementares e satisfazendo suas necessidades econômicas básicas com seu próprio trabalho; vendiam os excedentes para realizar atos de caridade e seguiam certas normas de conduta religiosa. Foi a origem do movimento monástico tal como foi formulado na regra de São Basílio de Cesaréia e mais tarde, no Ocidente, por São Bento, fundadores do monaquismo medieval. Santo Antônio, cuja biografia escrita por Atanásio de Alexandria teve uma enorme influência, representou a tradição eremítica no ascetismo, vivendo totalmente isolado da vida comum e perseguindo a própria perfeição espiritual pela contemplação na solidão e a imposição de privações. As tentações de Santo Antônio pelo demônio no deserto foram um tema capital na arte religiosa de épocas posteriores.

O movimento ascético influiu na vida da Igreja do século IV em múltiplos aspectos. No começo de sua carreira religiosa, São Jerônimo passou um período infeliz como ermitão no deserto da Síria. Para São Jerônimo, o contexto monástico foi a base do trabalho intelectual e acadêmico, da realização de suas traduções e comentários antes mencionados e de suas encarniçadas controvérsias teológicas que também o tornaram famoso. Para Santo Agustinho, bispo de Hippo Regius (Hipona), no norte da África e contemporâneo de São Jerônimo, uma comunidade monástica submetida à Igreja episcopal era o ambiente propício para a leitura, a meditação, a disciplina e a vida em comum, de onde poderiam surgir novos clérigos que se tornariam os bispos da geração seguinte. A comunidade da ilha de Lérins, diante da costa meridional da França, exerceu uma função similar entre os bispados do sul da Gália no século V.

A fundação por Martinho de Tours do mosteiro de Marmoutiers (*maius monasterium*, "o mosteiro maior") na Gália central introduziu uma nova contribuição de certa importância por parte do movimento ascético à sociedade romana de época tardia. Por sua associação à vida monástica, Martinho ganhou uma reputação e uma autoridade espiritual muito superiores a seu exercício episcopal. Achava-se que tinha contato direto com o poder divino, virtude pela qual podia realizar milagres e com a qual reforçou as campanhas de evangelização agressiva. As atividades de Martinho dentro do desenvolvimento do movimento ascético tiveram uma das conseqüências mais inquietantes para a sociedade tradicional romana.

Distribuição e influência do monaquismo, 300-500 d.C. A precoce difusão do monaquismo seguiu certas rotas definidas, freqüentemente ligadas à mobilidade geográfica derivada das disputas eclesiásticas. Os bispos contendores, com Atanásio de Alexandria, aproveitaram desde o início o prestígio do movimento ascético, enquanto Hilário de Poitiers e Eusébio de Vercelli introduziram em suas dioceses o modelo monástico que haviam conhecido no Oriente quando foram desterrados pelo arianista Constâncio II. A influência de outros ocidentais como São Jerônimo e de João Cassiano no século V esteve ligada a seus respectivos papéis nas controvérsias teológicas do Oriente. O prestígio dos ascetas foi visto com freqüência como um desafio à autoridade episcopal; no entanto, bispos como Martinho de Tours e Agustinho foram capazes de conjugar as duas realidades, e mosteiros como o de Lérins foram escolas de preparação para a função episcopal. As tradições monásticas dos séculos V e VI na Britânia e da Irlanda refletem duas fases: os contatos entre os povos celtas da Britânia e os da Gália ocidental (representados também pela posterior difusão de manuscritos do Mediterrâneo até a Irlanda pela via ocidental das rotas marítimas) e a conversão da Britânia saxônica iniciada por Agostinho de Canterbury.

Acreditando-se diretamente inspirados pela vontade divina, os monges locais percorriam em grupo algumas partes do império destruindo os santuários locais e as instituições pagãs. Nestas ações, algumas vezes foram encorajados pelos bispos do lugar e ao que parece não foram contidos pela autoridade imperial; e algumas vezes as autoridades locais deram apoio ativo a estas atividades descaradamente ilegais. A controvérsia donatista no norte da África produziu as denominadas *circumcelliones*, bandos armados de fanáticos que ao grito de "glória a Deus" intimidavam, injuriavam e às vezes até matavam os cristãos da facção oposta. Para os observadores pagãos tais "déspotas" violavam todas as normas de conduta civilizada, moral e jurídica. Nesse contexto ergueram-se reprimendas, algumas vezes dirigidas contra o movimento monástico por promover uma atitude com a qual solapavam a moral da sociedade romana, coisa que se compreende facilmente.

Esta reprimenda faz parte da crítica geral feita à Igreja do século IV de que agredia o objetivo moral e os recursos materiais do Império Romano. Argumenta-se que fez isso quando alentou uma ideologia do mais alto nível espiritual, mas do mais baixo nível anti-social, visto que utilizava a violência contra as instituições leigas e a propriedade e absorvia os recursos financeiros e de mão-de-obra dos quais o governo não podia prescindir. No que se refere à primeira parte dessa crítica, São Jerônimo duvidava de que a Igreja do século IV pertencesse a outro mundo. Os líderes da Igreja nesse período não parecem haver carecido de ambição nem de um verdadeiro sentido da caridade e a responsabilidade pública, enquanto os bispos adquiriam certos direitos, como a jurisdição episcopal, que lhes atribuiu um papel definido e proveitoso na sociedade secular. Quanto à violência dos cristãos contra seus oponentes pagãos ou hereges, é tão plausível que reforçasse atitudes já existentes quanto que as quebrantasse, neste sentido a polarização é mais perigosa que a indiferença. Quanto à crítica de que a Igreja desviaria recursos e mão-de-obra do Estado, faz parte de uma discussão mais geral sobre a natureza do Estado romano do século IV e de suas relações com a sociedade romana.

O Estado e a sociedade do final do Império Romano

O fato de o baixo império ser sobretudo um Estado burocrático é universalmente admitido; por "burocrático" entende-se que foi um governo organizado por departamentos (Officia) com esferas precisas de atividade, servido por funcionários assalariados, cuja promoção estava determinada por regras de antiguidade e prioridade; esses funcionários tinham um senso de lealdade em relação a seus departamentos, e nos níveis da admi-

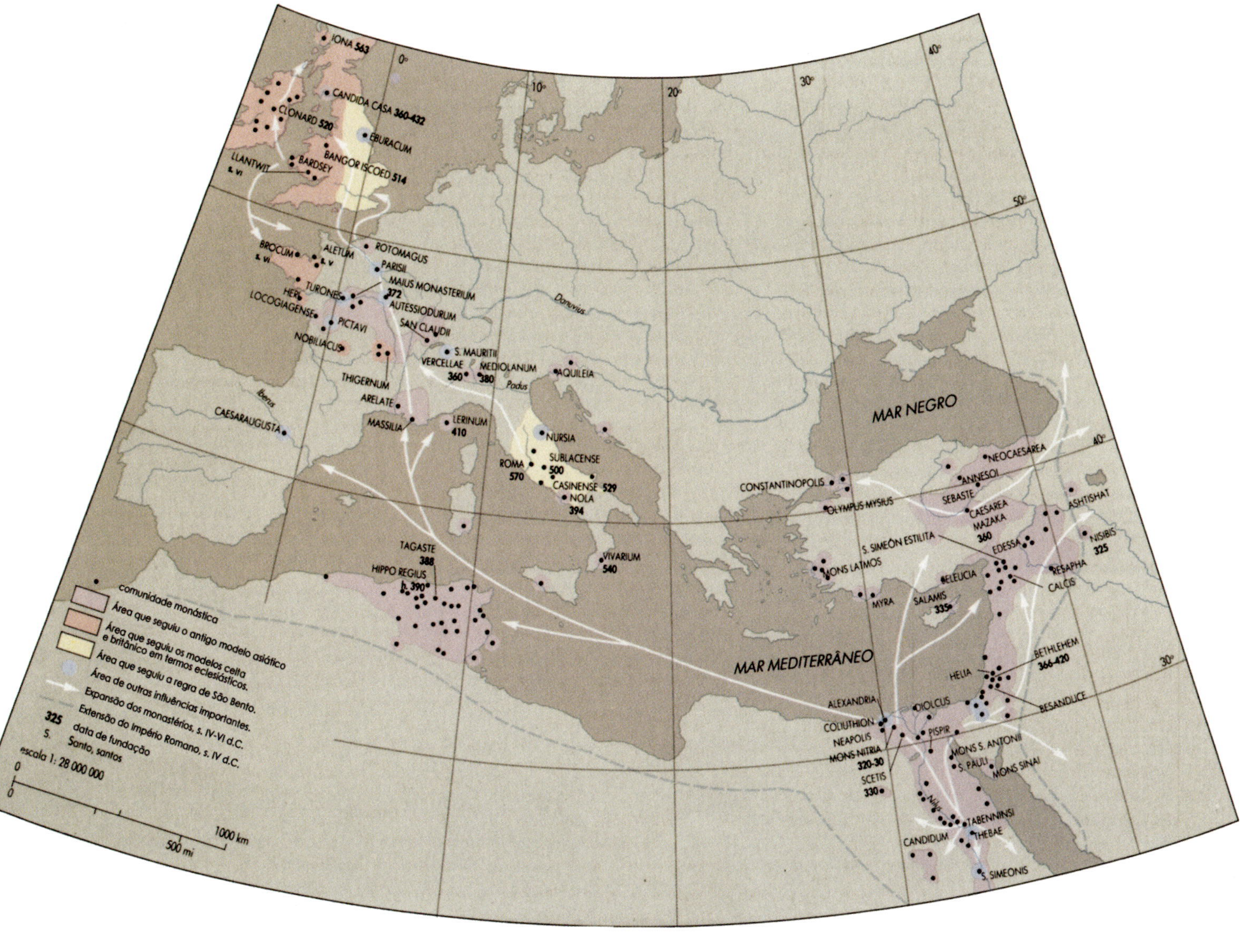

nistração regular houve um elevado grau de continuidade no serviço, embora ocorressem transtornos políticos nos escalões mais altos. Foi uma burocracia também no sentido mais corrente de um governo caracterizado pelas massas de papéis. Um documento de singular importância dá a impressão de que a organização do governo poderia ser apreciada como uma obra de arte em si mesma; esse tributo à própria consciência burocrática é a *Notitia Dignitatum*, uma compilação com ilustrações de seus emblemas, dos departamentos administrativos e das patentes militares tal como eram no final do século IV e princípio do V.

A *Notitia Dignitatum* dá uma visão apenas parcial da escala completa das operações do final do governo romano, entre cujos agentes não é preciso catalogar somente os que exerciam cargos na corte imperial, mas também em todas as províncias: superintendentes das tesourarias provinciais, contadores encarregados do abastecimento dos exércitos regionais, supervisores das fábricas de armas e moedas, funcionários em missão de serviço para arrecadar impostos, administradores das propriedades imperiais, etc. Alguns destes funcionários, embora nem todos, deveriam estar inscritos em outro documento, o *Laterculum minus* (registro de "dignitários subalternos") que aparece mencionado na *Notitia Dignitatum*, embora não tenha sido conservado.

Para os historiadores modernos, como sem dúvida para os observadores da Roma tardia, o mais evidente dos métodos daquele governo tão elegantemente ilustrado na *Notitia* foi a violência com que tentou impor sua vontade. O código teodosiano, uma compilação legislativa do século IV e princípios do V, escrito entre os anos 429 e 437 e que abrangeu todas as áreas concebíveis da prática legislativa e administrativa, proporciona uma extensão espantosa de castigos. Em duas leis de Constantino, os funcionários do Estado que aceitavam subornos tinham as mãos cortadas, e os cúmplices no seqüestro de mulheres solteiras, tinham a boca e a garganta soldadas com chumbo derretido; um excesso de ímpeto retórico que não deixa de ter paralelos no código e em outras fontes. A tortura foi aplicada com regularidade não em sua função "própria", de extrair informação verdadeira num julgamento, mas como um aprimoramento antes da execução e como um castigo em si mesmo. O uso desses e de outros castigos é confirmado por numerosas referências literárias e especialmente por Amiano Marcelino, que nos aproxima como nenhuma outra fonte da atmosfera de terror com que os imperadores do baixo império defendiam seus direitos, especialmente quando temiam que sua posição estivesse ameaça pela traição e suas artes, como a magia e a leitura do futuro através dos horóscopos.

O tom moral da legislação romana tardia viu-se muito pouco afetado pela cristianização do império. A influência do cristianismo pode ser vista claramente em casos individuais. Diz-se que Constantino aboliu a pena de crucificação e o desmembramento das pernas e uma de suas leis proibia queimar o rosto "para que a imagem da beleza divina não fosse desfigurada". Em diversos períodos do século IV foram emitidas disposições referentes à obediência dos domingos e algumas vezes foram oferecidas anistias aos criminosos pela Páscoa, embora certas categorias de delinqüentes ficassem sempre de fora. É possível, embora esteja longe de ser seguro, que o paulatino endurecimento da legislação sobre o adultério, a maior severidade sobre o divórcio e as ofensas mais graves à moral, como a prostituição masculina e a imoralidade das atrizes, foram inspirados pelo cristianismo. Em geral é impossível afirmar que a legislação romana tardia fosse mais humana que a anterior; o certo é que no tratamento das divergências religiosas tornou-se cada vez mais intolerante.

Os propósitos políticos e sociais da legislação romana tardia estavam muito claros no pensamento dos imperadores: a manutenção de sua própria posição e da ordem pública e a organização da sociedade como melhor conviesse às necessidades do governo. Ao final, a sociedade romana tardia organizou-se como um conjunto de instrumentos e recursos econômicos, cada um com uma função definida em relação às necessidades do governo.

A legislação imperial do século IV causa a impressão de que aquela sociedade romana estava mais rígida e firmemente atrelada por obrigações hereditárias do que antes. Cabe a possibilidade, não entanto, de que a nova imagem da sociedade romana do final do império, tal como aparece nas leis, seja um reflexo não tanto das mudanças da própria sociedade quanto das necessidades do governo. Não resta dúvida de que a incidência do tardio governo romano, se medimos isso pela legislação e pelo número de funcionários, foi muito maior que nos primeiros tempos e sua influência mais direta. Talvez fosse preciso que ver isso como conseqüência do reconhecimento por parte das autoridades do baixo império, de que tinham mais demandas a atender e mais objetivos a alcançar e que tentaram cumpri-lo simplesmente governando mais.

Os historiadores recentes destacam dois fatores essenciais: o grau de mobilidade social ainda inerente à sociedade romana tardia e, por outro lado,

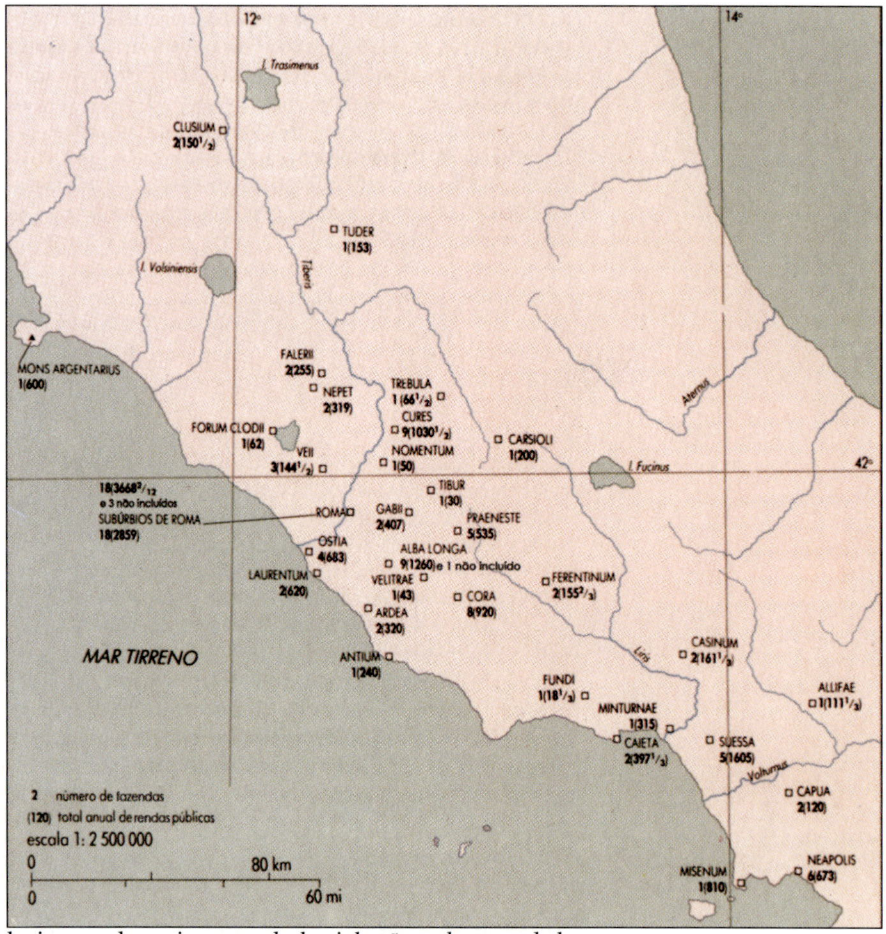

Os compiladores do princípio do século VI do Liber Pontificalis foram capazes de introduzir em suas biografias dos bispos romanos de 314 a 440 as listas de propriedades com quais 16 igrejas de Roma e uma de Óstia, Albano, Cápua e Nápoles foram dotadas pelos fundadores. Afora as 36 propriedades em outras partes do império, são 122 as da Itália central; além do nome e localização de cada propriedade, as listas incluem, com a exceção de quatro casos, o montante das rendas esperadas de cada uma.

Assegura-se que foi Constantino o doador de 84 dessas propriedades italianas. As outras propriedades rurais provêm do senador Galicano, do testamento de uma mulher da alta sociedade chamada Vestina e de vários papas.

Houve sem dúvida neste período muitas outras dotações das igrejas que não foram registradas; os detalhes conservados mostram um padrão de propriedade de grande número de pequenas fazendas dispersas que deviam ser típicas não apenas dos doadores privados ou imperiais e das igrejas beneficiárias, como também de outras famílias poderosas e instituições como os templos. A terra era riqueza e podia ser acumulada com aquisições "fortuitas" ao longo de muitas gerações. Entre as propriedades de Constantino estão antigas propriedades dos imperadores Augusto e Tibério, de Mecenas, dos senadores do começo do império e de um cristão cuja terra foi confiscada na época da perseguição, e até das barracas abandonadas de uma legião estacionada em outro lugar.

o conservadorismo da sociedade antiga em geral. Como em muitas outras épocas e lugares, os filhos tendiam a seguir os ofícios dos pais; padeiros, soldados, comerciantes e armadores navais gozavam de certas vantagens na vida, de uma profissão definida e de um papel reconhecido na sociedade. Não parece claro que os atrativos de tais profissões pudessem ser aprimorados. O que de fato é claro em qualquer sociedade é que as comunidades camponesas são indiferentes ou resistentes às mudanças; mantêm os antigos modos de vida e as velhas crenças (não é por acaso que a palavra *paganus*, usada pelos polemistas cristãos para distinguir um adorador dos deuses antigos, designe o "aldeão" ou "camponês").

No entanto, é possível reunir numerosos casos individuais de mobilidade social de sujeitos marginalizados ou desqualificados pela legislação, "casos de sucesso" de indivíduos que escaparam dos ofícios hereditários: um padeiro que se torna governador de província, o filho de um edil que chega a professor de retórica (e depois a bispo), o soldado que se torna monge e assim por diante. O problema, como sempre, é de estatística. Os exemplos provocam certa impressão de que é impossível medir com algum método científico. Mas esta impressão é um tanto válida, especialmente quando é confirmada pelo exame de um tópico que resiste a uma discussão mais analítica: o papel da corte imperial, ironicamente, se levamos em conta seus objetivos sociais, como fontes de mobilidade social e de oportunidades de evasão.

O *comitatus* aparece nas fontes tardias romanas numa extensa variedade de formas: como o centro de governo, o cenário das mais sérias discussões em momentos de crise, litígios, petições de embaixadas, disputa política e mortes imprevistas: mas também como uma espécie de "clube" de intelectuais que atraía os homens de talento, os ambiciosos e os mais educados, favorecendo passatempos literários e proporcionando o ambiente para festas elegantes, assim como para sérias discussões de assuntos religiosos e filosóficos, caso da sociedade cortesã de Milão, segundo as *Confissões* de Santo Agostinho. São facetas de suas atividades que podem ser facilmente confirmadas pelas fontes antigas.

A corte também funcionava como um estímulo econômico nas regiões em que estava assentada. A presença da corte imperial em Triéris deu oportunidade para uma multidão de aspirantes das cidades do centro e do sudoeste da Gália, que no início do império participavam em pequena medida da vida pública de Roma. O mesmo vale dizer da corte de Constantinopla ou dos distritos interiores da Anatólia em que os bispos da Capadócia, Gregório Nacianceno, Basílio de Cesaréia e Gregório de Nicéia foram a expressão da "ascensão" cultural e política de uma parte antes inativa dentro do Império Romano oriental.

O papel da corte fica demonstrado através da coleção de cartas de algumas figuras proeminentes da vida pública que estiveram relacionadas com ela: no Ocidente o orador Símaco e no Oriente o retórico Libânio de Antioquia e os bispos da Capadócia. Destas fontes pode-se concluir que, além de seu papel como funcionários imperiais, muitos dos correspondentes na corte daqueles influentes protetores obtiveram também outros benefícios, privilégios e prerrogativas para eles e seus aliados. Apesar do que possa se depreender do código teodosiano sobre a existência de uma sociedade de castas rigidamente definida pela legislação imperial, outras fontes freqüentemente a fragmentam numa série de contínuas batalhas entre os imperadores e os objetivos que sua legislação persegue, esta última utilizada com demasiada freqüência pelos próprios agentes imperiais para defenderem a si mesmos e manter seus privilégios.

Seria errôneo descrever isto simplesmente como "corrupção", embora os imperadores estivessem perfeitamente interados da implicação dos funcionários imperiais em interesses privados e tentassem prevenir isso (com mais legislação); esta era, simplesmente, a forma como funcionava o governo em seu contexto social. O baixo império vinha a ser uma sociedade pluralista com uma multiplicidade de interesses criados que afetavam o governo tão eficazmente quanto sua influência permitia. Dois dos interesses criados mais bem organizados são dignos de menção.

O papel da Igreja cristã e dos privilégios que obteve sob os imperadores cristãos do século IV já foram descritos. A Igreja, junto com a burocracia, foi vista por alguns críticos modernos como uma das causas principais do enfraquecimento do baixo império, por quanto atraiu para seu serviço a homens que de outra maneira poderiam ter sido úteis ao Estado. Mas os bispos, assim como os retóricos, encontravam-se entre as grandes personalidades do final do império. Não é garantido que houvessem brilhado no serviço imperial como o fizeram na Igreja nem que o serviço imperial tivesse ganhado significativamente com seu apoio como burocratas e funcionários. Se Ambrósio tivesse se tornado prefeito como seu pai, poderia haver desempenhado esse cargo com o brio que sua *cátedra* de bispo lhe permitiu?

O segundo dos grandes interesses criados foi o Senado romano, que através de uma instituição sem grande poder político, mas com imenso prestígio histórico, representava os interesses da nobreza territorial da Itália e das províncias ocidentais. (O Senado de Constantinopla, recrutado entre as famílias latifundiárias do leste, esteve sempre misturado com a corte imperial do Oriente e nunca teve a independência corporativa de seu equivalente romano.) Sob a orientação do prefeito de Roma e do *princeps senatus*, o primeiro senador em jurisdição e prestígio, o Senado governou Roma e grande parte do centro e do sul da Itália como domínios próprios. Os senadores tinham grandes propriedades rurais na Itália, na Sicília e no norte da África, fortalecendo sua influência nessas áreas por meio dos governadores e dos vínculos hereditários de clientelismo. Através de sua influência econômica, seu prestígio e sua organização política baseada no Senado, a aristocracia romana conseguiu exercer uma enorme e constante pressão sobre os imperadores.

A imensa riqueza da nobreza senatorial de Roma não pode ser superestimada; foi ostentosamente consumida em construções luxuosas, em viagens com todo o conforto, com vestes elegantes, na manutenção de grandes criadagens com um verdadeiro "exército" de escravos e com doações generosas aos colegas e ao povo de Roma, especialmente para o financiamento de jogos públicos. As receitas de algumas famílias senatoriais, pelas rendas de suas propriedades rurais, flutuavam, segundo uma fonte da época, entre 4.000 e 1.500 libras de ouro, no caso dos senadores com um patrimônio "moderado", mais outro terço que poderiam obter com a venda dos excedentes. O gasto dos senadores nos jogos públicos também foi considerável. O orador Símaco, um senador de riqueza "moderada", investiu 2.000 libras de ouro nos jogos para celebrar a promoção de seu filho a pretório no ano 401.

A burocracia

"Um esplêndido teatro cheio de atores de todo tipo e condição", assim definia Gibbon a burocracia do final do império romano, referindo-se especialmente às ilustrações extraídas da *Notícia Dignitatum*, das quais mostramos uma seleção nestas páginas. A *Notitia*, ou "Registro de dignidades militares e civis", foi compilada em meados da década de 390 e suas seções ocidentais foram usadas na administração imperial até o começo do ano 425. Então deixou de ter uso oficial, mas sobreviveu como parte de um expediente do final do império, em documentos oficiais e semi-oficiais copiados no século IX. Os exemplos mostrados aqui estão num manuscrito da Biblioteca Bodleiana de Oxford, copiado em 1436 de um manuscrito carolíngio do século IX. Os sucessivos ilustradores do manuscrito tentam claramente mostrar de corretamente os emblemas do final do império, embora com alguma liberdade na apresentação de certos traços decorativos, como as vestimentas.

A estrutura administrativa do baixo império, tal como é apresentada na *Notitia*, era encabeçada pelo imperador (Constâncio II, numa cunhagem de ouro de Nicomédia); geralmente havia dois ou mais imperadores colegiados que governavam autonomamente, embora mantivessem uma fachada de unidade. A administração, desde os tempos de Diocleciano, era estritamente dividida entre funções civis e militares. Os exércitos de campanha móveis no Oriente e no Ocidente eram comandados por *magistri* ou mestres de cavalaria e infantaria. Aqui estão representadas as insígnias do chefe da infantaria ocidental e algumas divisas dos escudos de suas tropas. Abaixo dos *magistri* estavam os comandantes, intitulados *comites* e *duces* ("condes" e "duques") dos exércitos regionais, enumerados na *Notitia* para todas as províncias. O Comes Domesticorum comandava a guarda de elite do palácio, dividida em cavalaria e infantaria. O dever do Castrensis era manter a ordem do palácio, uma tarefa mais complicada do que parece supor, como conseqüência da constante movimentação dos últimos imperadores romanos.

Encabeçando a administração civil estavam os prefeitos pretorianos da Itália – com a África e a Ilíria –, das Gálias – com a Hispânia e a Britânia – e do Oriente, da Trácia até a Arábia. Suas responsabilidades estendiam-se à corte e à administração da província, sobretudo no que se relacionava aos impostos. O mestre dos funcionários controlava o pessoal administrativo, regulava as audiências com o imperador e coordenava o funcionamento geral da administração palaciana. O Conde das Dádivas Sagradas controlava as casas de moeda e as minas do Estado, recebia os impostos em espécie e supervisionava o pagamento de donativos e de salários. Outro funcionário, o Conde da Fazenda Imperial, era encarregado da administração das propriedades do Estado. O Questor do Palácio Sagrado era responsável pelas relações e comunicações imperiais na adequada forma literária e com freqüência era uma ilustre personalidade literária. O *Primicerius Notariorum* encabeçava os quadros de secretários imperiais ou "notários".

As insígnias dos funcionários aparecem numa série de codicilos – cartas de nomeação em molduras de ouro e marfim e com o retrato imperial – e livros com fórmulas de boa vontade em sua capa profusamente decorada. Os codicilos, e às vezes também os livros, eram postos sobre uma mesa com toalha bordada.

A insígnia do *Comes domesticorum*, alguns escudos resplandecentes de púrpura e ouro, expressa sua posição na engrenagem palaciana. As Vitórias aladas que sustentavam o retrato imperial são transformadas rapidamente, do ponto de vista cristão, em anjos. As duas primeiras insígnias que aparecem sob o Magister Peditum ocidental, os "Joviani" e "Herculiani", conservam os títulos da tetrarquia, Jovius e Herculius.

Os exércitos provinciais são representados por uma cidade ou grupo de cidades simbólico. Os deveres do Conde da Itália, uma inovação tardia, vêm representados pelos Alpes com suas barreiras (reais ou simbólicas), os *Claustra Alpium*. Belgica Secunda era a região costeira do norte da França; o *Litus saxonicum* fazia parte de um sistema defensivo costeiro (ver mapa da página 171).

Comes Domesticorum

Comes Italiae

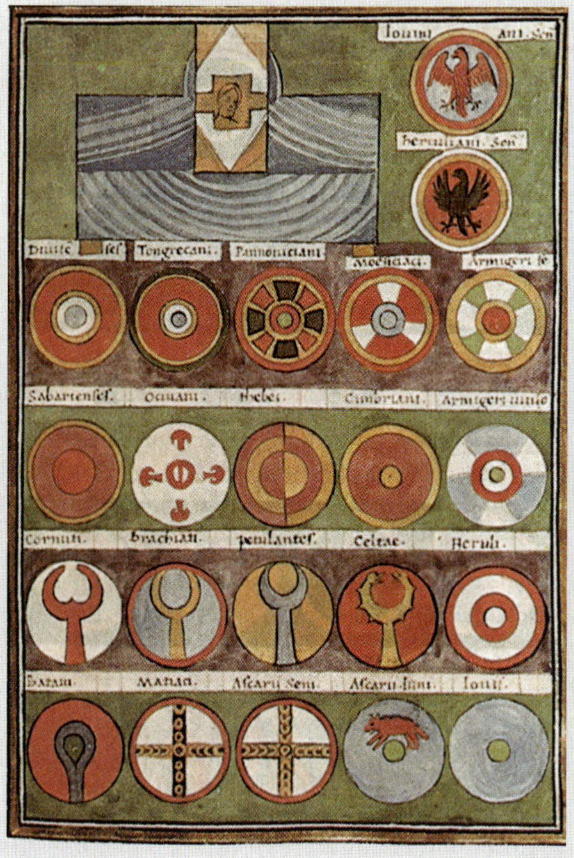

Magister Peditum

Dux Belgicae Secundae

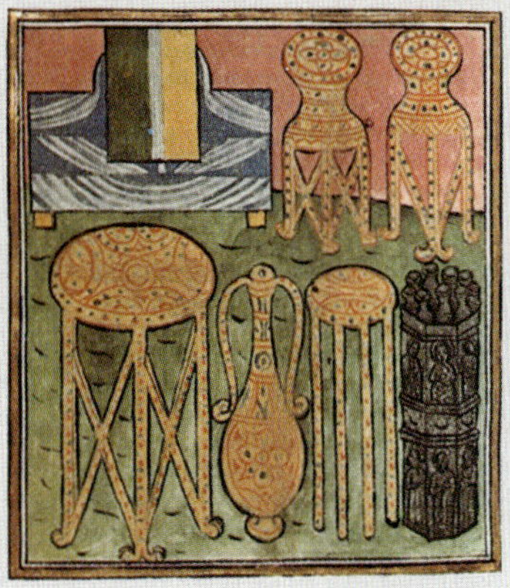

Castrensis

As três mulheres, Itália, África e Ilíria, representam as dioceses correspondentes ao prefeito pretoriano da Itália. Seus cestos contêm o imposto das províncias. Suas roupagens "modernizadas" são típicas, assim como a exatidão dos detalhes conservados, em muitos casos, pelos copistas carolíngios e renascentistas, que nem sempre entendiam o que reproduziam. A província consular da Campânia aparece em forma menos usual, como uma mulher com escudo e inscrição, sentada sobre uma plataforma numa alcova com cortinas. A mesa com o livro está habilmente trabalhada dentro da composição como parte do mobiliário da alcova. Apúlia e Calábria são os exemplos dados pela *Notitia Dignitatum* de províncias governadas com a categoria de *corrector*. A legenda abreviada no livro – levemente corrompida – diz "*I* (?) *feliciten; vale corrector iussu dominorum*"; "(...) em prosperidade; saúde, *corrector* por ordem de nossos senhores").

Itália, Ilíria, África

Campânia

Apúlia, Calábria

As insígnias do prefeito pretoriano, além do tinteiro e do codicilo cerimoniais mencionados acima, e de uma série de candeeiros, eram uma carruagem puxada por quatro cavalos, que o prefeito de Roma também ostentava. Detalhes como as cabeças decorativas da carruagem foram fielmente representados, e no caso do tinteiro, de maneira incompreensível. As fábricas de armas (*fabricae*), reservadas ao mestre dos funcionários, de fato não lhes corresponderam até 390; este é um dos argumentos para a dotação da Notícia Dignitatum. Os diversos objetos de equipamento – escudo, pontas de flecha, armaduras – eram manufaturados em oficinas especializadas. As funções do questor são representadas por rolos e por uma coluna, intituladas talvez com excesso de otimismo como "leis benéficas". Também figuram sacos de moedas com cifras de seu valor e uma pequena arca. A própria *Notitia* ou Laterculum Maius ("Registro maior") é ilustrada como um livro encadernado com lacres e ferragens de segurança. Sua conservação era um dos deveres do *Primicerius Notariorum*.

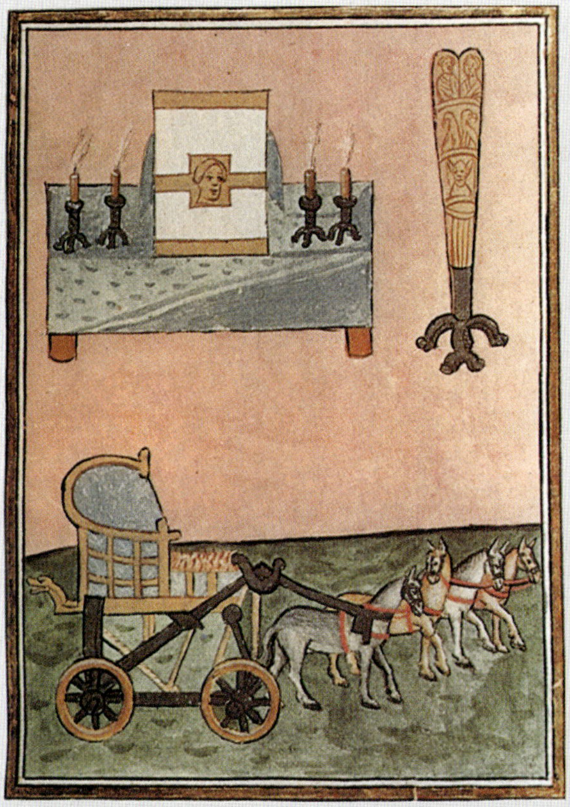
Prefecto pretoriano

Magister Officiorum

Questor

Comes Sacrarum Largitionum

Primicerius Notariorum

A Cidade de Constantino

Desde os primeiros dias de sua construção, Constantinopla cresceu com assombrosa rapidez e seus recursos financeiros – ilimitados – atraíram um grande número de artesãos e matérias-primas de todas as regiões do leste. Os colonizadores megarienses instalados na Calcedônia desde o séc. VII a.C. foram considerados "cegos" por não haver sabido apreciar o valor do lugar em que se estabeleceu Bizâncio. No contexto geral do baixo império, a nova cidade foi por si mesma uma conexão entre o Oriente e o Ocidente, e mais concretamente entre a Ásia Menor e o norte das terras balcânicas.

Esta expansão viu-se acompanhada por um frenesi de construção e por unas especulações desmedidas. Num par de gerações – como diziam os críticos –, as residências construídas para a nova nobreza desabaram. Constantinopla também se viu adornada por praças monumentais e por belos edifícios públicos (ver planta), com a notável ausência de templos pagãos e com muitas igrejas cristãs. Segundo uma fonte do século V, havia em Constantinopla 14 igrejas, 11 palácios de imperadores e imperatrizes, 5 mercados, 8 banhos públicos e 153 particulares, 20 padarias públicas e 120 particulares, 52 pórticos, 322 ruas e 4.388 casas (*Notitia* de Constantinopla).

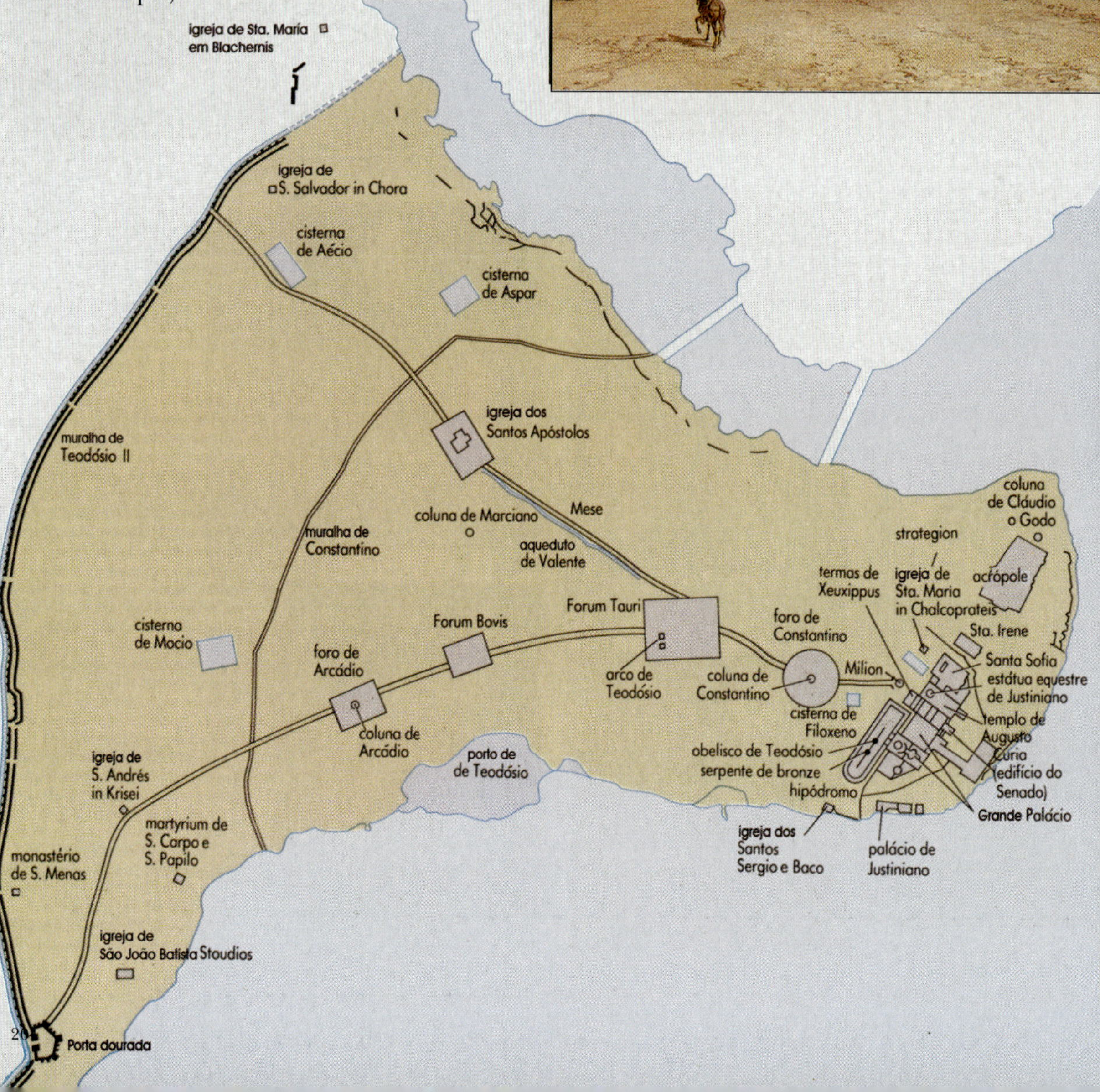

Abaixo: A capa da *Notitia* de Constantinopla, como é conservada num manuscrito de 1436. A vinheta contém anacronismos, mas apresenta bem a configuração da cidade, na qual se destacam Santa Sofia e o hipódromo. A estátua eqüestre é de Justiniano.

Abaixo: A nova igreja de Santa Sofia (Sagrada Sabedoria), erguida por Justiniano, é a obra-prima dos arquitetos Antêmio de Tralles e Isidoro de Mileto; foi consagrada em 537, cinco anos depois da destruição de sua antecessora nas rebeliões de Nika (ver página 223). Abaixo e na página anterior, acima, é possível ver dois desenhos publicados em 1872 pelo arquiteto Fossati, encarregado pelo sultão de supervisionar a restauração. Apesar da imponente massa externa (com precisão histórica, seria preciso imaginar o edifício sem os minaretes que o cercam), Santa Sofia foi projetada sobretudo para ser vista de dentro; e Fossati, escolhendo uma perspectiva ideal, transmitiu perfeitamente seu caráter essencial: o rico esplendor da luz e o imenso, mas harmonioso, espaço que o define. Isso e a cúpula, "flutuando como se pendesse do céu", foram precisamente as características que mais chamaram a atenção de um contemporâneo, o escritor Procópio. A cúpula era, e continua sendo, uma maravilha arquitetônica; no entanto, é preciso lembrar que a primeira tentativa desabou após vinte anos de sua construção, para ser substituída pelo projeto ainda mais ambicioso que se conserva até hoje.

Abaixo: As muralhas terrestres de Constantinopla representam o dobro da área da cidade desde a fundação por Constantino. Construídas em 143 pelo prefeito pretoriano Antêmio, foram muito danificadas por um terremoto em 447 e reconstruídas em dois meses.

Centro, abaixo: O agora desaparecido hipódromo numa gravura de Panvínio (cerca de 1580) que mostra a coluna de Justiniano (aqui sem a famosa estátua eqüestre), o obelisco de Teodósio, que é o único que sobrevive na localização original, e, em primeiro plano, os muros marítimos de Constantinopla.

A Roma do baixo império

Abaixo: O "Calendário do ano 354", cuja dedicatória na capa inclui símbolos tradicionais e cristãos. Seu desenhista, Fúrio Dionísio Filocalo, era um calígrafo que também serviu ao papa Dâmaso; seu nome aparece na inscrição fragmentária da página seguinte, acima. Como em seu

Após a conversão de Constantino, Roma emergiu rapidamente como grande centro da cultura cristã. O vigor da cidade no baixo império foi conseqüência em parte da partida dos imperadores em direção às novas capitais fronteiriças. Na ausência de Roma (para seus admiradores, ainda a "Cidade eterna"), sua classe senatorial e o povo apoiaram-se sem qualquer tipo de escrúpulo (para não falar das violências periódicas), como não acontecia desde o fim da república. Simultaneamente à transformação em cidade cristã, Roma produziu um florescimento da cultura clássica, tanto na literatura quanto nas artes plásticas e até mesmo num tardio "renascimento" das religiões pagãs ancestrais, dirigido por um grupo reduzido de senadores (página 193); mas, à medida que a cidade se cristianizou, os velhos hábitos do clientelismo intelectual e material foram direcionando-se para a Igreja cristã, e por toda parte foram construídas grandes basílicas e santuários aos mártires.

Abaixo: Os painéis de madeira das portas da basílica de Santa Sabina, construída em 420 graças à generosidade de Pedro, abastado clérigo da Ilíria, contam-se entre os monumentos mais notáveis do início da Roma cristã. A da esquerda representa a ascensão de Elias numa "carruagem de fogo" (2 Reis, 2 VII), um presságio da ascensão de Cristo no Antigo Testamento; a da direita, uma cena não identificada na qual um anjo apresenta um ser desconhecido – aparentemente leigo –, situado na porta que conduz a um santuário, a uma multidão curiosa que o aclama com as mãos erguidas.

calendário, Filocalo ilustra a continuidade dos temas clássicos na cultura romana cristianizada do século IV.

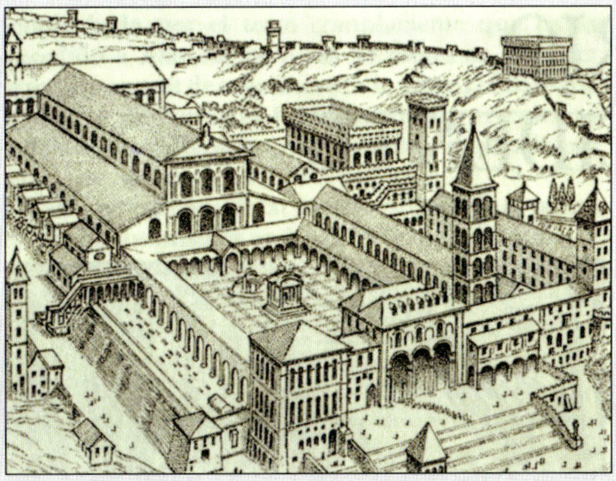

Esquerda: As impressões dos artistas algumas vezes oferecem as vistas mais interessantes das primeiras igrejas. Aparece aqui a antiga igreja de São Pedro, num desenho de cerca de 1570, e (abaixo, esquerda) o interior de São João de Latrão num afresco de Dughet (cerca de 1660). Ambas fundadas por Constantino.

Sob estas linhas: Pedro e Paulo, fundadores da Roma cristã, são apresentados algumas vezes como os equivalentes cristãos de Rômulo e Remo. São Paulo num mosaico da antiga igreja de São Pedro. Aparece em seu aspecto já convencional de mais mestre que mártir.

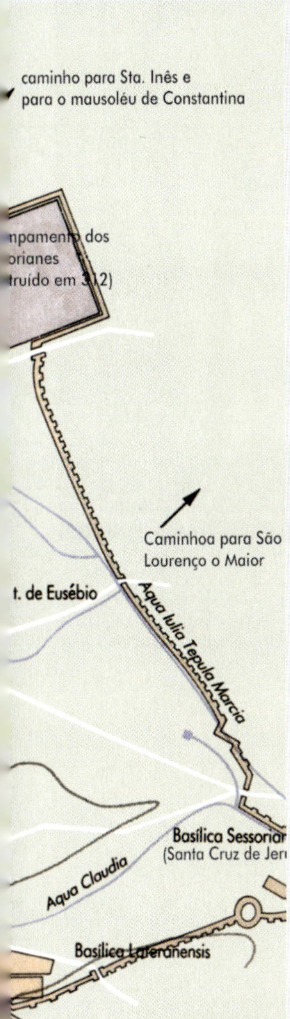

Direita: A grande basílica de São Paulo extramuros, consagrada na época de Teodósio I e completada por seu sucessor Honório, numa gravura de Piranesi (cerca de 1750) particularmente valiosa, já que em 1823 a igreja foi destruída por um incêndio e na reconstrução perdeu grande parte de sua forma original. Era uma das igrejas romanas construídas ao final do século IV de maior beleza: Prudêncio (cerca de 400 d.C.) evoca com razão "o esplendor régio" do lugar, suas vigas douradas, as colunas de mármore e os brilhantes mosaicos, assim como a beleza da luz no interior da igreja, "brilhante como o Sol ao amanhecer".

A QUEDA DO IMPÉRIO ROMANO DO OCIDENTE

Desunião imperial e ameaças dos bárbaros
Teodósio I, que morreu em Milão em janeiro de 395, foi o último imperador que durante mais de meio século, com habilidade pessoal e força de caráter, exerceu um firme controle pessoal sobre o Império Romano. De certo modo, é irônico que sua morte tenha deixado o poder nas mãos de duas nulidades, seus filhos Arcádio, que nominalmente envergava o governo de Constantino, e Honório, imperador em Milão. O controle dinástico de Teodósio sobre o império tinha-se fortalecido também com o casamento – depois da morte de sua primeira mulher – com Gala, irmã de Valentiniano I. A filha de ambos, Gala Placídia, nasceu em 388.

No momento de sua ascensão como augusto principal, Arcádio não tinha mais que 18 anos, sendo poucos anos mais velho que o irmão. No final do século IV, o império já se havia acostumado a ter "imperadores meninos" (Kinderkaiser), que assumiam o poder na juventude, quase na infância, e governavam nominalmente sob a direção política efetiva de grandes ministros de Estado e outros que queriam impor sua ascendência sob o jovem líder. Nenhum dos sucessores de Teodósio teve muita personalidade; mas a sucessão foi feita sem nenhuma resistência aos aspectos cerimoniais do cargo e à influência dos conselheiros. Arcádio (morto em 408) foi sucedido pelo filho Teodósio, que havia sido proclamado co-augusto em janeiro de 402, quando tinha menos de um ano. Honório, depois de um reinado nulo, morreu de doença em 423. Sobre ele se disse, maliciosamente, que só conhecia "Roma" como o nome de sua galinha favorita. Depois da intromissão do usurpador João (423-25), a corte oriental instalou no Ocidente Valentiniano III, de quatro anos de idade, filho de Gala Placídia, com o hábil general Flávio Constâncio.

A estabilidade dinástica do cargo imperial neste período, impressionante por si só, se viu assegurada sob o custo de apresentar ao império imperadores nominais que viviam em mimada reclusão e serviam apenas para legitimar os poderes dos ministros que assim afirmavam sua ascendência. Muitos desses ministros poderosos são bem conhecidos: no Oriente, entre outros, o antigo seguidor de Teodósio I, Rufino, o eunuco Eutrópio, o prefeito pretoriano Antêmio, o prefeito urbano e pretoriano Ciro de Panópolis e seu inimigo Crisáfio, sem mencionar a influência das mulheres da família de Teodósio II, sua irmã Pulque e sua mulher Hélia Eudóxia; no Ocidente uma série de poderosos comandantes militares, especialmente o meio vândalo Estilicão, Constâncio, convertido em augusto em 421, Flávio Aécio e o bárbaro Ricímer.

A continuidade dinástica criada pelo legado de Teodósio não impediu as usuais rivalidades políticas e a violência entre os partidários dos imperadores, mas a sua importância em tempos extremamente difíceis não deve ser subestimada. Outras condições anexas ao legado de Teodósio criaram o marco da história militar e política de princípio do século V: a divisão do império entre

Díptico de marfim da mesma época que representa o general de origem bárbara Estílico com sua esposa e filho. Estílico foi destituído e executado em 408 por suposta cumplicidade com Alarico.

as cortes de Constantinopla e Milão (logo transferida para Ravena) e a presença no império dos visigodos com seus próprios líderes nacionais, como força militar a serviço do império, mas também numa posição idônea para conseguir boas contraprestações.

Nos anos imediatamente posteriores a 395, Estilicão, de acordo com os desejos do moribundo Teodósio, reclamou um "protetorado" sobre os imperadores oriental e ocidental. Deste modo, a hostilidade que do leste se intensificou com as tentativas de recrutar indivíduos para o Ocidente nas terras a leste da Ilírica, então administrada através de Constantinopla. Para conseguir este objetivo Estilicão requisitou a ajuda do visigodo Alarico, que invadiu a Grécia em 395-97 e a Itália em 401-402, escapou de sucessivos encontros com os exércitos romanos e procurou durante longo tempo uma pátria segura para o seu povo. Em 407, Estilicão esteve a ponto de se apoiar em Alarico para assegurar o controle da Ilíria; mas a empreitada foi frustrada pelas grandes invasões bárbaras da Gália e pela usurpação da Britânia. As demandas de Alarico para cobrar seus extraordinários serviços foram rechaçadas em princípio pelo Senado; mas levaram a uma segunda invasão de Itália em 408. Estilicão foi executado por ordem do imperador em agosto de 408 e sua reputação foi manchada pelo tratamento complacente concedido por ele a Alarico; mas seus su-

Abaixo: No inverno de 409-10 Alarico apoiou um regime imperial sob um senador romano, Prisco Átalo, contra o governo intransigente de Honório em Ravena. O medalhão de Átalo com a legenda "INVICTA ROMA AETERNA" é um comentário irônico ao saque de Roma por Alarico poucos meses mais tarde.

Abaixo: **Incursões bárbaras e assentamentos no Ocidente.** O caráter das invasões bárbaras não foi uniforme. Algumas, como as de vândalos e suevos, perseguiam a ocupação pela força de terras e propriedades, enquanto os visigodos andavam numa prolongada busca de assentamento e de reconhecimento pelos romanos.

cessores no poder foram incapazes de enfrentar a ameaça bárbara. À morte de Estilicão se seguiram três assédios a Roma, que finalmente foi tomada e saqueada por Alarico em agosto de 410.

Vale a pena considerar a situação do ponto de vista dos próprios godos. As fontes do século IV mostram os godos, antes da entrada no Império Romano, como um povo tranqüilo de agricultores que vivia em comunidades rurais e que comerciavam e às vezes viajavam individualmente dentro dos limites do Império Romano. A migração dos godos obedeceu à pressão dos hunos do leste e não foi em modo algum um movimento agressivo contra os romanos; isso só aconteceu quando os godos foram maltratados e oprimidos pelos romanos ao cruzar o Danúbio.

Os godos interpretavam o acordo de 382 com Teodósio como uma negociação pessoal com este, e não com o governo romano. Com a morte de Teodósio, Alarico se encontrou numa posição delicada por não estar certo de que os sucessores de Teodósio – tanto no Oriente como no Ocidente – honraram o tratado. Ao longo de suas relações com o regime de Honório e Estilicão, Alarico insistiu nos mesmos propósitos: terras para seu povo, ou ao menos um povoamento permanente, subsídios financeiros e provisão regular de alimentos. Depois do saque de Roma em 410, Alarico dirigiu-se ao sul para assegurar a passagem para a África, mas morreu na Itália meridional e seu sucessor, Ataulfo, conduziu os godos da Itália para a Gália. Ali, em 414, instaurou-se um regime godo, com um imperador romano de fachada. A capital ficava em Narbona, onde Ataulfo se casou com Gala Placídia, filha de Teodósio (a quem tinha como refém desde o saque de Roma) e proclamou sua política de sustentar o nome de Roma pela força das armas dos godos. No ano seguinte, um bloqueio naval os forçou a se deslocar para a Hispânia. Depois do assassinato de Ataulfo, seu sucessor Vália fracassou na tentativa de cruzar a África e, finalmente, em 418, um acordo com o governo romano assegurou-lhe um povoamento no sudoeste da Gália, entre os rios Garonne e Loire. Do ponto de vista godo, não foi uma seqüência de acontecimentos triunfais, mas no fim das contas eles conseguiram o que desejavam.

Apesar do imenso impacto emocional que causou, o saque a Roma, do ponto de vista estratégico, esteve longe de ser o pior desastre que afligiu o império neste período. No final de 406, uma grande invasão de povos germânicos, principalmente vândalos e burgúndios, cruzou o Reno, dispersou as posições defensivas romanas e capturou cidades no norte das Gálias e nas terras do Reno, avançando em formação de leque através da Gália em direção sudoeste. Em 409, as cidades da Aquitânia viram-se ameaçadas e os suevos e

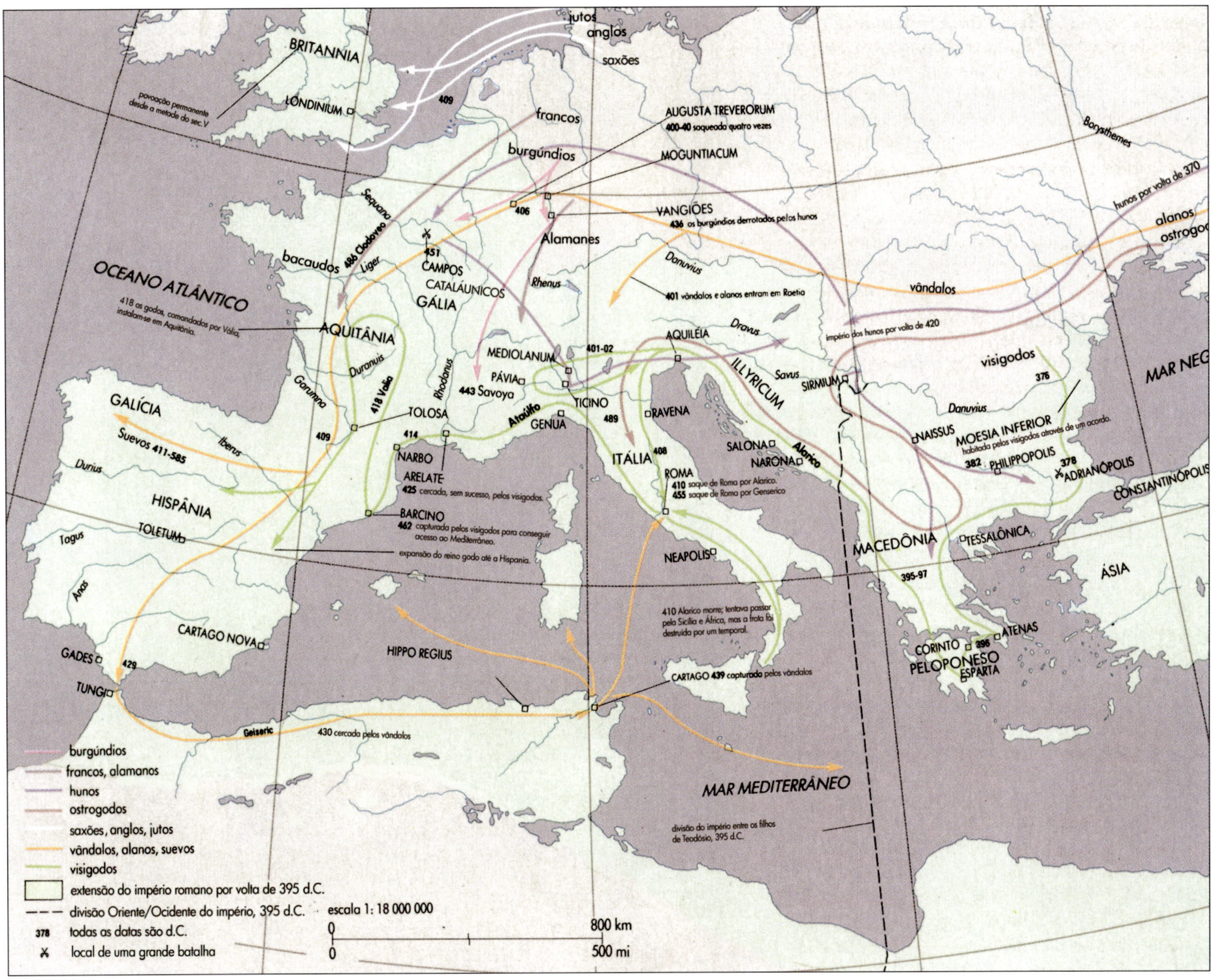

Esquerda: A bacia de prata, reconstruída a partir dos fragmentos em que estava quebrada, provém do "tesouro de Coleraine", um grande depósito de moedas de prata, lingotes e vasilhames quebrados descoberto em 1854. A série de moedas é do século V, data posterior a 420, e o tesouro talvez seja o pagamento de um resgate após uma incursão irlandesa no leste da Britânia ou nas Gálias.

vândalos prosseguiram em sua caminhada através dos Pirineus em direção às ricas e fortemente urbanizadas províncias da Hispânia, berço da dinastia de Teodósio. O conjunto das Gálias, como escreve um contemporâneo, "ardeu numa vasta pira funerária", e as cartas de São Jerônimo dirigidas nessa época às oprimidas províncias ocidentais revelam a ruptura da vida familiar e material por causa das invasões. Em poucos anos, os bárbaros invasores da Hispânia constituíram reinos que passaram a competir pela posse das melhores terras e baniram ou dispersaram os donos romanos.

Ao mesmo tempo, a inquietude local na Britânia e as incursões saxãs ao longo da linha costeira provocaram uma série de proclamações imperiais, que fizeram com que o usurpador Constantino III cruzasse as Gálias, estabelecendo sua corte em Arles e logo estendendo seu poder à Hispânia. A invasão de Alarico ocorreu neste mesmo momento, e por isso o governo de Itália não tinha muito que fazer para lutar contra a usurpação das Gálias.

Depois da proclamação de Constantino e de sua chegada às Gálias, a Britânia nunca mais foi recuperada como província romana. A região foi governada por homens que as fontes romanas descrevem como "tiranos"; ou seja, reis locais mais ou menos continuadores do poder romano, e a partir de meados do século V foi progressivamente ocupada pelos saxões vindos do leste. O nome do obscuro Ambrósio Aureliano serve para demonstrar a existência de tais tiranos pós-romanos que resistiram à invasão saxônica no sudoeste da Inglaterra. Ambrósio pode servir como modelo dos "cinco príncipes" descritos por Gildas como donos do poder no oeste da Britânia a princípio do século VI, qualquer que seja a realidade que se esconde atrás da legendária figura do rei Artur.

Nas Gálias, a Armórica (que incluía a Bretanha e as zonas adjacentes do noroeste) e boa parte da região central da província foram controladas a partir de 410 pelos insurgentes conhecidos como bacaudos ou pelos enclaves bárbaros estabelecidos localmente. Em 429, os vândalos passaram da Hispânia para a África e em poucos anos abriram caminho para o leste até Cartago. O bispo de Hipona, o já ancião Agostinho, morreu em 430 enquanto a cidade sofria o assédio dos vândalos.

O governo imperial fazia o que podia para enfrentar tais problemas, mas não era muito. Existem provas de amplos recrutamentos realizados por Estilicão entre os povos bárbaros do Norte, da criação de comandos militares de emergência nas regiões fronteiriças e da crescente chamada de tropas provincianas para combater as invasões da Itália. Os generais romanos fizeram campanhas militares contra os vândalos e os suevos na Hispânia. Nessas campanhas, eles foram ajudados pelos visigodos, e parece certo que o povoamento dos godos no sudoeste da Gália foi levado a cabo para criar um importante bastião em defesa dos interesses romanos diante da tensão na Hispânia e diante dos bacaudos do centro e do noroeste da Gália. Em África, uma expedição enviada do Oriente ofereceu alguma resistência ao avanço dos vândalos, mas em 435 conquistaram a parte oriental da Mauritânia e da Numídia e quatro anos mais tarde – indo contra os termos do

Acima: Após sua deposição como imperador romano do Ocidente em 475, Júlio Nepote, como havia feito antes seu tio, manteve-se durante alguns anos como cabeça de um principado independente com capital em Salona (Dalmácia). A que está acima é uma moeda de Júlio emitida em Milão e em seu nome por Odoacro, entre 476 e 480, e a de baixo, uma moeda similar de Rômulo Augústulo, reconhecido oficialmente como o último imperador romano.

Esquerda: O imperador do Ocidente, Honório (395-423), num díptico de marfim encomendado por Probo, cônsul em 406 d.C. Honório aparece vestido com roupas militares, um reflexo mais simbólico que real de suas habilidades. A legenda sobre o *labarum* ou estandarte, "Em nome de Cristo sempre vencerás", é contrabalançada pela presença na outra mão de uma Vitória alada, que pode também ser interpretada como um anjo.

tratado – Genserico tomou Cartago e se transformou em dono da África proconsular.

O estabelecimento dos hunos por volta de 420 nas planícies da Hungria, ao norte do Danúbio, e a extensão posterior de sua influência ameaçou a rota terrestre entre o Oriente e o Ocidente, que no século IV havia sido a coluna vertebral do Império Romano assim como o acesso tradicional às bases de recrutamento. Uma série de acordos, que implicavam o pagamento de subsídios, foi estabelecida entre o governo romano oriental e o rei huno Rua ou Rugila por volta de 430, e poucos anos mais tarde com seus sucessores Bleda e Átila. A guerra aberta estourou em 441; Sirmião, Margo, Naísso e Filipópolis caíram em poder dos hunos; um novo conflito ocorreu em 447. As guerras terminaram com o acréscimo do pagamento de subsídios e a evacuação romana dos territórios situados na margem romana do Danúbio. A sede da prefeitura da Ilírica foi transferida de Sirmião para a cidade costeira de Tessalônica, na Macedônia.

Por causa da débil organização política e da falta de interesse em se estabelecer nas províncias romanas, a presença dos hunos não teve os efeitos devastadores que o Império Romano temia, em princípio. As relações dos hunos com a corte ocidental, no início do século V, foram geralmente de cooperação; ajudaram o cambaleante regime de Honório, apoiaram o usurpador João e combateram ao lado dos romanos contra os visigodos no final da década de 430. Várias figuras proeminentes da política ocidental deste período foram durante algum tempo visitantes ou reféns dos hunos. No ano 451, depois do acordo com a corte de Constantinopla, Átila avançou para o oeste, mas foi derrotado nos Campos Catalâunicos (perto de Châlons-sur-Marne) pelas forças combinadas de romanos, visigodos e burgúndios. Então se retirou da Gália e tomou e saqueou Aquiléia, Milão e Ticino; para que abandonasse a Itália foi necessário o uso de diplomacia e a ameaça de represálias. Em 453, Átila morreu e o poder huno desmoronou.

A corte de Constantinopla mostrou um interesse persistente pelos assuntos ocidentais durante este período, apesar de não ter sido sempre efetivo. Nos tempos de Estilicão, o alinhamento da África com o imperador de Constantinopla causou carestia de trigo em Roma até a "rebelião" ser esmagada por Estilicão. Durante a ocupação da Itália por Alarico, Constantinopla forneceu ajuda militar a Honório. O governo oriental, sob a influência de Gala Placídia, foi o responsável pela derrocada do usurpador João e do estabelecimento de Valentiniano III em 425. Este contraiu núpcias com a filha de Teodósio, Licínia Eudóxia, e a união foi celebrada em Constantinopla (437). Por esse motivo, uma embaixada ocidental foi enviada a Constantinopla, regressando em 438 com cópias do código de Teodósio, compiladas por ordem de Teodósio II para dar coerência e ordem cronológica à massa confusa da legislação imperial do século IV e do início do século V. Os compiladores deviam necessariamente fazer muitas e longas viagens para reunir a legislação a partir de fontes isoladas, freqüentemente não oficiais, e o código de Teodósio é uma das últimas realizações conjuntas do Oriente e do Ocidente.

A corte oriental tentou impedir a captura da África pelos vândalos, mas teve de convocar a segunda expedição para organizar a primeira guerra contra Átila. Os vândalos, por ordem de Genserico, construíram uma frota poderosa, saquearam Roma em 455 e estenderam a pirataria até a Grécia e o Mediterrâneo oriental. Em 468, uma expedição a partir do leste, maior e com o apoio ocidental, foi preparada, mas terminou em desastre, o que consolidou ainda mais o poder vândalo.

A dinastia de Teodósio no Oriente desapareceu quando Teodósio II morreu (450), devido a um acidente a cavalo, e foi sucedido por imperadores de condição mais militar: Marciano (450-57), Leão (457-74) e Zenão Isauro (474-91). No Ocidente, a dinastia terminou com o assassinato de Valentiniano III (455), sucedido por vários imperadores de vida curta. Depois do reinado de Líbio Severo, descendente do mestre bárbaro Ricímer, o governo oriental de Leão provocou a instalação de Antêmio (467-72), no Ocidente; quando este e Ricímer se enfrentariam numa guerra civil, Leão os reconciliou através da mediação de Olíbrio, um senador ocidental exilado em Constantinopla. Mas Antêmio foi assassinado e Olíbrio tornou-se imperador. Poucos meses depois da morte deste, o governo oriental enviou Nepos para substituir Glicério, sucessor de Olíbrio; Nepos foi destronado pelo general Orestes, que entregou a seu próprio filho Rômulo o cargo imperial. A tomada de poder por Odoacro (476) pode ser considerada o símbolo do final do Império Romano do Ocidente. A partir de 476, a Itália foi controlada por reis bárbaros que instalaram a corte em Ravena.

Reações à desaparição do império do Ocidente

As reações dos contemporâneos ao colapso do império ocidental foram muito distintas. Um escritor e proprietário de terras gaulês, Rutílio Namasiano, voltou para casa pelo mar no final de 417, para enfrentar o desafio do povoamento visigodo na área em que morava (sudoeste da Gália). De acordo com Rutílio, havia razões para otimismo. Apesar dos ainda evidentes estragos provocados pelas invasões na Itália, como a destruição de pontes e o abandono de pousos, a paz com os visigodos era um fato e a vida em Roma voltou paulatinamente à normalidade. A reação de Rutílio foi talvez a mais otimista de todas as reações contemporâneas. Um otimismo de outra natureza foi o do jovem sacerdote hispânico Orósio. Em sua polêmica história de Roma, *Contra os pagãos*, Orósio argumentava com documentação penosamente monótona que as desgraças do Império Romano e de seu tempo – incluindo o saque de Roma – foram de menor amplitude que as da velha república romana. Ele se opunha ao critério que imputava a queda de Roma ao abandono dos deuses tradicionais e à adoção do cristianismo. Mas existem certas passagens de sua história, nas quais deixou transparecer suas reações pessoais, em que fica claro que Orósio não observava a situação contemporânea com otimismo genuíno. Ele havia escapado da Hispânia correndo grandes perigos para chegar ao norte de África e se viu mais tarde impossibilitado de regressar à sua província natal por causa da ferocidade da ocupação bárbara. Ele deplorava a possibilidade de que os povos bárbaros estabelecessem reinos próprios na Hispânia. Em determinado momento, escreveu com alarmante angústia sobre a conquista das Gálias por Júlio César, pondo na boca de uma personagem gaulesa a queixa de que "os romanos me oprimiram tanto que eu não poderia erguer-me contra os godos". A história de Orósio não expressava suas convicções pessoais nem coincidia honestamente com suas próprias experiências; mas se transformou no manual de história romana, tanto clássica quanto cristã, para a Idade Média.

As reflexões autobiográficas de outro gaulês, Paulino de Pella, em seu poema *Eucharisticon* ou *Hino de ação de graças*, apresenta uma descrição vívida das experiências de um indivíduo despossuído pelas invasões e rebaixado de poderoso proprietário de terras a monge empobrecido de Marselha, onde havia vendido a última de suas grandes propriedades a um comprador godo. O sacerdote Salviano, compatriota de Pella, que escreveu por volta de 440, denunciou a corrupção da sociedade romana de seu tempo, em contraste com a pureza dos invasores bárbaros das Gálias e da África. Os proprietários de terra gauleses sobreviventes, os *curiais* (que curiosamente continuavam existindo), são descritos por ele como "tiranos" que arrancavam impostos do campesinato. Os próprios camponeses, argumentava, buscavam refúgio entre os bárbaros ou entre os bacaudos. Não é fácil determinar a exatidão do polêmico retrato dos fatos feito por Salviano, mas suas informações sobre os cadáveres mutilados estendidos nas ruas de Trier provavelmente se basearam na realidade. Entre 400 e 440, a cidade foi saqueada não menos de quatro vezes por bárbaros.

Mas a resposta mais transcendente e elaborada para a queda de Roma foi dada por Santo Agostinho. Em seus sermões sobre o saque da cidade, ele evocava os sofrimentos de Jó para mostrar que as tribulações dos cristãos romanos eram testemunho de sua fé em Deus. Mas estava claro que o saque, que para eles era o reflexo do abandono da proteção dos deuses tradicionais, requeria uma resposta sensata do ponto de vista cristão, e por isso em *Cidade de Deus*, dá essa resposta em grande escala. Em seus 10 primeiros livros, Santo Agostinho expõe a perspectiva das realizações da Roma pré-cristã, especialmente no início da república, idealizadas pelos contemporâneos pagãos, e depois apresenta uma acusação sensata contra as pretensões filosóficas das doutrinas pagãs; no livro 10, por exemplo, Santo Agostinho faz uma rigorosa crítica intelectual da filosofia neoplatônica de Porfírio. Na segunda parte de *A cidade de Deus*, Santo Agostinho desenvolveu o conceito das "duas cidades", "a cidade de Deus" (*civitas dei*) e "a cidade terrena" (*civitas terrena*). Para ele, a cidade de Deus era a "comunidade dos santos" que viveram por algum tempo dentro da sociedade humana; sua identidade atual, conhecida unicamente por Deus, seria revelada nos últimos dias. O vocábulo latino *civitas* é mais bem traduzido – de certo ponto de vista – como "cidadania" que como "cidade". O membro da comunidade celeste é como um estrangeiro (*peregrinus*) que vive na terra e como um estrangeiro em uma cidade romana, está sujeito às leis, mas guarda lealdade à cidade de Deus, à qual aspira regressar. Para Santo Agostinho, a sociedade e o governo seculares proporcionam certos bens materiais básicos para a preservação da lei na vida social e para a abolição da desordem entre os homens imperfeitos; mas definitivamente são neutros. A própria Igreja era mais parecida com um sanatório de doentes do que com uma comunidade de santos na terra; Santo Agostinho estava convencido de que sua própria igreja de Hipona era formada por muitos cristãos não sinceros e alguns cuja presença dentro de seus muros se devia principalmente ao temor à lei imperial; eram os *ficti*, homens cuja conversão foi "fingida" por motivos de segurança e conveniência e não por convicção pessoal. Ainda assim, sua presença na Igreja lhes dava uma oportunidade de salvação.

Tanto para os historiadores modernos quanto para os contemporâneos, o fim do Império Romano parecia requerer uma explicação em grande escala. Como um império de tantos recursos, cujos vestígios físicos podem ser encontrados em todas as partes, pôde sucumbir, é algo que intriga observadores atônitos de diversas épocas. Algumas vezes a preocupação em encontrar uma interpretação em grande escala impediu uma moderna análise histórica que pudesse a sugerir a possibilidade de alguma explicação simples que por si mesma explicasse uma transformação histórica de enorme complexidade. Hipóteses como mudanças climáticas ou envenenamento do sangue por causa do chumbo das tubulações são apenas duas das mais recentes tentativas de explicar a queda do império em termos de uma interpretação simples e persuasiva.

As soluções têm sido freqüentemente morais e algumas vezes dependiam de uma suposta analogia entre a sociedade romana e um organismo físico em que a decadência e a morte são uma realidade biológica. Voltaire, por exemplo, considerava que o império havia acabado simplesmente porque todas as coisas devem terminar. Para começar, pode-se rechaçar a noção de que a queda do império foi conseqüência da decadência moral de seus dirigentes. Se fosse assim, o império teria que ter sido derrubado durante o período dos imperadores Júlio-Cláudio ou talvez no final da república, antes que o império, tal como o concebemos, existisse, pois aquela época foi o ápice da imoralidade romana. Os imperadores dos séculos III e IV foram geralmente honestos, homens trabalhadores de grande formalidade moral; um dos fatos mais surpreendentes é a quase completa ausência de escândalos morais imputados por fontes antigas. Os últimos imperadores romanos e seus ministros chegaram de regiões de virtudes provincianas conservadoras e não participaram da decadência da sociedade metropolitana.

Para Gibbon, a decadência do Império Romano foi uma conseqüência eventual de sua organização política. A magnitude da repressão física necessária para sustentar a imensa estrutura do império teve o efeito de reduzir o sentido de liberdade entre suas populações, de sorte que quando houve a crise da invasão, estas haviam perdido todo o interesse na defesa do império. Ao mesmo tempo, ao longo de um período em que a paz foi mantida (no século II), as classes militares perderam o espírito de valor coletivo e o hábito da obediência, enquanto na crise militar subseqüente foram excessivamente mimadas pelos imperadores.

A dificuldade desta interpretação, como o próprio Gibbon reconhecia sem analisar suas implicações, é que ela não serve para explicar como o império perdurou tanto tempo. Assim, com um incremento sistemático do exercício do poder, Roma foi capaz de superar a crise do século III e gozar de um período de vigor impressionante e de renovação política, militar e cultural no século

IV. A história deste período imensamente rico e complexo também não explica como o império caminhou irrevogavelmente para ruína.

O problema da interpretação de Gibbon e de outras explicações a longo prazo é que, longe de analisar a queda do império, facilmente se transformam em apreciações sobre sua longa sobrevivência. É necessário algo mais preciso e não menos importante, que diferencie claramente o colapso do Ocidente e a sobrevivência durante mais de um milênio do Império Romano Oriental. Este requisito contrasta com a sugestão de Gibbon, desenvolvida em diferentes termos por historiadores posteriores, de que a Igreja cristã, ao desviar os ideais do povo da realidade cívica em direção a aspirações ultramundanas, desviou o interesse dos habitantes pela defesa do império. Mas a influência do cristianismo e do ideal cristão não foi menos penetrante no leste do império, que sobreviveu, enquanto o império do oeste sucumbia. Pelo menos, tais interpretações deveriam explicar por que as duas partes responderam de forma diferente a uma condição que as afetava por igual.

Se limitarmos nosso estudo à situação do governo ocidental no início do século V, os problemas do Império Romano não são difíceis de compreender. É improvável que se recuperasse da perda de dois terços de seu exército na campanha oriental ocorrida em Adrianópolis (378); antes disso já havia ocorrido a terrível catástrofe da fracassada campanha persa de Juliano, e ainda antes as guerras civis de Constâncio. Em particular, a batalha de Mursa (351), em que Constâncio derrotou Magnêncio, foi imensamente onerosa em perdas humanas. Quando Valente concordou com a admissão dos godos no império em 376, o fez atraído pelo potencial humano destes como recrutas para seus exércitos.

O decréscimo de reservas humanas para uso militar foi uma das condições básicas em que o governo romano se viu obrigado a operar; foi isto o que induziu os romanos a aceitar o início do serviço militar dos godos como federados. Esta solução de criar uma espécie de "Estado" godo dentro do império tornou cada vez mais difícil para o governo atuar livremente diante das ameaças exteriores. No começo do século V, as relações com os visigodos foram pelo menos tão importantes quanto a maneira de enfrentar os inimigos exteriores de Roma, e ambas as coisas estavam estreitamente interligadas.

Uma nova situação que debilitou o governo ocidental foi a negativa da classe proprietária senatorial em cumprir parte de suas obrigações financeiras. O Senado de Roma se opôs aos recrutamentos nas fazendas senatoriais; preferiam fazer uma contribuição em dinheiro para, deste modo, preservar intacta sua força de trabalho agrícola e manter seus lucros. Com o pagamento em espécie, efetuado de má vontade pelo Senado, o governo teve de buscar recrutas entre os bárbaros e, sobretudo, pagou os subsídios reclamados por Alarico. Mas, ao mesmo tempo, o Senado se opôs ao pagamento de tais subsídios.

Num período em que o governo imperial estava próximo da quebra, alguns membro da classe senatorial romana continuavam gastando importantes sumas em jogos públicos e não entendiam que não podiam evitar a demanda de recrutas nem o pagamento de subsídios às tropas federadas.

O efeito da influência senatorial na atuação do governo em busca da solução para estas dificuldades não foi apenas financeiro, mas também político, porque o governo enfrentou cada vez mais dificuldades para apresentar uma frente única de atuação em relação a Alarico. A corte atuou sem nenhuma coerência e Alarico aproveitou esta vantagem para melhorar sua situação. No oriente, por outro lado, apesar da existência de uma facção contra os godos e de uma grave rebelião também ter ocorrido (a de Gainas em 399-400), o governo nunca dependeu tanto dos godos quanto Ocidente em suas guerras contra os inimigos exteriores. O Oriente ficou relativamente livre de invasões e o governo conservou o controle sobre as regiões mais próximas da Trácia e da Anatólia, com grande potencial de recrutamento; no sofreu, como o Ocidente, a redução do pessoal militar. A civilização defendida pela política romana com base no Mediterrâneo oriental e em suas cidades coincidia por completo com as áreas que financiavam a defesa. No Ocidente, por sua vez, e sobretudo nas províncias continentais do norte, os recursos militares do império vinham de regiões alijadas daquelas em que se desenvolvia a maior parte da vida cultural e dos recursos financeiros. Finalmente, a aristocracia oriental, apesar de menos opulenta e mais implicada que a do Ocidente na vida econômica e política da corte imperial, nunca chegou a fazer parte de um estado separado como o que foi criado no Ocidente pela classe senatorial de Roma. É com base em considerações como esta, e não em reflexões morais e religiosas genéricas, que se podem encontrar as razões da sobrevivência do Império Romano do Oriente enquanto o império ocidental se debilitava e se desmembrava.

Os estados bárbaros no Ocidente pós-romano

Os estados bárbaros que se estabeleceram nas províncias romanas do Ocidente desenvolveram características sociais e políticas muito diferentes entre si, algumas favoráveis à conservação do modo e do estilo de vida dos romanos, e outras nem tanto. Nas Gálias, o reino visigodo do sudoeste embarcou num processo de consolidação e expansão. Teodorico morreu na grande guerra de 451 contra Átila e, sob o comando de seu sucessor Teodorico II, os godos conseguiram chegar até o Mediterrâneo, com a tomada de Narbona (462); poucos anos mais tarde conquistaram Arles, até então sede da prefeitura pretoriana das províncias sobreviventes romanas das Gálias e notável centro ocidental de cultura romana. Acima do vale do Ródano ficava o reino dos burgúndios, que se fixaram em Sabóia após a derrota para os hunos, que as fontes situam no ano 436. É possível que esta derrota seja a base histórica remota da epopéia germânica *Cantar dos Nibelungos*. Outros enclaves bárbaros, como o dos alanos próximo a Orleans e na região de Valente, ocupavam maior extensão de terra que o território das antigas cidades romanas. No nordeste das Gálias as terras florestais além do Loire eram controladas pelos bacaudos, nos que parecem ter sido principados independentes, governados por suas próprias leis.

Os povoamentos bárbaros nas Gálias e em outras partes se estabeleceram sobre a base de *hospitalitas*, um repartição de terra entre os proprietários romanos e os "hóspedes" bárbaros. Infelizmente, não se conhece bem a mecânica de distribuição de terra e o modo como os colonos bárbaros se instalaram na prática. Não sabemos se moravam em enclaves basicamente bárbaros – talvez faixas de terra que se ligavam aos bosques –, disseminados em pequenos grupos, ou como

Divisões políticas do império e ocupação bárbara (ano 526). Quando morreu, em 526, Teodorico, o Ostrogodo, exercia um protetorado sobre os visigodos da Hispânia e estava vinculado por matrimônio com os burgúndios e com os vândalos da África. Havia fracassado sua tentativa de impedir a expansão dos francos sob Clodoveu, que expulsou os visigodos da Gália na batalha de Vouillé (507). O governo de Constantinopla se orientava à reconquista pelas ações do arianista Teodorico contra seus súditos católicos romanos. Mas a conquista se dirigiu primeiro contra outro regime arianista, o dos vândalos, cuja derrota estendeu uma ponte com Ocidente. Na Britânia foi uma época de resistência celta aos saxões (a situação latente sob o "rei Artur" original) e de migrações para o oeste da Gália. A ameaça para Itália eram os lombardos, e para Oriente, os ávaros e os búlgaros.

fazendeiros individuais nas fazendas e casas de campo de proprietários de terra romanos. Durante os cerca de cem anos de ocupação da Gália, antes da expulsão pelos francos, no início do século VI, os visigodos deixaram poucos vestígios de sua presença em topônimos da região e os restos arqueológicos de povoamentos godos são poucos e confusos. NO entanto, a corte visigoda de Toulouse nos tempos de Teodorico II (453-466) é descrita por um visitante aristocrata gaulês, Sidônio Apolinar, como cheia de cor e opulência, e até com vida cultural.

As formas reais de povoamento foram muito menos violentas nas Gálias que na África ou na Hispânia. Os povoamentos vândalos e suevos na Hispânia se caracterizaram pela violência e pela destruição dos que representavam a continuidade romana. As fontes – fragmentadas – não apresentam nenhuma das grandes dinastias de proprietários comuns na Gália dos séculos V e VI. A expansão dos vândalos pela África proconsular aconteceu por meio dos saques dos proprietários de terras romanos. Muitos refugiados, vítimas dos roubos e perseguições religiosas dos vândalos, fugiram para o Leste. A descontinuidade não foi completa. Existem provas da continuidade até o final do século V das formas tradicionais de propriedade de terra, por meio da *lex Manciana* romana, em lugares que haviam sido propriedades imperiais em uma região remota, próxima aos limites meridionais da África proconsular com a Numídia. Outros proprietários romanos são ocasionalmente mencionados nas fontes e, no princípio do século VI, a corte vândala de Cartago se transformou no foco de uma vida cultural e intelectual com certo grau de complexidade. Seu principal representante foi o poeta latino Luxório.

Não é muito clara a maneira como os povos bárbaros do Ocidente romano se converteram ao cristianismo ariano. O caso dos visigodos é mais fácil de ser compreendido, já que suas primeiras relações com Roma e sua posterior admissão dentro do império aconteceram nos tempos do imperador Valente, que era ariano. Além disso, Ulfila havia evangelizado um missionário godo ariano, tradutor da Bíblia para sua língua pátria. No entanto, este caso também é problemático. O governo de Valente teve poucas relações construtivas com os godos no curto período entre sua admissão no império e a batalha de Adrianópolis. O tratado, em que se baseou sua posterior relação com os romanos, foi assinado por Teodósio, devoto imperador romano. Não há nenhuma explicação sobre a motivação os vândalos – que atravessaram o Reno na última onda de invasões e, no ano 406 adotaram o arianismo. Os suevos e os burgúndios continuaram sendo pagãos por algum tempo, enquanto os francos se converteram diretamente do paganismo ao cristianismo católico nos tempos e Clodoveu. Não há razão aparente para se supor que os bárbaros tenham sido particularmente atraídos pela teologia ariana como oposta à doutrina ortodoxa de Nicéa. Poderia se concluir que a heresia bárbara chegou a refletir a situação destes como colonos dentro

Acima: Este precioso mosaico do final do século V ou princípio do VI, proveniente de Cartago, mostra um latifundiário vestido à usança germânica que sai de sua vila para uma expedição de caça. O retrato, se realmente se trata de um vândalo, sugere certa estima por parte dos povoadores bárbaros por alguns aspectos da civilização que encontraram na África romana.

do território romano, enquanto sua conversão ao cristianismo expressava a participação nos interesses de seus anfitriões romanos. O arianismo representava um ponto de diferença que limitava a possível intimidade entre uns e outros. Certamente, as fases de maior agressividade política anti-romana dos reis bárbaros tiveram sua melhor expressão nas perseguições aos católicos. Isto aconteceu especialmente na África, durante o reinado de Hunerico (477-84), e nas Gálias, sob o agressivo regime do godo Eurico II (466-84).

A continuidade romana nas Gálias esteve nas mãos da aristocracia romano-galesa que ali vivia, e sua ação foi considerável. As cartas de Sidônio Apolinário, escritas na segunda metade do século V, revelam a extensa rede de contatos políticos, culturais e tecnológicos mantidas entre os membros daquela aristocracia. Alguns nobres, como Pôncio Leôncio, de Bordeaux, conservaram o estilo de vida romano em suas vilas e casas de campo. A fortaleza de Pôncio, conhecida por Sidônio como burgo (castelo), que se assemelha a Bourg-sur-Gironde, tinha muralhas e torres, portais com pinturas murais em temas clássicos e cristãos, armazéns e capelas cristãs, além de outros exemplos semelhantes.

Nas Gálias, a Igreja também desempenhou um papel muito importante como defensora da continuidade romana nos séculos V e VI. Assim, quando deixou de fazer parte da antiga corte imperial nas Gálias, desapareceu o incentivo para a obtenção de uma educação clássica que assegurasse o sucesso profissional e o interesse das cidades em proporcionar os meios educativos que haviam mantido no período imperial. A oferta mínima de uma educação básica ficou nas mãos da Igreja. Algumas vezes, como no caso de Sidônio Apolinário em Clermont (469), os aristocratas se transformaram em bispos de suas cidades e fizeram reformas para suprir as necessidades práticas, assegurando o abastecimento alimentar, elevando a moral pública nos tempos de crise e dirigindo suas cidades contras os ataques dos godos. O próprio Sidônio foi exilado e preso por Eurico II, devido a seu papel na resistência de Clermont na década de 470.

A promoção de Sidônio a bispo, depois de uma ativa carreira secular – havia sido prefeito de Roma em 468 –, provocou um freqüente ceticismo sobre a autenticidade de sua devoção cristã, especialmente quando associada ao seu entusiasmo em relação à literatura clássica. Mas afirmar isto seria um equívoco. Como vimos antes, a conversão do império romano ao cristianismo ocorreu – apesar do empenho da oposição de ambos os lados – sem sacrifício da cultura clássica. O verdadeiro perigo de julgar a promoção de alguém como Sidônio a bispo é o de menosprezar o nível de sua autêntica devoção cristã ainda como leigo. Assim como os outros, ele foi um bispo consciente, honesto e útil, cuja contribuição à sobrevivência de sua cidade natal em uma época de crise foi significativa e admirável – ainda que ameaçasse sua própria integridade.

Outros amigos de Sidônio contribuíram para a melhora das relações entre o reino visigodo de Toulouse e a população romano-galesa sobrevivente. Homens como Leão de Narbona, que influenciaram no estabelecimento da versão mais antiga que se conhece da "lei romana dos visigodos", tentativa de proporcionar uma versão simplificada da lei romana para o uso dos romanos que viviam sob o reino visigodo. A *Lex Romana Visigothorum* (506) de Alarico II – que substituiu a anterior – foi a fonte mais importante para o conhecimento do direito romano no início do Ocidente medieval. De maneira semelhante, a lei burgúndia do rei Gundobado, preparada no fim do século V, foi o legado mais sólido de um regime bárbaro, cuja história interna é pouco conhecida. Tais realizações conjuntas entre romanos e bárbaros no século V fizeram com que se conservassem a cultura e a religião romanas sem o apoio do poder de Roma e preparasse o caminho para a aceitação permanente do governo franco pelas antigas províncias romanas das Gálias.

Roma, Ravena e Constantinopla

Na Itália, apesar das perdas das receitas senatoriais das províncias ultramarinas, a vida econômica e política continuou ainda mais dominada pela corte de Ravena e pela Roma senatorial. Os cercos de Alarico a Roma provocaram grave escassez de alimentos na cidade, especialmente quando a África foi bloqueada ou, por revolta, deixou de enviar barcos de trigo a Roma. Em uma ocasião, o povo se reuniu no Circo Máximo e bradou em dramáticos e terríveis gritos de "ponham preço na carne humana!", já que a carne estava em falta e seu preço era muito alto.

Muitos senadores, bem relacionados e com sólidas propriedades nas províncias, saíram de Roma naqueles anos com o objetivo de assegurar, dentro do possível, seus bens locais, deixando assim a capital e seus cargos públicos nas mãos de um reduzido círculo de clãs de origem italiana, que ainda possuía muitos bens em suas terras, na península e na Sicília. Estas famílias tomaram a iniciativa de reconstruir as áreas mais destruídas da cidade e os monumentos públicos, como o Coliseu e o Senado. O Coliseu se transformou novamente no cenário de representações complexas de caça (ventórias) organizadas pelos membros da nobreza. Tais atividades reafirmavam sua posição como patronos e benfeitores do *populus romanus*. Há provas de que poucos anos depois dos saques, a população de Roma voltou a aumentar, os refugiados iniciaram seu retorno e os serviços públicos da cidade foram restabelecidos.

Roma foi o centro de uma vigorosa atividade cultural e literária. As décadas de trinta e quarenta do século V (e não o final do século IV como alguns acreditavam) corresponde aos grandes comentários de Virgílio por Sérvio, e aos *Saturnalia* de Macróbio. São também do mesmo período as *Fábulas*, de Aviano, um senador romano, e a elaboração dos manuscritos vaticanos inspirados por *Eneida*, de Virgílio, conhecidos respectivamente como o *Virgilius Vaticanus* e o *Virgilius Romanus*. O nascimento clássico da época de Boécio e Cassiodoro (início do século VI) foi o auge do interesse pela conservação da literatura clássica mantida ao longo do século V pelos membros da nobreza senatorial e seus clientes literários.

O século V também foi o da construção de novas e grandes igrejas, monumentais em seu desenho e decoradas com preciosas seqüências de mosaicos. Além da construção das basílicas do final do século V – São Paulo Extramuros e Santa Pudenciana –, houve a construção da basílica de Santa Sabina, e pouco depois, a de Santa Maria Maggiore. A consagração desta última à Virgem Maria refletia o apoio do papa Sisto ao concílio de Éfeso (431) e confirmava a designação da mesma como *Theotokos* ou "mãe de Deus".

A cristianização da aristocracia romana era expressa no século V nos termos de uma intervenção maior na vida organizada da Igreja de Roma. Os senadores romanos aparecem cada vez mais como construtores e benfeitores da Igreja e como participantes nas atividades litúrgicas regulares. A supressão da heresia pelagiana no ano 418 significou o fim de um movimento em que os senadores leigos devotados podiam agir com independência em assuntos dogmáticos. O período seguinte foi caracterizado pela solidariedade do clero de Roma aos membros leigos de prestígio da Igreja e a algumas pessoas da população cristã de Roma.

No início do século V o poeta hispano Prudêncio havia proclamado Roma o centro moral do império cristão e detentora de mais relíquias de mártires do que qualquer outra cidade, com grandes procissões públicas em honra aos santos e igrejas magnificamente ornamentadas. Este ideal da Roma cristã foi desenvolvido gradualmente e com maior efetividade pelos bispos da cidade, que defendera sua posição de preeminência na Igreja. O papa Leão I (440-61) realizou notáveis contribuições para este processo em uma série de sermões sobre os santos de Roma, Pedro e Paulo, como fundadores da Roma cristã e réplica de Rômulo e Remo, proporcionando assim uma ideologia apropriada às pretensões de Roma de se tornar a capital cristã do império. O papa Leão foi também uma figura política destacada, em especial como membro da missão que conseguiu deter a ameaça de invasão à Itália por parte de Átila (452).

Desde o início do século V a corte imperial viveu uma época de relativa segurança em Ravena, onde a capital foi situada no final de 402, diante da ameaça da primeira invasão da Itália por Alarico e do cerco a Milão pelos visigodos. Ravena era uma das grandes cidades marítimas do Adriático e foi precedida por Aquiléia, que no século V já perdia importância comercial com seu porto ofuscado, ainda que continuasse com uma notável fortaleza, como foi comprovada por Átila. A sucessora de Ravena foi a Veneza medieval e renascentista, e, nos tempos modernos, Trieste. Para os imperadores do século V, a atração de Ravena estava na segurança defensiva. Estava situada entre pântanos e lagoas e só era acessível por terra por meio de uma calçada. Quando os generais de Teodósio II derrubaram João em 425, seu sucesso foi atribuído à ajuda de um anjo disfarçado de pastor que lhes mostrou o caminho pelos pântanos.

Além de suas defesas naturais e artificiais, Ravena se transformou no século V em um grande centro da cultura cristã. A igreja de São João Evangelista, atribuída à generosidade de Gala Placídia, e a pia batismal do bispo Néon (também conhecido como a pia dos Ortodoxos) com seus mosaicos representando o rito do batismo foram construídos em meados do século V. Outros mosaicos do palácio imperial, agora desaparecidos, mostravam o casamento de Valentiniano II e Licínia Eudóxia no ano de 437. O denominado mausoléu de Gala Plácida, apesar de não ser associado ao acontecimento anterior, é também uma construção do século V e seus esplêndidos mosaicos têm grande valor iconográfico. As mais esplendorosas igrejas de Ravena pertencem ao longo período da reconquista bizantina, mas as origens da cidade como centro de cultura cristã se encontra no século V.

As relações políticas entre Constantinopla e o Ocidente no século V já foram descritas. O império oriental se libertou das grandes invasões, mas teve que enfrentar, sob o domínio dos isaurios, as incursões dos povos do deserto, que hostilizavam Cirenaica e o sul do Egito causando grandes dificuldades locais e levantando questionamento sobre a capacidade de Constantinopla de defender as províncias mais distantes. O filósofo e retórico, Sinésio de Cirene, foi eleito bispo de Ptolemaida em 411, depois da resistência armada às incursões. A rebelião do godo Gainas foi sufocada com um pouco de dificuldade e as guerras teodosianas contras os persas pelo controle da Armênia, foram terminadas pela via diplomática. Com isso, estariam livres para repelir a ameaça dos hunos, que em 422 saquearam Trácia. O pagamento de subsídios aos hunos, segundo o combinado, foi um peso relativamente suave, mas de forma alguma insuportável como por vezes se acreditou.

Com tais exceções, o século V foi uma época de prosperidade contínua para o império oriental. Sardes (na Ásia Menor) conheceu um período de expansão comercial e de desenvolvimento arquitetônico. Antioquia, como é evidente nos mosaicos de suas vilas, continuou prosperando e o interesse imperial privado pela Terra Santa

Acima: O manuscrito com iluminuras conhecido como o Virgibus Vaticanus (Cod. Lat. 3225) é um destacado monumento do interesse pela cultura clássica mantido na Roma do século V. Aqui ilustra uma das cenas mais comoventes da *Eneida*: Dido preparando-se para o suicídio. Com um punhal na mão, reclina-se na pira funerária que por um estranho convencionalismo aparece no interior da casa.

Acima: A igreja, o mosteiro e o centro de peregrinação de São Simeão, o Estilita, em Qalet Seman (Síria), foram construídos ao final do século V em volta do pilar que até sua morte, em 459, havia ocupado o santo Estilita durante trinta anos, recebendo visitantes, dando conselho aos que os pediam e praticando a oração e a meditação. O pilar desta façanha foi rodeado por um pátio octogonal aberto. O santuário contava com uma hospedaria para os visitantes, além do mosteiro e da basílica.

inaugurou um período de crescente prosperidade econômica com o capital gerado pela constante chegada de peregrinos e viajantes. Depois de cair em desgraça política, a imperatriz Eudóxia, esposa de Teodósio II, viveu de 443 até sua morte (460) na cidade de Jerusalém. A imperatriz construiu muitas igrejas e mosteiros na Terra Santa, além de uma igreja em Constantinopla. Eudóxia, filha de um pagão sofista que lhe deu o nome de Atenaide, nasceu em Atenas. Esta cidade no século V foi o centro da famosa escola neoplatônica de Siriano e Proclo, cuja filosofia devia seu prestígio à tradição téurgica de Iâmblico (ver página 177). Depois do saque de Atenas por Alarico em 396, houve uma tentativa, por parte do prefeito pretoriano de Ilíria, Hercúlio (407-12), de reparar e ordenar alguns de seus edifícios públicos, incluindo a biblioteca de Adriano.

O defensor de Eudóxia em Constantinopla, o prefeito pretoriano Ciro, era como ela um poeta clássico de certa reputação e um apaixonado devoto da cultura grega. João da Lídia, que escrevia nos tempos de Justiniano, atribui a Ciro a responsabilidade do abandono do latim como língua oficial da administração oriental, um passo significativo na lenta transição do baixo império ao império grego bizantino. Ciro foi também o responsável pela ampliação das novas muralhas da cidade de Constantinopla para proteger a costa da ameaça dos piratas vândalos.

Ciro perdeu seu cargo em 441, provavelmente devido a sua excessiva popularidade em Constantinopla e foi nomeado bispo de uma cidade da Frígia, onde sem dúvida surpreendeu sua congregação com talvez o mais breve, ainda que não menos controvertido, dos sermões que dele se conserva: "Irmãos, honrem em silêncio o nascimento de nosso salvador Jesus Cristo, já que a Palavra de Deus foi concebida pela Santa Virgem somente escutando. Amém." Apesar do gesto de desdém e de ser acusado e paganismo como Eudóxia, ao ser deposto e abandonar o episcopado, Ciro retornou a Constantinopla e se tornou famoso por suas obras de caridade e por seu apoio ao santo estilita Daniel. A combinação de literatura clássica e de sua preferência religiosa cristã foi um traço fundamental da cultura bizantina e da cultura do baixo império.

O problema mais difícil e, de certo modo, mais perigoso para o estudo deste período do império do Oriente foi o da unidade religiosa. A heresia ariana tinha sido duramente reprimida por Teodósio I com os concílios de Constantinopla no começo da década de 380. Contudo, suas conseqüências naturais, a heresia nestoriana e monofisista, foram mais difíceis de resolver. Nestório, patriarca de Constantinopla desde 428, argumentava que das duas naturezas de Cristo, a divina e a humana, somente a humana havia encarnado e padecido na cruz. Como conseqüência, a Virgem Maria, mãe do Cristo humano, não era a mãe de Deus. Nestório negava assim o epíteto de *Theotokos*, que expressava esse conceito. As doutrinas de Nestório foram atacadas particularmente por Cirilo, patriarca de Alexandria. A corte imperial estava dividia, mas Nestório foi condenado e deposto no concílio de Éfeso (431). Depois de uma tentativa frustrada de Teodósio de reconciliar ambas as partes, Nestório foi exilado e seus escritos queimados.

Nos anos seguintes, a Igreja oriental, sob influência dos alexandrinos, inclinou-se cada vez mais para a posição "monofisista" que, extremamente oposta à nestoriana, afirmava como única a natureza indivisível de Cristo, divina e humana. A posição monofisista foi ratificada pelo concílio de Éfeso do ano 449, denominada pelo papa Leão como "latrocínio" (*latrocinium*) por haver ignorado a própria opinião do papa. Leão denunciou o concílio a Valentiniano II e, com seu apoio, conseguiu que suas queixas chegassem a Teodosio. No entanto, até a morte do imperador (450) nenhuma ação foi tomada.

O concílio da Calcedônia (451), que foi realizado sob a supervisão da corte imperial, não aconteceu com a espontaneidade dos concílios de Éfeso. Os comissários imperiais presidiam as seções e os secretários imperiais transcreviam as atas. O "latrocínio" foi denunciado e os alexandrinos rejeitados, enquanto que o denominado "tomo de Leão", que os papais apresentaram ao concílio, constituiu a base – ou ao menos uma delas – do Credo da Calcedônia. Ao mesmo tempo, os bispos orientais renunciaram às possíveis conseqüências de sua aceitação do modelo de Leão, defendendo explicitamente a igual importância de Constantinopla e de Roma. Apesar das objeções dos legados papais e do próprio Leão, o importante cânone 28 continuou em vigor para a Igreja oriental, que desta forma negava as reclamações de supremacia por parte do bispo de Roma.

Os detalhes concretos das disputas dentro da Igreja oriental neste período não são simples nem edificantes. A intensidade da batalha teológica não pode ser explicada sem levar em conta as rivalidades pessoais e os enfrentamentos entre certas sedes (Constantinopla, Antioquia e Alexandria) por primazia. Os patriarcas de Alexandria agiram com particular um orgulho e falta de escrúpulos característicos da tradição da cidade. Cirilo de Alexandria expôs suas opiniões contrárias a Nestório no primeiro concílio de Éfeso e as conseguiu impor em parte presenteando vários funcionários da corte imperial com tal desperdício que se viu obrigado a pedir emprestadas 1500 libras de ouro. A cifra era quatro vezes superior ao subsídio anual acordado entre o governo de Constantinopla e os hunos desde o ano 435.

O concílio de Calcedônia não conseguiu suprimir as dissensões teológicas tão energicamente mantidas. O perigo para o imperador estava no fato de ter fracassado na tarefa de conseguir a unidade religiosa, à qual havia se dedicado por completo. O monofisismo, apoiado pelo movimento monástico cada vez mais agressivo, se entrincheirou no Egito de língua copta, nas igrejas de língua síria da Palestina e da Síria e na Igreja armênia. Enquanto a Igreja cristã, combinação das dissensões teológicas e das culturas vernáculas nestas regiões, nos leva a questionar a possibilidade real de uma aliança entre as lealdades culturais e religiosas para a criação de uma forma de um sentimento nacionalista contra o governo de Constantinopla. O quanto isto fragilizou a estrutura do primeiro império bizantino é objeto de polêmica.

A magnanimidade cortesã em Ravena

Abaixo: Detalhe de um mosaico de San Vitale que mostra Justiniano e seus cortesãos numa composição que combina com a de Teodora e suas criadas. Na página seguinte, aparecem os membros da guarda familiar, um deles com um escudo resplandecente que traz um monograma.

Ravena, desde os tempos de Augusto, foi o quartel general de uma das frotas imperiais da Itália (a outra era Miseno) e obteve um nível de vida relativamente próspero como base naval. Ainda que um pouco ofuscada como centro comercial pela proximidade com Aquiléia, sua importância foi patente na guerra civil de 68-70 d.C.

A ocupação de Ravena como capital imperial pode ser datada com precisão no ano 403, depois de Milão ser sitiada pelos invasores bárbaros do norte da Itália. Ravena, resguardada entre as planícies pantanosas, rodeada pelos afluentes do Pó e ligada às terras continentais por pistas elevadas, era praticamente indestrutível. Foi tomada poucas vezes e quando isso aconteceu foi devido a traição ou conveniência. Para Sidônio Apolinário, era uma cidade perversa em que as leis da natureza haviam se invertido, "os muros se aplanam e as águas se levantam, as torres flutuam e os barcos se assentam", e as rãs que coaxavam eram seus habitantes. Assim, a cidade era baseada na sua segurança e na sua ligação marítima direta com Constantinopla. Estas sempre foram suas principais qualidades, a ponto que, de Ravena, Honório foi capaz de desafiar e deter Alarico, quando este parecia ter o controle da Itália (ver página 209). A cidade foi um refúgio igualmente seguro para os reis bárbaros da Itália e, depois de capturados no ano 540 pelos exércitos de Justiniano, também para os governadores bizantinos ou "exarcos" da província conquistada. Durante todo esse período, Ravena viveu momentos de grande vigor social e cultural (e também de periódica violência política) com a presença das cortes real e imperial. Sidônio descreve também as corridas no circo. A cidade recebia um número contínuo de visitantes e sua atividade intelectual é revelada, entre outras coisas, por seus manuscritos – que lá foram revisados.

As igrejas de Ravena foram construídas na época dos imperadores do século V, dos reis bárbaros e da reconquista dos bizantinos, ainda que estes tenham feito o possível para destruir a memória e as imagens de seus predecessores imediatos.

A igreja de San Apollinare *Nuovo* (acima, centro), originalmente palácio-igreja de Teodorico, foi decorada com mosaicos paisagísticos que representam Ravena. À esquerda destas linhas aparece o porto de Classis (Classe di Ravenna) e no mesmo mosaico, à direita, o palácio de Teodorico, cuja fachada ainda pode ser observada na construção conhecida como o "palácio dos prelados", próximo à igreja. Nas balaustradas de San Apollinare *Nuovo* (acima), os pavões e as gavinhas de videira simbolizam a vida eterna. Também podemos observar (*parte superior*) a refinada cátedra de mármore do bispo, Maximiano (546-54).

Sob estas linhas: A igreja de San Vitale, considerada pelo cronista Agnello, do século IX, como sem rival na Itália, foi iniciada na época da morte de Teodorico, mas sua consagração não ocorreu antes de 547 ou 548, após a reconquista da Itália pelos generais de Justiniano. O mosaico representa a mulher de Justiniano, Teodora, com suas criadas, imagem que simboliza sua generosidade com a nova igreja. A imperatriz traz um cálice dourado como dádiva para a igreja, e na borda de seu manto aparecem três homens doutos trazendo presentes, alusão à generosidade cristã. A cena está visualmente organizada como uma procissão da direita para a esquerda através do pórtico da igreja, a parede da extremidade com a abside e os lados do pórtico, representado como estivesse se abrindo. A cabeça de Teodora, com a auréola, aparece quase no centro da abside, mas não completamente, como se a referida auréola fosse um mosaico do fundo. O avanço do grupo é sugerido pelo suave balanço das figuras, pela cortina que um servente levanta e, num toque de imaginação brilhante, pelo inesperado movimento da fonte.

Abaixo, esquerda: O rei ostrogodo Teodorico foi sepultado em 526 num mausoléu – ainda existente – fora das muralhas de Ravena. As imensas proporções do telhado monolítico – 300 toneladas de pedra da Ístria – são confirmadas por uma fonte da época. Os suportes com que foi manobrado para colocá-lo no lugar são visíveis ao redor do perímetro.
Abaixo, direita: O palácio de Teodorico num mosaico de San Apollinare Nuovo. Ainda é possível ver dois perfis das figuras de Teodorico e seus cortesãos, apagadas após a reconquista de Justiniano.

O REINO OSTROGODO E A RECONQUISTA BIZANTINA

A partir do ano 476, a Itália foi governada por reis germânicos com corte em Ravena. Odoacro, que havia substituído Rômulo Augústulo, foi derrotado e morto pelo ostrogodo Teodorico depois de um longo cerco em que Ravena foi tomada (493) por motivos de traição. Ambos os reis trataram com consideração os povos da Itália que estavam sob seu domínio e deram notáveis provas de respeito ao grande império, de cujos impressionantes restos se tornaram donos. A vida senatorial em Roma continuou como antes e os grandes cargos urbanos eram ocupados por membros da aristocracia da urbe. No Coliseu, restaurado por Odoacro, foram promovidos entretenimentos e caçadas. No Circo, eram realizadas corridas de cavalos. Estes acontecimentos aparecem com freqüência em dípticos de marfim distribuídos pelos senadores para comemorar a ocasião. A intervenção do Senado na política eclesiástica de Roma se tornou cada vez mais intensa. Isto pôde ser percebido nos tumultos que envolveram a eleição do papa Símaco contra as pretensões de Laurêncio (498) e nas negociações diplomáticas e teológicas referentes à aproximação da Igreja oriental, que atingiu seu ápice depois da queda do imperador Justino em 519.

Teodorico conquistou uma reputação de rei humano e simpático. É comparado pelos historiadores contemporâneos aos imperadores Trajano e Valentiniano, comparações justificadas por suas construções, que estimularam e colaboram com membros da nobreza romana, e por sua atitude moderada e cuidadosa em relação a Roma e à Itália. A palavra-chave do regime foi *civilitas* ou preservação das verdadeiras liberdades individuais sobe a proteção da lei. O senador Cassiodoro, membro de uma dinastia de administradores imperiais, foi empregado por Teodorico para expor suas diretrizes políticas ao público romano. Em cartas oficiais, tais diretrizes eram escritas de forma muito elaborada, cheia de metáforas e – para os críticos modernos – com um estilo extraordinariamente afetado que, no entanto, de mostrava eficaz para manter uma imagem do regime como conservador dos valores mais caros à civilização. Por outro lado, as cartas eram o auge de uma longa evolução da cada vez mais complexa "burocracia" romana, que havia recebido seu impulso decisivo no século IV.

O reinado de Teodorico também contemplou a grandeza do filósofo Boécio, cujas extraordinárias realizações nos campos da teologia, da ciência e da música, bem como da filosofia tradicional, o transformaram em um dos maiores pensadores do mundo antigo e que teve, além disso, uma grande influência na Idade Média. A queda de Boécio, descrita de forma indireta em sua obra mais famosa, *A consolação da Filosofia,* foi também uma tragédia para Teodorico, cujo reinado terminou com rancores e conflitos entre ele e o Senado. É um erro considerar *A consolação da Filosofia* um simples retrocesso de Boécio ao paganismo tradicional. A análise das preocupações sobre o destino do homem e sobre a onisciência de Deus, em vista da certeza que o autor tinha de sua imediata execução, faz

Abaixo: "Eu, que compus poemas com perseverança e esperança, ai, lamento ter agora de escrever canções tristes." Boécio escreveu *A consolação da filosofia* como um diálogo em verso e prosa entre ele e a dama Filosofia, que aparece para ele no cárcere. Assim é como foi pintado por um ilustrador do século XII na capa do livro, sentado no cárcere e com um par de tabuinhas de escrever abertas.

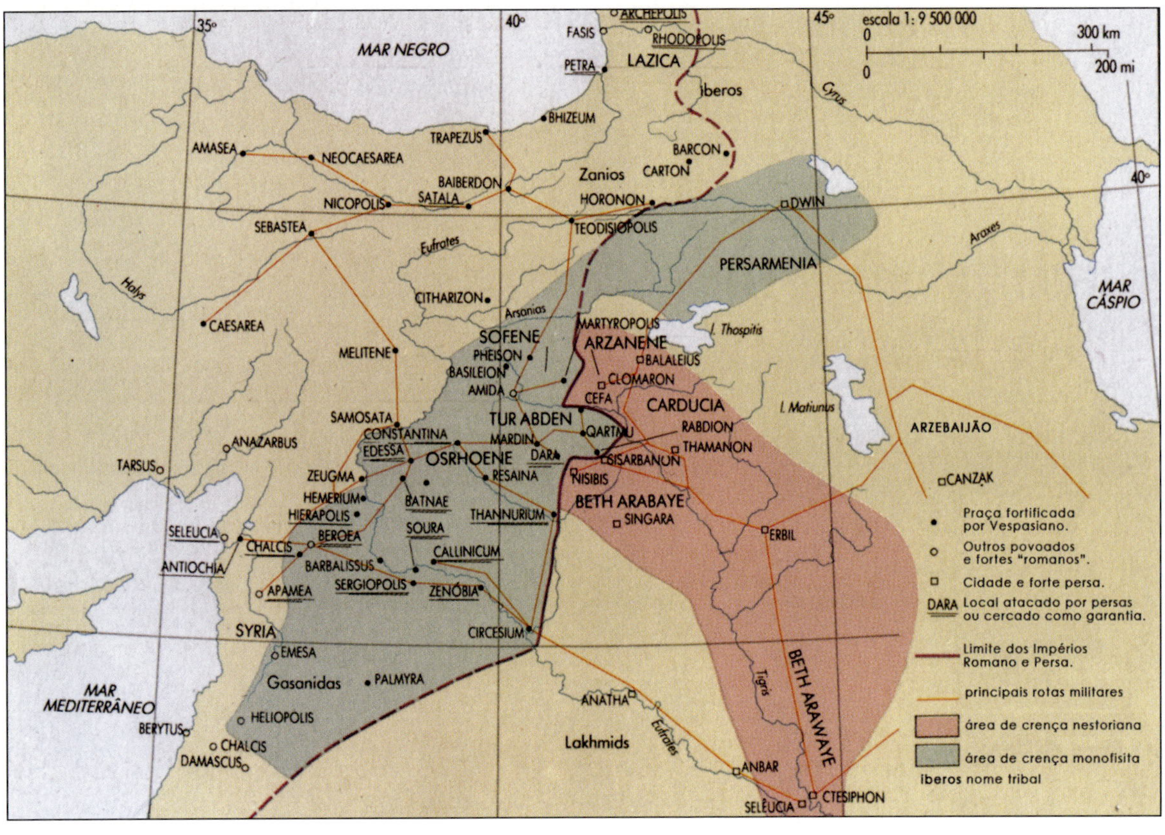

Esquerda: A Pérsia na época de Justiniano. Durante grande parte do reinado de Justiniano, as províncias orientais do império tiveram de resistir aos ataques dos sassânidas sob seu agressivo e vitorioso rei Cosroes I (531-79). No Sul, as limitadas forças romanas ocuparam algumas praças fortes, enquanto a federação árabe-sassânida vigiava as proximidades do deserto para prevenir as incursões dos lakhmidas árabes-persas. No centro, a fortaleza de Dara, apoiada pelas importantes bases militares de Amida e Constantina e pela elevação fortificada de Tur Abdin, diante da cidade persa fronteiriça de Nisibis. Mas as guarnições permanentes raramente bastaram para prevenir as invasões persas, e as prósperas cidades de Osrhoene e da Síria viram-se freqüentemente ameaçadas. Mais ao norte, os bastiões fronteiriços de Martirópolis, Citharizon e Teodosiópolis enfrentaram Arzanene e Persarmênia, e Justiniano acabou estabelecendo o controle romano sobre as importantes áreas estratégicas de Tzani e Lazica, que obstruíam as incursões nômades do Cáucaso e impediam o acesso dos persas ao mar Negro.

Acima: Díptico do pai de Boécio, Flavio (?) Mânlio Boécio, cônsul em 487. Após a morte precoce de seus pais, o jovem Boécio foi educado na família de Símaco, cônsul de 485, com cuja irmã, Rusticana, se casou. Após a execução de seu marido e – pouco depois – a de seu irmão Símaco, Rusticana dedicou-se a obras de caridade.

Direita: Díptico de Rúfio Genádio Probo Orestes, cônsul em 530 (o nome de Orestes também aparece no monograma). Está sentado no trono com toda a indumentária consular e ladeado por Roma e Constantinopla. Abaixo figuram os símbolos de sua generosidade; acima do cônsul estão representados o rei ostrogodo Atalarico e sua mãe Amalasunta. O díptico ilustra a boa vontade do último regime ostrogodo em relação à Roma senatorial e ao tema da harmonia entre Oriente e Ocidente, uma associação de idéias que logo seria desfeita pela reconquista bizantina da Itália.

da obra de Boécio uma obra-prima do humanismo filosófico.

O conflito entre Teodorico e o Senado ocorreu devido à mudança na política eclesiástica no Oriente, onde as preferências monofisistas do velho imperador Anastácio deram lugar, depois de Justino I ascender ao poder em 519, a uma política agressivamente "ortodoxa". Tais preferências levaram as anteriormente inimizadas igrejas do Ocidente a uma maior aproximação de suas irmãs orientais. Esta política continuou de forma mais dinâmica no reinado de Justiniano, sobrinho e sucessor de Justino, que tentou unir a Roma cristã senatorial à corte bizantina, diante da óbvia inquietação do ariano Teodorico. As relações diplomáticas – e de todos os tipos – entre o Ocidente e o Oriente levaram, com facilidade, a suspeitar da intriga política dirigida pelas capitais cristãs do império contra a corte bárbara de Ravena. A brilhante defesa de Boécio de um senador acusado de conspiração com o Oriente o levou à prisão e a uma brutal execução por Teodorico em 523. No ano anterior, ele havia sido nomeado ao cargo de *magister officiorum* (chefe de todo o governo e dos serviços da corte), em Ravena, e seus filhos indicados a cônsules. Era uma clara e, talvez, desesperada tentativa de Teodorico de manter as boas relações entre Ravena e Roma como uma fachada diante das insinuações de Constantinopla a Roma.

No último ano de seu reinado, Teodorico, com a esperança de frear a política eclesiástica da corte oriental, permitiu que o papa João I visitasse Constantinopla. Mas a visita – a primeira de um papa de Roma à capital oriental – foi recebida lá com tanto entusiasmo que ressaltou ainda mais o crescente isolamento de Teodorico em relação a seus súditos romanos. Quando João I retornou, foi colocado sob prisão domiciliar em Ravena e sua morte em confinamento foi seguida, pouco depois, pela do próprio Teodorico (526).

No Ocidente, Teodorico tinha reforçado sua posição por meio de alianças e laços matrimoniais com os reis bárbaros das Gálias, da Hispânia e da África, mas sua tentativa de unir os governantes gauleses contra a crescente ameaça dos francos de Clóvis fracassou. Os visigodos foram duramente derrotados pelos francos na batalha de Vouillé, no sudoeste das Gálias (507) e tiveram que se retirar para seus territórios hispanos enquanto o rei franco se apossava completamente das antigas províncias romanas das Gálias.

Os sucessores de Teodorico mantiveram sua política benfeitora à cidade de Roma, mas viram aumentar os conflitos no seio de sua dinastia. A morte do jovem rei Atalarico em 534 e o assassinato de sua mãe Amalasunta, irmã de Teodorico, por Teodahad, anunciavam o fim do poder visigodo. No ano 535, Belisário, general de Justiniano, começou uma série de campanhas de reconquista no Ocidente.

Cassiodoro, que tinha sido prefeito pretoriano de Atalarico e Teodahad, se aposentou da vida política em 537 e, depois de uma possível prolongada visita à Constantinopla, regressou à Itália para prosseguir suas atividades religiosas, que lhe proporcionaram uma reputação menos ambígua que a obtida por seu compromisso com os reis bárbaros. Sua primeira tentativa de fundar uma escola de doutrina cristã em Roma fracassou devido ao ambiente tumultuado causado pelas guerras de reconquista. Já em idade avançada, Cassiodoro retornou à sua propriedade familiar de Squillace, na Calábria, onde fundou o famoso mosteiro de Vivário. Este conservou a essência da tradição clássica ao longo dos séculos como parte integrante de uma vida cristã santa, sendo um modelo de imensa importância para o futuro da cultura clássica na Europa medieval.

A história política do império oriental do século VI começa com a moderação e a estabilidade do reinado de Anastácio, que administrou a economia com tamanho sucesso e austeridade que deixou um imenso superávit à época de sua morte, em 519. O reinado de Justino I se destacou pelo abandono das tendências monofisistas de

Esquerda: São Vital, o soldado mártir, recebe a coroa do martírio num mosaico da grande igreja do século VI a ele dedicada em Ravena (ver também página 218).

Direita, acima: O mosteiro fortificado de Santa Catarina no Sinai, construído por Justiniano em 527. Sua fundação evidencia a piedade do imperador; no entanto é improvável que a guarnição fizesse algo além de proteger os monges dos distúrbios locais.

Direita, abaixo: Muralhas de Dara, fortaleza fronteiriça contra os persas freqüentemente atribuída a Justiniano, mas construída com certeza na época de Anastásio.

Anastácio, com as conseqüências já descritas, e pela crescente influência de Justiniano. Após a morte de seu tio, em 527, sua ascensão deu início a uma etapa de intensa atividade. Assim que se tornou imperador colocou em ação a reorganização e codificação das leis romanas, um dos mais importantes legados do império romano. O *Digesto* é uma fonte fundamental para o estudo da história social do império romano clássico. Justiniano também dirigiu sua atenção aos persas, sobre os quais Belisário conseguiu uma grande vitória em 530. Dois anos depois, romanos e persas assinaram um acordo conhecido, com evidente otimismo, como "a paz eterna". A guerra foi retomada mais tarde e Justiniano iniciou a construção de uma série de complexas fortalezas ao norte da Mesopotâmia.

O reinado de Justiniano quase foi interrompido em 532, pelo caos provocado pelas facções do público circense dirigida a princípio contra os ministros mais impopulares, especialmente o prefeito pretoriano e questor Triboniano, distinto legislador que teve um papel preponderante na codificação das leis. Na insurreição, chamada de revolta de *Nika* (vencer), devido aos gritos da multidão, outro imperador foi proclamado. Justiniano conseguiu se salvar graças à decisão de sua esposa Teodora, uma atriz com quem havia se casado alguns anos antes de se tornar imperador, e ao apoio dos generais Belisário e Mundo, que sob seu comando conduziram as tropas contra o povo amotinado. Milhares de cidadãos morreram na repressão e grande parte de Constantinopla sucumbiu sob a chama dos escombros. E, assim como no caso do incêndio de Roma na época de Nero, a catástrofe serviu para dar início a magníficas reconstruções. A mais importante das obras de Justiniano foi a reconstrução da igreja de Santa Sofia, descrita com tanta admiração pelo historiador Procópio. Ao contemplar o interior de sua nova igreja, Justiniano exclamou: "Salomão, te venci".

Justiniano iniciou a reconquista do Ocidente pela África, onde expulsou os vândalos com surpreendente facilidade, considerando as fracassadas tentativas anteriores em 533. No entanto, o problema da rebelião árabe acabou sendo mais difícil e foram necessários muitos anos mais para solucioná-lo. O assassinato de Amalasunta por Teodahad proporcionou um pretexto para estender a reconquista para a Itália. Além disso, os intercâmbios diplomáticos dos últimos anos tinham estabelecido contatos entre senadores ocidentais e a corte oriental. A isto, foi acrescentada a existência, na comunidade falante de latim de Constantinopla, de um grupo de exilados senatoriais do Ocidente, bem estabelecidos para fazer contatos com os visitantes diplomáticos e para pressionar o governo oriental.

A reconquista da Itália, muito mais difícil que a da África, foi acompanhada de destruição e violência, o que serviu definitivamente para que os mesmos italianos descartassem suas dúvidas sobre sua incorporação ao Estado bizantino. O general Justiniano Narses completou a reconquista em 553, depois da derrota do rei Teia, e o governo da Itália foi organizado com a denominada "pragmática Sanção" de 554. A classe senatorial de Roma, que havia sobrevivido às invasões do século V e ao estabelecimento do reino bárbaro de Ravena, não reaparece na história depois da reconquista bizantina. A grandeza esplendorosa da Ravena bizantina, que foi sede do novo governo "exarcado", foi alcançada às custas do empobrecimento do resto da Itália e mesmo de Roma, o que marca o final do mundo clássico. Pouco podia ser feito para impedir a rápida ocupação da Itália pelos lombardos no fim de 560.

Em 565, morre Justiniano, o governante efetivo de mais territórios tradicionalmente romanos que qualquer de seus predecessores desde o princípio do século V. Mas a realidade de seus logros é questionável. Os custos da reconquista pesaram sobre os recursos orientais, que com a retirada do exército das fronteiras do Danúbio e da Pérsia, onde sua presença era mais necessária naquele momento. Além disso, a conquista em si não era o melhor para os interesses das províncias ocidentais. O império bizantino poderá falar por si mesmo, durantes os 900 anos que sobreviveu à morte de Justiniano. Quanto a Roma e à Itália, de onde começa o conteúdo deste livro, é uma ironia que seu último período de prosperidade, sob o olhar complacente dos reis germânicos, terminasse com a reconquista bizantina das mesmas como províncias empobrecidas de um império agora governado de Constantinopla.

Acima: Uma fonte da época afirma que Teodorico era analfabeto e que escrevia seu nome com um molde. O mais provável é que se trate de uma calúnia baseada no uso que Teodorico fazia de um modelo para traçar o monograma que aparece em sua cunhagem.

Abaixo: Monograma de Odoacro.

O legado de Roma

Para Gibbon, a queda do império romano foi "uma revolução que sempre será lembrada e que ainda é sentida pelas nações da Terra". Em qualquer época até a aparição da moderna era industrial e, em certos aspectos importantes, além desse período, as duas partes da afirmação são evidentemente certas. Até pouco tempo o "De officis", de Cícero, podia ser considerado como um dos livros mais influentes da cultura ocidental. No entanto, hoje não é incomum que um funcionário britânico – coisa que antes era normal entre políticos – saiba mais sobre a história do mundo romano que de sua própria. A utilidade disso não vem ao caso, mas até a idade moderna sua conveniência nunca foi posta em xeque.

Mesmo com um escasso conhecimento do que se entende por "romano", o legado do mundo romano em relação aos idiomas, à cultura literária, à arquitetura, ao governo e à vida religiosa da Europa medieval e moderna é imenso. De modo mais amplo, se consideramos a influência romana no mundo grego cristão de Bizâncio, a incidência é ainda maior.

Estas duas páginas finais não pretendem sintetizar o livro que poderia ser escrito sobre o legado de Roma em toda sua complexidade. Foram escolhidos alguns exemplos particulares à parte, indicando onde outros podem ser encontrados. Os exemplos escolhidos não são demasiadamente imponentes. O conhecimento de uma cultura pode – e deve – se extender tanto no trivial como no extraordinário, no grotesco como no ideal, no agradável como no repulsivo.

Acima: As cenas mitológicas e literárias em paisagens idealizadas foram tema freqüente dos pintores clássicos, especialmente da escola francesa, como este quadro de Claude (1600-82) que representa Enéias em Delos. As figuras humanas fornecem pouco mais que a escala para um estudo das formas arquitetônicas em sua paisagem. A construção do centro tem alguma semelhança com o panteão de Adriano em Roma (página 104).

Página seguinte, acima: Gravura de Piranesi que representa dois calçamentos romanos ladeados por monumentos funerários amontoados numa arquitetura extravagante de excessiva profusão; reflete o renovado interesse dos artistas da época pelas ruínas físicas do poder romano. Sua data, cerca de 1756, é a mesma das meditações de Gibbon sobre o Capitólio, que o levaram a escrever uma história de Roma.

Sobre estas linhas: Moderna inscrição romana que reproduz o antigo costume de apagar os imperadores em desgraça; o nome de Mussolini foi apagado.

Abaixo, esquerda: Um precoce e sinistro memorando das tendências reacionárias de Roma na década de 1920: grupo de protofascistas vestidos como legionários porta-estandartes.

Abaixo, centro e direita: A publicação em 1753 das Ruínas de Palmira, de Wood e Dawkin, pôs à disposição dos projetistas os recursos imensos desta grande cidade oriental. Gravura de Wood que reproduz um teto do templo de Bel (cf. página 158) adaptado ao teto do refeitório de Stratfield Saye House, em Berkshire.

Esquerda: O arco do triunfo, símbolo de procedência romana universalmente conhecido da guerra e da vitória, em sua versão imperial francesa, na Praça de Charles de Gaulle, Paris.

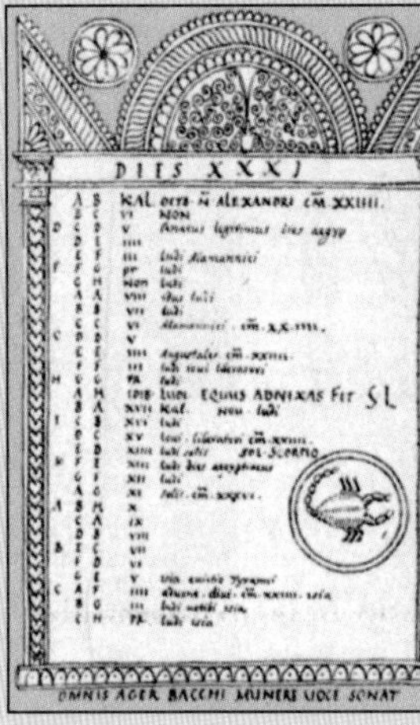

Abaixo, esquerda: Num nível menos elevado, as tampas dos bueiros de Roma ainda são fabricadas com a inscrição SPQR "Senatus Populusque Romanus".

Direita, perto destas linhas: Um legado particularmente importante dos romanos é o calendário juliano, que figura no denominado "Calendário do ano 354" (ver também página 207), do qual se reproduz o mês de outubro, com sua lista de jogos e festivais públicos e a imagem do escorpião; o zodíaco é um legado da antiga Mesopotâmia ao mundo moderno através dos romanos.

Abaixo, direita: A última palavra foi a dos gauleses Astérix e Obélix, lamentando, durante uma viagem à Lutetia Parisiorum, os desastrosos efeitos das construções romanas sobre a paisagem. A aldeia da qual provêm, próxima à guarnição de Laudunum, no norte das Gálias, ainda não foi escavada, embora sua vida seja bem conhecida.

LISTA DE ILUSTRAÇÕES

Abreviaturas: ac. = acima, ac. e. = acima esquerda, ac. d. = acima direita, c. = centro, ab. = abaixo, etc.

Todos os mapas são de Lovell Johns, Oxford.

Todos os planos são de John Brennan, Oxford.
Contracapa:

Celeberrimae urbis (Romae) antiquae fidelissima topographia, de Mario Cartaro, 1579; British Library, Londres.

BIBLIOGRAFIA

A presente bibliografia é seletiva de vários pontos de vista. Ela inclui somente livros, mas não artigos de revistas especializadas, e, com muito poucas exceções, são mencionadas somente obras escritas em inglês. Mesmo dentro dessas limitações, ela expressa a seleção do que ao próprio autor parece especialmente importante em um campo muito mais amplo, concentrando-se, em primeiro lugar, no fundamental e depois nas obras mais recentes e (esperamos) mais acessíveis. Acreditamos, não obstante, que servirá de guia para obras mais especializadas para aqueles que necessitem, e para o leitor em geral será uma manera de acompanhar os temas que mais o interessam.

Geografia
Pelo que sabemos, este é o primeiro Atlas do Império Romano a ser publicado, ao menos em inglês. Não obstante, a civilização romana é abarcada, naturalmente, nos atlas clássicos e históricos mais antigos, muitos dos quais são excelentes e utilizamos em profusão. Entre eles, temos o *Atlas Antiquus*, de H. Kiepert (Berlín, 1882), o *Atlas of the Classical World*, de A. A. M. van der Heyden e H. H. Scullard (Londres, 1959), o *Crasser Atlas zur Weltgeschichte*, de C. Westermann (Brunswick, 1976) e o *Penguin Atlas of Ancient History*, de C. McEvedy (Harmondswoth, 1976). Não há nenhum tratado tolalmente satislatório em inglês da geografia de Itália e do Mediterrâneo antigos. A melhor obra é talvez *The Geographic Background of Greek and Roman History*, de M. Cary (Oxlord, 1949). A obra já antiquada de H. Nissen *Italische Landeskunde*, 2 vols. (Berlim, 1883-1902), é útil em parte. A reconstituição da paisagem antiga a partir da arqueologia de campo e da fotografia aérea é o tema de *Ancient Landscapes*, de J. Bradford (Londres, 1957), que trata da Itália em particular. Uma seleção muito boa de fotografias aéreas pode ser encontrada em *Atlante aerofotografico delle sedi umani in Italia*, 2 vols., de G. Schmidt (Florença, 1966-70). *Western Mediterranean Europe* (Londres, 1979), de C. Delano Smith, é um relalo moderno da geografia histórica desta região desde o Neolítico. A melhor introdução geral à geografia mediterrânea é provavelmente *Southern Europe: the Mediterranean and Alpine Lands* (Londres, 1975), de M. e R. Beckinsale; *The Geography of/ the Mediterranean Region* (Nova York, 1931), de E. C. Semple, conquanto antiquada, continua a ser uma obra válida de consulta. A descrição mais detalhada da geografia da Itália é o manual publicado pelo Almirantado, *Italy* (Naval Intelligence Division, Geographical Handbooks), 3 vols. (Londres, 1944). O relato clássico do papel histórico do ambiente mediterrâneo é *The Mediterranean and the Mediterranean World in the Age of Philip II*, de F. Braudel, tradução para o inglês (Londres, 1972).

Fontes
A Loeb Classical Library incluie as obras da maioria dos autores clássicos e posteriores, com o texto e a tradução paralela para o inglês. Existem, igualmente, traduções de vários textos importantes, principalmente de escritores do período clássico, na série Penguin Classics. Antologias úteis de documentos e textos traduzidos são *Roman Civilisation*, 2 vols. (ed. rev., Nova York, 1966), de N. Lewis e M. Reinhold, e *A History of Rome through the Fifth Century*, 2 vols. (Londres, 1968), de A. H. M. Jones. Para uma seleção de documentos sobre a primitiva Igreja cristã, *vide A New Eusebius: Documents Illustrative of the History of the Church to AD 337* (Londres, 1957, numerosas reedições), de J. Stevenson. Textos traduzidos e recompilados que tratam da história econômica encontram-se em *An Economic Survey of Ancient Rome*, vol. I (Baltimore, Md., 1927), de T. Frank. Uma discussão sobre o valor e a cofiabilidade das fontes pode ser encontrada na maioria dos textos de história romana. Sobre autores particulares do período inicial, *vide Livy* (Cambridge, 1961), de P. G. Walsh, *Polybius* (Berkeley, Calif., 1972), de F. W. Walbank, e *Sallust* (Berkeley, Calif., 1968), de R. Syme; para a obra de autores posteriores, *vide* mais adiante. *Essays on Ancient and Modern Historiography* (Oxford, 1977), de A. Momigliano, contêmn alguns estudos importantes sobre as fontes para a história da Roma primitiva; é igualmente útil *Latin Historians* (Londres, 1966), de T. A. Dorey. Sobre a interpretação das provas numismáticas e papirológicas, especialmente importantes, conquanto de modo algum exclusivas, para a época do Império, *vide Greek Papyri* (Oxford, 1968), de E. G. Turner, e *Roman Coins* (Londres, 1978), de J. P. C. Kent, B. Overbeck e A. U. Stylow.

Generalidades
A história clássica de Roma até o final da República se encontra em *History of Rome*, de T. Mommsen, trad. de W. P. Dickson, 4 vols. (Londres, 1861), em *Storia dei Romani*, de G. De Sanctis, 4 vols. (Turim/Florença, 1907-53), e na obra coletiva *Cambridge Ancient History*, vols. VII-IX (Cambridge, 1928-32). Há histórias de um só tomo adequadas para todo o período, tais como *A Conquête romaine*, de A. Piganiol (París, 1927), *History of Rome to AD 565*, de A. E. R. Boak e W. G. Sinnigen, 6ª. ed. (Nova York, 1977), *History of Rome*, de H. H. Scullard, ed. rev. (Londres, 1975), e *History of Rome*, de M. Grant (Londres, 1979). O *Oxford Classical Dictionary*, 2ª. ed. (Oxford, 1970), é uma obra de consulta muito valiosa.

Roma primitiva
A análise mais atualizada em inglês é *History of the Roman World 753-146 BC*, de H. H. Scullard, 4ª. ed. (Londres, 1981). *Early Rome*, de E. Gjerstad, 6 vols. (Lund, 1953-75), apresenta todas as provas arqueológicas, mas é pouco confiável em questões de interpretação. Estudos especializados da arqueologia da Itália primitiva (incluindo Roma) encontram-se em *Italy before the Romans*, de F. R. Ridgway (Londres, 1979); *Italy before Rome*, de J. Reich (Oxford, 1979), é um relato popular e conciso. É também de grande utilidade para a Roma primitiva *The Rise of Rome to 264 BC*, de J. Heurgon (Londres, 1973), e *Early Rome and the Etruscans*, de R. M. Ogilvie (Londres, 1976). Sobre os etruscos há bons livros, como, por exemplo, *The Etruscans*, de M. Pallottino, 2ª. ed. (Londres, 1974), *The Etruscans*, de M. Cristofani (Londres, 1979), *Etruscan Cities*, de F. Coarelli (ed.) (Londres, 1975), e *The Etruscans*, de M. Grant (Londres, 1980). *The Tonques of Italy*, de E. Pulgram (Cambridge, Mass., 1958), é um bom estudo das línguas da Itália pré-romana.

A República
A melhor obra de tipo geral é *The Roman Republic*, de M. Crawford (Londres, 1978); *vide* também *Republican Rome*, de A. H. McDonald (Londres, 1966), *Hannibal's Legacy;* de A. J. Toynbee, 2 vols. (Londres, 1966), é um amplo estudo da sociedade romana na República Média. *Rome et la conquête du monde méditerranéen*, de C. Nicolet, 2 vols. (Paris, 1977-78), é o relato moderno mais completo do período 264-27 a.C. Sobre a queda da República, *vide The Roman Revolution*, de R. Syme (Oxford, 1939), obra já clássica; também *The Last Generation of the Roman Republic*, de E. S. Gruen (Berkeley, Calif., 1974), e, acerca da formação e das atitudes da nobreza, *The Roman Nobility*, de M. Gelzer, trad. de R. Seager (Oxford, 1975). Para uma narração clara e completamente documentada da história, *vide From the Gracchi to Nero*, de H. H. Scullard, 4ª. ed. (Londres, 1976). A conquista da Itália pelos romanos é contemplada de um ponto de vista

regional em *Samnium and the Samniles,* de E. T. Salmon (Cambridge, 1968), e *Rome in Etruria and Umbria,* de W. V. Harris (Oxford, 1971). *Roman Colonisation under the Republic,* de E. T. Salmon (Londres, 1969), é uma boa discussão sobre o tema. Os aspectos jurídicos da conquista (e outros temas) são tratados em *The Roman Citizenship,* de A. N. Sherwin-White, 2ª. ed. (Oxford, 1973). O estado da economia romana na época da conquista da Itália é examinado em *The Beginnings of Imperial Rome,* de C. G. Starr (Ann Arbor, Mich., 1980).

Sobre as guerras púnicas, *vide Rome against Carthage,* de T. A. Dorey e D. R. Dudley (Londres, 1971), *Hannibal's War,* de J. F. Lazenby (Warminster, 1978), e *The Punic Wars,* de B. Caven (Londres, 1980). O crescimento do Império Romano e os problemas do imperialismo romano são tratados em *Foreign Clientelae* e *Roman Imperialism in the Late Republic,* de E. Badian (Oxford. 1958), e em *War and Imperialism in Republican Rome,* de W. V. Harris (Oxford. 1979). Consulte-se também *Roman Imperialism,* de T. Frank (Nova York. 1914). Para um relato claro dos acontecimentos, *vide The Dawn of Empire,* de R. M. Errington (Londres, 1971).

As conseqüências sociais e econômicas do Império são analisadas em *Social Conflicts in the Roman Republic,* de P. A. Brunt (Londres. 1971), e *Conquerors and Slaves,* de M. K. Hopkins (Cambridge, 1978). Sobre os Gracchi, *vide The Gracchi,* de D. Stockton (Oxford. 1979), e *Tiberius Sempronius Gracchus.* de A. H. Bernstein (Ithaca, N. E., 1978). Sobre o tema da escravidão, *vide The Ancient Economy,* de M. I. Finley (Londres, 1973); *Ancient Slavery and the Ideal of Man,* de J. Vogt (Oxford. 1974: o capítulo 3 trata das guerras dos escravos). *Greek and Roman Slavery,* de T. Wiedemann (Londres, 1981), é uma coleção de textos e documentos traduzidos. Em *Republican Rome: the Army and the Allies,* de E. Cabba (Oxford, 1976), trata-se do papel mutável do exército na estrutura social da República. Para um estudo das cifras de população e de sua importância para a história social da República, *vide Italian Manpower 225 BC-AD 14,* de P. A. Brunt (Oxford, 1971).

Existem muitas biografias boas das principais personalidades da história republicana, razão por que aqui só pode dar uma seleção delas: *Scipio Africanus, Soldier and Politician,* de H. H. Scullard (Londres, 1970); *Cato the Censor,* de A. E. Astin (Oxford, 1978), e *Scipio Aemilianus,* do mesmo autor (Oxford. 1967); *Pompey,* de P. A. L. Greenhalg, 2 vols. (Londres. 1980-81); *Caesar,* de M. Gelzer (Oxford. 1969); *Julius Caesar,* de M. Grant (Londres, 1967), *Cleopatra,* do mesmo autor (Londres. 1972); *Cicero: a PortIrait,* de E. Raeson (Londres. 1975); *Cicero,* de D. R. Shackleton Bailey (Londres, 1971); *Cicero and the End of the Roman Republic,* de W. K. Lacey (Londres, 1978).

Aspectos das idéias e da prática políticas dos romanos

The World of the Citizen in Republican Rome, de C. Nicolet (Londres. 1980); *Greek and Roman Voting and Elections,* de E. S. Slaveley (Londres, 1972), *Roman Voting Assemblies,* de L. R. Taylor (Ann Arbor, Mich., 1966); *The Moral and Political Tradition of Rome,* de D. C. Earl (Londres, 1967); *Libertas as a Polilical Idea of Rome,* de C. Wirswbski (Cambridge. 1950); *Publicans and Sinners,* de E. Badian (Oxford. 1972); *Party Polilics in the Age of Caesar,* de I. R. Taylor (Berkeley, Calif. 1966); *Violence in Republican Rome,* de A. W. Lintott (Oxford, 1968); *Law and Life of Rome.* de J. A. Crook (Londres, 1966); *Roman Litigation,* de J. M. Kelly (Oxford, 1966).

Sociedade e cultura romanas

Vida intelectual: *Roman Literature and Society,* de R. M. Ogilvie (Harmondsworth. 1980); *Life and Literature in the Roman Republic,* de T. Frank (Berkeley, Calif., 1930); *Education in Ancient Rome,* de S. F. Bonner (Londres, 1977); *A History of Education in Antiquity,* de H. I. Marrou (I.ondres, 1956). Arte e arquitetura: *Rome, the Centre of Power,* de R. Bianchi Bandinelli (Londres, 1970); *Roman Art,* de D. Strong (Londres, 1976); *Etruscan and Early Roman Architecture,* de A. Boethius, 2ª. ed. (Harmondsworth, 1978). Religião: *The Romans and Their Gods,* de R. M. Ogilvie (Londres. 1969); *The Religious Experience of the Roman People,* de W. Warde Fowler (Londres, 1911); *Festivals and Ceremonies of the Roman Republic,* de H. H. Scullard (Londres. 1981). O campo: *Roman Farning,* de K. D. While (Londres. 1970); *Subsistence Farming in Roman Italy,* de J. M. Frayn (Fomwell, 1979); *The Roman Campagna in Classical Times,* de T. Ashby (Londres, 1927). A cidade: *Social Life at Rome in the Age of Cicero,* de W. Warde Fowler (Londres, 1922); *Rome, Its People, Life and Customs,* U. E. Paoli (Nova York, 1963); *Daily Life in Ancient Rome,* de J. Carcopino (Londres, 1941); *The Roman Forum,* de M. Grant (Londres, 1970); *A Topographical Dictionary of Ancient Rome,* de S. B. Platner e T. Ashby (Oxford. 1929); *Pictorial Dictionary of Ancient Rome,* de E. Nash, 2 vols., 2.ª ed. (Londres, 1968). Óstia: *Roman Ostia,* de R. Meiggs, 2.ª ed. (Oxford, 1973); Pompéia: *Pompeii AD* 79, de J. B. Ward Perkins e A. Claridge (Nova York. 1978); *Cities of Vesuvius,* de M. Grant (Londres, 1971).

Augusto e os Júlio-Cláudios

O estudo breve mais adequado de Augusto é *Augustus,* de A. H. M. Jones (Londres, 1970); comparem-se as discussões mais especializadas que se dão em seus *Studies in Roman Government and Law* (Oxford. 1960). Os *Res Gestae* de Augusto são traduzidos e comentados em sua totalidade em *Res Gestae Divi Augusti: The Achievements of the Divine Augustus,* de P. A. Brunt e J. M. Moore (Oxford, 1967). Sobre os sucessores Júlio-Cláudios de Augusto, *vide Tiberius the Politician,* de B. M. Levick (Londres, 1976), *Tiberius,* de R. Seager (Londres. 1972), *Claudius: the Emperor and His Achievement,* de A. Momigliano (1934; reeditado com bibliografia revisada em 1959, Cambridge, 1961), e *Nero: Reality and Legend,* de B. H. Warmington (Londres, 1969). *Plebs and Princeps,* de Z. Yavetz (Oxford, 1969), acompanha o papel político e social do povo de Roma desde o final da República até o começo do principado. *Augustus and the Greek World,* de G. W. Bowersock (Oxford, 1965), estuda as relações sociais, diplomáticas e culturais do novo regime com o Oriente grego – compare-se também *The Emperor in the Roman World,* de Fergus Millar, mencionado mais abaixo –, e *The German Policy* of *Auguslus: an Examination of the Archaeological Evidence,* de Colin Wells (Oxford, 1972), sua política militar na fronteira do Reno. Sobre a literatura e o clima moral da Roma de Augusto, *vide Tradition and Originality in Roman Poetry,* de Gordon Williams (Oxford, 1968). *Seneca: a Philosopher in Politics,* de Miriam Griffin (Oxford, 1976), é o melhor estudo dos problemas de consciência surgidos no governo autocrático; compare-se a obra de Wirszubski *Libertas* (antes mencionada). *Roman Revolution,* de Syrne, é fundamental para compreender a época inicial do principado, bem como toda a República, e seu maravilloso *Tacitus,* 2 vols. (Oxford, 1958), descreve detalhamente o período de Tácito desde a morte de Augusto, bem como o meio e a época do próprio historiador na era de Flávio-Trajano.

O Império Romano, 70-306 d.C.

Para a história geral do Império, dos Flávios a Constantino não há nenhum sucessor de *From the Gracchi to Nero,* de H. H. Scullard, antes mencionado. *From Tiberius to the Antonines,* de A. Garzetti (ed. inglesa, Londres, 1974), cobre detalhadamente o período de 14 a 192 d.C., e *A History of the Roman World, AD 138 to* 338, de H. M. D. Parker (2.ª ed., Londres, 1958), vai até a morte de Constantino, ainda que necessariamente sem refletir os modernos avanços da pesquisa. (Vale a pena levar em conta que as histórias romanas de Methuen, familiares mas bastante antiquadas, serão substituídas nos próximos anos por uma série de novos livros.) As guerras civis são descritas em *The Long Year, AD 69,* de K. Wellesley (Londres, 1975). *Septimius Severus, the African Emperor,* de A. R. Birley (Londres, 1971), é muito mais que um estudo político e cobre também grande parte dos antecedentes do século II. Sobre a história política e cultural do período de Flávio-Trajano, o *Tacitus* de Syme é fundamental em todos os sentidos, assim como seus capítulos sobre história militar em *Cambridge Ancient History,* volumes X e XI (1934 e 1939). Sobre as guerras de Trajano, *Trajan's Column and the Dacian Wars,* de L. Rossi (Londres, 1971), é completo e muito informativo, ainda que às vezes com fotografias medíocres. Sobre a história e a cultura dos vizinhos orientais de Roma, *vide Iran, Irom the Earliest Times to the Islamic Conquest,* de R. Ghirshman (Harmondsworth, 1954) e *Iran: Parthians and Sassanians,* do mesmo autor (Londres, 1962), e sobre as relações de Roma com o Oriente em seu contexto geográfico e social, *Rome on the Euphrates: The Story of a Frontier,* de Freya Stark (Londres, 1966). A "anarquía" do século III é tratada em várias obras, especialmente as de Rostovtzeff e A. H. M. Jones que se mencionam mais adiante, e em *Roman Government's Response to Crisis, AD* 235-337, de R. MacMullen (New Haven, Conn., e Londres, 1976), e *Emperors and Biography,* de Syme (Oxford, 1971).

Sobre o papel do imperador no governo e no desenvolvimento das instituições governamentais e das hierarquias administrativas, *vide* em especial *The Emperor in the Roman World, 31 BC-AD 337,* de Fergus Millar (Londres, 1977). Millar exagera talvez a continuidade da direção do cargo imperial e subestima o impacto das mutáveis necessidades militares no papel do imperador, acerca do que consulte-se *The Grand Strategy of the Roman Empire, from the First Century AD to the Third,* de E. N. Luttwak (Baltimore, Md., e Londres, 1976), e a perspectiva, muito diferente, de *Soldier and Civilian in the Later Roman Empire,* de R. MacMullen (Cambridge, Mass., 1963).

Sobre a prosperidade nas províncias do Império, *Decline and Fall,* de Gibbon, cap. II, continua a ser interessante por suas perspectivas e por apreciar o potencial das provas arqueológicas e epigráficas. A revolução no método histórico tornada possível pelo estudo sistemático do material, continua a ser essencialmente a obra de Mommsen, de cuja *Provinces of the Roman Empire* se editaram resumos em encadernação rústica com uma útil introdução de T. R. S. Broughton (Chicago, 11. e Londres, 1968). Também fundamental, e incorporando uma série ainda mais ampla de evidências materiais, é *The Social and Economic History of the Roman Empire,* de M. Rostovtzeff (2ª. ed. de P. M. Fraser, Oxford, 1957). Uma boa apreciação da obra de Mommsen aparece em *History and Historicians in the Nineteenth Century,* de G. P. Gooch (2ª. ed., Londres, 1952), cap. XXIV, e da de Rostovtzeff em *Studies in Historiography,* de A. Momigliano (Londres, 1966), cap. 5. Para uma relação completa das regiões do Império, com abundantes citações de fontes antigas, *vide An Economic Survey of Ancient Rome,* de Tenney Frank e outros, 5 vols. (Baltimore, Md., 1933-40) E, para um estudo breve de suas instituições e diversidades provinciais, *The Roman Empire and Its Neighbours,* de Fergus Millar (2ª. ed., Londres, 1981). *The Roman Empire,* de M. P. Charlesworth (Oxford, 1951, reeditado com nova bibliografia, Oxford, 1968), também é útil. As oportunidades para a vida econômica e cultural que proporcionou a pacificação romana do Mediterrâneo e também as limitações físicas impostas por suas condições naturais são tratadas em *Ships and Seamanship in the Ancient World,* de L. Casson (Princeton, N. J., 1971), e em *Travel in the Ancient World,* do mesmo autor (Londres, 1974); as condições da produção agrícola são tratadas nas obras de K. D. White *Roman Farming* (Londres, 1970), *Agricultural Implements of the Roman World* (Cambridge, 1967) e *Farm Equipment of the Roman World* (Cambridge, 1975). *Vide* também *Oxford History of Technology,* vol. 11, editado por Charles Singers e outros (Oxford, 1956).

A natureza mutável dos privilégios legais no contexto da ampliação da cidadania é estudada em *Social Status and Legal Privilege in the Roman Empire,* de Peter Garnsey (Oxford, 1970), e *The Roman Citizenship,* de A. N. Sherwin-White (2ª. ed., Oxford, 1973); *vide* também *Law and Life of Rome,* de J. A. Crook (Londres, 1967). *The Economy of the Roman Empire: Quantitative Studies,* de R. Duncan-Jones (Cambridge, 1974), proporciona uma análise excelente de muitos aspectos da munificência cívica, especialmente sobre o custo das obras públicas, assim como vários artigos úteis de A. H. M. Jones, recompilados em sua obra *The Roman Economy,* ed. P. A. Brunt (Oxford, 1974). *Tacitus,* de Syme (*vide* anteriormente), é particularmente bom acerca do aumento da classe governante romana mediante recrutamento nas províncias; *vide* também seu *Colonial Elites: Rome, Spain and the Americas* (Londres, 1958).

Sobre o prestígio da retórica e seu papel nas comunicações públicas, há três livros recentes especialmente notáveis: *Greek Sophists in the Roman Empire,* de G. W. Bowersock (Oxford, 1969), *Tertullian: a Historical and Literary Study,* de T. D. Barnes (Oxford, 1971) e *Fronto and Antonine Rome,* de E. Champlin (Princeton, N. J., 1980). As atitudes dos gregos cultos sob domínio romano são analisadas em *Plutarch and Rome,* de C. P. Jones (Oxford, *1971), The Roman World of Dio Chrysostom,* do mesmo autor (Cambridge, Mass., e Londres, 1978), e *A Study of Cassius Dio,* de Fergus Millar (Oxford, 1964).

Acerca do extenso tema da mudança religiosa e da ascensão do cristianismo, uma breve seleção deve ser suficiente para introduzir os aspectos essenciais. *Conversion: the Old and the New in Religion, from Alexander the Great to Augustine of Hippo,* de A. D. Nock (Oxford, 1933 e 1952), proporciona uma introdução às novas formas de experiência religiosa, e *Oriental Religions in Roman Paganism,* de F. Cumont (1911; reeditado em Nova York, 1956), e *The Mysteries of Mithras,* do mesmo autor (1903; reeditado em Nova York, 1956), continuam a ser talvez os tratados de maior autoridade, apesar das críticas recentes que se fizeram a algunas de suas teorias. *Vide* também *Pagan and Christian in an Age of Anxiety,* de E. R. Dodds (Cambridge, 1965), que com o livro de Frend mencionado mais adiante é discutido em *Religion and Society in the Age of St Augustine,* de Peter Brown (Londres, 1972). Peter Brown, em sua obra *The Making of Late Antiquity* (Cambridge, Mass., e Londres, 1978) tende, tal como muitas outras obras recentes, a buscar as origens dos novos desenvolvimentos religiosos no século II, mais que no III. *Continuity and Change in Roman Religion,* de. H. W. G. Liebesschuetz (Oxford, 1979), é de enorme utilidade pelo cuidado e pela amplitude dedicados a quatro séculos completos de experiência religiosa romana. A melhor descrição geral da teoria e da prática da teurgia é a de E. R. Dodds em seu *The Greeks and the Irrational* (Berkeley, Calif., e Londres, 1968), apêndice II.

Sobre a ascensão do cristianismo, *Martyrdom and Persecution in the Early Church,* de W. H. C. Frenl (Oxford, 1965), é uma das análises mais interessantes sobre o tema, e *The Early Church,* de H. Chadwick (Harmondsworth, 1967), apresenta um enfoque claro, global e extenso. Os dois capítulos de *Decline and Fall,* caps. XV e XVI, de Gibbon, resistiram perfeitamente à passagem do tempo e continuam a ser uma excelente introdução cujas linhas principais são inerentes aos estudos modernos. *Tertullian,* de T. D. Barnes, antes mencionado, não só é erudito e preciso, mas também estimulante e de grande interesse sobre temas amplos.

As províncias do Império

Sobre as províncias do Império, há estudios gerais nas obras de Mommsen, Rostovtzeff, Millar e Tenney Frank antes mencionadas sob a epígrafe da "prosperidade das províncias do Impèrio". Para a consulta de aspectos particulares, são de especial utilidade a *Princeton Eneyclopaedia of Classical Sites,* ed. R. Stilwell e outros (Princeton, N. J., 1976), e *Atlas of Classical Archaeology,* ed. M. I. Finley (Londres, 1977). Ambas as obras contêm referências bibliográficas, e a segunda, além disso, planos e fotografias.

Quanto a livros sobre as províncias em particular, vale a pena mencionar a série *Provinces of the Roman Empire,* sob a direção geral de edição de S. S. Frere. Incluem, até o dia de hoje, *Dalmatia,* de J. J. Wilkes (Londres, 1969), *Pannonia and Upper Moesia; a History of the Middle Danubian Provinces of the Roman Empire,* de A. Mócsy (Londres, 1974), *Noricum,* de G. Alföldy (Londres, 1974), e *Britannia,* de Sheppard Frere (ed. rev., Londres, 1978). *Vide,* ademais, *The Romans in Spain,*.de C. H. V. Sutherland (Londres, 1939), *Roman Gaul,* de Olwen Brogan (Londres, 1963), *Roman Britain,* de Peter Salway (Oxford, 1981), e, entre muitas outras histórias da Grã-Bretanha romana, *Town and Country in Roman Britain,* de A. L. F. Rivet (Londres, 1958, reeditado em 1966), *Pannonia and the Onset of Crisis in the Roman Empire,* de P. Oliva (Praga, 1962), e *Bulgaria in Antiquity: an Archaeological Introduction,* de R. F. Hoddinott (Londres, 1974). Sobre as províncias orientais: *The Greek City, from Alexander to Justinian,* de A. H. M. Jones (ed. rev., Oxford, 1966), *The Cities of the Eastern Roman Provinces,* do mesmo autor (2ª. ed., Oxford, 1971), *Roman Colonies in Southern Asia Minor,* de B. M. Levick (Oxford, 1967), e vários livros de George Bean: *Aegean Turkey: an Archaelogical Guide* (2ª. ed., Londres, 1979), *Turkey beyond the Meander* (2ª. ed., Londres, 1980), *Lycian Turkey* (Londres, 1978), e *Turkey's Southern Shore* (2ª. ed., Londres, 1979). *Antioch: City and Imperial Administration in the Latere Roman Empire,* de J. H. W. G. Liebeschuetz (Oxford, 1972), contempla também os antecedentes da Síria. Sobre o Egito, assim como o excelente capítulo sobre o tema de Jone em seu *Cities* of *the Eastern Roman Provinces,* existe um breve estudo de H. Idris Bell: *Egypt, from Alexander the Great to the Arab Conquest: a Study in the Diffusion and Decay of Hellenism* (Oxford, 1948).

Dá-se em seguida uma seleção de obras mais acessíveis sobre os lugares assinalados no atlas, dispostos por orden de aparecimento: *The Antiquities of Tripolitania,* de D. E. L. Haynes (Londres, 1955), *The Buried City: Excavations at Lepcis Magna,* de R. Bianchi Bandinelli e outros (traduc. inglesa, Londres, 1970), *Trier and the Treveri,* de E. M. Wightman (Londres, 1970), *Silchester; the Roman Town of Calleva,* de G. C. Boon (ed. rev., Newton Abbot, 1974), *Fishbourne: a Roman Palace and Its Gardens,* de B. Cunliffe (Londres, 1971), *Carnuntum: Rom an der Donau,* de E. Vorbeck, L. Beckel (Salzburgo, 1973; em alemão, mas com esplêndidas fotografias aéreas, das quais se mostra uma na pág. 143 deste atlas, *Pictorial Dictionary of Ancient Athens,* de J. Travlos (Londres e Nova York, 1971), *En Eeonomie History of Athens under Roman Domination,* de R. Day (Nova York, 1942). Os estudos sobre Éfeso foram realizados por uma escola austríaca, e quase toda a bibliografia está em alemão; mas há dois livros recomendáveis para os leitores ingleses por suas excelentes ilustrações: *Die Ruine von Ephesos,* de W. Alzinger (Berlim e Viena, 1972), e *Ephesos, Weltstadt der Antike,* de E. Lessing, W. Oberleitner (Viena e Heidelberg, 1978). Não obstante, existe em inglês um estudo sobre Éfeso no final da época romana e na era bizantina: *Ephesus after Antiquity: a Late Antique, Byzantine and Turkish City,* de Clives Foss (Cambridge, 1979).

Sobre as cidades do Oriente: *Palmyra,* de K. Michalowski (trad. inglesa, Londres, 1970), *Palmyra,* de Iain Browning (Londres, 1979), *The Art of Palmyra,* de M. A. R. Colledge (Londres, 1976), e *The Ruins of Palmyra, otherwise Tedmor, in the Desart,* de Robert Wood, de 1753, que foi reproduzida fotograficamente (Farnborough, 1971). *Vide* também *Jerusalem in the Time of Jesus,* de J. Jeremias (trad. inglesa, Londres, 1969), *Masada: Herod's Fortress and the Zealots' Last Stand,* de E. Yadin (Londres, *1966), Dura-Europos and Its Art,* de M. Rostovtzeff (Oxford, 1938), *The Art of Dura-Europos,* de A. Perkins (Oxford, *1973), The Discovery of Dura-Europos,* de Clark Hopkins (New Haven, Conn., e Londres, 1979), *Baalbeek,* de F. Ragette (Londres, 1980), *Baalbek: Heliopolis,* de N. Jidejian (Beirute, 1975), *Petra,* de Iain Browning (Londres, 1973), e *Cyrene and Apollonia,* de R. G. Goodchild (Londres, 1963).

Final do Império:
de Constantino a Justiniano

Na verdade, não existe nenhum bom relato moderno, escrito de maneira concisa em inglês, acerca deste período. Além da incomparável apresentação narrativa de Gibbon –compendiada por D. M. Low (Londres, 1960)–, talvez o melhor relato seja o de J. B. Bury em sua *History of the Later Roman Empire, from the Death of Theodosius I to the Death of Justinian (AD 395 to* 565), 2 vols. (Londres, 1923, reeditado em Nova York, 1958.) O melhor relato moderno sobre o século IV é o de André Piganiol, *L'Empire ehrétien* (2ª. ed. de A. Chastagnol, Paris, 1972), e sobre os séculos V e VI, a excelente, conquanto bastante austera, obra de E. Stein, *Histoire du bas-empire* (2ª. ed., e trad. por J. R. Palanque, Paris e Brujas, 1959; reeditado em Amsterdã, 1968). A impressionante obra de A. H. M. Jones, *The Later Roman Empire 284-602; a Social, Economie and Administrative Survey,* 3 vols. e mapas (Oxford, 1964; reeditada em 2 vols., Oxford, 1973), apresenta-se em forma abreviada em *The Decline of the Ancient World* (Londres, 1966; reedição em 1975). A obra de Jones é notável sobretudo por seu reconhecimiento da natureza burocrática do Estado romano e também das limitações de seu poder, bem como por sua fria avaliação das razões de seu declínio. Em estilo totalmente diferente, *The World of Late Antiquity, from Marcus Aurelius to Muhammad,* de Peter Brown (Londres, 1971), é um estudo temático particularmente atraente e com excelente ilustração.

Dos diversos imperadores deste período, Constantino, Juliano e Justiniano atraíram, naturalmente, maior atenção: sobre Constantino, *vide Constantine the Great and the Christian Church,* de N. H. Baynes (Londres, 1931; reedição com prólogo e bibliografia de Henry Chadwick, Oxford, 1972), *Constantine and the Conversion of Europe,* de A. H. M. Jones (Londres, 1948), *Constantine,* de R. MacMullen (Londres, 1970), *The Conversion of Constantine and Pagan Rome,* de A. Alföldi (Oxford, 1948, reimpressão 1969). Entre as biografias recentes sobre Juliano, temos *The Emperor Julian,* de R. Browning (Londres, 1975), e, com ênfase no caráter de Juliano, *Julian the Apostate,* de G. W. Bowersock (Londres, 1978); no entanto, *L'Empereur Julien,* de J. Bidez (Paris, 1930; reedição 1965), continua a ser o estudo mais profundo, especialmente no que se refere ao fundo intelectual e religioso de Juliano. Sobre Justiniano, *Justinian and Theodora,* de Browning (Londres, 1971).

Outras obras sobre a história política e social dessa época são *A Conflict of Ideas in the Late Roman Empire: the Clash between the Senate and Valentinian I,* de A. Alföldi (Oxford, 1952) – de grande realismo, em particular acerca da atmosfera de "terrorismo" dos últimos governos romanos, conquanto em certa medida pouco confiável quanto a seus julgamentos –, e *Western Aristocracies and Imperial Court, AD 364-425,* de John Mattews (Oxford, 1975). Este último é um estudo do contexto social da política desse período, embora apresente um fundo narrativo e toque outros aspectos da época, em especial o tema da cristianização (*vide* mais adiante).

A literatura e a história religiosa do final do período romano são estudadas em várias obras recentes, em particular em *Augustine of Hippo,* deliciosa obra de Peter Brown (Londres, 1967), *Claudian: Poetry and Propaganda at the Court* of *Honorius,* de Alan Cameron (Oxford, 1970), e *Jerome: His Life, Writings and Controversies,* de J. N. D. Kelly (Londres, 1975). *Latin Literature of the Fourth Century,* de M. W. Binns (ed.) (Londres e Boston, Mass., 1974), contém capítulos de diferentes autores acerca de Ausônio, Paulino de Nola, Cláudio e Prudêncio e sobre o fundo religioso e cultural de sua obra. *Ammianus and the Historia Augusta,* de R. Syme (Oxford, 1968), abarca um amplo campo da variada literatura do final do século IV. *Poetry and Letters in Early Christian Gaul,* de N. K. Chadwick (Londres, 1955), nos apresenta os escritores do final do século IV e do século V, enquanto *Sidonius Apollinaris and His Age,* de C. E. Stevens (Oxford, 1933), se centra em Sidônio Apolinário, poeta e bispo do século V. Recentemente, prestou-se especial atenção aos escritores latinos do começo do século VI em *Cassiodorus,* de J. O'Donnell (Berkeley, Calif., e Londres, 1979). *Boethius: the Consolations of Music, Logic, Theology and Philosophy,* de Henry Chadwick (Oxford, 1981), e *Boethius: His Life, Thought and Influence,* editado por Margaret Gibson (Oxford, 1981). Apesar das numerosas obras especializadas, não existem ainda estudos gerais em inglês de autores tão importantes quanto Amiano Marcelino e Procópio; não obstante, sobre o primero deles, *The Historical Work of Ammianus Marcellinus,* de E. A. Thompson (Cambridge, 1947), é um dos pilares fundamentais para esses estudos.

Sobre a arte, as cerimônias e suas respostas no final da época romana, *vide* os diversos enfoques e interpretações que se dão em *Art Forms and Civic Life in the Late Roman Empire,* de H. P. L'Orange (trad. inglesa, Princeton, N. J., 1965), *Rome: the Late Empire. Roman Art AD 200-400,* de R. Bianchi Bandinelli (Londres, 1971) – profusamente ilustrado –, *Art and Ceremony in Late Antiquity,* de S. MacCormack (Berkeley, Calif., e Londres, 1981), *The Beginnings of Christian Art,* de A. Grabar (Londres, 1967), *Christian Iconography: a Study of Its Origins,* do mesmo autor (Londres, 1969), e *Byzantine Aesthetics,* de Gervase Mathew (Londres, 1963).

O tema da cristianização do Império é desenvolvido em *Atlas of the Early Christian World,* de F. van der Meer e Christine Mohrmann (tradução inglesa, Londres, 1966), e *The Age of Constantine and Julian,* de Diana Bowder (Londres, 1978), uma introdução muito útil às provas visuais e arqueológicas das mudanças religiosas produzidas no século IV. *The Conflict between Paganism and Christianity in the Fourth Century,* de A. Momigliano (ed.) (Oxford, 1963), contém alguns artigos excelentes acerca dos diversos aspectos deste tema, assim como *Religion and Society in the Age of St Augustine,* de Peter Brown (Londres, 1972), coleção de artigos do autor, vivamente relatados e que ele escreveu nos anos 1961-70.

Na ausência de estudos modernos de âmbito comparável, a obra clássica de J. Geffcken, *The Last Days of Greco-Roman Paganism* (trad. S. MacCormack, Amsterdã, Nova York e Oxford, 1978), continua a ser fundamental; *vide* também *Paganism in the Roman Empire,* de R. MacMullen (New Haven, Conn., e Londres, 1981). *The Donatist Church: a Movement of Protest in Roman North Africa,* de W. H. C. Frend (Oxford, 1952; reeditado em 1971 com bibliografia adicional), apresenta uma tese básica que foi posta em dúvida, mas que o autor não abandonou e continua a ser uma excelente descrição dos efeitos da cristianização sobre a moral e a integridade de uma Igreja estabelecida, em suas relações com uma seita cismática. Acerca das obrigações e preocupações de um bispo, em *Augustine the Bishop,* de F. van der Meer (trad. inglesa, Londres, 1961; reedição 1978), é uma obra completa e muito detalhada, e sobre o movimento ascético, *Ascetics, Authority and the Church in the Age of Jerome and Cassian,* de Philip Rousseau (Oxford, 1978), é um livro que compensa prestar-lhe a máxima atenção e reflexão. Acerca dos modos de vida dos ascetas, *vide The Desert a City,* de Egypt D. Chitty (Oxford, 1966), e sobre a Síria, *A History of Ascetism in the Syrian Orient,* vol. II, de A. Vööbus (Louvain, 1960). *The Cult of the Saints: Its Use and Function in Latin Christianity,* de Peter Brown (Londres, 1981), é sempre um tratamento profundo e vistoso, conquanto às vezes bastante intangível. Uma faceta especialmente interessante da cristianização, a peregrinação, é descrita e posta dentro de seu contexto cultural em *Holy Land Pilgrimage in the Later Roman Empire AD 312-460,* de E. D. Hunt (Oxford, 1982).

Para a Roma imperial e os começos da Roma cristã, *vide Rome: Profile of a City 312-1308,* de R. Krautheimer (Princeton, N. J., 1980), e sobre aspectos gerais a obra do mesmo autor *Early Christian and Byzantine Architecture* (3ª. ed., Harmondsworth, 1979) e *The Mosaics of Rome, from the Third to the Fourteenth Centuries,* de W. Oakeshott (Londres, 1967). O relato histórico mais completo dos começos da Roma cristã foi escrito em francês, *Roma Christiana: recherches sur l'Eglise de Rome, son organisation, sa politique, son idéologie, de Miltiade a Sixte II (311-440),* de Ch. Piétri (Paris e Roma, 1978). Acerca de Ravena, a obra *Rabenna,* de L. von Matt (Colônia, 1971), com texto em alemão de S. Bovini, mas esplêndidas fotografias. Sobre a cristandade e o paganismo na vida de Antioquia no século IV (e muitos outros aspectos da vida urbana), *vide Antioch: City and Imperial Administration in the Later Roman Empire,* de J. H. W. G. Liebeschuetz (Oxford, 1972), e, sobre a vida de uma cidade rapidamente cristianizada, *Edessa: the "Blessed City",* de J. B. Segal (Oxford, 1970). Jerusalém no final da época romana é descrita em *The Church of the Holy Sepulchre in Jerusalem,* de Ch. Couäsnon, O. P. (Londres, 1974), e em *Egeria's Travels: Newly Translated with Supporting Documents and Notes,* de J. Wilkinson (Londres, 1971). A vida social em Constantinopla é objeto de estudo por parte de G. Downey em seu *Constantinople in the Age of Justinian* (Londres, 1964) e de Alan Cameron em *Porphyrius the Charioteer* (Oxford, 1971); consulte-se também a obra deste mesmo autor *Circus Factions: Blues and Greens at Rome and Byzantium* (Oxford, 1976).

Acerca dos invasores bárbaros do Império Romano, existem três livros muito interesantes de E. A. Thompson: *A History of Attila and the Huns* (Oxford, 1948), *The Visigoths in the Time of Ulfila* (Oxford, 1966) e *The Goths in Spain* (Oxford, 1969). As relações durante o século V entre Roma e Constantinopla são o tema de *Byzantium and the Decline of Rome,* de W. E. Kaegi (Princeton, N. J., 1968); os antecedentes da reconquista do século VI são descritos nos livros de Boécio e Cassiodoro antes descritos. Acerca das povoações bárbaras e do aparecimento da Idade Média ocidental, *vide The Barbarian West 400-1000,* de J. M. Wallace-Hadrill (ed. rev. Londres, 1967), e os diversos artigos que aparecem em *The Long-Haired Kings* (Londres, 1962), bem como em *Barbarians and Romans, AD 418-584: the Techniques of Accomodation,* de W. Goffart (Princeton, N. J., 1980).

ÍNDICE DE TOPÔNIMOS

ÍNDICE